高等院校管理学教材

管理学原理

吴鸿　唐建荣　编著

南开大学出版社

天　津

图书在版编目(CIP)数据

管理学原理 / 吴鸿,唐建荣编著. —天津:南开大学出版社,2015.7
高等院校管理学教材
ISBN 978-7-310-04830-4

Ⅰ.①管… Ⅱ.①吴… ②唐… Ⅲ.①管理学－高等学校－教材 Ⅳ.①C93

中国版本图书馆 CIP 数据核字(2015)第 134352 号

版权所有　侵权必究

南开大学出版社出版发行
出版人:孙克强
地址:天津市南开区卫津路 94 号　　邮政编码:300071
营销部电话:(022)23508339　23500755
营销部传真:(022)23508542　邮购部电话:(022)23502200
＊
北京楠海印刷厂印刷
全国各地新华书店经销
＊
2015 年 7 月第 1 版　　2015 年 7 月第 1 次印刷
230×170 毫米　16 开本　20.5 印张　2 插页　375 千字
定价:39.00 元

如遇图书印装质量问题,请与本社营销部联系调换,电话:(022)23507125

前　言

　　管理无处不在，任何一个部门、组织，只要有群体协同运作，就要有管理。当前，我国要建设社会主义市场经济，要跻身世界国富民强之列，就必须注重科学化管理，建立起适应市场经济发展需要，完整、系统和科学化的管理学体系；必须培养大批具有现代管理理念、了解组织的运营规律、掌握科学的管理方法并能够把握组织战略的高级管理人才。管理学是人类近代史上发展最为迅速、对社会经济发展影响最为深远的一门科学，同时也是一门与人类社会活动紧密相连的科学。作为一门系统地研究管理过程的普遍规律、基本原理和一般方法的科学，这门课程的学习具有普遍的意义。

　　本书包括5大模块，15章内容，系统地介绍了管理学的基本性质、原理和方法，简要地回顾了国内外管理思想历史演进过程并论及管理学的前沿问题，详细地阐述了计划、组织、控制、领导等四大管理职能及其涵盖的知识体系。各章之后都配有案例分析、重要概念、问题和讨论等供复习使用，以加深读者对所学内容的理解。

　　鉴于管理学是高等院校管理类和经济类专业的核心专业基础课程，此类教材的使用量很大，国内外教材版本也非常之多，因此，在本书编写过程中，作者借助长期从事管理学研究与教学所积累的经验，运用理论与实践相结合的方法，汲取了古今中外人类经济活动中所积累的管理思想和管理理论的精华，使得本书能够体现出以下特点，希望能够给读者提供一些认识和学习管理学的新视角。

1. 在概述篇中，运用系统的思想对管理学的主要要素进行了归纳和介绍。
2. 从制度的角度对管理的要素构成进行分析。
3. 比较详细地介绍了管理教育的脉络和学科地位。
4. 把危机管理作为一项管理控制的内容补充到本书之中。
5. 贴近教学，内容安排和编写尽量考虑教学实践中普遍存在的问题和疑难。

　　本书的如期完成，是编写团队协同工作的成果，尽管分工不同，但是并没有地位上的差别。各位作者的分工是：吴鸿、唐建荣为编著者（排名不分先后），姬卿和张耀嗣为参编者，同时，吴鸿对本书进行了总体架构的设计和组织，唐建荣进行了汇总和编审，耿松涛也参加了本书的编审工作。各具体章节的分工为：第

一、二、三、六、十五章由吴鸿编写；第四、五章由姬卿编写；第七、八、九、十、十一、十二章由唐建荣编写；第十三、十四章由张耀嗣编写。

本书适合高等院校经管类专业本科生、研究生、MBA学员及相关专业学位人员学习使用，还可作为企业管理人员的在职学习和培训用书。

管理学是一门涉及范围极广的学科。由于水平有限，本书不尽如人意之处很多，疏漏之处在所难免，敬请读者不吝指正。另外，本书参考了大量的文献，由于篇幅问题，无法一一附上，只在附录中列出了部分文献，在此向原作者致歉。

本书得到"海南大学中西部高校综合实力提升计划项目"以及"海南大学2013年度自编教材资助项目"的出版资助，在此特别说明，并表示感谢。

本书的成功出版，得到南开大学出版社孙淑兰女士的尽心支持与指导；在编校过程中，得到诸位编辑细致入微、不厌其烦的审读和指正，在此表示衷心的感谢。

最后再次声明：本书由吴鸿、唐建荣编著，两位作者排名不分先后。

编著者

2014年8月

目　　录

第一章　管理与管理学 ··· 1
　　第一节　管理的认识 ·· 1
　　第二节　管理过程 ··· 8
　　第三节　管理学的形成与特点 ·· 10
第二章　管理系统及其构成 ·· 22
　　第一节　管理的系统观 ··· 22
　　第二节　管理的目标 ·· 26
　　第三节　管理者 ·· 32
　　第四节　管理的职能 ·· 42
　　第五节　管理的环境 ·· 45
第三章　管理思想的演进 ··· 56
　　第一节　早期管理思想 ··· 57
　　第二节　古典管理理论 ··· 70
　　第三节　行为科学管理理论 ··· 78
　　第四节　现代管理理论 ··· 82
第四章　决策 ·· 92
　　第一节　决策概述 ··· 92
　　第二节　决策的过程与影响因素 ·· 101
　　第三节　决策方法 ·· 106
第五章　计划 ·· 115
　　第一节　计划概述 ·· 115
　　第二节　计划的层次和编制过程 ·· 120
　　第三节　计划的组织实施 ··· 125
第六章　组织战略 ·· 135
　　第一节　战略及其核心问题 ·· 135
　　第二节　战略管理及其过程 ·· 141
　　第三节　战略的类型及其基本思想 ··· 146

第七章　组织概述 … 161
第一节　组织及组织的构成 … 161
第二节　组织的类型 … 163
第三节　组织理论的发展 … 164

第八章　组织结构设计 … 169
第一节　组织结构设计及其影响因素 … 169
第二节　组织结构设计的原则和程序 … 173
第三节　组织结构形式 … 177

第九章　组织力量的整合 … 188
第一节　直线与参谋 … 188
第二节　集权与分权 … 190
第三节　非正式组织及团队建设 … 192

第十章　领导理论与方法 … 197
第一节　领导概述 … 197
第二节　领导理论 … 199
第三节　领导方法与艺术 … 209

第十一章　激励理论与方法 … 214
第一节　激励概述 … 214
第二节　激励理论 … 216
第三节　激励实务 … 226

第十二章　沟通理论与方法 … 231
第一节　沟通概述 … 231
第二节　沟通的障碍及克服 … 237
第三节　协调与冲突管理 … 239

第十三章　控制理论 … 245
第一节　控制的概念、对象和基本原则 … 245
第二节　控制的过程 … 253
第三节　控制的类型 … 261
第四节　有效控制的要求 … 265

第十四章　控制技术和方法 … 269
第一节　一般控制方法 … 269
第二节　财务及审计控制 … 278
第三节　其他控制方法 … 282

第十五章　危机管理……287
　　第一节　危机及其诱因……288
　　第二节　危机管理概要……297
　　第三节　组织危机诊断……307
参考文献……317

第一章 管理与管理学

【本章概要】

　　管理是社会组织中，管理者为了实现预期的目标，以人为中心进行的协调活动。当今，管理已经成为我们身边的一项普遍的社会活动，它有利于更有效地开展活动、改善工作，更有效地满足客户需要，提高效率、效益。为了使读者对管理有一个基本的认识，本章将介绍管理的定义、管理的性质、管理的过程、过程管理、管理学及其学科地位。

【学习目的】

1. 掌握管理的概念及其性质
2. 弄清管理过程的内容
3. 能够辨析管理过程和过程管理的异同
4. 了解管理学和管理学的研究对象
5. 了解管理学的学科地位及其演变

第一节 管理的认识

　　在市场经济高度发展的当今，"管理"一词几乎无处不在，在国际事务中、国家公共事务中、社会各类组织中、生产经营中、科学研究中、甚至我们的家庭生活中，都可以发现管理的存在。但是，并非所有的人都有机会系统地去思考管理的问题。因此，每当我们谈到管理的时候，也许会产生一系列的疑问：什么是管理？管理是怎样产生的呢？管理的性质是什么？为什么要进行管理？……以下内容将使我们就上述有关问题获得一些回答。

一、管理的定义

　　如何定义"管理"这一概念呢？这是我们在学习本门课程时首先要问的问题。

一般而言，管理可以从广义和狭义两个视角下定义：广义上看，管理是指应用科学的手段安排组织社会活动，使其有序进行，其对应的英文是 Administration 或 Regulation；狭义上看，管理是指为实现组织目标，保证其全部业务活动有效开展的一系列活动，对应的英文是 Management 或 Running。但是，目前对于管理的具体概念有多种解释，众说纷纭，至今仍未得到一致公认的定义。

多年来，国内外管理学者从不同的研究角度对管理的概念做出了不同阐述。

"科学管理之父"弗雷德里克·泰罗认为："管理就是确切地知道你要别人干什么，并使他用最好的方法去干。"在泰罗看来，管理就是指挥他人用最好的办法去工作。

亨利·法约尔在其名著《工业管理与一般管理》中给出了管理的概念。他认为，企业的全部活动可分为6组，即：技术活动、商业活动、财务活动、安全活动、会计活动以及管理活动。管理是所有的人类组织中都有的一种活动，这种活动由五项要素组成：计划、组织、指挥、协调和控制。

彼得·德鲁克认为："管理是一种工作，它有自己的技巧、工具和方法；管理是一种器官，是赋予组织以生命的、能动的、动态的器官；管理是一门科学，一种系统化的并到处适用的知识；同时管理也是一种文化。"也就是说，管理是一种以绩效责任为基础的专业职能。

诺贝尔奖获得者赫伯特·西蒙对管理的定义是："管理就是制定决策。"

当代管理过程学派的代表美国管理学家哈罗德·孔茨把管理定义为：管理就是设计和保持一种良好的环境，使人在群体里高效率地完成既定任务的过程。

斯蒂芬·罗宾斯给管理的定义是：所谓管理，是指同别人一起，或通过别人使活动完成得更有效的过程。

系统论学者认为，管理是指根据一个系统所固有的客观规律，施加影响于这个系统，从而使这个系统呈现一种新状态的过程。

周三多认为，管理是社会组织中，为了实现既定目标，以人为中心进行的协调活动。

孙炳垄认为，管理是为了更有效地达到组织的既定目标，在保证使服务对象满意又使服务提供者获得一种较高的士气和成就感的前提下，采用一定的方式和方法，对有关的人、财、物、信息和无形资产所进行的合理的计划、组织、领导与控制等一系列活动的总称。

芮明杰认为，管理是对组织的资源进行有效整合以达到组织既定目标与责任的动态创造性活动。

上述关于管理概念的定义仅仅是一部分管理学者的观点，这些不同的认识从不同的角度揭示了管理的含义，或深化了管理在某一方面的属性。综合前人的研究，可以对"管理"的概念做如下的表述：所谓管理，就是在特定的环境下，对组织所拥有的资源进行有效的计划、组织、领导和控制，以便达成既定组织目标所开展的活动过程。这一表述包含以下几层含义。

（1）管理活动首先要靠人来完成。管理的主体一定是人，客体也可能是人。

（2）管理为实现组织目标服务，是一个有意识和有目的地进行的过程。一方面，任何组织，为了使自己的活动取得比较高的效率，都会有意识地将自己在活动中所要利用的时间、金钱以及物质等资源进行合理的计算和安排；任何组织，为了有效地取得每个成员的贡献，都必须对他们的努力进行协调。另一方面，人类的一切活动，从根本上说，都是为了增加自己的福利，改善自己的生存和发展条件。人类的活动史，便是朝着这个永恒的目标不断追求和进步的历史。为了逐渐接近这个目标，人类在自己的活动中不断思考和探索用新的方法、更合理的方式组织这些活动，以求更加充分、有效地利用自己在活动中可以调集和支配的各种资源。

（3）管理是讲求技术和方法的，如：组织往往会运用先进的理念、技术和相关科学来有效地解决管理问题。

（4）管理是一种系统活动。管理工作的过程是由一系列相互关联、连续进行的活动所构成的，而且组织本身就是一个开放的系统，需要从外界获得资源来运营，并将成果输出到社会中去。

（5）管理的本质是协调。一是协调组织内部的矛盾和冲突，使成员能够协同行动而消除实现组织既定目标的阻碍，使个人的努力方向与组织的目标相一致。二是协调组织与外部环境的关系，形成环境友好型组织，保持持续发展的生命力。

（6）管理是一种动态的活动。管理工作是在一定的环境条件下开展的，环境既提供了机会，也构成了威胁。管理的主体、客体、方式、方法和目标都会随着组织内部和外部环境的变化而变化。

另外，随着社会的发展，人们共同活动的规模越来越大，社会分工越来越细，组织间的竞争越来越激烈，竞争的领域越来越广阔，管理的上述 6 层含义也变复杂了。于是，管理成为人力、物力、财力之后的第四种资源：管理资源。管理资源具有无形的和潜在的特点，当一个组织在不增加人力、物力、财力等有形资源的投入的情况下，通过优化管理，可以更有效地利用现有资源。但是，管理资源必须与人力、物力、财力等资源结合起来投入组织的活动，才会显现出来并发生作用。

二、管理的性质

作为一种社会经济活动，管理具有本身与其他事物不同的根本属性。以下就最典型的几方面进行简要讨论。

（一）管理的二重性

社会化大生产是现代人类活动的主要组成部分，管理就是在生产管理过程中合理地组织和协调人类活动。由于生产过程具有两重性：既是物质资料的再生产，同时又是生产关系的再生产，因此对生产过程进行的管理也就存在着两重性：一种是与生产力、社会化大生产相联系的管理自然属性；一种是与生产关系、社会制度相联系的管理社会属性。这就是管理的二重性。为了理解管理在大生产中所表现的二重性，表1-1从5个方面进行了比较。

表1-1 管理的二重性比较

项目	自然属性	社会属性
条件	必需的资源、技术，分工协作	社会基本制度，法律法规
手段	取决于管理客体的属性	必须考虑社会关系的要求
职能	一般职能：合理组织生产力	特殊职能：维护和完善特定的生产关系
性质	生产经营活动	必须体现一定的社会意志、意识形态
决定因素	生产力水平	生产关系（社会制度）

可见，管理之所以具有二重性，从根本上说，是因为它所管理的生产过程本身具有二重性。生产过程是生产力和生产关系相互结合、相互作用的统一过程。要保护生产过程顺利进行，组织就必须发挥合理组织生产力和维护生产关系两种基本职能，两者在生产过程中同时发挥作用，因此，管理就具有两重性。

（二）管理是一种有目的的人类活动

1. 人类活动目的性的必然

从前文我们可以知道，人类一切活动的目的，从根本上说，都是为了增加自己的福利，改善自己的生存和发展的条件。为了达到这个目标，人类不断思考和探索，用新的方法、更合理的方式组织活动，因此，任何人类活动都需要统筹安排和协调管理。

人类在活动中可以调集和支配的资源是有限的；任何个人，为了使自己的活动取得比较高的效率，都会有意识或无意识地将自己在活动中所要利用的时间、金钱以及物质等资源进行合理的计算和安排；任何集体，为了有效地取得每个成员的贡献，都必须对他们的努力进行协调。也就是说，管理的客体既可以是个人单独进行的活动，也可以是若干个人组成的集体活动。

但是，现代管理学的研究对象主要是人类有组织的集体活动，而非单个个人分别独自进行的活动。

2. 管理的核心目标：效率（Efficiency）、效果（Effectiveness）

管理行为具有明确的目标性和价值性，这就决定了组织必然要追求管理的效率和效果。而人们在日常文件中，往往会将二者混淆使用，因此很有必要辨析清楚，见图1-1。

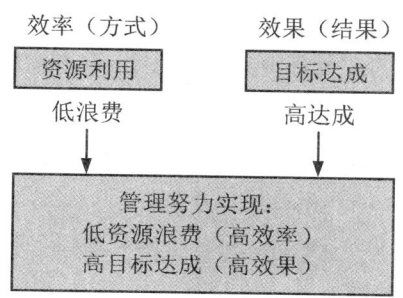

图 1-1 管理效率与效果的辨析图

（1）效率

效率最初是电学和机械学中使用的概念，指所产出的能量或功与所投入、消耗的能量或功的比值。后来，效率这一概念被引入到社会活动中，把社会活动的劳动效果同所消耗的劳动量进行比较，以考察某项社会活动的有效程度。管理学界一般认为，效率就是工作的功效和所付出努力的比较。也有理论认为，效率是单位时间内的产出率。事实上，这两种观点都是力求获得较高的投入产出比，以最经济的手段获得最大的效果。有"效率的教父"之称的美国管理学家埃默森认为，效率就是减去无用的力与事，而增加有用的功效。美国管理学家德鲁克在他所著的《有效的管理者》一书中认为，实现有效管理的五要素中，第一项就是管理者不是从接受任务开始，而是从研究如何利用时间着手，知道自己的时间花在什么地方最有价值。

美国管理学家卡斯特和罗森茨维克则认为，影响管理效率的因素是多方面的，决定管理效率的主要因素有二：一是管理人员的个人能力和激励因素；二是技术发展和原始资料所提供的科学技术、物质和资料情况。提高效率的关键在于提高管理人员的素质，充分发挥每个管理人员的专长，为此要合理分工，同时要使得管理人员精诚合作，为实现组织目标而共同努力。罗宾斯认为，效率就是如何用最好的方法去做事。因此，实现组织目标通常就要求：①善于发现自身、他人和客观环境的潜在优势，充分释放"能量"，发挥优势；②能够集中力量，抓住重点，突破重要的领域，然后带动其他方面的工作，多出成果；③不凭经验办事，而是靠科学的决策、团体的智慧来解决面临的或未来将会面临的各种难题。

（2）效果

管理不是为工作而工作，而是为成果而工作，因此，仅仅有效率是不够的。管理还必须使活动实现预定的目标，即追求活动的效果以及目标的达成程度。当管理者实现了组织的目标，我们就说他们是有效果的。因此，效果涉及的是活动的结果，也就是朝着既定方向努力，做正确的事。例如，2013年，上海自由贸易区成功获批，表明上海市有关组织的此项工作达到了预期的目的，是有效果的。

（3）效率和效果的联系

效率和效果有着密切的联系。一方面，在一定效率下开展的管理活动始终会反映出不同的效果，或者达到组织目标，或者无法达到组织目标，甚至大相径庭；另一方面，组织目标的达成，通常要求必须考虑效率问题，即使资源最大限度地得到利用，浪费最小。因此，效率和效果是组织管理目标要求的两个方面。

（三）管理工作的一般性

从人类为了生存而进行集体活动的分工和协作开始，管理便随之产生。管理的普遍性决定它所涉及的范围非常广泛。

谈到管理，似乎人们会认为它五花八门，有高、中、低不同层次的管理，有大、中、小不同规模的组织管理，有营利性和非营利性不同性质的组织管理，有不同区域的管理，还有不同产业的管理。罗宾斯认为，无论在何种类型的组织中，在大多数情况下，管理者的工作是相同的，管理具有某些一般的性质：所有的管理都是整合组织的各类资源，充分运用管理的职能（计划、组织、领导和控制），以最优的投入获得最佳的回报，以实现组织既定目标，只是组织类型不同，其工作侧重和要求有所不同而已。例如，前述的不同类型组织管理，无论在组织的哪一个层次上，所有管理者都履行着四种职能，区别仅在于对每种职能的强调程度会随着管理者在等级结构的位置而变化；管理在不同规模的组织中从事着基本相同的工作，区别仅在于程度和侧重不同，以及具体做法和花费的时间不同。小企业重视加强与外部联系，管理者是通才、多面手，处理各层次的管理工作；大企业的正规性则要好于小企业。营利性组织有明确的经济指标衡量，如利润、销售、成本、费用等；非营利性组织就不能用经济目标来考核，必须基于它们的基本宗旨和使命的要求考核。

（四）管理是科学和艺术的统一

1. 管理的科学性

管理科学性是指在管理领域应用科学方法，综合抽象出管理过程的规律、原理所表现出来的性质。凡是科学都具有共同的特点，如客观规律性、系统性和实践指导性等。管理是一门科学，是因为它具有科学的特点。

（1）管理是人类不可或缺的社会实践活动，在此过程中存在着不以人的意志为转移的客观规律。

（2）人类经过漫长的社会生产实践活动，经过无数次的成功与失败，在管理实践中发现、归纳出了一系列反映管理活动过程中客观规律的管理理论和管理方法，逐步建立了系统化的管理理论体系。

（3）人们又把这些理论应用到管理实践中去，指导自己的管理实践，再以管理活动的效果来衡量管理过程所用的理论和方法是否行之有效，是否正确，从而使管理理论和方法得到不断丰富与发展。

（4）管理理论揭示管理过程的客观规律性，是管理者实践的结晶。如果不承认管理是一门科学，不按照客观规律办事，违背管理原则，在实践中随心所欲地进行管理，必然会遭到惩罚，最终导致管理效果不佳或失败。

2. 管理的艺术性

所谓艺术就是以个人的经验和熟练程度为基础的技艺和技巧。管理的艺术性是指管理在相当程度上依赖于人格魅力、灵感、悟性与创新能力，甚至天赋。从这个角度把握管理，需要清楚地认识到以下要点。

（1）虽然管理活动必须遵循客观规律办事，但管理本身不完全是有规律可循的。

（2）管理艺术是可以学习的，但是不可以完全复制和模仿，更不是完全通过教育就可以掌握所有的管理技巧。

（3）管理者在应用管理理论指导管理实践时，不可能像自然科学应用其定理和公式去指导自然科学实践那么具有必然性和确定性，而是要求管理者在管理实践中灵活多变地运用管理理论进行具体问题具体分析。

（4）在管理实践中，管理艺术主要强调其适用性、灵活性和实践性，仅仅凭借书本上的管理理论和管理原则来进行管理，无异于"纸上谈兵"，是不能保证其成功的。

需要强调的是，管理的科学性和艺术性是相辅相成的，对管理中可预测、可衡量的内容，可用科学的方法去测量；而对管理中某些只能感知的问题，某些内在特性的表现，则无法用理论分析或逻辑推理来估计，但可通过管理艺术来评估。最富有成效的管理艺术来源于对它所依据的管理原理的理解和丰富的实践经验，管理者如何在管理工作中应用不同的管理方法和管理艺术关系到管理工作的成败。

资料：在中外历史上，那些令人叹为观止的工程也无不展示着人类管理的才智。古埃及金字塔的建筑技术从现代观点来看可能是原始的，但却无声地向我们表明了公元前3000年到前525年期间古埃及人的管理和组织能力。据估计，胡夫大金字塔占地十三英亩，共包含二百三十万块石头，每块石材平均重量达两吨半。埃及人在建筑金字塔上花费了十万人、二十年以上的劳动。用现代的话来说就是，这的确是一项工作量很大的管理工作。

第二节 管理过程

一、管理过程

通过前面的学习，我们知道，管理是一个"活动过程"。那么，管理是一个什么样的过程呢？谈到管理过程，它与我们在管理实践中碰到的"过程管理"是不是一回事呢？

（一）管理过程（Management Process）

"过程"是现代组织管理最基本的概念之一。在ISO9000：2000《质量管理体系基础和术语》中，过程被定义为："一组将输入转化为输出的相互关联或相互作用的活动。"过程的任务在于将输入转化为输出，而转化的条件是资源，通常包括人力、设备设施、物料和环境等。增值是对过程的期望，为了获得稳定和最大化的增值，组织应当对过程进行策划，建立过程绩效测量指标和过程控制方法，并持续改进和创新。那么，管理是一个什么样的过程呢？

（1）管理学中讲到的"活动过程"是指，在组织中通过别人或同别人一起完成工作的过程，是对管理活动本身的描述和界定，而不是指其管理对象的过程。因此，管理学中的"管理过程"，主要致力于研究和说明"管理人员做些什么和如何做好这些工作"，侧重说明管理工作实务。

（2）管理过程理论认为，管理过程与管理职能是分不开的，管理过程，其实质就是执行管理职能的过程，即计划、组织、领导和控制。

（3）管理过程理论还强调，管理过程是一个普适性和一般性的组织活动过程。各类组织以及组织中各个层次的管理及其环境是不同的，但管理是一种普遍而实际的过程，与组织的类型或组织中的层次无关。

（4）ISO9000：2000《质量管理体系基础和术语》中，过程的定义也适用于对管理过程的描述，即一组将输入转化为输出的相互关联或相互作用的活动，见图1-2。

（二）过程管理（Process Management）

过程管理，是指使用一组实践方法、技术和工具来策划、控制和改进某一过程的效果、效率和适应性。过程管理旨在使顾客满意及达成所有关键利益相关方的综合满意，它是落实战略目标和战略规划、实施持续改进和创新以提升组织的

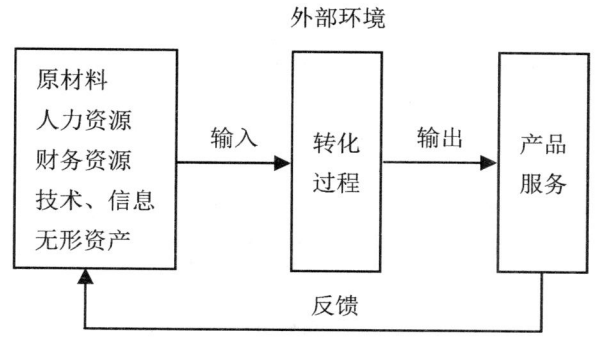

图 1-2 管理的过程图

整体绩效、为利益相关方创造平衡的价值进而履行组织使命并实现组织愿景的途径和载体，它包含对卓越的追求，对效果、效率以及应对动态竞争环境变化的敏捷性的追求。可见，过程管理是项目性强以及十分个性化的工作方法。例如：质量管理鼻祖戴明提出 PDCA（Plan-Do-Check-Act）循环，又称为戴明循环，这种方法就是典型的过程管理技术。它包括过程策划、过程实施、过程监测（检查）和过程改进（处置）四个部分，即 PDCA 循环四阶段。

过程管理方法具有与传统管理方法不同的原理，其基本思想见图 1-3，其特点体现在五个方面。

（1）以系统论思想为指导，从系统的观点出发，从横向视角把组织看作一个由产品研发、生产、销售、采购、质量管理等业务过程按一定方式组成的过程网络系统；把每一个业务过程都看成有特定功能和目标的、有输入和输出的过程子系统，组织系统由若干业务过程子系统按一定方式组合而成；应用系统方法解决组织业务过程系统的信息流、物流和工作流管理问题；关注业务过程内部和业务过程之间的逻辑联系、相互作用，关注业务流程中操作单元的优化组合。

（2）应用信息论方法，将组织内部的各过程视为一个信息收集、加工、存储、传输的过程，应用信息技术解决业务过程管理信息的传输和处理问题。

（3）应用控制论方法，将组织的业务过程视为可控过程，建立过程控制系统，运用反馈控制等控制方法解决组织业务过程系统的控制问题。

（4）注重管理的细化，即细化到每一个业务流程、每一个操作单元（或作业单元、工序）、每一项影响业务流程运行的输入因素。

（5）注重综合应用管理技术和信息技术等技术。

在当今计算机信息技术和网络技术迅速发展、多学科知识积累和多种技术有机结合的技术背景下，过程管理技术受到了广泛的重视，但是，应用过程管理法，必须进行管理变革，改变传统的管理模式、方法和管理结构，建立新的管理模式和管理结构。

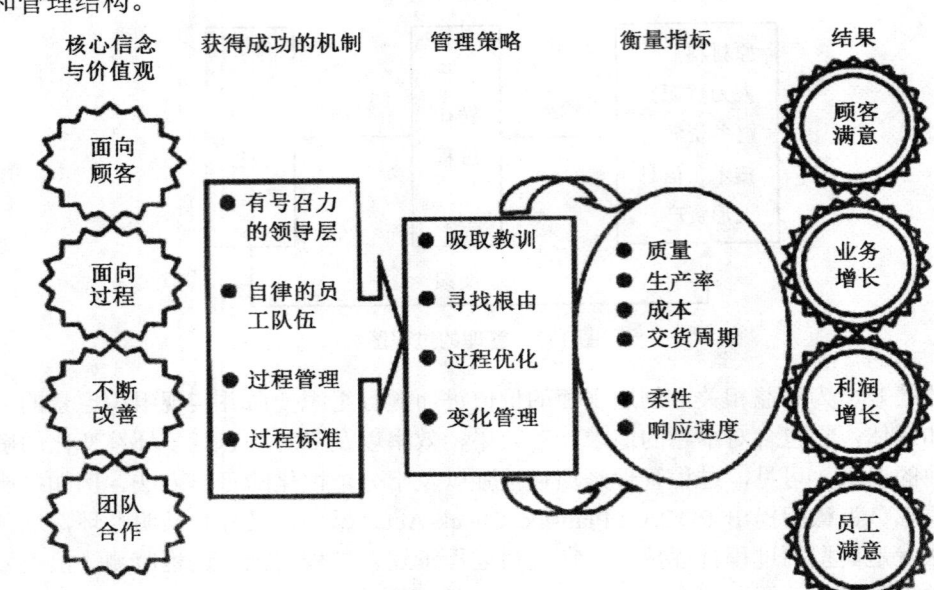

图 1-3　过程管理原理图

第三节　管理学的形成与特点

管理是非常悠久的人类活动之一,有几千年的历史。但是,与传统的学科相比,由管理演变而来的这个完整的现代学科——管理学,却显得非常年轻,迄今也只有一百多年的历史。那么,什么是管理学?如何来了解管理学呢?学了以下内容,我们将会形成一个大致的管理学框架。

一、管理学及其研究对象

谈到管理学中的"学"字,人们都已经司空见惯,而多数人较关注这些课程的内容,并没有在意"学"字的含义。其实,"学"字是指某一领域或学科里的规律和科学,如数学、化学、物理学、生物学、文学、社会学,等等。同理,管理学也就可以理解为系统研究管理活动的基本规律和一般方法及其应用的科学。

不过,这里所说的管理学是以组织为背景的,从一般原理、一般情况的角度对管理活动和管理规律进行研究,不涉及管理分支学科的业务与方法的研究。更进一步讲，管理学是研究所有管理活动中的共性原理的基础理论科学，无论是"宏观原理"还是"微观原理"，都需要以管理学的原理作为基础来加以学习和研究。可见，管理学是各门具体的或专门的管理学科的共同基础。

（一）管理学的诞生和发展

管理活动自有人群出现便有之，与此同时，管理思想也相应产生。事实上，无论是在东方还是在西方，均可以找到古代哲人在管理思想方面的精彩论述。而现代管理学的诞生，是以弗雷德里克·泰罗的名著《科学管理原理》以及法约尔的名著《工业管理与一般管理》为标志的。以下就西方主要学者对管理学形成所做出的贡献进行简要说明。

1. 弗雷德里克·泰罗

早在1911年出版的《科学管理原理》的引言中，泰罗就开宗明义地指出，这部著作的宗旨之一是"论证最佳的管理是一门实在的科学，基础建立在明确规定的纪律、条例和原则上，并进一步表明，科学管理的根本原理适用于人的行为：从人们最简单的个人行为到我们大公司的业务运行"。他还深信："同样的原则能以等量的威力适用在所有的社会行为上，在我们的家庭管理上，在我们的农场管理上，在我们的大小商人、我们的教育、我们的慈善机构、我们的大学和我们的政府各部门的业务管理上。"

2. 亨利·法约尔

法国工业企业家法约尔创立了一般管理学理论。1916年，他在其代表作《工业管理与一般管理》中，从工业企业管理实践的经验总结与理论概括及企业经营职能（包括技术、商业、财务、安全和会计五大职能）中分离出独立的管理活动，提出了经过经验检验的普遍适用的一般管理理论，定义管理是实行计划、组织、指挥、协调和控制。他认为，这种一般管理理论与方法不仅适用于工商企业，而且适用于政府、军事部门与社会团体。法约尔由此基本上构建了关于管理活动的原则、标准、方法和程序的知识体系，因此也可以说，法约尔奠立了一般管理学的理论基石。法约尔把管理与经营区别开来，意味着管理学是不包含企业经营活动内容的狭义管理学，而同时又提出了普遍适用的一般管理学。

3. 马克斯·韦伯（Max Weber）

德国著名社会学家和哲学家马克斯·韦伯，与泰罗和法约尔处于同一历史时期，对西方古典管理理论的确立也做出了杰出的贡献。韦伯在组织管理方面有关行政组织的观点，对社会学家和政治学家都有着深远的影响。他不仅考察了组织的行政管理，而且广泛地分析了社会、经济和政治结构，深入地研究了工业化对组织结构的影响。他提出了所谓理想的行政组织体系理论，其核心是组织活动要通过职务或职位而不是通过个人或世袭地位来管理。他的理论是对泰罗和法约尔理论的一种补充，对后世的管理学家，尤其是组织理论学家有重大影响，因而被人们称为管理思想发展史上的"组织理论之父"。

4. 彼得·德鲁克

被尊为现代管理大师的德鲁克，在其1954年出版的《管理实践》一书中，将管理学开创成为一门学科（Discipline）；其1973年出版的巨著《管理——任务、责任、实践》则是一本集现代管理学之大成的系统化教科书。他阐明："管理是一门学科，这首先就意味着，管理人员付诸实践的是管理学而不是经济学，不是计量方法，不是行为科学。无论是经济学、计量方法还是行为科学都只是管理人员的工具。"同时，他又强调管理学是一门实践性很强的学科："管理是一种实践，其本质不在于'知'而在于'行'；其验证不在于逻辑，而在于成果；其唯一权威就是成就。"

5. 哈罗德·孔茨

美国管理学家孔茨与他人合著的《管理学》，继承了法约尔关于一般管理过程与管理职能的思想，从管理的计划、组织、人事、领导和控制5种职能入手，构建了管理学的分析框架，这成为一般管理学的基础理论。1961年，孔茨总结和划分了管理理论的6个主要学派，并提出要走出管理理论的丛林，统一管理学的语义、认识和内容，提炼和验证作为管理学基础的基本原理，把管理学与数学、运筹学、社会学、社会计量学、心理学、经济学和政治学等相关学科既相区别又相结合，把这些学科作为管理学的重要工具和基础知识，从而使管理学成为一种专门学科，能够受到工商学院、公共管理学院和实际管理人员的欢迎。这里，孔茨实际上倡导一种广义的管理学，它既包括一般管理学，又涵盖工商管理和公共管理，还包括作为管理学工具的其他相关学科知识与方法。

综上所述，在不同的管理学家看来，管理学的含义是不同的，但是他们都从不同视角提出了对人类社会各个领域具有普适性的关于管理活动的基本原理，实际上正是在倡导建立一门研究管理活动基本原理：一般管理学或普通管理学（General Management），这种一般管理学就是管理学门类中的基础学科。

（二）管理学的研究对象

有人的地方、有人的组织的地方，就有管理问题。管理学的研究对象可以从不同的视角观察。

1. 系统论的视角

从系统论角度看，整个人类社会可分为物理系统、事理系统和人理系统等三个系统。物理系统指宇宙万物组成的自然系统和经过人类干预后形成的物质系统，如自然环境、城市、工厂等有形的系统；事理系统是指人类在物理系统的基础上从事社会、经济、政治、军事、科技等活动所形成的关系和活动机理的系统；人理系统是指在物理系统和事理系统中活动的人的动机、心理和行为的系统。研究物理系统是探讨自然规律；研究事理系统是探讨人类活动和处事的规律；研究人理系统探讨的是人的个体行为的规律。因此，管理学的研究对象包括这三个系统，具体内容是在充分利用物理系统的规律以及其他学科对事理系统和人理系统研究结果的基础上，从管理的角度探讨事理系统和人理系统的规律以及三个系统综合运行的组织和控制问题。

2. 实践活动的视角

管理学从其研究的内容看，有一定的理论特性，但总体来讲，管理研究有很强的实践性和可操作性，它是一种应用导向型的研究。其研究对象大体可分为三个方面：①管理的思想、意识和观念；②管理的理论、方法和技术；③管理的应用、分析和实践。

3. 生产方式的视角

由于管理活动总是在一定的社会生产方式下进行的，因此管理学研究对象的范围涉及社会的生产力、生产关系和上层建筑三个方面。

（1）生产力方面

主要研究如何合理配置组织中的人、财、物，使各生产要素充分发挥作用的问题；研究如何根据组织目标和社会需求，合理使用各种资源，以求得最佳经济效益与社会效益的问题。

（2）生产关系方面

主要研究如何处理组织内部人与人之间的相互关系的问题；研究如何完善组织机构与各种管理体制的问题，以便最大限度地调动各方面的积极性和创造性，为实现组织目标服务。

（3）上层建筑

主要研究如何使组织内部条件与组织外部环境相适应的问题；研究如何使组织的意识形态（价值观或理念等）、规章制度与社会的政治、法律、道德等上层建筑保持一致的问题，旨在维持正常的生产关系，促进生产力的发展。

以上从多个视角分析了管理学的研究对象。一般来讲，管理学是一门从管理实践中形成和发展起来的科学，管理学研究的对象就是人类社会活动的组织及其管理活动、基本规律和一般方法。从这个角度讲，管理学的具体研究内容涉及以下几个主要方面。

（1）基础部分

包括管理、管理者的角色与技能、管理的性质、管理的职能、管理学的特点、管理学的发展历史等，从最一般意义上对管理学进行总体描述，为管理学的学习研究构建总纲和基础。

（2）职能部分

研究管理的计划、组织、领导、控制、协调等各项职能，具体分析每一职能的内涵、地位、功能、过程及要求，从管理过程角度分析"管理是什么"的问题，奠定管理学学习与研究的世界观或认识论。

（3）原理部分

研究反映管理活动本质内容及必然联系的系统原理、人本原理、权变原理等基本管理原理，分析由这些原理派生的各项管理原则的内涵、要求及实现途径，从管理规律的角度阐明管理应遵循的各项原理与原则。

（4）方式部分

探讨管理者应如何根据管理环境、组织性质、人性等变量的综合分析，选择科学有效的管理方式与管理方法，从方法论的视角揭示各种管理方式的适应性问题。

二、管理学的特点

作为一个专门的学科领域，管理学研究的是组织管理活动的一般问题和规律，这也使得管理学具有与其他学科不同的特点，可以从以下六个方面得到体现。

1. 管理学的非精确性

由于管理学研究对象是人以及人与其他资源所构成的组织，而人的行为动机是主观的，这就使得其很难精确地分析和判断人的行为，尤其是很难精确地分析非理性行为以及非制度因素的影响，而且，即便是理性的人也不可避免失误，再好的制度也不能包罗万象；当然，组织预期的数量化指标也不是"1+1=2"的问题，其结果或许"大于2"，或许"小于2"。人们在认识管理活动的内在规律性的过程中所形成的概念、原理、原则、方法等不可能像自然科学的原理和定理那样可以通过实验加以提炼和验证。因此，当管理者应用管理理论指导管理实践时，不可能像自然科学应用其定理和原理去指导自然科学实践那样严谨、精确和一丝不苟，而只能要求管理者在管理过程中灵活地运用管理理论进行具体问题具体分析。

2. 管理环境的不确定性

任何组织管理活动都是在特定的环境中开展的，环境具有不确定性，管理者也好，学者也好，都很难精确地预测环境的变化。因此，这使得管理学所得出的结论具有很大的不确定性。有学者认为，近百年前，在美国实施"泰罗制"就可以成功，放到撒哈拉以南非洲就绝无成功的可能。当然，管理学在中国也要"入乡随俗"，否则就会成为教条。

3. 管理学的综合交叉性

从内容上看，管理学涉及的领域十分广阔，它需要从不同类型的管理实践中抽象概括出具有普遍意义的管理思想、管理原理和管理方法；从影响管理活动的各种因素上看，除了生产力、生产关系、上层建筑这些基本因素外，还有自然因素、社会因素等；从管理的知识来源和构成方面分析，它吸收了许多自然科学和社会科学的知识，如：数学、政治经济学、哲学、生产技术学、社会学、心理学、行为科学、信息学和仿真学等。也就是说，管理学与多种学科有着广泛而密切的联系，并且它需要综合利用这些学科的成果，才能发挥自身的作用，它们具有相互渗透、相互交叉的特点。因此，管理学是一门综合性学科，或称为综合性的边缘学科。

4. 管理学预期的合理性

首先，管理学的最终结果不能做到最优化，因为，任何组织的资源都是有限的，而且，人们对客观世界的认识也是不能穷尽的；其次，管理学所提供的问题答案不具有唯一性，只能判断是否满意、是否适合。因此，管理科学多数只能提供科学的方法、手段、思想和原则，但不能保证管理活动的成功。研究和精通管理学的人，并不一定是一个成功的管理者。正因为如此，对管理学内涵的理解就不能像对其他学科那样严格。管理学包含有更为广泛的内容。

5. 管理学的动态性

任何科学的发展，都是在人类思想遗产和前人研究成果的基础上坚持探索、坚持创新而实现的，管理思想和管理理论也是人类在漫长的历史中从未间断的思考与探索的结晶。同样，管理学的产生和发展，有其深刻的历史渊源，它正是在这些思考与探索的基础上逐步形成、发展和成熟的。管理学发展到今天，已经历了许多不同的历史发展阶段。在每一个历史阶段上，由于历史背景不同，产生了各种管理理论。尽管如此，管理学还是一门非常年轻的学科，其理论还处于新旧更迭的大发展之中；同时，作为一门与经济社会紧密关联的学科，它也必将同经济社会以及科技发展齐头并进。

6. 管理学的实用性

管理学来源于实践又应用于实践，其目的是为人们提供高效率的管理。管理对象的复杂性和管理环境的多变性，使有些管理知识在运用时要注意技巧性、灵活性和创造性，不能用陈规旧矩或思维定式把它禁锢起来，需要在实践中不断创新。必须明白的是，学校是培养不出"合格"的直接"管用"的管理者的。同时，由于管理工作的对象复杂性、管理问题和管理环境的多变性，管理学所能提供的专业手段和方法又是极其有限的。这就是说，在管理实践中，如果只凭书本知识来诊断，仅仅借助原则来设计，靠背诵原理来管理，是远远不够的。只有将管理知识与具体的管理实践相结合，发挥管理者的积极性、主动性和创造性，才能进行有效的管理。所以，管理活动除了要掌握一定的理论和方法外，还要有灵活运用这些知识的技巧和经验。

三、管理学科的形成

管理学是一门多分支的学科体系。按照不同的研究对象，管理学细分为很多分支学科。总体上考察，可以分为理论和操作两个层面。

（一）管理学科构架理论

我国著名学者成思危先生提出管理科学"三个基础"、"三个层次"和"三个领域"的学科结构理论，有助我们对管理学科进行理解。

1. 三个基础

"三个基础"是数学、经济学和心理学。

（1）数学是管理科学中数量分析方法的基础，最常使用的是统计学（包括数理统计、回归分析、非参数统计等）、组合数学（主要研究存在性、计数、优化等问题）、数学规划（包括线性规划、非线性规划、整数规划、动态规划、目标规划等）、随机过程、离散数学及模糊数学等。

（2）经济学是管理科学中各种决策的出发点和依归，最常使用的是理论经济学（主要包括微观经济学和宏观经济学）、应用经济学（例如工业经济学、劳动经济学、区域经济学、国际经济学等）及计量经济学等。

（3）心理学是研究人的心理活动和行为表现的科学，它是管理科学中研究人际关系、调动人的积极性的依据。最常使用的是工业心理学、社会心理学及认知心理学等。

2. 三个层次

"三个层次"是基础管理、职能管理和战略管理。

（1）基础管理是管理中带有共性的基础理论和基本技术，主要包括管理数学、管理经济学、管理心理学、管理会计学、管理组织学、管理决策学、管理史学等。

（2）职能管理是将管理基础与特定的管理职能相结合，例如计划管理、财务管理、人事管理、生产管理、营销管理、科技管理、国际贸易管理、公共行政管理等。

（3）战略管理是决定组织长期问题的一系列重大管理决策和行动，其过程包括组织战略的制定、实施、评价和控制。

3. 三个领域

"三个领域"是管理基础理论与方法，组织管理，以及宏观管理与政策研究。

（1）管理基础理论主要包括管理哲学、决策理论、组织理论等；管理方法则既包括预测、评价、优化等基本技术，又包括组织重建、战略制定、成本控制等基本方法，还包括管理信息系统、决策支持系统等基本手段。

（2）组织管理指政府机构之外的各种各类组织的管理。

（3）宏观管理主要是指政府机构对国家及地方事务的管理，大体上对应于国外的公共管理；而如果侧重于政策研究，则大体上对应于国外的公共政策研究。

（二）操作层面

管理学科的形成在操作层面主要体现在教育和科研领域。目前，在该领域形成了教育部和国家自然科学基金委员会等两个主要的权威运行体系。

1. 教育部的划分

按照国务院学位委员会、教育部《学位授予和人才培养学科目录（2012 年）》的规定，管理学是我国普通高校的研究生教育和本科教育的 12 个学科大门类（哲学、经济学、法学、教育学、文学、历史学、理学、工学、农学、医学、管理学和艺术学）之一。管理学门类下设 9 个专业类别，46 种具体专业，具体见表 1-2。

表 1-2 我国管理学门类学科分类表

学科门类	专业类别	编码及专业
12 管理学	1201 管理科学与工程	120101 管理科学；120102 信息管理与信息系统；120103 工程管理；120104 房地产开发与管理；120105 工程造价（注：除 120104 外，均可授管理学或工学学士学位）
	1202 工商管理	120201 工商管理；120202 市场营销；120203 会计学；120204 财务管理；120205 国际商务；120206 人力资源管理；120207 审计学；120208 资产评估；120209 物业管理；120210 文化产业管理（注：可授管理学或艺术学学士学位）
	1203 农林经济管理	120301 农林经济管理；120302 农村区域发展（注：可授管理学或农学学士学位）
	1204 公共管理	120401 公共事业管理；120402 行政管理；120403 劳动与社会保障；120404 土地资源管理（注：可授管理学或工学学士学位）；120405 城市管理
	1205 图书馆、情报与档案管理	120501 图书馆学；120502：档案学；120503 信息资源管理
	1206 物流管理与工程类	120601 物流管理；120602 物流工程（注：可授管理学或工学学士学位）
	1207 工业工程类	120701 工业工程（注：可授管理学或工学学士学位）
	1208 电子商务类	120801 电子商务（注：可授管理学或经济学或工学学士学位）
	1209 旅游管理类	120901 旅游管理；120902 酒店管理；120903 会展经济与管理

2. 国家自然科学基金委员会的分类

1986年国家自然科学基金委员会一经成立,就设立了管理科学组,2006年管理科学组升格为管理科学部。"十五"时期,管理科学部优先资助领域论证报告中定义:"管理科学是一门研究人类管理活动规律及其应用的科学,是一门横跨自然科学与社会科学两大领域的综合性交叉科学。"可见,这个定义是从广义上界定管理科学的。尽管其优先资助三大领域之一的"管理科学和管理工程"显然系狭义的管理科学,但是,其在"管理科学"名义下资助的主要领域还是涵盖了管理科学和管理工程、经济管理和工商管理以及宏观管理和科技管理。可见,国家自然科学基金委员会"管理学部"所认定的"管理科学"所涵盖的学科领域同教育部"学科目录"中"管理学"门类的主要一级学科设置,基本上是一致的。

四、管理学教育

尽管各国管理学教育的发展经历各不相同,但工商管理教育可以说是管理学科教育的起源,而在作为工商管理教育的鼻祖的美国更具有典型意义。

(一)美国管理教育

在过去的发展中,美国工商管理教育经历了学徒年限制、簿记与经商职业训练制、基于艺术科学学院或经济学系的大学教育制,最终发展成为今天的具有充分服务能力的独立工商管理学校或大学商学院的专职教育体制。

1. 在17世纪,美国从欧洲引进了徒工模式。男孩过早地辍学,从师商贩、手工艺者和商人,学习经商的实践经验。这种跟师学技的模式,通常是由学徒家长与工匠之间签订正式合约来约定。这些男孩通过实践技能的学习,能获得更丰富的知识和能力。

2. 18世纪初期,美国波士顿、纽约、费城等城市附近的一些二流私立中学就开设了簿记学课程,1796年美国公开出版第一本簿记学教科书,1823年波士顿的一所公立高等学校率先设置簿记学教育项目。从教育的角度看,簿记学应该是管理学的前身。之前,在所有美国学校中除算术外,还没有开设其他任何与经营管理方法相关的课程。

3. 1835年,多尔伯商学院在纽约市成立,这是美国第一个专门从事工商管理教育的机构。1850年,美国出现了20所独立的私立商学院,横跨美国东部和中西部;到1863年,包括著名的布莱恩特—斯特拉顿学院在内,已经有50多所商学院遍布全美国。但是,公认的第一所成功举办工商管理高等教育的学校,是1881建立的美国宾夕法尼亚大学沃顿学校(注:现为沃顿商学院)。实业家约瑟夫·沃顿为该学校提供了10万美元基金,指定用于培养那些有在政府或企业工作经历的杰出家庭的年轻人。

4. 宾夕法尼亚大学沃顿学校成立后,其他学校纷纷效仿,并成立工商管理教育项目。在工商管理教育演变过程中,此阶段教育的重点是培养职员而并非经理。大学教育仅是从广阔范围中注重提供应用型、职业训练方面的服务。新兴的工商管理教育项目最初没有自己的独立系科,有的建制于艺术科学系之中,如1908年哈佛大学的工商管理教育项目就在其艺术科学学院内实施;也有相当多的大学在经济系举办工商管理教育项目,1898年,加州大学伯克利分校在其经济学系开设工商管理专业,同年芝加哥大学也在其政治经济学系内开设工商管理专业。

5. 到1912年,美国才开始在学校中设置独立的学院或系科,如哈佛大学商学院、佐治亚大学商学院,以及20世纪40年代独立出来的加州大学伯克利分校商学院。达特茅斯大学是美国第一所开展工商管理硕士(又称商学硕士)教育的高校,该项目于1900年执行,当时只有7名硕士生。工商管理教育地位确立一个世纪以来,美国工商管理教育一直处于快速发展的状态,目前全美开设工商管理学位教育的院校数以千计,形成了本科、硕士学位和博士等多层次学位教育体系,工商管理教育水平也居于全球领先地位。

(二) 中国管理教育

从近代意义的工商管理学科在中国大地产生以来,几经起伏跌宕,走过了百余年的风雨历程。根据我国工商管理本科教育历史变迁的特点,以工商管理学科门类归属为依据,可将我国工商管理本科教育发展演变划分为新中国之前和之后两个阶段。

1. 新中国成立之前,即清末至1949年(不包括经济学科):从诞生时的单一的商务科,到在商科门类下的多学科设置。

1897年于上海成立的南洋高等商业学堂是近代中国第一所专门化的商业高等学校,设银行、税则、保险三个学科,专门培养高级商业人才。1910年,京师大学堂仿西制设立分科大学,下设经、法、文、格致、农、工、商、医等八科(其中医科因教习未到而暂缓开学),商科学制为三年,下设银行保险学一门。此时的商科大学相当于大学内的商学院,这是西方商学院形式的人才培养模式在我国的最早应用,它标志着新式的商学教育在中国正式扎根。1918年后,我国一些综合大学相继成立并纷纷设立商学院,如南开大学、复旦大学、厦门大学、东南大学等;1920年以后,出现了银行金融、工商管理、国际贸易、会计学等新型学科。当时的东南大学下设普通商业系、会计系、工商管理系、银行理财系、保险系、国际贸易及领事系、交通运输系等七个教学系,代表了20世纪20年代商学科发展的最新趋势,是此时期中国商学学科发展的典型代表。到1947年,全国已有10所国立学校、9所私立大学设有商学院,又有10所独立建制的商学院或工商学院、法商学院,还有7所商学类专科学校。

2. 新中国成立后，我国管理学科几经调整，具体经历了以下特点的教育变革。

（1）广义的财经类教育（1949～1987年）：这一时期的最大特点是，根据社会主义计划经济体制对人才培养的要求，通过参照苏联计划经济体制对人才的培养模式，形成了财经类教育。在鼎盛时期，我国高等财经院校一度达36所，有27所综合大学开设了财经专业。财经类学科专业种类达99种。

（2）经济和管理学类教育（1987～1993年）：这一时期的最大特点是将以往的大财经学科改称为经济和管理学类，下设经济和管理类的48个专业。这种设置基本体现了市场经济发展对管理人才的需求，同时一大批有关工商管理教育的课程应运而生，提升了管理学科在经济建设发展中的作用。

（3）经济学门类（1993～1998年）：1993年颁布的新专业目录，设哲学、经济学、法学、教育学、文学、历史学、理学、工学、农学、医学十大门类。经济学门类下设经济学类与工商管理类两个二级类，有关专业为31个，比过去有所精简。这是中华人民共和国成立后"工商管理学科"名称第一次正式出现，表明其学科地位已经得到恢复与保障。

（4）管理学门类下的工商管理一级学科（1998年至今）：这时，一个重大变化就是将管理学作为独立学科门类设置，将工商管理学科从经济学门类下的二级类划到管理学门类下的一级类。这对管理科学而言，无疑具有重大意义，管理学作为一门科学获得了其独立学科门类的地位。工商管理类专业数也进行了较大幅度的调整与压缩。2011年，国务院学位委员会、教育部颁发《学位授予和人才培养学科目录（2011年）》，管理学大的学科地位没有变化。

一、案例分析

某酒店坐落于美丽的热带度假胜地，为了进行专业化管理，引进了国际顶级品牌合同管理。该酒店每年都会从大专院校接收一定数量的实习生前来学习，以便补充季节性人力资源短缺，当然，酒店也可以获得选择新鲜人才的机会。学生实习对于学校和酒店来说，可谓是双赢的举措。而在实习的过程中，无论是学校还是学生，都希望能够在各个部门轮转学习，因而反复向酒店表达这样的愿望。酒店方却暗示，酒店是一个经营实体，而非公益教育机构，由于实习期短暂，只有几个月，实习生应该在某个岗位上精益求精，而不至于走马观花，况且每一个部门的业务都非常繁忙。长期以来，酒店始终不愿让步，而大专院校的诉求始终也未能如愿。

问题：此案例中所发生的情况说明了管理学中的什么问题？

二、重要概念

管理，管理的二重性，效率，效果，管理过程，过程管理，管理学

三、问题
1. 简答"管理"的含义。
2. 管理的性质是什么?
3. 过程管理的特点是什么?
4. 管理学包括哪些研究内容?
5. 简述管理学的学科地位。

四、讨论
1. 比较管理效率与管理效果的联系和区别。
2. 请辨析管理过程与过程管理的区别。

第二章 管理系统及其构成

【本章概要】
　　管理系统是由相互作用的要素和子系统，按照管理整体目标结合而成的有机整体。管理者如果看不到整体中的各个组成部分，就看不清楚整体的结构和格局，就会造成认识上的模糊，从而在工作上分不清主次。同时，任何管理系统都是变化发展着的，而且任何变化和发展都会表现为管理的具体任务和管理目标的实现条件的变化。本章从系统论思想出发，讨论了管理系统的一些主要问题：管理目标、管理者、管理职能、管理环境等。

【学习目的】
　　1. 正确理解什么是系统
　　2. 用系统论思想解释管理的概念
　　3. 懂得管理的目的及其分类
　　4. 知晓管理者、管理者的分类、管理者的角色和管理者的要求
　　5. 知晓管理的各大职能以及含义
　　6. 了解管理环境及其构成要素

第一节　管理的系统观

　　系统论是研究事物系统特征及其运行规律的理论。系统是指由若干相互依存、相互作用的要素或子系统组合而成的具有特定功能的有机整体。这种有机整体通常由物质、信息和能量这三种既相互区别、又相互联系的基本元素组成。系统具有其各个组成部分所没有的新的性质和功能，并不断与外部环境相互交换能量。对于一个系统而言，要素、结构、功能、行为、环境、境界、目的和信息以及它

们之间的相互依赖、相互作用是系统构成的基本条件。系统的核心概念，如图 2-1 所示。

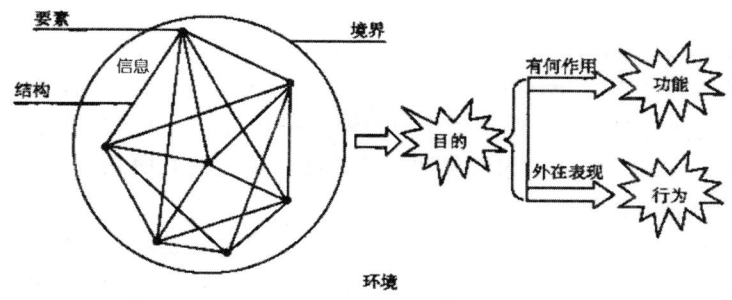

图 2-1 系统的核心概念图

1. 要素（Element）

要素是系统构成的基本单元或部分。这里形象地表示为图 2-1 中的"点"。要素是构成系统最小的研究单位，要素之间是相互联系和作用的，它对系统整体也具有影响作用。

2. 结构（Structure）

结构是系统内部各组成部分或要素之间在时间、空间等方面的有机联系、相互作用的组织机构、方式和秩序。形象地表示为图 2-1 中在要素"点"之间起连接作用的"线"。

3. 功能（Function）

功能是指系统诸要素在一定的系统结构下形成的效应或作用。功能由结构规定，并通过系统整体的运动表现出来。功能是结构的外在体现，而结构是功能的内在动因。

4. 行为（Behavior）

行为是指实现系统目标所进行的活动，也是系统功能的外部表现。一般系统论认为，系统相对于外部事物的变化就是其行为，而这个行为对外部事物的作用就是其功能。

5. 环境（Environment）

系统以外的其他与之有关的事物的集合就构成了系统的环境。"环境"并不仅仅指的是有形的物质状态的环境，事实上，特别是对于典型的管理问题而言，"环境"一词往往包括社会、政治、经济、历史、文化、民族、宗教等因素，这些都可能构成"环境"的一部分。

6. 境界（Boundary）

系统与环境之间的边界称为境界。尽管在图 2-1 中用一条明确标出的"境界线"来表示"境界",但是需要指出的是,大多数系统事实上并不具有明确而严格的"境界",只不过由系统研究人员根据具体问题进行识别,哪些是境界之外的,哪些是境界之内的。

7. 目的（Objective）

目的是指行为主体在行为之前心目中想要实现的行为目标或预期达到的行为结果。目的是行为的灵魂,规定着行为的价值和方向,并且贯穿于行为的全过程。为直观起见,可以用图2-1来形象地表示系统有关的核心概念。

8. 信息（Information）

信息是事物运动状态和存在方式的表现形式。信息是物质、能量及其属性的标示。事物都是在不断发展和变化的,客观变化的事物不断地呈现出各种不同的信息,人们需要借助于信息认识客观世界,建立与外界以及内部的联系,并形成一个整体系统。

本课程所研究的管理是指组织管理,不涉及个人或家庭管理。尽管组织活动的内容各不相同,管理活动的特点千差万别,管理过程中采用的方法也必然不同。但是,不论组织在不同的环境活动中采用何种方法,要使这些努力收到最佳的效果,管理者必须把管理对象视为一个整体,从整体的角度来研究问题的解决,这就是管理的系统论。可以认为,系统论是管理工作最基本的方法论。要有效地进行管理,就必须从系统论的思想出发综观管理活动。

系统的功能是指系统接受物质、能量和信息并予以转换,从而产生另一种形态的物质、能量和信息的能力,或者说系统与外部环境相互作用的能力。因此,一般认为,管理就是在一定环境条件下,组织人力、运用"计划、组织、领导、控制"的职能（或功能）,充分发挥资源和技术的作用,以期达到规定的目标而开展活动的系统。管理系统的结构见图2-2。

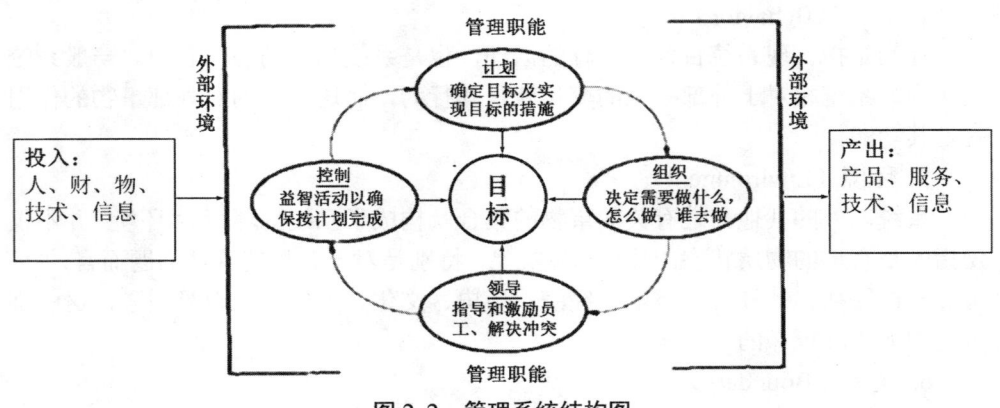

图 2-2 管理系统结构图

管理系统的作用就是，利用信息实现一种控制的功能，通过对该系统组成要素及其结构部分整合，使管理系统内部各子系统之间的关系更加优化，求得整体最优，使系统的组成要素和结构部分形成一个协调运动的整体，达到各系统的均衡，以实现系统的整体性目标。

管理是一个内容丰富的复杂系统，这里无法一一详述，以下几方面是管理系统构成的主要要素。

1. 管理目标

管理目标是管理整体功能的集中体现，是管理系统建立与运行的出发点，也是管理系统正常运行的管理效果，管理系统必须围绕管理目标正常运行，管理者所有的管理行为都是为了实现管理目标。

2. 管理者

管理者是主体，是管理系统中的核心要素，管理系统中的许多活动和行为都要靠管理者去实施，管理者是整个管理系统的统帅，是发挥管理系统整体功效、实现管理目标的关键力量。

3. 管理对象

管理对象是管理者为实现管理目标，通过管理行为作用于其上的客体。管理对象包括各类组织及其构成要素与职能活动，资源或要素是构成组织的基本单位，其动态组合与运行构成了职能活动，资源与活动又共同构成了完整的组织及其行为。资源、活动、组织是具有不同形态的，它们都受管理行为的作用，共同影响管理成效和目标的实现。

4. 管理环境

管理环境是指存在于社会组织内部与外部的、影响管理实施和管理功效的各种因素的总和，任何管理活动都存在于一定管理环境之中，必须受管理环境的影响，反过来又会对管理环境起到反作用，所以管理环境也是管理系统的组成部分。

5. 管理方法

管理方法是管理者为实现组织目标，组织和协调管理要素的工作方式、途径或手段。管理方法是实施管理行为的途径或手段，对管理功效及目标实现具有直接的意义，所以，管理方法是管理系统的重要因素。

管理手段和方法是管理系统中的重要构成要素之一，该内容将在本教材的控制技术相关章节中进行讨论，这里暂且不做详述。本章以下各节将就管理的目标、管理者、管理职能、管理环境等问题逐一讨论。

第二节 管理的目标

一、组织目标

组织是为了实现特定的目标而有意识地组合起来的社会群体,例如企业的目标是为了经济利益和价值、学校的目标是教书育人、医院的目标是医疗健康、政府的存在是为了公众福祉,等等。因此,组织是人们为了特定目标而组建的稳定的合作形式,也就是说,目标是组织存在的基础。

目标是个人、部门或整个组织所期望的成果。所谓组织目标,是指组织在一定时间和空间内要争取实现的目的和结果,或者说是组织通过自身的努力去追求的某种事实或未来状态。例如,某公司计划3年内成为同行业的标杆企业,某大型企业期望5年内步入世界五百强,这些都反映了组织未来所要达到的工作要求和期望结果。那么,如何来把握"组织目标"这个概念呢?以下几个方面有助于我们理解组织目标的核心要点。

1. 组织目标是一个组织的要素。每个组织都有一个目标,并且是由一定的人员,按照一定的方式聚合而为之努力。如果没有目标,组织就不可能建立,也无法开展活动;如果已有的组织失去了目标,这个组织也就名存实亡,而失去了存在的必要。

2. 组织目标是组织的宗旨、纲领或者灵魂,它代表着一个组织的未来和发展方向。不同组织有不同的目标,而组织目标却是识别组织的性质、类别和职能的基本标志。组织目标也说明了建立这个组织的目的性。任何组织都把确定组织目标作为最重要的事。

3. 组织目标是组织开展活动的依据和动力,是组织决策、效率评价、协调和考核的基本依据。因此,组织目标对组织的全部活动起指导和制约作用。

4. 组织目标为组织的活动确定了发展路线。确定目标是组织的战略、计划和其他各项工作安排的基础,只有把笼统的目的化为具体的目标,组织实现预期的效益才有比较大的希望。同时,目标不会自然实现,人们必须为树立目标而进行决策并通过各种活动来实现这个目标。

5. 组织目标的产生是受社会环境因素的影响和限制的。社会组织要想适应这种环境,制定目标时就必须遵循满足环境需求的原则。环境的需要不仅规定了组织目标的范围,而且规定了组织目标的时限,影响着组织的生命周期。

二、组织目标的特点

组织目标具有差异性、多元性、层次性和时间性等特点。

1. 差异性

首先，不同类型的组织，由于其组织基本宗旨不同，其组织目标也不相同；其次，同一类型的组织，尽管其组织宗旨基本相同，但由于受其所处的具体环境、所拥有的组织资源以及价值观念等的制约和影响，即使其组织目标指标体系可能相同，其目标的具体数值也常表现出很大的差异性。

2. 多元性

不同的组织有不同的组织目标。在同一个组织中，也会有不同性质的多个目标，因为单一目标无法全面考察一个组织的情况，这就是组织目标的多元性。组织目标的多元性也要求管理者要协调处理好各类目标之间的关系。

3. 层次性

为了使组织目标成为组织中每一个成员的行动指南，组织目标往往需要进行进一步的分解，使组织中不同层次和岗位的员工都了解，他们应当做些什么才有助于组织总体目标的实现。因此，组织目标往往按其重要性或所涉及的范围大小进行分等分层。

4. 时间性

组织目标是未来一段时间内要达到的目的，因此，任何组织目标都有时间性。这一方面意味着组织目标都是在特定时间内要达到的目的，在确定组织目标时必须指明其时间区限；另一方面，这也意味着在不同的时间里，组织目标是发展变化着的，管理者要根据环境的发展和组织内部条件的变化及时地制定出新的组织目标。

三、组织目标的划分

在实际中，由于组织性质的不同，发展阶段的不同，目标体系中的重点目标也大相径庭。同一层次战略目标之间必然优先重要目标。因此，非常有必要对组织目标进行划分。

（一）按照功能划分

在组织使命和功能定位的基础上，组织目标可以按四大内容划分，即市场目标、创新目标、盈利目标和社会目标。并且，每一个目标又可以做如下分解，见图2-3。

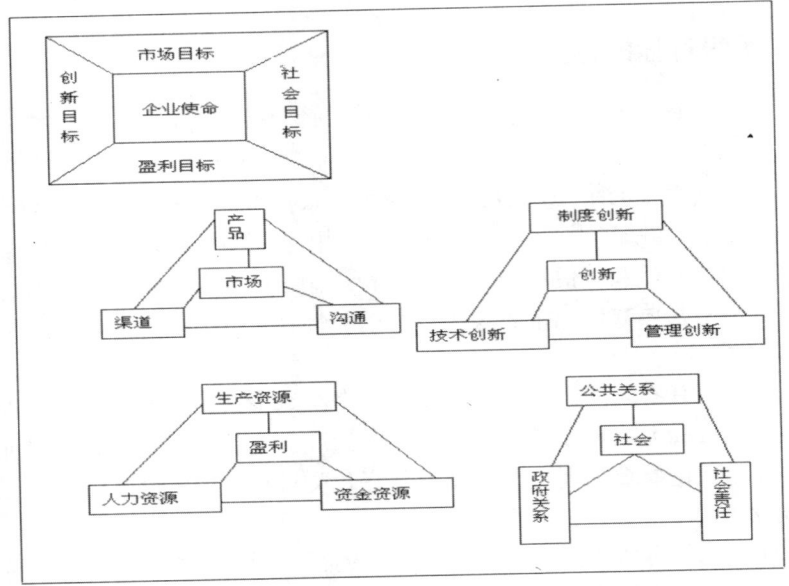

图 2-3　组织目标的功能结构

（二）按照目标的层次划分

组织目标具有多层次性，它们包括：总体目标、阶段目标和不同层次的部门目标。

1. 总体目标，指组织作为一个利益共同体和一个系统对自身提出的要求。它是为完成组织使命和宗旨所确定的正式指标，对组织活动起着动力和导航作用，代表着一个组织的方向和未来。对组织来说，整体是共同目标；对组织成员来说，共同目标是组织整体需要到达的目的地。总体目标主要涉及组织的发展、贡献、规模、市场份额等方面。

2. 阶段目标，是指为了实现总体目标和战略，组织按照纵向时间要求所提出的工作任务和期望。通常，阶段目标具有可行性和连续性。所谓可行性，是指阶段目标的制定必须以客观分析和科学预测为依据，并且切实可行。所谓连续性，指阶段目标之间相互衔接，层层递进，使组织不断接近和最终实现组织总目标。

3. 部门目标，指有权管辖一个特殊的领域及组成某一整体的部分或单位所要完成的规定任务和期望。为此，部门目标的内容和要求、完成的时间和条件、由谁来承担完成等，都要制定得具体详细。

（三）按照时间跨度划分

从时间上看，组织目标是由长期目标、中期目标和短期目标组成的，而且每种目标的产生和作用都是不相同的。

1. 长期目标，指在比较长的时间内才能达成的目标，一般指时间跨度在 5 年以上的目标。它是组织通过实施特定战略所期望的结果。例如，我国经济社会发展的"中等发达国家水平"的目标。

2. 中期目标，指时间跨度在 1~5 年的组织目标。可以说，中期目标是长期目标的一份清单，其目的是对长期目标提出的基本任务进行划分，使之具体化，便于付诸施行。

3. 短期目标，就是计划中可以操作的目标，这种目标把任务落实到每一个基层单位甚至每一个成员，对他们所要完成的任务的数量、质量、技术要求和工作程序都做了具体规定，并且在物资和设备上给予保证，责任、权限和报酬也都做了明确的划分。总之，使组织的目标可以直接变成组织成员的行动，组织成员的绝大部分时间，都是为执行短期目标而进行活动的。

长期目标、中期目标和短期目标，在完成时间上的划分并不是绝对的。比如对于一个国家来说，5 年目标就可以算作中期目标，但是对一个企业来说，5 年目标就可能成为长期目标，而年度目标就可能是它的中期目标。

（四）按照目标的地位划分

按照目标的地位可以将其划分为主要目标和次要目标。

1. 主要目标指那些直接关系到组织主要受益人群体的需求和愿望的满足的目标。

2. 次要目标指组织必须满足各种各样的次要受益人群体的需求和愿望。

（五）按照目标的主体内外关系划分

可以按照目标的主体内外关系将其划分为平衡性目标和改进性目标。

1. 平衡性目标是有意识地做出的与组织的宏观环境相适应的决策，这种目标的实施采取了一种适应性策略。

2. 改进性目标是指一种以改进工作和以更高效率完成计划的愿望为基础的目标，这是社会组织在社会转型时期较为常见的一种目标形式。

（六）按照目标的性质划分

组织的目标可按性质划分为两类：一类是能够维持组织生存下去的目标，即生存目标，如盈利、安全、合法等；另一类是保证组织发展壮大的目标，即发展目标，如增值、扩张、创新等。

四、组织目标的确定

一般而言，组织目标的确定是一个决策的过程，以下方面是管理者必须考虑的问题。

（一）目标制定过程

组织目标的制定过程包括以下 5 项工作。

1. 调查研究

在制定组织目标之前，必须进行调查研究工作。调查研究既要全面，又要突出重点，其侧重点是那些对组织未来具有决定意义的内部因素和外部因素。

（1）外部环境研究。需要回答的问题是"可以做否"，例如有关国家政治、经济政策和法规、社会消费倾向的变化等；明确组织未来生存发展可能面对的机会和威胁、可以利用的社会资源。

（2）内部实力分析。需要回答的问题是"有能力做否"，例如对组织所拥有的物质资源、资金条件、人员素质、管理水平等方面的分析，明确组织能够做什么、不能做什么、通过创新还能做什么，即确定自身的实力。

（3）愿景和追求分析。需要回答的问题是"愿意做且认为值得做否"，通过对组织成员、领导层价值观和志向的分析，明确组织成员愿意做什么、不愿意做什么，以及希望做到何种程度，即明确组织成员的群体价值观和追求。

2. 拟定目标

经过细致周密的调查研究，便可以着手拟定目标了。拟定目标一般需要经历两个环节：拟定目标方向和拟定目标水平。

首先在既定的领域内，依据对外部环境、需要和资源的综合考虑，确定目标方向；然后，通过对现有能力与手段等诸种条件的全面衡量，对沿着目标方向展开的活动所要达到的水平也做出初步的规定，这便形成了可供决策选择的目标方案。

在确定过程中，必须注意目标结构的合理性，并要列出各个目标的综合排列的次序。另外，在满足实际需要的前提下，要尽可能减少目标的个数。一般采用的方法是：（1）把类似的目标合并成一个目标；（2）把从属目标归于总目标；（3）通过度量求和、求平均或过程综合函数的办法，形成一个单一的综合目标。

3. 评估目标可行方案并选择决策方案

目标拟定出来之后，就要组织多方面的专家和有关人员对提出的目标方案进行评价和论证。

（1）限制因素分析：分析哪些因素会影响目标的实现程度、有多大影响。

（2）综合效益分析：分析每一个方案所带来的综合效益（包括社会的和组织的效益），评价其是否为组织最理想的方案。

（3）潜在问题分析：对实施每一目标方案时可能发生的问题，可能遇到的困难和障碍进行预测分析，看组织是否有能力应对。

4. 目标体系的优化

组织目标具有层次性、差异性和多元性，因此，当组织目标制定出来以后，还需要进行系统优化。组织目标的协调主要通过以下三方面的工作实现：一是横向协调，即对组织中处于同一层次的不同目标进行相互协调；二是纵向协调，即组织中不同层次的目标之间要协调一致，如岗位目标与部门目标之间，部门目标与总体目标之间要保持一致；三是综合平衡，明确各目标的优先顺序和重要程度，以突出重点，以免因小失大。

5. 总体目标的具体化

组织目标必须有一个分解的过程。所谓目标分解是将组织的总体目标划分为功能各异而又互补的子目标。复杂的总体目标往往需要经过多层次的分解，从而形成具有层次性的目标网络：一是根据组织总体目标制定出相应的战略目标和行动目标，即为了实现总体目标必须做些什么、怎么做、做到何种程度等；二是将总体目标分解成部门目标和岗位目标，使组织中不同部门和岗位的人了解，他们应当做些什么才有助于组织总体目标的实现，确认各级人员在组织总体目标实现中应承担的责任和拥有的权利，并规定相应的评价和奖惩制度，使组织目标落实到人，成为组织中一切成员的行动指南。

五、目标制定的基本原则

1. 以满足社会或市场需求为前提，并要考虑到组织的社会责任

每一个组织作为一个社会存在体，要取得社会的认同，就必须体现出一定的社会价值，能满足一定的社会需求，只有这样，组织才有可能得到社会的承认并取得不断的发展。

2. 以提高投入产出率为出发点

由于任何组织所拥有的资源都是有限的，所以组织在选择目标方案时，要充分体现获取最大效益的原则，即要选择能较好地使有限的资源发挥最大效益的目标方案。

3. 所制定的目标值应具有合理性

目标是在未来一段时间内在某一方面要达到的目的，因此目标值的确定必须具有切实的可行性。根据美国马里兰大学管理学及心理学教授洛克目标设置理论，"SMART 原则"对于目标设置具有一定的实践意义，它主要有以下几个方面：

（1）具体性（Specific），是指目标应当是单义的，必须要有特定的工作指标，只能有一种理解，不能笼统，并可以用具体的语言清楚地说明要达成的行为标准。若有多项目标还必须分出主次轻重；实现目标的责任必须能够落实；实现目标的约束条件也要尽可能明确。明确的目标几乎是所有成功团队的一致特点。很多团

队不成功的重要原因之一就是目标定得模棱两可，或没有将目标有效地传达给相关成员。

（2）可衡量性（Measurable），即目标必须是可以衡量的，而且验证这些目标指标的数据或者信息是可以获得的。如果制定的目标没有办法衡量，就无法判断这个目标是否实现以及成果如何。

（3）可达成性（Attainable），指目标必须在付出努力的情况下才可以实现，避免设立过高或过低的目标。目标应该是可以让执行人实现、达到的，如果管理者利用一些行政手段、利用权力性的影响力一厢情愿地把自己所制定的目标强加给下属，下属典型的反应是一种心理上和行为上的抗拒。

（4）相关性（Relevant），是指实现此目标与其他目标的关联情况。目标必须和其他目标具有协同性、互补性和带动性。如果所实现的这个目标与其他的目标完全不相关，或者相关度很低，那么这个目标即使达到，意义也不是很大。

（5）时间性（Time-based），指目标必须具有明确的截止期限，必须注重指标的特定期限。因为，有些目标若不能够按时完成，就没有继续的意义了，甚至有些目标的延误可能会成为相关目标实现的障碍。

第三节　管理者

一、管理者

管理学的研究是基于组织背景的经济社会活动，因此，定义管理者可以从组织成员的工作内容考虑。这样，组织内的成员可以分为两类，即操作人员（Operators）与管理者（Managers）。操作人员指直接从事某些具体的工作或任务、并不负有监督其他人工作责任的个人。例如，工厂中的一线工人、酒店中的服务员和厨师，或是在政府中工作的文员等。而管理者则是指在组织中负责分派、指挥与监督他人做事的人或人群。管理者与操作者的一个最大区别，在于管理者有其所直接管辖的部属，并对组织完成预期任务负有责任，而操作者则只需做好自己分内的工作即可。可见，管理者是管理行为过程的主体，一般由拥有相应的权力和责任、具有一定管理能力并从事现实管理活动的人或人群组成。

（一）管理者的特点

作为组织中与操作者不同的成员，管理者的主要特点体现在下面几个方面。

1. 管理者是具有职位和相应权力的人

要开展管理活动，组织或团体必须赋予管理者一定的职权。如果一个管理者处在某一职位上，却没有相应的职权，那么他就无法进行管理工作。管理者的职权是管理者从事管理活动的资格，其职位越高，权力越大。韦伯认为管理者有三种权力：①传统权力，因传统惯例或世袭得来，比如帝王的世袭制；②超凡权力，来源于别人的崇拜与追随，带有感情色彩并且是非理性的，不依据规章制度而依据以往所树立的威信；③法定权力，即法律规定的权力，通过合法的程序所拥有的权力，比如通过直接选举产生的总统。

但实际上，在管理活动中，管理者仅具有法定的权力，是难以做好管理工作的。管理者在工作中应重视"个人影响力"，成为具有一定权威的管理者。所谓"权威"，是指管理者在组织中的威信、威望，是一种非强制性的"影响力"。权威不是法定的，不能靠别人授权。权威虽然与职位有一定的关系，但主要取决于管理者个人的品质、思想、知识、能力和水平，取决于同组织人员思想的共鸣、感情的沟通，取决于相互之间的理解、信赖与支持。这种"影响力"一旦形成，各种人才和广大员工都会被吸引到管理者周围，心悦诚服地接受管理者的引导和指挥，从而产生巨大的力量。

2. 管理者是负有一定责任的人

任何组织或团体的管理者，都具有一定的职位，都要运用和行使相应的权力，同时也要承担一定的责任。权力和责任是一个矛盾的统一体，一定的权力又总是和一定的责任相联系的。当组织赋予管理者一定的职务和地位，从而形成了一定的权力时，管理者同时就相应地担负了对组织一定的责任。在组织的各级管理人员中，责和权必须对称和明确，没有责任的权力，必然会导致管理者的用权不当；而没有权力的责任是空泛的、难以承担的责任。有权无责或有责无权的人，都难以在工作中发挥应有的作用，都不能成为真正的管理者。

责任是对管理者的基本要求。管理者被授予权力的同时，应该对组织或团体的命运负有相应的责任，对组织或团体的成员负有相应的义务。权力和责任应该同步消长，权力越大，责任越重。比较而言，责任比权力更本质，权力只是尽到责任的手段，责任才是管理者真正的象征。如果一个管理者仅有职权，而没有相应的责任，那么他是做不好管理工作的。管理者的与众不同，正因为他是一位责任者。如果管理者没有尽到自己的责任，就意味着失职，等于放弃了管理。

（二）管理者的角色

管理者真正做了什么？他们是怎么做的？为什么要这样做？这些问题有着许多不同的答案。西方管理学者关于管理者角色的理论，主要有两大流派，代表人物分别为美国的彼得·德鲁克和加拿大的亨利·明茨伯格。

1. 德鲁克的管理角色理论

1955年，德鲁克提出"管理者角色"（The Role of the Manager）的概念。他认为，管理是一种无形的力量，这种力量是通过各级管理者体现出来的，所以管理者扮演的角色或者说责任大体上分为三类。

（1）管理一个组织（Managing a Business），求得组织的生存和发展。为此管理者必须做到：①确定该组织是干什么的，应该有什么目标，如何采取积极的措施实现目标；②谋取组织的最大效益；③"为社会服务"和"创造顾客"。

（2）管理管理者（Managing Manager）。在组织的上、中、下三个层次中，人人都是管理者，同时人人又都是被管理者，因此管理者必须做到：①确保下级的设想、意愿、努力能朝着组织的共同目标前进；②培养集体合作精神；③培训下级；④建立健全的组织结构。

（3）管理工人和工作（Managing Workers and Work）。管理者必须认识到两个假设前提：①关于工作，其性质是不断急剧变动的，既有体力劳动又有脑力劳动，而且脑力劳动的比例会越来越大；②关于人，要正确认识到"个体差异、完整的人、行为有因、人的尊严"对于处理各类各级人员相互关系的重要性。

2. 亨利·明茨伯格的管理角色理论

在孔茨所说的"管理理论丛林"中，亨利·明茨伯格是管理者角色学派的创始人。明茨伯格认为，对于管理者而言，从经理的角色出发，才能够找出管理学的基本原理并将其应用于管理的具体实践中去。在《管理工作的本质》中，明茨伯格这样解释说："角色这一概念是行为科学从舞台术语中借用过来的。角色就是属于一定职责或者地位的一套有条理的行为。"他将管理者的工作分为3类、10种角色，即人际关系方面的角色、信息传递方面的角色和决策方面的角色，它们的关系见表2-1。

（1）人际角色

人际角色直接产生于管理者的正式权力，管理者在处理与组织成员和其他利益相关者的关系时，他们就在扮演人际角色。人际角色又包括代表人角色、领导者角色和联络者角色。

①挂名首脑角色：作为所在单位的"头儿"，管理者必须担负一些具有礼仪性质的职责。如管理者有时出现在社区的集会上，参加社会活动，或宴请重要客户等，在这样做的时候，管理者扮演着代表人的角色。

②领导者角色：由于管理者对所在单位的成败负重要责任，他们必须在工作小组内扮演领导者角色。对这种角色而言，管理者和员工一起工作并通过员工的努力来确保组织目标的实现。

③联络者角色：管理者无论是在与组织内的个人、工作小组一起工作时，还

是在与外部利益相关者建立良好关系时，都起着联络者的作用。管理者必须对重要的组织问题有敏锐的洞察力，从而能够在组织内外建立关系和网络。

表 2-1　明茨伯格的管理者角色关系表

角色	描述	特征活动
人际关系方面		
1. 挂名首脑	象征性的首脑，必须履行许多法律性的或社会性的例行义务	迎接来访者，签署法律文件
2. 领导者	负责激励和动员下属，承担人员配备、培训和交往的职责	实际上从事所有的有下级参与的活动
3. 联络者	维护自行发展起来的外部接触和联系网络，向人们提供恩惠和信息	发感谢信，从事外部委员会工作，从事其他有外部人员参加的工作
信息传递方面		
4. 监听者	寻求和获取各种特定的信息（其中许多是即时的），以便透彻地了解组织与环境	阅读期刊和报告，保持私人接触作为组织内部和外部信息的神经中枢
5. 传播者	将从外部人员和下级那里获得的信息传递给组织的其他成员——有些是关于事实的信息，有些是解释和总结组织的有影响的人物的各种价值观点	举行信息交流会，用打电话的方式传达信息
6. 发言人	向外界发布有关组织的计划、政策、行动结果等信息；作为组织所在产业方面的专家	举行董事会，向媒体发布信息
决策制定方面		
7. 企业家	寻求组织和环境中的机会，制定"改进方案"以发起变革，监督这些方案的策划	制定战略，检查会议决策执行情况，开发新项目
8. 混乱驾驭者	当组织面临重大的、意外的混乱时，负责采取补救行动	制定战略，检查陷入混乱和危机的时期
9. 资源分配者	负责分配组织的各种资源——事实上是批准所有重要的组织决策	调度、询问、授权，从事涉及预算的各种活动和安排下级的工作
10. 谈判者	在主要的谈判中作为组织的代表	参与工会进行合同谈判

（2）信息角色

在信息角色中，管理者负责确保和其一起工作的人员享有足够的信息，从而能够顺利完成工作。由管理责任的性质决定，管理者既是所在单位的信息传递中心，也是组织内其他工作小组的信息传递渠道。整个组织的人依赖于管理结构和管理者以获取或传递必要的信息，以便完成工作。管理者必须扮演的信息角色，具体又包括监听者、传播者、发言人三种角色。

④监听者角色：管理者持续关注组织内外环境的变化以获取对组织有用的信息。管理者通过接触下属来收集信息，并且从个人关系网中获取对方主动提供的信息。根据这种信息，管理者可以识别组织的潜在机会和威胁。

⑤传播者角色：管理者把他们作为信息监听者所获取的大量信息分配出去。

⑥发言人角色：管理者必须把信息传递给单位或组织以外的个人。

（3）决策角色

在决策角色中，管理者处理信息并得出结论。如果信息不用于组织的决策，这种信息就失去其应有的价值。决策角色具体又包括企业家、混乱驾驭者、资源分配者、谈判者四种角色。

⑦企业家角色：管理者密切关注组织内外环境的变化和事态的发展，以便发现机会，并对所发现的机会进行投资，以利用这种机会。

⑧混乱驾驭者角色：是指管理者必须善于处理冲突或解决问题，如平息客户的怒气，同不合作的供应商进行谈判，或者对员工之间的争端进行调解等。

⑨资源分配者角色：管理者决定组织资源用于哪些项目。

⑩谈判者角色：管理者把大量时间花费在谈判上，管理者的谈判对象包括员工、供应商、客户和其他工作小组。

（三）**管理者的分类**

从不同的角度出发，管理者可以分成不同的类型。以下从组织层次和职能分工对管理者进行划分。

1. 不同层次的管理者

管理者依据其职位在组织中的层次高低，可分为高层管理者、中层管理者与基层管理者，见图 2-4。通常而言，不同层次的管理者，一方面其头衔或称呼不同，另一方面其职责也有所不同。

（1）基层管理者（First-line Managers）

主要职责是直接指挥和监督现场作业人员，保证完成上级下达的各项计划和指令。他们主要关心的是具体任务的完成，例如领班、组长。

（2）中层管理者（Middle Managers）

主要职责是承上启下、正确领会高层的指示精神，创造性地结合本部门的工作实际，有效指挥各基层管理者开展工作，注重的是日常管理事务，例如国务院部委的司局长、事业部经理、部门经理。

（3）高层管理者（Top Managers）

对组织负全责，主要侧重于沟通组织与外部的联系和决定组织的大政方针。注重良好环境的创造和重大决策的正确性，例如国家元首、董事长、总经理。

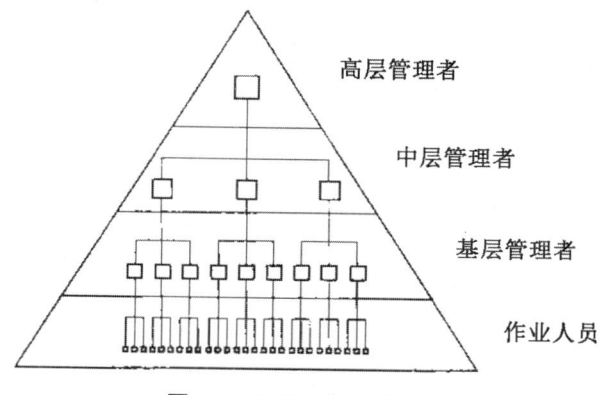

图 2-4 组织层级与管理者

2. 不同分工的管理者

当然，也可以不依照组织的层级来对管理者分类，而是依照组织的职能领域来归类管理者，以此标准，将管理者分为生产管理者（负责维护与运作组织的产品制造系统）、营销管理者（负责如何争取和吸引顾客来购买组织的产品）、财务管理者（负责如何处理和运用组织的财务资源）、人力资源管理者（负责人员的聘雇、发展与考核等工作）、研发管理者（负责新产品或新技术的开发工作）、行政管理者（负责组织日常办公与一般业务的执行）、规划管理者（负责组织未来发展与已有业务改善的拟议），以及其他类型的管理者。

二、管理者的要求

管理者无论处于什么层次，从事什么领域的管理，都需要满足一定的条件要求，包括职业道德和职业素质等。

（一）管理者的道德要求

在管理实践中，人们更加关注管理有效性或者管理者的成败，而管理者的道德问题没有得到应有的重视，造成了许多社会问题，也给一些组织带来了致命的打击。没有相应的道德规范，管理者就不可能真正担负起其社会责任，因此管理道德是管理活动自身的一种必要的生存与发展条件。

资料：美国安然公司是世界上最大的电力、天然气以及电信公司之一，曾连续六年被《财富》评选为"美国最具创新精神公司"。2001年初，一家有着良好声誉的短期投资机构老板公开对安然的赢利模式表示了怀疑，引发了人们的关注，并开始真正追究安然的赢利情况和现金流向。质疑对象还包括公司的高级管理人员。他们疏于职守、虚报账目、误导投资人以及牟取私利。由于造假丑闻，安然公司于2002年破产。从此，"安然"成为公司欺诈以及堕落的象征。

1. 管理道德的性质

道德是一种内在的、非强制性的约束机制。我国古代对道德的理解包括两个方面，"道"指自然运行与人世共通的真理，而"德"是指人世的德性、品行、王道。在西方古代文化中，"道德"（Morality）一词起源于拉丁语的"Mores"，意为风俗和习惯。一般而言，道德可分为社会公德、家庭美德、职业道德三类。管理道德作为一种职业道德，是道德在职业行为中的反映，是社会分工的产物。因此，管理道德，就是管理者在进行管理活动过程中应当遵循的一切符合职业要求的心理意识、行为准则和行为规范的总和。管理道德的本质可以从以下几方面理解。

（1）管理道德是生产发展和社会分工的产物。社会分工已经成为普遍的社会现象，由于社会分工，社会生产就必须通过各行业的职业劳动来实现，管理工作也是这样，需要专门的管理者队伍。分工不仅没有把人们的活动分成互不相联系的独立活动，反而使人们的社会联系日益加强，并形成了错综复杂的职业关系。这种与职业相关联的特殊的社会关系，需要由与之相适应的特殊的道德规范来调整。可见，生产的发展和社会分工的出现是职业道德形成、发展的历史条件。

（2）管理道德是人们在职业实践活动中形成的规范。人们对自然、社会的认识，依赖于实践，正是由于管理者在各种各样的职业活动实践中，逐渐地认识人与人之间、个人与社会之间的道德关系，从而形成了与职业实践活动相联系的特殊的道德心理、道德观念、道德标准。由此可见，管理道德是随着管理职业化的出现以及管理者的职业实践形成和发展起来的。

（3）管理道德是职业活动的客观要求。管理活动是管理者由于特定的社会分工而从事的具有专门业务和特定职责、并以此作为主要生活来源的社会活动。它体现着社会关系的三大要素：责、权、利。

其一，管理职业意味着承担一定的社会责任，即职责。管理者的职业责任的完成，既需要一定权威的政令或规章制度来维持职业活动和职业程序，强制管理者按一定规定办事，也需要通过内在的职业信念、职业道德情感来行事。当人们以一定的态度来对待和履行管理者的职业责任时，就使管理责任具有了道德意义，成为道德责任。

其二，管理职业意味着享有一定的社会权力，即职权。职权不论大小都来自社会，是社会整体和公共权力的一部分，如何承担和行使职业权力，必然联系着社会道德问题，例如不得以权谋私。

其三，管理职业体现和处理着一定的利益关系，管理活动既是为社会创造价值的渠道，又是管理者个人的谋生手段，因此，管理是社会整体利益、职业服务对象的公众利益和从业者个人利益等多种利益的交会点、结合部。如何处理好它们之间的关系，不仅是管理职业的责任和权力之所在，也是其内在的道德内容。

（4）管理道德是社会经济关系决定的特殊社会意识形态。管理道德虽然是在管理实践活动中形成的，但它作为一种社会意识形态，则深深根植于社会经济关系之中，决定于社会经济关系的性质，并随着社会经济关系的变化而变化和发展着。例如，我国社会主义的管理道德与国外私有制条件下的管理道德有明显的区别。即便是在同一国家，不同地区的社会风俗习惯也具有差异性，使得来自不同地区的管理者表现出不同的道德行为准则。

2. 管理道德的特征

作为一种特殊的职业道德，管理者的职业道德有以下特征。

（1）职业性：管理道德的内容与管理职业实践活动紧密相连，反映着管理活动对管理者行为的道德要求，这决定了管理职业道德只能规范本行业从业人员的职业行为，在特定的职业范围内发挥作用。

（2）实践性：管理行为过程，本身就是职业实践过程，只有在实践过程中，才能体现出管理道德的水准。管理道德的作用是调整管理关系，对管理者活动的具体行为进行规范，解决现实工作中的具体道德冲突。

（3）继承性：管理道德是在长期实践过程中形成的，会被作为经验和传统继承下来。即使在不同的社会经济发展阶段，管理活动因服务对象、服务手段、职业利益、职业责任和义务相对稳定，管理道德要求的核心内容将被继承和发扬，从而形成了被不同社会发展阶段普遍认同的职业道德规范。

（4）教化性：重视教化是中国传统文化的一个优良传统。必须高度重视组织管理者的道德示范和引导作用，使管理道德的意识、信念、意志、情感更加深入人心，并化为人们的自觉行为，这对于有效促进组织管理目标的实现具有非常重要的作用。

（5）多样性：不同国家和地区的管理，职业道德标准有巨大的差异。

3. 管理道德的要求

事实上，中国历代的许多国家管理的决策都重视用人的德才要求。当代西方国家在网罗人才的过程中，也很重视其所用人才的政治、宗教和道德的因素。因此，敬业、诚信、公道和人本等是对管理者道德的基本要求。

（1）敬业：所谓敬业，就是用一种恭敬严肃的态度来对待自己的职业。它是人类社会所有职业道德的一条核心规范。敬业是职责，也是管理者的内在要求。这就要求管理者养成干一行、爱一行、钻一行的职业精神，专心致志搞好工作，兢兢业业地工作，并在自己的岗位上创造出奇迹。一个人如果心浮气躁，好高骛远，不仅违背了职业道德规范，更无法创出一流的业绩。

（2）诚信：诚实就是实事求是地待人做事，不弄虚作假。在职业行为中最基本的体现就是诚实劳动。每一名管理者，只有为社会多工作、多创造物质或精神财富，并付出卓有成效的劳动，才能够获得相应的社会回报。同时，管理者还要在工作中严格遵守国家的法律、法规和本职工作的条例、纪律；要求做到秉公办事，坚持原则、不以权谋私，做到实事求是、信守诺言，对工作精益求精、注重工作质量，并主动抵制弄虚作假和坑害组织的行为。

（3）公道：所谓办事公道是指管理者在办事情和处理问题时，要站在公正的立场上，按照同一标准和同一原则办事的职业道德规范，即处理各种职业事务要公道正派、不偏不倚、客观公正、公平公开，对不同的服务对象一视同仁，不因职位高低、贫富亲疏的差别而区别对待。

（4）人本：人本思想主要是相对于物本思想而提出来的。《管子》"霸言篇"中，记述了管仲对齐桓公陈述霸王之业的言论："夫霸王之所始也，以人为本。本理则国固，本乱则国危。"中国历史上的人本思想，主要是强调人贵于物，"天地万物，唯人为贵"。"本"之义，是一种管理者的哲学价值观。它回答的是在管理活动中，什么最重要、什么最根本、什么最值得我们关注等问题。"以人为本"是每一个管理者必备的道德观和价值观，强调必须把人作为发展的最高价值取向，要尊重人，理解人，关心人，不断完善人的意志和品格，把不断满足人的全面需求，促进人的全面发展，作为组织的根本出发点；在管理过程中以人为出发点和中心，围绕着激发和调动人的主动性、积极性、创造性展开工作，以实现人与组织共同发展。

（二）管理者的素质

素质是在人的先天生理基础上，受后天的教育训练和社会环境的影响，通过自身的认识和社会实践逐步养成的比较稳定的身心发展的基本品质。

1. 素质的解释

各门学科对素质的解释不同，但有一些是共同的理解，主要包括以下三方面的内容。

首先，素质是教化的结果。它是在先天素质的基础上，通过教育和社会环境影响逐步形成和发展起来的。

其次，素质是自身努力的结果。一个人的素质的高低，是通过自己的努力学习、实践获得一定知识并把它变成自觉行为的结果。

再次，素质是一种比较稳定的身心发展的基本品质。这种品质一旦形成，就相对稳定。比如，一个品质好的学生，由于品质稳定，他总是能正确对待别人、对待自己。

2. 管理者素质

管理者素质体现的是一种职业素质，是指管理者在一定生理和心理条件的基础上,通过教育培训、职业实践、自我修炼等途径形成和发展起来的,在管理活动中起决定性作用的、内在的、相对稳定的基本品质。因此,管理者能否顺利开展工作并取得成就,在很大程度上取决于管理者的职业素质。管理者的职业素质越高,获得成功的机会就越多。当然,管理者素质也是人才选用的重要标准之一。

简单地说,职业素质是劳动者对社会职业了解与适应能力的一种综合体现,其主要表现在职业兴趣、职业能力、职业个性及职业情况等方面。

3. 管理者素质要求

对于管理者应该具备什么素质,学者们有不同的看法。罗伯特·卡茨认为,有效的管理者应当具备三种基本技能:技术技能、人际技能和概念技能。

(1) 技术(Technical)技能,指使用某一专业领域内有关的工作程序、技术和知识来完成组织任务的能力,它强调内行领导。例如,某厂长具有工程师资质,某校长具有教授资格,某管理者是财务专家。

(2) 人际(Human)技能,指与处理人际关系有关的技能。

(3) 概念(Conceptual)技能,是指能够洞察组织与环境相互影响的复杂性,在此基础上加以分析、判断、抽象、概括,并做出决断的能力。具体包括:系统性、整体性能力,识别能力,创新能力,抽象思维能力。

美国管理学家哈罗德·孔茨在罗伯特·卡茨关于行政主管人员需要掌握的三种管理技能的基础上,提出管理人员应该具备的管理能力包括四类:技术能力,人事能力,规划决策能力及认识问题、分析问题与解决问题的能力。根据管理层次的不同,这些能力的相对重要性也不同。一般而言,人事能力和认识问题、分析问题、解决问题的能力,对每一层次的管理人员来说都是重要的。而随着组织层次的上升,技术能力所占的比重相对变得较小,而规划决策能力所占的比重则相对变得较大,如图2-5所示。

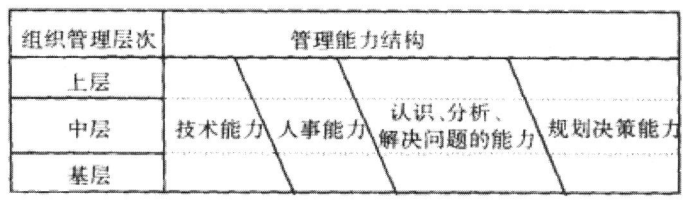

图 2-5 各层次管理能力结构

美国管理专家鲍莫尔(W. J. Baumol)通过对企业家应具备的条件的研究,认为一个企业家应具备如下的管理能力。

(1) 合作精神:愿意与其他人一起工作,对人不是压服,而是感化和说服,能赢得人们的合作。

（2）决策能力：依据事实而不是依据想象进行决策，有高瞻远瞩的能力。

（3）组织能力：能挖掘部属的才能，善于组织人力、物力和财力，协调各种资源。

（4）精于授权：能大权独揽、小权分散，抓住大事、把小事分给下属。

（5）善于应变：权宜通达、机动进取，而不抱残守缺、墨守成规。

（6）勇于负责：对上级、下级、顾客及整个社会抱有高度的责任心。

（7）敢于求新：对新事物、新环境、新观念有敏锐的接受能力。

（8）敢担风险：遇到风险时，敢于承担，并有创造新局面的雄心和信心。

（9）尊重他人：重视和采纳别人的合理化建议，不武断狂妄。

（10）品德超人：品行道德为社会人士、企业员工所敬仰。

总之，管理者素质是实现组织目标的基础，由于管理者所处的行业和环境不同，对管理者的要求也有所不同。只有不畏挑战、与时俱进，一名管理者才能够使自己逐渐成熟。

资料：常有人津津乐道李嘉诚巨大的商业成功。事实上，李先生一生为人周到真诚，不分尊卑，乐施好善，尊重公众。他的人生哲学是"建立自我，追求无我"，也就是让自己强大起来，把自己融入生活和社会当中，不给人压力，让人们非常舒服自然地接纳他、欢迎他。于是，他在生意场上赢得了良好的口碑，形成了强大的软实力，大家都愿意和他做生意，都愿意把最好的机会给他，他越来越成功。相反，一些人偶有所得，便让别人感到压力，感到自卑，感到渺小……

第四节 管理的职能

一、管理的职能

（一）管理职能讨论

在管理实践中，学者们发现，在不同的管理者在管理工作中，往往采用程序具有某些类似、内容具有某些共性的管理行为，而对这些管理行为可以系统性地归纳并逐渐形成一个被普遍认同的概念，即所谓管理职能。因此，管理职能就是对管理过程中各种行为的内容的概括，是人们对管理工作应有的一般过程和基本内容所做的理论概括。

通常，学者根据管理过程的内在逻辑，将管理职能划分为几个相对独立的部分。其意义在于：①可以把管理过程划分为几个相对独立的部分，在理论研究上能更清楚地描述管理活动的整个过程,有助于实际的管理工作以及管理教学工作;②有助于实现管理实践活动的专业化,使管理人员更容易从事管理工作,如同在生产中实现专业化一样,能大大提高效率;③可以使管理者运用职能观点去建立或改革组织机构,规定出组织内部的职责和权力以及它们的内部结构,从而也就可以确定管理人员的人数、素质、学历、知识结构等。

确定管理职能对任何组织而言都是极其重要的,但对于合理组织活动的一般职能,管理学者至今仍持有不同的见解。以下内容反映了管理职能说演变的基本脉络。

最早系统提出管理职能的是法国的实业家法约尔。他提出,管理的职能包括计划、组织、指挥、协调、控制五种职能,其中,他所重点强调的是计划职能。他认为,组织一个企业,就是为企业的经营提供所有必要的原料、设备、资本、人员;指挥的任务要分配给企业的各种不同的领导人,每个领导人都承担各自单位的任务和职员安排;协调就是指企业的一切工作都要和谐地配合,以便于企业经营的顺利进行,并且有利于企业取得成功;控制就是要证实一下各项工作是否都与既定计划相符合,是否与下达的指示及既定原则相符合。

在法约尔之后,许多学者根据社会环境的新变化,对管理的职能进行了进一步的探究,有了许多新的认识。但当代管理学家们对管理职能的划分,大体上没有超出法约尔的理论框架。

古利克和厄威克就管理职能的划分提出了著名的"管理七职能"理论。他们认为,管理的职能是:计划、组织、人事、指挥、协调、报告、预算。

哈罗德·孔茨和西里尔·奥唐奈里奇把管理的职能划分为:计划、组织、人事、领导和控制。这里所包含的人事职能意味着管理者应当重视利用人才,注重人才的发展以及协调人们活动,这说明当时管理学家已经注意到了人的管理在管理行为中的重要性。

20世纪60年代以来,随着系统论、控制论和信息论的产生以及现代技术手段的发展、管理决策学派的形成,决策问题在管理中的作用日益突出。西蒙等人在解释管理职能时,突出了决策职能。他认为组织活动的中心就是决策。制定计划、选择计划方案需要决策,设计组织结构、人事管理等也需要决策,选择控制手段还是需要决策。他认为,决策贯穿于管理全过程的各个环节,管理的核心就是决策。

美国学者希克斯在总结前人对管理职能分析的基础上,提出了创新职能,突出了创新可以使组织的管理不断适应时代发展的论点。

我国学者何道谊在《论管理的职能》中依据业务过程,把管理归纳为目标、计划、实行、反馈、控制、调整六项基本职能,加上人力、组织、领导三项人的管理方面的职能，系统地划分了管理的九大职能。

综上所述，虽然学者们对于管理职能的观点不尽相同，但是，其核心内容大同小异，只是一些学者论述得较为概括，而另一些学者讨论得比较具体详尽罢了。事实上，计划、组织、领导和控制等基本上可以概括管理的四大职能，见前图2-2。本节随后的内容，只是简要介绍管理四大职能的内容，本教材的随后各章将都围绕着这些职能展开讨论和学习。

（二）管理职能的基本内容

1. 计划职能

计划职能，是指管理者对未来要实现的目标和应采取的行动方案做出选择及具体安排的活动过程，概括地说，就是预测未来并制订行动方案。其主要内容涉及：分析内外环境、确定组织目标、制定组织发展战略、提出实现既定目标和战略的策略，制订作业计划和组织的决策程序等。

2. 组织职能

组织职能，是指管理者根据既定目标，对组织中的各种要素及人与人之间的相互关系进行合理安排和配置的过程，就是建立组织的物质结构以及内部关系结构。其主要内容包括：组织结构设计、管理体制建立、权力分配、责任划分、资源配置、信息沟通网络构建等。

3. 领导职能

领导职能，是指管理者为了实现组织目标而对被管理者施加影响和召唤的过程。其具体途径包括：激励下属、对他们的活动进行指导、选择最有效的沟通渠道解决组织成员之间以及组织与其他组织之间的冲突，等等。

4. 控制职能

在执行计划的过程中，环境的变化及其影响可能导致人们的活动或行为与组织的要求或期望不一致，出现偏差。如果出现了超出一定限度的偏差，则须及时采取纠正措施，以保证组织工作在正确的轨道上运行，确保组织目标的实现。管理者运用事先确定的标准，衡量实际工作计划，寻找偏差及其产生的原因，并采取措施予以纠正的过程，就是执行管理的控制职能的过程。简言之，控制就是保证组织的一切活动符合预先制订的计划。

（三）管理职能之间的关系

管理的四项基本职能即计划、组织、领导、控制之间是相互联系、相互制约的关系。它们共同构成一个有机的整体，其中任何一项职能出现问题，都会影响其他职能的发挥乃至组织目标的实现。正确认识四项职能之间的关系应当把握以下两点。

第一，从理论上讲，这些职能是有一定的内在顺序的。计划职能是首要职能，因为管理活动首先从计划开始，而且计划职能渗透在其他各种职能之中，或者说，其他职能都是为执行计划职能即实现组织目标服务的。为了实现组织目标和保证计划方案的实施，必须建立合理的组织机构、权力体系和信息沟通渠道，因此产生了组织职能；在组织保证的基础上，管理者必须选择适当的领导方式，有效地指挥、调动和协调各方面的力量，解决组织内外的冲突，最大限度地提升组织效率，于是产生了领导职能；为了确保组织目标的实现，管理者还必须根据预先制订的计划和标准对组织成员的各项工作进行监控，并纠正偏差，即实施控制职能。可见，管理过程是先有计划职能，之后才依次产生了组织职能、领导职能和控制职能，体现出管理过程的连续性。

第二，从管理实践来考察，管理过程又是一个各种职能活动周而复始地循环进行的动态过程。例如，在执行控制职能的过程中，往往为了纠正偏差而需要重新编制计划或对原有计划进行修改完善，从而启动新一轮管理活动。

第五节 管理的环境

一、组织环境及其因素

（一）组织环境的认识

组织环境是组织之外的客观存在的各种影响因素的总和。它是不以组织的意志为转移的，是组织的管理必须面对的重要影响因素。

从系统论的观点来看，组织是一种开放的系统，而非封闭的系统。这意味着组织无法脱离外部环境的影响，它们必须和环境进行某种交换。例如，组织必须从环境中取得各种资源，包括人力、资金和物料等；然而，组织的产出也将回馈给环境，这包括"好"的产品（汽车厂所出产的可供人们代步的汽车）和"坏"的产品（如在生产过程中所造成的污染）。由于管理环境具有高度的变化性、不确定性和冲击性，所以各种新的机遇或威胁会源源不断地涌现并对组织造成深远的影响。环境的迅速变化与难以预测，常常带给管理者相当大的惊奇与震撼。例如，有多少人能预料到石油竟然会在很短时间内便冲破一桶100美元的大关，而不断攀升的金价竟会突然大跌？又有多少人能猜测互联网的出现会如此快速地改变整个世界？又有多少人能想象4G手机对于我们日常生活未来所能产生的影响呢？因此，组织无法忽略环境的冲击，也无法忽略它对环境可能造成的影响。尽管管理环境的预测是如此困难，但这并不表示管理者便可以不去理会管理环境，而是应将管理的内容、手段、方式、方法等随之调整，以利用机会，趋利避害，更好地实施管理。可见，管理者必须对于管理环境进行扫描、评估与应对。

（二）组织环境因素

管理者理解组织环境因素的准确度以及对这些因素做出恰当反应的能力是影响组织绩效的至关重要的因素。环境是由众多因素交错而成的整体，对于管理者来说，首先需要对具体环境和更广泛的一般环境进行区分，见图 2-6。这对于识别组织环境中的因素带来的机遇或威胁是很有帮助的。

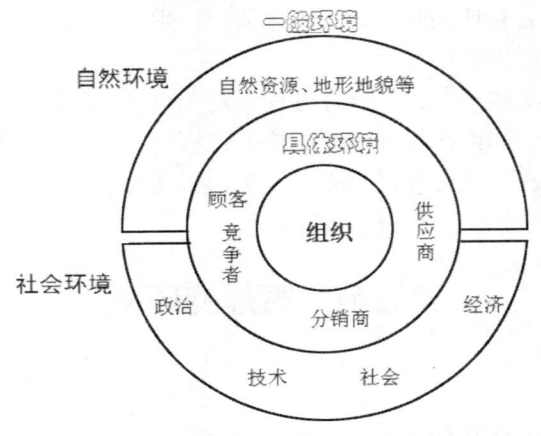

图 2-6 环境分类图

1. 具体环境

具体环境是与供应商、分销商、顾客、竞争者以及政府相关的因素和条件的集合，这些因素和条件直接影响着组织获得资源和提供产出的能力。

（1）供应商

供应商是组织从外部获取投入的来源。对于一个企业来说，供应商可能是组织，也可能是个人，企业从供应商那里获得原材料、劳动力、信息、能源等。供应商所提供的产品和服务的质量、价格直接影响到企业产品和服务的质量及成本水平，因此，一些国家的企业把供应商纳入自己的生产体系之中。供应商的竞争压力表现为要求提高原材料或其他供应品的价格，减少紧俏资源的供应或降低供应品的质量等。供应商的压力总是趋向于从本行业中牟取更多的利润。因此，供应商的压力主要取决于以下几个因素。

①供应商的集中程度和本行业的集中程度。如供应商集中程度较高，即本行业原材料的供应完全由少数几家公司控制，而本行业的集中程度较差，少数几家企业供应给众多分散的企业，则供应商通常会在价格、质量和供应条件上对购买者实施较大的压力。

②供应品的可替代程度。若存在着合适的可替代品,即使供应商再强大,其竞争能力也会受到牵制。

③本行业对供应者的重要性。如果本行业是供应商的重要用户,供应商的命运将和本行业密切相关,则来自供应商的压力就较小。反之,供应商会对本行业施加较大的压力。

④供应品对本行业生产的重要性。如果供应品对本行业的生产起关键性作用,则供应商会提高其讨价还价的能力。

⑤供应品的特色和转换成本。如果供应品具有特色并且转换成本很大时,则供应商讨价还价的能力就会增强,会对本行业施加较大的压力。

⑥供应商前向一体化的能力。如果供应商有可能前向一体化,那么就增强了其对本行业的竞争压力。

⑦本行业内的企业后向一体化的可能性。如果本行业内的企业有可能后向一体化,那么就会降低其对供应商的依赖程度,从而减弱了供应商对本行业的竞争压力。

(2) 分销商

分销商是帮助其他企业向消费者出售其产品和服务的组织。分销商的性质和销售方法的变化同样会为管理者带来机遇或威胁。如果分销商的规模比较大,力量比较强,具有控制消费者购买某个企业的产品和服务的能力,那么,分销商就有实力要求组织降低其产品和服务的价格,从而对组织产生威胁。如某大型家电销售连锁店在国内家电销售市场中占有较大的份额,因此,它常常会向供应商提出降低产品价格的要求。如果供应商拒绝降低所供应产品的价格,它可能会对此做出报复性反应,某空调厂家曾拒绝它的要求,一段时间它的卖场中就没有该厂家的产品。相反,如果可以选择的分销商很多,则分销商的力量就可能是比较弱小的。

(3) 顾客

顾客也称为用户,是那些使用组织产品或服务的个人或组织。组织是为满足顾客需要而存在和发展的,不同类型顾客的数量变化以及顾客偏好和需求的变化都能够给组织带来机遇或威胁。一个组织的成功是建立在对顾客需求做出正确反应的基础之上的。如在移动电话产业,顾客越来越倾向于注重产品的低价格和娱乐功能,这就要求企业必须对产品做出及时的调整,满足消费者新的偏好和需求,而诺基亚、索尼和摩托罗拉的教训非常惨痛。又如,柯达公司首先开发了数码照相,而自己却在竞争中倒下。管理者识别主要顾客并生产他们所需要的产品和服务的能力是影响组织及其管理成功与否的至关重要的因素。与此同时,信息技术革命和全球化竞争也正在改变着组织与顾客的关系,管理者必须不断地寻求新方法、建立和维护与顾客的良好关系。

来自顾客的竞争压力主要表现为他们要求产品价格更低廉、质量更好、功能对路并提供更多的售后服务，他们会利用各企业间的竞争来施加压力。对企业用户，竞争压力的分析可以从以下几个方面入手。

①用户的集中程度。如果本行业产品集中供应给少数几个用户，少数用户的购买量占了企业产量的很大比例，这少数几个用户会对本行业形成较大压力。

②用户从本行业购买的产品的标准化程度。产品标准化程度越高，用户选择的余地也就越大；反之，用户对具有特色的产品很难施加压力。

③用户从本行业购买的产品在其成本中所占的比重。若用户购买的本行业产品在其成本中占很大比重，则其在购买时对价格、质量等问题就更为挑剔；反之，其在价格上是不敏感的。

④转换成本。用户的转换成本越小，对本行业的压力越大。

⑤用户的赢利能力。若用户赢利能力低，则用户在购买时对价格敏感；反之，则不敏感。

⑥用户后向一体化的可能性。若用户有可能后向一体化，则会增强其对本行业的竞争压力。

⑦本行业企业前向一体化的能力。若本行业企业前向一体化能力较强，则会降低对用户的依赖性，从而减轻用户对本行业的竞争压力。

⑧本行业产品对用户产品质量的影响程度。若本行业产品对用户产品质量有举足轻重的影响，则用户对价格不敏感，对本行业企业的压力较小。

⑨用户掌握的信息。若用户的信息很灵敏，则来自用户的压力就大。

（4）竞争者

根据迈克尔·波特的竞争理论，竞争来自用户、供应商、潜在的进入者、替代者和现有行业竞争者等五种力量。这里的竞争者是指，与本组织竞争资源的其他组织。组织与其竞争者所竞争的最大资源就是顾客为购买产品或服务而支付的货币。竞争者之间的竞争是管理者必须应对的最具潜在威胁性的因素，包括潜在的进入者、替代者和现有行业竞争者等。

①潜在的新进入者：潜在的行业新进入者是行业竞争的一种重要力量，这些新进入者大都拥有新的生产能力和某些必需的资源，新进入者加入该行业，会带来生产能力的扩大，带来对市场占有率的要求，这必然引起与现有企业的激烈竞争，使产品价格下跌；不仅如此，新加入者要获得资源进行生产，从而可能使得行业生产成本升高，这两方面都会导致行业的获利能力下降。

所谓潜在进入者，可能是一个新办的企业，也可能是一个采用多元化经营战略的原先从事其他行业的企业，潜在进入者会带来新的生产能力，并要求取得一定的市场份额。进入壁垒的高低主要取决于以下一些因素：规模经济、经营特色与用户忠诚度、投资要求、资源供应、销售渠道、经验曲线和原有企业的反应。

②替代者：也称替代产品，是指与那些与本行业产品具有相同或相似功能的产品，如洗衣粉可部分代替肥皂，圆珠笔可部分代替钢笔。某一行业有时常会与另一行业的企业处于竞争的状况，其原因是这些企业的产品具有相互替代的性质。替代产品如果价格比较低，则一旦投入市场就会使本行业产品的价格上限只能处在较低的水平，这就限制了本行业的收益。本行业与生产替代产品的其他行业进行的竞争，常常需要本行业所有企业采取共同措施和集体行动。

来自替代品的竞争压力主要有以下三个因素：替代品的赢利能力、生产替代品的企业所采取的经营战略和用户的转换成本。

③现有竞争者之间的竞争：这种竞争力量是企业所面对的最强大的一种力量，这些竞争者根据自己的一整套规划，运用各种手段（价格、质量、造型、服务、担保、广告、销售网络、创新等）力图在市场上占据有利地位和争夺更多的消费者，对行业造成了极大的威胁。

2. 一般环境

一般环境包括的内容广泛，有社会环境与自然环境之分。对于管理者来说，识别一般环境变化所产生的机遇或威胁并对其做出反应，是一件很困难的事情。

（1）社会环境

社会环境主要包括政治、经济、社会和科技等影响组织的各种因素和条件，见图 2-7。

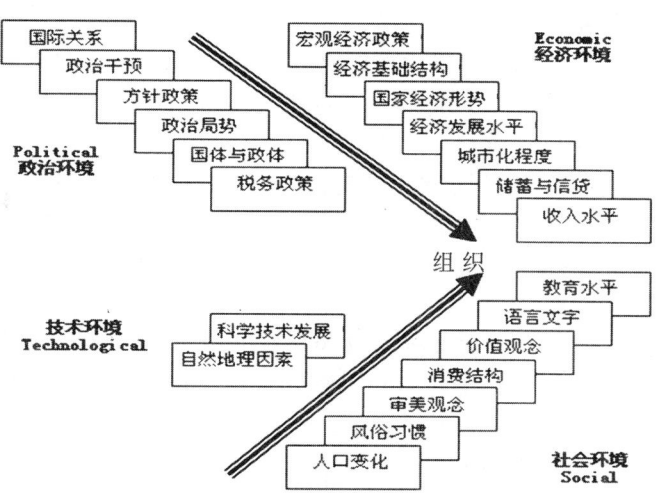

图 2-7　社会环境因素构成图

1）政治环境

政治环境是指一个国家或地区的政治制度、体制、方针政策、法律法规等方面。这些因素常常制约、影响组织的行为，尤其是影响组织较长期的决策。

政治环境对组织的影响特点是：直接性、难于预测性、不可逆转性。政治环境因素一旦影响到企业，就会使组织发生十分迅速和明显的变化，而这一变化，组织是驾驭不了的。

2）经济环境

所谓经济环境是指构成组织生存和发展的社会经济状况和国家经济政策。社会经济状况包括经济要素的性质、水平、结构、变动趋势等多方面的内容，涉及国家、社会、市场及自然等多个领域。国家经济政策是国家履行经济管理职能，调控国家宏观经济水平、结构，实施国家经济发展战略的指导方针，对组织经济环境有着重要的影响。

组织的经济环境主要由社会经济结构、经济发展水平、经济体制和宏观经济政策等四个要素构成。

①社会经济结构，指国民经济中不同的经济成分、不同的产业部门以及社会再生产各个方面在组成国民经济整体时相互的适应性、量的比例及排列关联的状况。社会经济结构主要包括五个方面的内容，即产业结构、分配结构、交换结构、消费结构和技术结构，其中最重要的是产业结构。

②经济发展水平，是指一个国家经济发展的规模、速度和所达到的水准。反映一个国家经济发展水平的常用指标有国民生产总值、国民收入、人均国民收入、经济发展速度、经济增长速度，等等。

③经济体制，是指国家经济组织的形式。经济体制规定了国家与企业、企业与企业、企业与各经济部门的关系，并通过一定的管理手段和方法，调控或影响社会经济流动的范围、内容和方式等。

④经济政策，是指国家制定的一定时期国家经济发展目标实现的战略与策略，它包括综合性的全国经济发展战略和产业政策、国民收入分配政策、价格政策、物资流通政策、金融货币政策、劳动工资政策、对外贸易政策等。

3）社会文化环境

社会文化环境包括一个国家或地区的社会性质、人们共享的价值观、人口状况、教育程度、风俗习惯、宗教信仰等各个方面。从影响组织的角度来看，社会文化环境可分解为文化、人口两个方面。

①人口因素，对组织管理有重大影响。例如，人口总数直接影响着社会生产总规模；人口的地理分布影响着企业的厂址选择；人口的性别比例和年龄结构在一定程度上决定了社会需求结构，进而影响社会供给结构和企业生产；人口的教

育文化水平直接影响着人力资源状况；家庭户数及其结构的变化与耐用消费品的需求和变化趋势密切相关，因而也就影响到耐用消费品的生产规模等。对人口因素的分析可以使用以下一些变量：离婚率、出生和死亡率、人口的平均寿命、人口的年龄和地区分布、人口在民族和性别上的比例变化、人口和地区在教育水平和生活方式上的差异，等等。

②文化环境对组织的影响是间接的、潜在的和持久的，文化的基本要素包括哲学、宗教、语言与文字、文学艺术等，它们共同构筑成文化系统，对组织文化有重大的影响。

4）科技环境

组织的科技环境，指的是组织所处的社会环境中的科技要素及与该要素直接相关的各种社会现象的集合。组织科技环境大体包括四个基本要素：社会科技水平、社会科技力量、国家科技体制以及国家科技政策和科技立法。

①社会科技水平，是构成科技环境的首要因素，它包括科技研究的领域、科技研究成果门类分布和先进程度以及科技成果的推广和应用三个方面。

②社会科技力量，是指一个国家或地区的科技研究与开发的实力。

③科技体制，是指一个国家社会科技系统的结构、运行方式及其与国民经济其他部门的关系状态的总称，主要包括科技事业与科技人员的社会地位、科技机构的设置原则与运行方式、科技管理制度、科技推广渠道等。

④国家科技政策与科技立法，指的是国家凭借行政权力与立法权力，对科技事业履行管理、指导职能的途径。

当今，变革中的科技正对组织的活动产生着巨大的影响。组织必须密切关注与自身有关的科学技术的现有水平、发展趋势及发展速度，对于新的硬技术，如新材料、新工艺、新设备，随时跟踪掌握新的软技术，如现代管理思想、管理方法、管理技术，等等。

（2）自然环境

自然环境是环绕着人类的空间中可以直接或间接影响到人类生产和生活的一切自然形成的物质、能量的总体。构成自然环境的物质种类很多，主要有空气、水、植物、动物、土壤、岩石矿物、太阳辐射等。这些是人类赖以生存的物质基础。复杂多样的自然环境，为各国经济的多元化和文化的多样化提供了优越的条件。例如，中国地处地球的北温带，既无严寒，又无酷暑，气候宜人，众多的江河湖泊，使广阔的土地可垦可耕，为中华文化产生和延续创造了一个得天独厚的优越环境。同样，由于埃及位于尼罗河流域，巴比伦位于两河流域，这些地区都形成了古代灿烂的文化。

随着生产力的发展和科学技术的进步，会有越来越多的自然条件对社会发生作用，自然环境的范围会逐渐扩大。同时，自然环境也处于发展变化之中，或多或少都会直接或间接地给组织带来机会或威胁。所以，组织必须分析研究自然环境的发展动向。概括地讲，自然环境对组织的影响，主要体现在以下方面。

1）自然资源禀赋

自然资源禀赋论，是指各国由于地理位置、气候条件、自然资源蕴藏等方面的不同，形成各国专门从事不同部门产品生产的格局。自然资源禀赋论尽管直观合理，但它仅适用于解释那种建立在自然资源条件或地质、地理条件产品生产条件下的国际分工。例如，自然资源是农业生产和发展的基础，是传统农业布局的依据。由于农业生产的最基本特点就是经济再生产过程同自然再生产过程的一致性，因此，影响动植物生长的光、热、水、土、地貌等自然因素就成为影响农业生产与发展的重要资源条件，其时空分布及组合直接影响到农业生产布局和区域间的农业生产分工。

2）自然资源的变化

地球上的资源包括无限资源、可再生有限资源和不可再生资源。目前，这些资源都不同程度地出现了危机。

①无限资源，如空气和水等，从总体上讲是取之不尽、用之不竭的，但污染问题严重，亟待解决。此外，近几十年来，世界各地尤其是城市用水量增加很快（估计世界用水量每20年增加一倍），与此同时，世界各地水资源分布不均，而且每年和各个季节的情况也各不相同，所以目前世界上许多地区面临缺水问题。

②可再生有限资源，如森林、粮食等。我国森林覆盖率低，仅占国土面积的12%，人均森林面积只有0.8亩（1亩≈667平方米），大大低于世界人均森林面积（3.5亩）。我国耕地少，而且由于城市和建设事业发展快，耕地持续迅速减少。

③不可再生资源，如石油、煤和金属等矿物。由于这类资源供不应求或在一段时期内供不应求，必须寻找代用品。在这种情况下，就需要研究与开发新的资源和原料，这就给某些企业带来了新的市场机会。

3）自然环境的变化

随着工业化和城市化的发展，环境污染程度日益增加，公众对这个问题越来越关心，纷纷指出环境污染的危害性。这种动向一方面对那些造成污染的行业和企业构成了一种环境威胁，它们在社会舆论的压力和政府的干预下，不得不采取措施控制污染；另一方面，这种动向给控制污染、研究和开发不致污染环境的行业和企业带来了新的市场机会。另外，自然灾害的出现，如地震、洪水、干旱等，要求组织必须要有危机管理应急机制。

4）政府对自然环境的干预

目前，各个国家、地区都对自然环境加强了干预。但是，政府为了社会利益和长远利益而对自然资源加强干预,往往与企业的经营战略和经济效益相矛盾。例如,为了控制污染,企业必须购置昂贵的控制污染设备,这样就可能影响企业的经济效益。如果政府按照法律所规定的污染标准严格控制污染,有些工厂就要关、停、转,从短时期来看就可能影响工业的发展。因此,国家必须统筹兼顾地解决这种矛盾,力争做到既能减少环境污染,又能保证企业发展,提高经济效益,以达到经济可持续发展的目的。

5)地理位置

空间地理位置的差异是一个客观现象,毫无疑问,也影响着组织的发展。首先,地理位置影响交通的便利性,组织需要考虑原料和运费的问题;其次,要考虑产业在空间上的布局对组织的影响,通常产业集中可以获得降低运输成本,成组布局、便于协作,加强信息交流,利用已有市场区位扩大市场服务范围,利用原有城镇市政设施减少社会总费用等益处,而与此相反,分散则可以避开诸如地价上升、场地拥挤、劳力供应紧张、污染严重和生活质量下降等问题;再次,劳力资源也具有区域差异性,不同地区劳动力的素质和价格往往存在很大差别,劳动力的数量、质量和价格的地理分布是确定产业区位的重要因子;最后,市场的空间性对组织有相当的影响,包括市场与产业的相对位置与距离、市场的容量和市场的结构。

二、组织环境的判断

环境是不确定的。对于环境的不确定性可以分为两个维度:变化程度和复杂程度。掌握这些信息之后,管理者就能够制定最恰当的计划,选择最佳的目标和行动方案。

(一)环境的变化程度

环境变化指的是环境的各种因素随时间推移而变化和演进的程度。如果环境要素大幅度改变,我们称之为动态环境;如果变化很小,则称为稳定环境。环境变化的幅度主要决定于社会经济的发展以及由此而产生的环境不确定性。这种不确定性主要表现在经济、社会和科技等因素的不确定性,如消费者偏好的变化、供应商和分销商地位的变化,此外,整个宏观经济的发展趋势也影响到组织的运行,这使得管理者的工作极具挑战性。尽管管理者绝不能保证今天做出的决策和采取的行动也一定能够适应未来的环境,但是管理者可以尝试着对任务环境未来的状况进行预测或者做出简单的猜测。

(二)环境的复杂程度

环境的复杂程度指的是存在于环境之中各种因素的数量多少以及组织拥有的与这些要素相关的知识的广度。

每一个组织所面临的复杂程度有着很大的差异,一般来说,组织规模越大,管理者必须应对的环境因素的数量就越多,需要的知识也就越全面,因此,其所面临环境的复杂程度比规模小的组织所面临的环境复杂程度就高得多。那些看起来具有严重消极影响的因素无疑是潜在的威胁,管理者必须投入大量的组织资源才能够应对它们;不具备重大影响力的因素一般不会为组织带来威胁,因此不需要花费太多的时间和精力;而对于能够产生显著的积极影响的因素,管理者就需要投入大量的时间和精力,以便能够充分利用其中的机遇。

(三)组织环境定位

根据著名组织理论家汤姆森(J. D. Thomson)的环境判断理论,可以从环境的变化程度和环境的复杂程度等两个维度来反映和了解组织所处的环境,有如下四种典型的组织环境:①相对稳定和简单的环境;②动荡而简单的环境;③相对稳定但极为复杂的环境;④动荡而复杂的环境(见图2-8)。

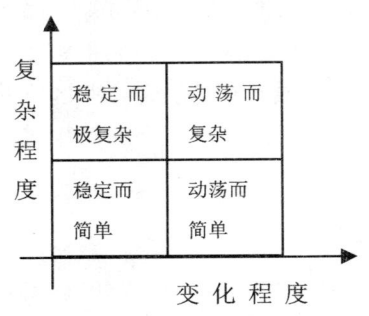

图 2-8　组织环境定位图

三、组织环境的管理

环境的管理要求组织管理的内容、手段、方式、方法等随着环境的变化进行调整,以利用机会,趋利避害,更好地实施管理。组织环境管理过程可以划分为以下几个步骤。

第一步,了解环境因素的变化情况。要求管理者列出对组织的任务环境和一般环境影响最大的因素的数量和相对强度。

第二步,进行分析研究,确定环境因素对组织的影响。管理者需要对第一步所列出的因素的变化进行分析,确定它们是为组织创造机遇还是带来威胁。

第三步,对各种环境因素的影响做出相应的反应。管理者需要拟定一个计划,制定出利用新的机遇或者消除新的威胁的方法,并确定为达到这个目的所需要使用的资源。另外,对不同的环境因素采用不同的管理方法:对一般环境因素,主要是努力主动适应它;对任务环境,应该通过努力加以管理。

一、案例分析

某市是我国最贫困的市之一。该市只有极个别的具有高技术含量的企业，科创公司就是其中之一。它原是一家国有企业，主要生产变压器，但经营不佳，亏损严重。为了加快经济发展，市政府决定让民营企业家以比较低的价格将科创公司产权买断，组建股份有限公司。买断的条件是保留原有的四百多个工人中的一百多人。向科是一位十分精明能干且具有优良素质的企业家，受过高等教育，在特区搞过经营。接手科创后，他进行了两项改革：一是提高科技开发的投入比重；二是提高销售成本比例。前者由 1% 提高至 5%，后者由 3% 提高到 12%。两项措施都比较有力地推动了企业的经营发展。不过，这些高比例的销售费用中相当一部分被产品推销人员用来作为回扣或向有关人员送礼打开市场。向科认为，现在该企业的产品虽然在同行业中市场占有率不算最高，但前景很乐观。另外，在改制后的第二年，他解雇了原企业留下的部分工人。估计不需要多长时间，之前保留的一百多个工人中相当多一部分都要被解雇。

向科认为，他已陷入经济与道德、企业自身发展与履行社会责任的困境中。首先，作为本地的窗口企业，科创的发展必将推动地域经济的发展，然而提高销售成本会滋长企业经营中的一些不道德现象，形成不正当的竞争。其次，低价买断产权时，承诺接收一百多名工人，实践证明，其中相当一部分人难以达到他的管理要求。于是，要么花大量经费培训这些工人，要么解雇他们，二者必居其一。如果解雇，则一方面不能履行改制时的承诺，另一方面会导致新的社会问题。但为了本企业的发展，向科选择了后者。

问题：
1. 你认为，在这种困境中，经营者应当如何抉择？
2. 是否存在两全其美的措施？如果不存在，选择解决问题的侧重点应在哪里？

二、重要概念

系统，管理系统，目标，目标管理，管理者，管理环境，具体环境，一般环境，管理角色，管理职能，计划，组织，领导，控制

三、问题
1. 系统是由哪些要素构成的？
2. 组织目标有什么重要性？
3. 管理有哪些职能？其相互关系如何？
4. 如何判断组织环境的不确定程度？

四、讨论
1. 根据明茨伯格的管理者角色理论，教师或律师是管理者吗？
2. 如何成为一个优秀的管理者？

第三章 管理思想的演进

【本章概要】
　　管理学作为一门学科的历史并不悠远，但是伴随着人类活动的管理思想给人一种博大精深的感觉。人类的各种群体活动，无不展现出绚丽斑斓的管理思想、涌现出大批的智慧人物。本章将带你透过历史的长焦镜头，更全面、更公正地审视历史上的管理思想，简明地分析了管理思想的演变和进化过程，对诸多管理理论提供了阐释。

【学习目标】
1. 掌握早期管理思想的主要内容
2. 把握古典管理思想的代表人物及其观点
3. 理解行为科学管理思想形成的原因和主要观点
4. 了解当代管理思潮的动态

　　管理，是人类走向文明的伴生物，管理实践和人类社会发展的历史一样悠久。人类历史上任何一项重大成就，都闪耀着人类管理智慧的光辉，正是它照耀着人类历史前进，也正是它伴随人类从粗放式的野蛮社会发展到有组织的文明社会。从人类的产生到有意识的管理行为的出现，可以说是人类发展史上的一次质的飞跃，我们可以把这次飞跃看作人类战胜自我的过程中的一次"直立行走"。翻开历史长卷，人类管理思想的自觉意识经过历史的锤炼，经过无数次成功与失败的考验，最终成为指引人类社会前进的灯塔。为了把握管理学发展的历史过程，使读者了解管理学演进的来龙去脉，探索其发展规律，本章将分别就早期管理思想、古典管理理论、行为科学管理理论和现代管理理论等四个阶段讨论管理学的演进。

第一节 早期管理思想

尽管人类管理思想的发展历史悠久，然而，管理学作为一门独立的学科出现，也不过是一百来年的事。在管理科学作为一门独立学科产生之前，管理只是作为哲学、政治、经济、军事、教育等学科的部分内容分散地存在着，我们把这一时期称为"早期管理阶段"。各个国家和民族对管理学的发展都做出了贡献，由于中外早期管理思想的内容和发展阶段不尽一致，因此，这里分为中国早期管理思想、外国早期管理思想和中外管理思想比较等三个部分分别加以考察。

一、中国早期管理思想

中国是世界上历史最悠久的文明古国之一。早在几千年前，中国已经有了人类社会最古老的组织——部落和王国，有了部落的领袖和帝王，因而也就有了管理。中国自古就是世界上人口最多、幅员最大的国家之一，秦代形成了与现代中国国土相近的统一国家。在以后两千多年漫长的历史中，中国曾经发生过无数次战争、受到过多次外国入侵，经历了数百次改朝换代，虽然也曾有过短暂的分裂，但历代统治者基本都能对辽阔的疆土和众多的人口进行有效的控制和管理。从管理学的角度来看，历史也给我们留下了有关治理国家、巩固政权、统帅军队、组织战争、管理经济、发展生产、安定社会等方面极为丰富的经验和理论，其中也包含着许多至今仍闪耀着合理性光辉的管理思想。

（一）中国管理思想的经典实践

1. 商鞅变法中的管理措施

战国时期，杰出的政治家商鞅（约前390—前338）在秦国进行了一场政治经济改革，史称"商鞅变法"。商鞅提出了一系列治理国家的主张：在法律上承认井田制的崩溃和土地私有的合法化，促进封建地主土地所有制的形成，解放生产力；按军功授爵，取消旧贵族世袭的政治特权；废除分封制，建立郡县制，实行中央集权；重农抑商，奖励耕织，禁止弃农从商，鼓励开荒，任其所耕，不限多少，以增加封建国家收入，促进小农经济的发展，将从事工商或闲懒贫困之人收入官府为奴；统一秦国度量衡，统一赋税。变法加强了中央管理，使秦国的奴隶制被废除，封建经济得到了发展，军队的战斗力不断加强，逐渐成为七国中实力最强的国家，为秦吞并六国创造了条件。这是通过变法提高国家管理水平的一个范例。

2. 文景之治

西汉文、景二帝时期，出现政治安定、国家繁荣的局面，史称"文景之治"。文帝名刘恒（前202—前157），为刘邦之子；景帝名刘启（前188~141），为文帝之子。文景二帝在位期间推行汉高祖刘邦制定的休养生息政策。汉文帝重视发展农业生产，减轻人民的负担，把原来的十五税一减成三十而税一，景帝时继续实行"轻徭薄赋"政策，把三十税一正式定为制度，人头税、徭役都有所减轻；同时奖励兴修水利，发展生产；削弱诸侯王势力，加强中央集权。在刑罚方面，文帝做了两点改变：一是废除连坐法，对犯人全家不再一同问罪，对犯人妻、子不再罚作奴婢；二是废除肉刑，景帝时又减轻了刑罚，此即所谓"刑罚大省"。文景政策的实施，体现了以民为本、繁荣经济的管理思想，合乎封建经济发展的方向，对恢复和发展生产、安定人民生活、稳定封建统治秩序起到一定的作用，使国家逐渐走上富强道路。

3. 贞观之治

"贞观"为唐太宗李世民年号，在唐太宗执政的贞观年间（公元627—649年），在君臣的共同努力之下，出现了一个政治清明、经济发展、社会安定、武功兴盛的治世，史称"贞观之治"。

唐太宗把人民和君主的关系比作水与舟，认识到"水能载舟，亦能覆舟"。他唯才是举、不计出身、不问恩怨。在文臣武将之中，魏征当过道士，原系李建成旧臣，曾议请谋杀太宗；尉迟恭做过铁匠，又是降将，但二人都受到重用。唐太宗留心吏治、选贤任能、从谏如流，魏征前后谏事二百余件，直陈其过，太宗多克己接纳，或择善而从。魏征死后，太宗伤心地说："夫以铜为镜，可以正衣冠；以古为镜，可以知兴替；以人为镜，可以明得失……魏征殂逝，遂亡一镜矣。"在经济上，唐太宗特别关注农业生产，实行均田制与租庸调制，"去奢省费，轻徭薄赋"，使人民衣食有余，安居乐业。在文化方面，则大力奖励学术，组织文士大修诸经正义和史籍；在长安设国子监，鼓励四方君长遣子弟到来留学。此外，太宗又屡次对外用兵，经略四方，平东突厥、定薛延陀、征高句丽、联姻吐蕃、征讨高昌，使唐之国威远播四方，唐太宗也因此被西域诸国尊为"天可汗"，成为当时东方世界的一大霸主。唐太宗是中国历史上的一代英主，其功绩一直为后世所传颂。

4. 万里长城工程建设

中国长城的修筑始于春秋战国时代，已有两千多年的历史，其中尤以秦、汉、明三时期的规模最大。长城是中国修建时间最长、工程量最大的一项古代防御工程，长度达6000多公里。如此浩大的工程就是在世界上，也是极为罕见的，因而被列为"世界中古七大奇迹"之一。万里长城不仅仅是一座防御工事，而且在管理上也体现了中国人民的智慧：第一，有严谨的工程计划，对工程所需土石及人力、畜力、材料、联络都安排得井井有条，一环扣一环，使工期不至于延误；第二，严格的工程质量管理，主要体现在工程验收制度上，如规定在一定距离内用箭射墙，箭头碰墙而落，工程才算合格，否则返工重建；第三，有效的分工制使长城建设在事先确立走向的前提下，分区、分段、分片同时展开，保证了工程进度的同步性，体现了有效的分工；第四，长城并不只是一道单独的城墙，而是由城墙、敌楼、关城、墩堡、营城、卫所、镇城烽火台等多种防御工事所组成的一个完整的防御工程体系，由各级军事指挥系统层层指挥、节节控制。

（二）中国传统管理思想集锦

作为管理的指导思想和主要原则，中国传统管理方面的学问极其浩瀚，可以概括为如下一些要点。

1. 顺"道"

中国历史上的"道"有多种含义，通常，有主客观之"道"。主观范畴的"道"，是指治国的理论，例如北宋大学者张载曾豪言："为天地立心，为生民立命，为往圣继绝学，为万世开太平。"谁能至此，只有"顺"字。这豪言在"顺"字上得到了实现："顺"为天地之心，一切在"顺"的支配下运行；"顺"为生民立命，只有顺应方能还民以安生；"顺"为往圣继绝学，"顺"是文化的最高；"顺"为万世开太平，只有天下"顺"、民心"顺"，才能确保天下苍生万世之太平。《韩诗外传》卷七："正直者顺道而行，顺理而言，公平无私，不为安肆志，不为危易行。"《淮南子·兵略训》："顺道而动，天下为响。因民而虑，天下为斗。"南朝梁江淹《草木颂·黄莲》："鸿飞以仪，顺道则利。"而客观范畴的"道"，是指客观规律，又称为"则"、"常"。如《管子》认为："天不变其常，地不易其则，春秋冬夏，不更其节。"可见，自然界和社会都有自身的运动规律，如农业生产、人事、财用、货币，治理农村和城市，都有"轨"可循，"不通于轨数而欲为国，不可"。人们要取得自己行为的成功，必须顺乎万物之"轨"，万物按自身之"轨"运行，对于人毫不讲情面，"万物之于人也，无私近也，无私远也"，人们的行为顺乎它，它必"助之"，事业就会"有其功"，"虽小必大"；反之，如果逆它，它也必"违之"，使人必"怀其凶"，"虽成必败"，"不叫复振也"。在司马迁的《史记·货殖列传》中，把社会经济活动视为由各个个人为了满足自身的欲望而行事的自然过程，在社会商品交换中，价格贵贱的变化，也是受客观规律自然检验的。他认为"贱之征贵，贵之征贱"，人们为求自身利益，"以得所欲"，"任其张，竭其力"，"各劝其业，乐其事，若水之趋下，日夜无休时，不召而自来，不求而民出之，岂非道之所符，而自然之验邪？"对于社会自发的经济活动，他认为国家应顺其自然，少加干预，"故善者因之"，顺应客观规律，符合其"道"，乃治国之善政。

实际上，中国传统管理无不包含了"道"的主客观范畴的思想，"顺"是一切规律的本质。"顺道"，或者"守常"、"守则"、"循轨"，是中国传统管理活动的重要指导思想。

2. 人本

要夺取天下，治好国家，办成事业，"人"向来是中国传统管理的第一要素，故我国历来讲究得人之道，用人之道。《论语》表明先秦儒家就提倡"行仁德之政"，"因民之所利而利之"，"修文德以来之"，使"天下之民归心"，"近者悦，远者来"。《管子》云"政之所兴，在顺民心；政之所废，在逆民心"，国家必须"令顺民心"，"从民所欲，去民所恶"，乃为"政之宝"。西汉贾谊说"闻之于政也，民无不为本也。国以为本，君以为本，吏以为本"，国家的安危"存亡兴坏，定之于民；君之威侮、昏明、强弱，系之于民；吏之贵贱，贤不肖，能不能，辨之于民"；战争的胜败，"亦以能否得民之力以为准"。这些思想历代都有，逐步成为管理国家的准则。

我国素有"求贤若渴"一说，表示对人才的重视。能否得贤能之助，关系到国家的兴衰和事业的成败。《吕氏春秋·求人》称，"得贤人，国无不安；……失贤人，国无不危"。在《前出师表》中，诸葛亮总结两汉的历史经验说："亲贤臣，远小人，此先汉之所以兴隆也；亲小人，远贤臣，此后汉之所以倾颓也。"《晏子春秋》则把对人才"贤而不知"、"知而不用"、"用而不任"视为国家的"三不祥"，认为其害无穷。

我国也有重视人才的传统。司马迁提倡"能巧致富"，他说"巧者有余，拙者不足"，"能者辐辏，不肖者瓦解"。唐代陆贽说："夫财之所生必因人力，工而能勤则丰富，拙而兼惰则篓空。"西晋的傅玄说："夫裁径尺之帛，形方寸之木，不任左右，必求良工。"凡能工巧匠，或对生产建设有重大贡献者，如春秋时发明木作工具的鲁班，战国时修建都江堰的李冰父子，修建郑国渠的郑国，汉代发明二牛耦耕法和三脚条播器（三脚耧）的赵过，后汉发明和改进炼铁鼓风器（水排）的杜诗和韩暨，元代对发展纺织技术有重大贡献的黄道婆等人，都流芳百世，为人典范。《管子》一篇国情普查提纲《问》中列专项调查国内的生产能手，树立"人率"，进行表彰。

3. 人和

"和"就是调整人际关系，讲团结，上下和，左右和。对治国来说，和能兴邦；对治业来说，和气生财。故我国历来把天时、地利、人和当作事业成功的三要素。故孔子说："礼之用，和为贵。"《管子》说："上下不和，虽安必危。""上下和同"、"和协辑睦"，是事业成功的关键。

求和的关键在于当权者，只有当权者严于律己，严禁宗派，不任私人，公正无私，才能团结大多数人。《管子》提出"无私者容众"，要求君主切不可有"独举"、"约束"、"结纽"这些宗派行为，不可"以爵禄私有爱"，要严禁"党而成群者"。李觏说，国家的统治者必须"无偏无党"，"循公而灭私"，"天子无私人"，从国家机构中清除那些嫉贤妒能，钻营利禄，大搞宗派，戕害民生的"恶吏"，以改善官民关系。

近代成功的企业家也大都注重人和，创办申新纱厂的大企业家荣德生治厂以"《大学》之'明德'，《中庸》之'明诚'"对待属下，"管人不严，以德服人"，"自治有效"。他说用人"必先正心诚意，实事求是，庶几有成。若一味唯利是图，小人在位……不自勤俭，奢侈无度，用人不当，则有业等于无业也"。刘国钧办大成纺织染公司，以"忠信笃敬"为厂训。宋棐卿在公司悬挂孔子名言"己所不欲，勿施于人"作为厂训，他说："你愿人怎样待你，你就先怎样待人。"这些皆反映从自我管理入手实现人和，从而达到系统管理以协力推进事业的管理思想。

4. 守信

办一切事业都要守信。信誉是人类社会中人们之间建立稳定关系的基础，是国家兴旺和事业成功的保证。孔子说："君子信而后劳其民。"他要求弟子注重"四教"：文、行、忠、信。

治理国家，言而无信，政策多变，出尔反尔，从来是大忌。故《管子》十分强调取信于民，提出国家行政应遵循一条重要原则："不行不可复。"人们只能被欺骗一次，第二次就不信你了，"不行不可复"者，"不欺其民也"。"言而不可复者，君不言也；行而不可再者，君不行也。凡言而不可复，行而不可再者，有国者之大禁也。"其他领域亦然。商品质量、价格、交货期，以至借贷往来，都要讲究一个"信"字。我国有"诚工"、"诚贾"的传统，商而不诚，苟取一时，终致瓦解，成功的商人多是商业信誉度高的人。明代徽商唐祁，其父曾借某人钱，对方借据丢失，唐祁照付父债，后来有人拣得借据，向唐祁讨债，他又照付。别人嘲笑他傻，他说："前者实有是事，而后券则真也。"徽州另有一商人翁生，经商以"巧而不贼"，取得社会的信任，"人莫不以为诚而任之"，"虽不矜于利，而贾大进，家用益富"，可见守信是进财之道。

5. 利器

指讲究工具，中国历来有利器的传统，孔子说："工欲善其事，必先利其器。"《吕氏春秋·任地》篇说，使用利器可达到"其用日半，其功可使倍"的效果。中国古代的四大发明及其推广，极大地推动了社会经济、文化和世界文明的发展，并使"利器说"成为中国管理思想的重要内容。历史上许多重大发明，如西汉出现的新式粮食加工机械——水碓，"役水而舂，其利百倍"。东汉和三国时出现的新式炼铁鼓风器——水排，大大提高了冶铁的质量，从而提高了工具和兵器的质量，这些都是在当时政府官员的主持下发明和推广的。明清时代，由地方官员出面相邀和主持，在长江下游乃至全国先后推广松江地区先进的纺车和纺技，说明利器思想已引起当时国家管理机构的重视。及至近代，一再出现"机器兴邦"说。如郑观应主张维护民族独立要靠"商战"，商战必赖机器，机器生产，"工省价廉"，"精巧绝伦"，可与外货竞争，因此必须自制各种机器。魏源提出"师夷长技以制夷"的口号。孙中山实业救国的核心是技术革命，实现现代化，"用机器去制造货物……把国家变成富庶"，争取驾乎英美日之上。

可见，"利器说"贯乎古今，成为兴邦立业的重要思想。

6. 求实

实事求是，从实际出发，是思想方法和行为的准则。儒家提出"守正"原则，看问题不要偏激，办事不要过头，也不要不及，"过犹不及"，过了头超越客观形势，犯冒进错误；不及于形势又错过时机，流于保守。两种偏向都会坏事，应该防止。例如，《管子》提出"量力"原则和"时空"原则。

凡事量力而行，"动必量力，举必量技"，"不为不可成，不求不可得"。指挥作战，要知道自己兵力、装备的承受能力，"量力而知攻"，"不知任，不知器，不可"。切不可不顾主客观条件"妄行"，"强进"，"妄行则群卒困，强进则锐士挫"。用人也应注意因材施用，扬其所长，避其所短。不可求全责备，"毋与不可，毋强不能"。

"时空"原则就是办事要注意时机和地点等客观条件。《管子·宙合》曰，"事以时举"，"动静"、"开阖"、"取予"必因于时也，时而动，不时而静"。治国不顾时间的变化，用老一套办法，不注意"视时而立仪"，"审时以举事"，必然招致失败。空间不同，政策措施也应有异，不可将一套办法到处运用，治家、治乡、治国各有特殊性，"以家为乡，乡不可为也；以乡为国，国不可为也；以国为天下，天下不可为也"。韩非说："圣人不期修古，不法常可，论世之事，因为之备。……事异则备变。"

7. 对策

我国《史记》中有一句名言："夫运筹策帷帐之中，决胜于千里之外。"在治军、治国、治生等一切竞争和对抗的活动中，都必须统筹谋划，正确研究对策，以智取胜。凡事，有备无患，预则成，不预则废。《孙子》曰："知彼知己，百战不殆；不知彼而知己，一胜一负；不知彼，不知己，每战必殆。"《管子》主张"以备待时"，"事无备则废"。治国必须有预见性，备患于无形，"唯有道者能备患于无形也"。范蠡认为经商要有预见性，经商和打仗一样，"知斗则修备"，要善于"时断"和"智断"，比如要预测年景变化的规律，推知粮食供求变化趋势，及时决断收购和发售。他提出"旱则资舟，水则资车"的"待乏"原则。要观察市场物价变动,按"贵上极则反贱,贱下极则反贵"的规律,采取"贵出如粪土","贱取如珠玉"的购销策略。

中国古代有许多系统运筹成功的实例。战国时期,田忌和齐王赛马屡败,后来他按照谋士的筹划,按马力的强弱,以己之下马对彼之上马,己之上马对彼之中马,己之中马对彼之下马,结果二胜一负,转败为胜。历史上的著名战役,如三国时代孙权、刘备对曹操的赤壁之战,诸葛亮的空城计,孙膑的"减灶骄敌",都是运用策略以弱胜强的典范。

8. 节俭

我国历来提倡开源节流,崇俭抑奢,勤俭建国,勤俭持家。孔子就主张"节用而爱人,使民以时"。墨子说:"其财用节,其自养俭,民富国治。"荀子说"臣下职,莫游食,务本节用财无极","强本而节用,则天不能贫……本荒而用侈,则天不能使之富"。陆贽说:"桀用天下而不足,汤用七十里而有余,是乃用之盈虚,在节与不节耳。不节则虽盈乃竭,能节则虽虚必盈。"纵观历史,凡国用有度,为政清廉,不伤财害民,则会国泰民安。反之,凡国用无度,荒淫奢费,横征暴敛,必滋生贪官污吏,戕害民生,招致天下大乱。这是中国国家管理历史提供的一条真理。

节俭也是企业家致富的要素。司马迁说:"薄饮食,忍嗜欲,节衣服","纤啬筋力,治生之正道也"。汉初有个经营农业的任氏,一反当时"富人争奢侈"之风气,力行"家约","折节为俭",以至"富者数世",成为闾里的表率,受人赞颂。近代中国的企业家也多有勤俭治厂的经验,创办南通大生纱厂的张謇在办厂时去上海联系业务,为节约经费,曾在街头卖字以解决盘缠所需。在他的带动下,全厂上下力求节俭。张謇说:"通厂之利,人皆知为地势使然,然开办之初始竭蹶艰维,而上下同心力求撙节,其开办之省亦中外各厂所无。"

9. 法治

我国的法治思想起源于先秦法家,《管子》中也有相关内容,后来逐渐演变成一整套法制体系,包括田土法制、财税法制、军事法制、人才法制、行政管理法制、市场法制,等等。韩非在论证法治优于人治时,举传说中舜的例子:舜事必躬亲,亲自解决民间的田界纠纷和捕鱼纠纷,花了三年时间纠正三个错误。韩非说这个办法不可取:"舜有尽,寿有尽,天下过无已者。以有尽逐无已,所止者寡矣。"如果制定法规公之于众,违者以法纠正,治理国家就方便了。他还主张法应有公开性和平等性,即实行"明法"、"一法"原则。"明法",就是著之于版图,布之于百姓,使全国皆知。"一法",即人人都得守法,在法律面前人人平等,"刑过不避大臣,赏善不遗匹夫",各级政府官员不能游离法外,"能去私曲就公法者,民安而国治"。

二、国外早期管理思想

(一) 国外古代管理思想

在国外古代管理思想中,最具有代表性的是苏美尔人、古埃及人、古巴比伦人、希伯来人、古希腊人和古罗马人的管理思想。其管理对象是国家、军队、部落、教会和家庭,也有对小规模、初级的经济活动的管理。国外古代的管理思想主要表现有以下几方面。

1. 法律成为国家管理的重要工具

苏美尔人建立了最早的法律体系,《汉谟拉比法典》现在看来大体上是苏美尔法典的修订本,这部法典是几乎所有巴比伦人、亚述人、迦勒底人和希伯来人的法律的基础。它涉及社会及商业管理的许多方面,如出售、契约、合伙、协议、期票、借贷、租赁、转让、抵押、遗产、奴隶等,对各种职业、各个层面上的人员的责、权、利关系给予明确的规定,提出了民事控制、事故责任、生产控制与激励以及最低工资的规定。巴比伦人首先认识到责任不能推诿给下级这一原则。希伯来人同样注重依法管理,其法典要比《汉谟拉比法典》开明进步一些。罗马的立法和司法的分权制则为后来的立宪政府的制约和平衡体制树立了一个典范。伯里克利(前461—前429)时代,是雅典民主政制的全盛时期。公民大会享有立法权以及批准新会议提议等权力,实行公民陪审团制度,每一个陪审团都有一个法庭。

2. 中央集权的专制政权是早期国家管理的基本特征

古埃及人建立起以法老为最高统治者的中央集权的专制政权。法老是全国土地的最高所有者,拥有对埃及全部国家财产的支配权,法老政权制定的土地制度、税收制度、档案制度,把权力和财富都集中在自己手上。古罗马人建立并实行一种连续授权的组织制度。这是一种行政授权与军事控制相结合的集权型等级制度,在税收上体现了管理智慧。苏美尔人庙宇中的祭司通过庞大的赋税制度积累了大量财物,如畜群、钱财和房屋等。为了管理这些财物,他们在泥板上用楔形文字记载账目、文件等。

3. 利用宗教来控制人和管理国家

希伯来人很善于利用宗教来控制人和管理国家。大卫王统治时期,为适应政治统一的需要,将耶和华神的地位进一步提高。以西节为首的犹太祭司宣扬耶和华神是宇宙间的唯一真神,是犹太人的"救世主",他将帮助犹太人复国,建立一个祭司宗教权力与贵族政治权力合一的统一的神权政体国家。

4. 在工程和军事管理方面表现出高超的组织管理能力

古埃及人在建造金字塔的过程中,精心计划、组织和控制,安排和解决食物、住房、运输问题，表现出了非凡的管理和组织能力。在工程管理中，每个监工大约管理 10 名奴仆，反映出他们已知道每个管理者所能监督人数的管理跨度是"以十为限"。罗马军队实行"十人编队制"。古希腊人的管理思想中充满着知识和思维的力量，他们崇尚民主管理，建立了有一定民主成分的政府。色诺芬提出了管理的对象、目标和中心。他认为"家庭管理"研究的是优秀的主人如何管理好自己的财产，这里的"家庭管理"应该是涵盖了奴隶主阶级对生产资料的各种组织与管理问题；检验管理水平高低的标准是财富是否得到增加；认识到了管理的中心任务是加强人的管理；认为分工可以提高产品的质量。因为一个人不可能精通一切技艺，所以劳动分工是必要的。认为管理是一种独特的技艺，有相同的规律。希腊人早就认识到按规定速度应用统一的方法能使产量最大化这一原则。他们用音乐来规定时间，用笛子和管乐器来规定动作。这样，他们配合着音乐来工作，引进了节奏、标准动作和工作速度，其结果会是产量增加而浪费和疲劳却减少。

（二）国外中世纪管理思想

"中世纪"指的是从罗马帝国的衰亡到文艺复兴前这段时间，是欧洲处于封建社会的时代，时间上从公元 5 世纪一直延续到 14 世纪。中世纪的社会有一套严整的封建等级制度。这个时期生产力的发展受到束缚。尽管如此，随着城市的兴起、行会的建立、贸易的发展和大学的兴办，管理思想也得到了发展。

在中世纪初期，尽管没有关于管理思想的专门著作，但是，在一些思想家的论述中还是可以发现许多重要的管理思想的。如，格札里对领导者提出必须保有四种品质：公正，智慧，耐心，谦虚。托马斯·阿奎那提出消费的适可原则。

马基雅维利被称为"政治学之父"，也提出了与管理有关的原则。

第一，必须基于群众的同意。所有的政府，不论是君主制、贵族制或民主制的政府，其持续存在都依赖于群众的支持。君主可能通过武力或继承而登上王位，但要牢固地控制国家，还必须得到群众的支持。

第二，组织要有内聚力，一个君主能维持组织统一的最有效的方法就是紧紧地抓住自己的朋友。组织内聚力的一个关键因素是使人民确实知道他们可以指望自己的君主，以及君主期望于他们的是什么，即责任明确。一个君主如果没有法律而只有多变的政策，很快就会使整个国家陷入混乱。

第三，领导要有领导技巧和艺术。马基雅维利认为，一个领导者应该成为人民的榜样并鼓舞他的人民从事伟大的事业。要注意所有的集团，时时同它们打成一片，以自己的博爱和仁慈为其树立榜样，但始终要维持人们的尊严，在任何事情上都不能丧失。应该奖赏那些有益于城市和国家的人，保证公民不至于不公平地被剥夺自己的物品，以此来鼓励他们从事自己的职业和使命。要善于对事件和人民进行观察，识别忠诚于己的贵族和只是追求私利的贵族。他必须能够认识这两种人并使他们有利于自己。当机会来到时,要善于利用,但并不是以一种欺诈的方式。

第四,领导者一定要有使组织存在下去的意志。任何组织的主要目标之一是使自己存在下去。政府机构、宗教团体、公司等,全都努力使自己永远存在下去。因而他提出这样的建议,一个君主应该像罗马人那样经常警惕着混乱状态,以便及时予以扑灭。当他的王国处于存亡关头时,君王有权采取严酷的措施。在必要时,他可以抛开所有道德上的借口,背弃任何已不再有用的誓言。马基雅弗利所提出的管理原则是为了君王能够成功地管理一个国家,但同样也适用于管理其他组织,因此对以后的管理思想发展有相当大的影响。

此外,中世纪也出现了十分出色的生产管理实践。威尼斯兵工厂的管理代表了这一时期的管理水平。威尼斯在1436年建立了政府的造船厂,即兵工厂。威尼斯的造船厂后来成为当时世界上最大的工厂,占有陆地和水面面积60英亩(1英亩≈4046.86平方米),雇用一两千个工人。许多由于规模庞大而产生的问题(会计、材料排列、工人的纪律等)都有效率地解决了。政府与造船厂的关系是控制与授权经营的关系。造船厂的管理体现了互相制约和平衡。造船厂虽然由三位正副厂长正式负责,但作为威尼斯元老院同造船厂之间的联系环节的特派员也有很大的影响。元老院本身也常常直接管理或干预造船厂的事务。特派员和厂长们主要从事于财务管理、采购和类似的职能,以致无法指挥实际的造船工作。造船厂中各个巨大的作业部门由工长和技术顾问来领导。政府给造船厂下达明确的生产任务。造船厂内部的管理已具有相当的水平,在成品部件的编号和储存、安装舰只的装配线、人事管理、部件的标准化、会计控制、存货控制、成本控制等方面积累了丰富的管理经验。比如,仓库中经常备有应急物资、配件和装备,所有的装备都编上号码并储存在指定的地方;工人按照其工作而分别付给计件工资和计时工资;在造船厂的某些行业,特别是木工行业,工人要通过考试才能被雇用;在生产部件和装配过程中实行标准化管理;实行会计控制,认识到并应用会计作为一种管理控制的技术,在用料等方面实行成本控制。

(三)关于文艺复兴时期的管理思想

文艺复兴运动为管理思想的发展开辟了广阔空间。人文主义精神的弘扬,使人类的思想和社会生产力获得了空前的解放,为管理从经验走向科学提供了可能,以人为本的思想渗透到管理之中。这个时期的贸易、航运、海外旅行的空前发展开阔了人们的视野,使局限在狭隘范围内的地中海贸易扩展成为世界性的经济活动,商业额和消费品的种类大量增加,银行业迅速发展,信贷业务发展到异地支付、兑现的水平,国际贸易、跨国经营、股份公司成为管理的新领域、新模式,从而使管理的内容、范围、方式、途径均发生了极大变化,这些都为迎接工业革命的到来做好了准备。

（四）工业革命时期的管理思想

工业革命引起了生产组织方式的变化，促进了生产力的大发展，使社会发生巨大变革。随着人们对自然的认识水平的提高、生产工具的不断改进，生产组织方式的变化，工业企业的效率问题、控制问题、对企业中人的管理问题更加突出，使当时的人们不得不深入思考，如何在市场中通过努力来获得高效率和最大的利润。这一时期，管理思想的主要代表人物有如下几位。

1. 詹姆士·斯图亚特（James Denham Steuart）

斯图亚特是英国重商主义后期的重要代表人物。马克思认为他是"第一个试图建立经济学体系的不列颠人，是亚当·斯密进入经济殿堂的领路人"。分工是生产和工厂制度的一个主要支柱，最早研究分工的是斯图亚特。他的《政治经济学原理研究》出版于1767年，比亚当·斯密的《国富论》还要早9年。在这部书中，斯图亚特阐述了货币流通的一般规律，主张国家全面干预经济生活，并先于亚当·斯密提出劳动分工的概念，论述了工人由于重复操作而获得灵巧性的。他比泰罗早100多年就指出了工作研究方法和刺激工资的实质。他指出："如果给一个人每日规定一定的劳动量，他就会以一种固定的方式工作，永远不想改进他的工作的方法，如果他是计件付酬的，他就会想出1000种方法来增加其产量。"同时，他还指出了管理人员和工人之间的分工问题。他指出机器代替工人的劳动，不会使工人失业，反而会有更多就业机会。

2. 亚当·斯密（Adam Smith）

最早对经济管理思想进行系统论述的学者，首推英国经济学家亚当·斯密。他在1776年（当时正值英国的工场手工业开始向机器工业过渡时期）出版了《国民财富的性质和原因研究》一书，系统地阐述了劳动价值论及劳动分工理论。斯密认为，劳动是国民财富的源泉，各国人民每年消费的一切生活日用必需品的源泉是本国人民每年的劳动。这些日用必需品供应情况的好坏，决定于两个因素：一是这个国家的人民的劳动熟练程度、劳动技巧和判断力的高低；二是从事有用劳动的人数和从事无用劳动人数的比例。他同时还提出，劳动创造的价值是工资和利润的源泉，并经过分析得出了"工资越低，利润就越高，工资越高，利润就会降低"的结论。这就揭示出了资本主义经营管理的本质。

斯密在分析增进"劳动生产力"的因素时，特别强调了分工的作用。他对比了一些工艺和一些手工制造业实行分工前后的变化，对比了易于分工的制造业和当时不易分工的农业的情况，说明分工可以提高劳动生产率。他认为，分工的益处主要是：劳动分工可以使工人重复完成单项操作，从而提高劳动熟练程度，提高劳动效率；劳动分工可以减少由于变换工作而损失的时间；劳动分工可以使劳动简化，使劳动者的注意力集中在一种特定的对象上，有利于创造新工具和改进设备。斯密列举制针业来说明："如果他们各自独立工作，不专习一种特殊业务，那么他们不论是谁，绝对不能一日制造二十枚针，说不定一天连一枚也制造不出来。他们不但不能制出今日由适当分工合作而制成的数量的二百四十分之一，就连这数量的四千八百分之一，恐怕也制造不出来。"

他的上述分析和主张，不仅符合当时生产发展的需要，而且也成了以后企业管理理论中的一条重要原理。

3. 查理·巴贝奇（Charles Babbage）

在斯密之后，英国人查理·巴贝奇发展了他的论点，提出了许多关于生产组织机构和经济学方面的带有启发性的问题。巴贝奇是一名数学家，早年曾发明机械计算机（差分机），后来对制造业产生了兴趣。1832 年，他在《论机器和制造业的经济》一书中，概述了他的思想。巴贝奇赞同斯密的劳动分工能提高劳动效率的论点，但认为斯密忽略了分工可以减少支付工资这一好处。巴贝奇也对制针（普通直针）业做了典型调查。把制针业的生产过程划分为七个基本操作工序，并按工序的复杂程度和劳动强度雇用不同的工人，支付不同的工资。如果不实行分工，整个制造过程由一个人完成，那就要求每个工人都有全面的技艺，都能完成制造过程中技巧性强的工序，同时又有足够的体力来完成繁重的操作。工厂主必须按照全部工序中技术要求最高、体力要求最强的标准来支付工资。由此，巴贝奇提出了"边际熟练"原则，即对技术水平、劳动强度定出界限，作为报酬的依据。

巴贝奇虽然是一位数学家，却没有忽视人在生产中的作用。他认为工人同工厂主之间存在利益共同点，并竭力提倡所谓利润分配制度，即工人可以按照其在生产中所做的贡献，分到工厂利润的一部分。巴贝奇也很重视对生产的研究和改进，主张实行有益的建议制度，鼓励工人提出改进生产的建议。他认为工人的收入应该由三部分组成：①按照工作性质所确定的固定工资；②按照生产效率及所做贡献分得的利润；③为提高劳动效率而提出建议所应给予的奖励。提出按照生产效率不同来确定报酬的具有刺激作用的制度，是巴贝奇做出的重要贡献。

4. 大卫·李嘉图（David Ricardo）

大卫·李嘉图是 19 世纪初英国资产阶级经济学家的杰出代表。他的代表作是 1817 年出版的《政治经济学及赋税原理》。他对早期的管理思想的贡献主要有以下方面。

（1）在资本和管理技术的关系上提出了所谓的"工资规律"。他认为工人劳动创造的价值是工资、利润和地租的源泉，这是经营管理中的核心问题。而且，他还得出了这样的结论：工资越低，利润就越高；反之工资越高，利润就越低。

（2）提出了关于"经济人"方面的群氓假设：首先，社会由一群群无组织的个人所组成；其次，每个人以一种计算利弊的方式为个人的利益而行动；第三，每个人为达到这个目的，尽可能合乎逻辑地思考和行动。从这个假设出发的必然结论是，对这些群氓只能用绝对的、集中的权力来统治和管理，这是一个明确的"经济人"概念的形成。

5. 安德鲁·尤尔（Andrew Ure）

尤尔是管理教育的先驱，许多工厂的管理人员都是尤尔的学生。尤尔在管理方面的主要著作是 1835 年出版的《制造业的哲学》。他指出每一个企业都有三种有机系统：第一是机械系统，指生产的技术和过程；第二是道德系统，指工厂中的人事方面；第三是商业系统，指工厂企业通过销售和筹措资金来维持生存。尤尔把企业有机地划分为几个系统，是一种早期的系统思想的反映，对后来的管理思想家们有很大的影响，组织理论的集大成者亨利·法约尔的一些思想即来源于此。

6. 其他主要管理实践人物

这一时期的著名管理学者还有英国的空想社会主义者罗伯特·欧文、理查德·阿克赖特、詹姆斯·瓦特和马修·博尔顿。

罗伯特·欧文（Robert Owen）经过一系列试验，首先提出在工厂生产中要重视人的因素，要缩短工人的工作时间，提高工资，改善工人居住条件。他的改革试验证实，重视人的作用和尊重人的管理理论的产生和发展，都有积极的影响。

理查德·阿克赖特是一个应用高效管理原则的先驱者，于 1771 年创办了第一个棉纱厂，雇用了 5000 多名工人，向英国棉纺业这一 18 世纪产业革命的支柱行业提供了管理专业知识，为加速大企业的到来做出了贡献。阿克赖特作为棉纺工业中的企业家，在大型生产的人力、金钱、材料和机器的组织、协调和计划方面，显示出了出色的才能，从而加速了大企业的成长。他是当时先进管理实践的一个典型，在连续生产，厂址计划、机器、材料、人员和资本的协调，工厂纪律，人事管理，劳动分工等方面的贡献，标志着他是应用高效管理原则的一个先驱者。

詹姆斯·瓦特和马修·博尔顿于 1796 年在英国伯明翰附近创办了索霍工场，古典管理思想在这两个人的儿子身上，得到了很好的实践。当时的索霍工场，自觉地应用了一些有效的管理思想和方法，在系统性上不逊于现代大企业的管理，在小瓦特和小博尔顿的内外配合下，取得了很大的成功。

第二节 古典管理理论

19世纪末至20世纪初,美国完成了从农业国向工业国的转变,许多工厂发展成为生产多种产品的大企业。在当时,这些大企业的管理还相当落后,美国的经济发展速度和企业中劳动生产率的水平远远落后于科学技术成就和经济条件所提供的可能性。美国的工业化进程对管理提出了新的要求。为了继续发展生产力,就必须在管理方面有一个较大的突破。与此同时,工业革命以来管理思想的积累为科学管理理论的产生提供了思想基础。这样,科学管理诞生的客观环境和物质条件都已具备,在社会需要和学科成熟的交叉点上,泰罗、法约尔和韦伯无疑成为科学管理时代的先驱。泰罗、法约尔、韦伯分别从三个不同的方面将古典管理理论的大厦建立起来,为组织提供了管理思想的指导和科学理论方法。古典管理理论体系如图3-1所示。

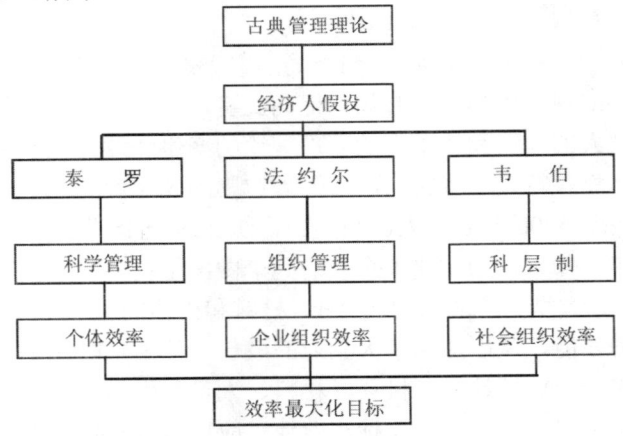

图 3-1 古典管理理论体系

一、弗雷德里克·温斯洛·泰罗的科学管理理论

泰罗(Frederick Winslow Taylor,1856—1915)出生于美国费城杰曼顿一个富有的律师家庭,22岁到米德维尔钢铁公司当学徒,在技术水平、管理能力方面得到过锻炼,后来被资本家提拔为工头、中层管理人员和总工程师。泰罗的经历使他对生产现场很熟悉,对生产基层很了解。他认为单凭经验进行管理的方法是不科学的,必须加以改变。1903年,泰罗把自己的实践经验和研究成果上升到理论

高度，开始著书立说；1911 年，他出版了代表作《科学管理原理》，使管理成为一门真正的科学。鉴于泰罗对管理学的贡献，他被尊称为"科学管理理论之父"。提高劳动生产率是泰罗创立科学管理理论的基本出发点，是泰罗确定科学管理的原理、方法的基础，其重要观点有如下数端。

（一）工作定额原理

实行经验管理，造成了一个突出的矛盾，就是资本家不知道工人一天到底能干多少活儿，但总嫌工人干活儿少、拿工资多，于是就来加重对工人的剥削。而工人，也不确切知道自己一天到底应干多少活儿，但总认为自己干活儿多、拿工资少。当资本家加重对工人的剥削时，工人就用"磨洋工"消极对抗，这样企业的劳动生产率当然不会高。泰罗认为管理的中心问题是提高劳动生产率，为了达到这一目的，他提出以下几项原则。

（1）企业要设立一个专门制定定额的部门或机构，这样的机构不但在管理上是必要的，而且在经济上也是合算的。

（2）要制定出有科学依据的工人的"合理日工作量"，就必须通过各种试验和测量，进行劳动动作研究和工作研究。

（3）根据定额完成情况，实行差别计件工资制，使工人的贡献大小与工资高低紧密挂钩。

（二）挑选头等工人

为了提高劳动生产率，必须为工作挑选头等工人。泰罗所说的第一流的工人，就是指那些最适合又最愿意干某种工作的人。所谓挑选第一流工人，就是指在企业人事管理中，要把合适的人安排到合适的岗位上。只有做到这一点，才能充分发挥人的潜能，才能促进劳动生产率的提高。管理人员要培训工人，并且逐步地系统地训练，帮助和指导每个工人，为他们提供上进的机会。这样，使工人在所受雇的公司里能担任最高级别、最有兴趣、最有利、最适合他们能力的工作。可见，挑选第一流工人的原则，是对任何管理都普遍适用的原则。

（三）计件工资制

泰罗认为，现行工资制度所存在的共同缺陷，就是不能充分调动职工的积极性，不能满足效率最高的原则。于是，泰罗提出了一种具有很大刺激性的报酬制度，"差别工资制"方案。其主要内容如下。

（1）设立专门的制定定额部门。这个部门的主要任务是制定出一个标准制度，以确定合理的劳动定额和恰当的工资率，从而改变过去那种以估计和经验为依据的方法。

（2）制定差别工资率。即按照工人是否完成定额而采用不同的工资率。如果工人能够保质保量地完成定额，就按高的工资率付酬，以资鼓励；如果工人的生产没有达到定额就将全部工作量按低的工资率付给，并给予警告，如不改进，就要被解雇。

（3）工资支付的对象是工人，而不是根据职位和工种，也就是说，每个人的工资尽可能地按他的技能和工作所付出的劳动来计算，而不是按他的职位来计算。

（四）劳资合作

泰罗指出："资方和工人的紧密、组织和个人之间的合作，是现代科学或责任管理的精髓。""在科学管理中，劳资双方在思想上要发生的大革命就是：他们将会明白，当他们停止互相对抗，转为向一个方面并肩前进时，他们的共同努力所创造出来的盈利会大得惊人。他们会懂得，当他们用友谊合作、互相帮助来代替敌对情绪时，通过共同努力，就能创造出比过去大得多的盈余。"例如，在铁锹试验中，每个工人每天的平均搬运量从原来的 16 吨提高到 59 吨；工人每日的工资从 1.15 美元提高到 1.88 美元。而每吨的搬运费从 7.5 美分降到 3.3 美分，对雇主来说，关心的是成本的降低；而工人关心的则是工资的提高，所以泰罗认为这就是劳资双方进行"精神革命"、从事合作的基础。

（五）建立专门计划层

泰罗要求把计划职能与执行职能分开，实际是把管理职能与执行职能分开；所谓设置专门的计划部门，实际是设置专门的管理部门；所谓"均分资方和工人之间的工作和职责"，实际是说让资方承担管理职责，让工人承担执行职责。这也就进一步明确了资方与工人之间、管理者与被管理者之间的关系，改变了凭经验工作的方法，而代之以科学的工作方法，即找出标准，制定标准，然后按标准办事。要确保管理任务的完成，应由专门的计划部门来承担找出和制定标准的工作。

（六）职能工长制

泰罗的职能工长制是根据工人的具体操作过程进一步对分工进行细化而形成的。他认为这种职能工长制度有三个优点。

（1）每个职能工长只承担某项职能，职责单一，对管理者培训花费的时间较少，有利于发挥每个人的专长。

（2）管理人员的职能明确，容易提高效率。

（3）由于作业计划由计划部门拟订，工具和作业方法标准化，车间现场工长只负责现场指挥与监督，因此非熟练技术的工人也可以从事较复杂的工作，从而降低了整个企业的生产费用。

（七）例外原则

所谓例外原则，就是指企业的高级管理人员把一般日常事务授权给下属管理人员，而自己保留对例外的事项——一般也是重要事项——的决策权和控制权，这种例外的原则至今仍然是管理中极为重要的原则之一。

泰罗的管理思想也有一定的局限性：一方面，泰罗认为工人的主要动机是经济的，工人最关心的是提高自己的金钱收入，即坚持"经济人"的假设。他还认为工人只有单独劳动才能好好干，集体的鼓励通常是无效的。另一方面，"泰罗制"仅解决了个别具体工作的作业效率问题，而没有解决企业作为一个整体如何经营和管理的问题。

二、泰罗科学管理思想的追随者

与泰罗同时代、对管理改革做出过贡献的主要有：亨利·甘特、弗兰克·吉尔布雷斯夫妇、福特等。

（一）亨利·甘特（Henry Laurence Gantt, 1861—1919）

甘特是泰罗创立和推广科学管理制度的亲密的合作者，也是科学管理运动的先驱者之一。甘特发明了"甘特图"，即生产计划进度图。这种图表对管理部门和工人本人都有帮助，因为图表上记载了工作的进展情况以及工人未能得到奖金的原因。他提出了任务和奖金制度，即除了支付日工资外，超额完成定额部分，再计件发给奖金；完不成定额的，只能拿到日工资。这种制度比泰罗的"差别计件制"好，可使工人感到收入有保证，从而激发劳动积极性。甘特非常重视工业中人的因素，因此他也是人际关系理论的先驱者之一。

（二）吉尔布雷斯夫妇

弗兰克·吉尔布雷斯（Frank Bunker Gilbreth，1868—1924）在波士顿拥有自己的建筑承包公司。1912年，在泰罗与甘特的影响下，吉尔布雷斯与妻子莉莲·吉尔布雷斯（Lillian Moller Gilbreth，1878—1972）——美国第一位获得心理学博士学位的妇女，后被人称为"管理第一夫人"——放弃了收入颇丰的建筑业务，改行从事"管理工程"的研究，两人以进行"动作研究"而著称。他们的研究成果反映在1911年出版的《动作研究》一书中。二人在管理思想方面的主要贡献有如下几项。

（1）动作研究：坚持"动作经济原则"并把这种原则推广到工人中，使工效大为提高。

（2）疲劳研究：建议在工作中播放音乐来减轻疲劳，并向社会呼吁把消除疲劳放在头等重要的地位。

（3）探讨工人、工作和工作环境之间的相互影响。

（4）强调进行制度管理：认为任何工作都有一种最好的管理方法，应该把这些方法系统化为一套制度，人人都遵照执行。

（5）重视企业中人的因素。

（三）亨利·福特（Henry Ford, 1863—1947）

福特在泰罗的单工序动作研究的基础上，为了提高企业的竞争能力，进而对如何提高整个生产过程的生产效率进行了研究。他充分考虑了批量生产的优点，规定了各个工序的标准时间，使整个生产过程在时间上协调起来，创造了第一条流水生产线——汽车流水生产线，从而提高了整个企业的生产效率，并使成本明显降低。

福特为企业批量生产进行了多方面的标准化工作，包括：①产品系列化，减少产品类型，以便实行批量生产；②零件规格化，以利提高零件的互换性；③技术仪器（TI）专业化，不同的零件分别由专门的工厂或车间制造；④机器及工具专用化，以提高工作效率，并为自动化打下基础；⑤作业专门化，使各工种的工人反复地进行同一种简单的作业。

（四）莫里斯·库克（Morris Cooke, 1872—1960）

库克是科学管理的早期研究者之一，也是泰罗的亲密合作者，他的主要贡献是在非工业组织中传播和应用科学管理思想。库克在管理思想上的贡献如下。

（1）把科学管理原理应用到高等学校中去。

（2）在市政管理中应用科学管理原理。

（3）重视人的因素。

库克主张管理要人情化，在有关工资、定额、职工福利等事情上，可以同工会进行谈判，对于在企业中恰当地处理劳资关系是非常有帮助的。

（五）托马斯·巴塔（Tomas Bata, 1876—1932）

巴塔出生于捷克兹林地区的摩拉维亚，原来是一个没有什么资本的鞋匠，在学习福特管理思想的基础上创造了"巴塔制"。其管理思想是：依靠自己、全面质量管理、弹性战略、高度工艺技术、工人参与、把知识用作资本等。巴塔制的基本原则包括以下几项。

（1）"让工人思维，让机器工作。"

（2）"建立自己的供产销系统和全球经营战略。"取消了大部分中间商，建立起零售商店和修理店网络，使之成为生产过程的补充和扩展，并同顾客直接联系。

（3）"顾客是企业的主人"、"为公众服务"。

（4）"生产和利润不是目的，而是改善职工生活的手段。"巴塔的职工不愿称呼自己是雇员，而自称为"合伙者"。因为，巴塔的全部股份都归职工所有。起初，由巴塔企业向每个职工提供一笔捐赠的股份，其后，每个职工把自己收入的一部分投资于公司。这样，每个职工都成了企业及其资本的共同所有者，即合伙者。

（5）"提高职工的生活质量是企业的首要职责。"巴塔认为，不仅要关心职工的工作条件，而且要提高其整个生活的质量，这是企业（而不是国家的）首要责任。当时，巴塔工人的工资是欧洲工人平均工资的 8 倍。巴塔还鼓励职工戒烟、戒酒，提倡减肥活动。

泰罗及其他同期先行者的理论和实践构成了"泰罗制"。可以看出，泰罗制着重解决的是用科学的方法提高生产现场的生产效率的问题。所以，人们称以泰罗为代表的这些学者所形成的学派为科学管理学派。

三、亨利·法约尔的古典组织管理理论

继泰罗制之后所形成的组织理论，其中影响最大的是法约尔（Henri Fayol, 1841—1925）及其一般管理理论。1860 年，法约尔从圣艾帝安国立矿业学院毕业后，成为一名采矿工程师，从 1866 年起一直担任高级管理职务，并在此度过了 58 年的职业管理生涯。与此同时，他还在法国军事大学任过管理教授。法约尔的经历决定了他的管理思想更加开阔。法约尔一生中写了很多著作，其内容包括采矿、地质、教育和管理，等等。1925 年，法约尔出版了他的划时代名著《工业管理与一般管理》，对管理学的形成和发展做出了巨大的贡献。

法约尔第一次明确区分了"经营"和"管理"这两个概念。法约尔认为，泰罗的科学管理理论同他的理论是相互补充的，因为二者都想努力通过不同的分析方法来改进管理。泰罗的研究是从"车床前的工人"开始的，重点内容是企业内部具体工作的效率。法约尔的研究则是从"办公桌前的总经理"出发的，以企业整体作为研究对象。

在贯彻等级制度原则中，为了使组织既能坚持统一指挥原则，又能缩短信息联系的路线，法约尔提出可以在需要进行沟通的两个部门之间建立联系的渠道，即"法约尔跳板"。另外，在层级划分严格的组织中，当两个分属不同系统的部门遇到只有协作才能解决的问题时，为提高办事效率，可先自行商量、自行解决，只有协商不成时才报请上级部门解决，这就是"法约尔跳板"原理。

法约尔认为，企业无论是大是小、简单还是复杂，其全部活动都可以概括为六种，即技术职能，经营职能，财务职能，安全职能，会计职能，管理职能。为了突出管理的实质，法约尔又进一步将管理的要素划分为：计划、组织、指挥、协调和控制。法约尔还提出了管理人员解决问题时应遵循的分工、权力与责任、纪律、统一命令、统一领导、员工个人要服从整体、人员的报酬要公平、集权、等级链、秩序、平等、人员保持稳定、主动性、集体精神等十四条原则。

时至今日，法约尔的贡献——管理思想仍然闪耀着光芒，其管理原则仍然可以作为我们管理实践的指南。

第一，法约尔对管理"普遍性"的论述是管理思想发展上的一项重大贡献。法约尔提出：①管理是可以应用于一切事业的一种独立活动；②随着一个人在职

务上的提升,越来越需要管理活动;③管理知识是可以传授的。

第二,法约尔的管理思想具有很强的系统性和理论性。虽然法约尔的管理思想与泰罗的管理思想都是古典管理思想的代表,但法约尔管理思想的系统性和理论性更强,后人根据他建立的构架,建立了管理学并把它引入了课堂。法约尔的贡献是在管理的范畴、管理的组织理论、管理的原则方面提出了崭新的观点,为以后管理理论的发展奠定了基础。

第三,法约尔的一般管理理论被誉为管理史上的丰碑。一般管理理论,作为西方古典管理思想的代表,后来成为管理过程学派的理论基础,也是以后各种管理理论和管理实践的重要依据,对管理理论的发展和企业管理的进程均有着深刻的影响。法约尔对管理五大职能的分析,为管理科学提供了一套科学的理论构架。经过多年的研究和实践的证明,这套理论构架总体来说仍然是正确的,现在仍然为许多人所推崇。因此,继泰罗的科学管理之后,一般管理也被誉为管理史上的第二座丰碑。

四、马克斯·韦伯的理想行政组织体系

马克斯·韦伯(Max Weber, 1864—1920)是德国的社会学家、经济学家和管理学家,是泰罗和法约尔的同时代人,古典管理理论在德国的代表人物。韦伯在管理思想史上的最大贡献是提出了"理想的行政集权制理论",被后人称为"官僚组织理论之父"。

韦伯出生于德国埃尔福特的一个有着相当广泛的社会和政治关系的富裕家庭,其父曾任普鲁士下院议员、帝国议会议员。他从小受到了良好的教育,对经济学、社会学、政治学、宗教学有着广泛的兴趣。韦伯于1882年进入海德堡大学学习法律,1884年进入柏林大学攻读法律,1891年,他以论文《中世纪贸易公司的历史》获得博士学位。自1892年起,直到1920年逝世,他先后在柏林大学、海德堡大学、维也纳大学和慕尼黑大学执教,讲授过法律、政治经济学、社会学等课程。同时,还曾创办《社会科学与社会政治文献》杂志。韦伯的主要著作有:《新教伦理与资本主义精神》《一般经济史》《社会和经济组织的理论》等。

韦伯认为,任何组织都必须以某种形式的权力作为基础,没有某种形式的权力,任何组织都不能达到自己的目标。只有理性合法的权力,才宜作为理想组织体系的基础。人类社会存在三种被社会所接受的权力。

(1)传统权力:传统惯例或世袭得来。韦伯认为,人们对其服从是因为领袖人物占据着传统所支持的权力地位,同时,领袖人物也受着传统的制约。但是,人们对传统权力的服从并不是以与个人无关的秩序为依据,而是在习惯义务领域内的个人忠诚。领导人的作用似乎只为了维护传统,因而效率较低,不宜作为行

政组织体系的基础。

（2）超凡权力：来源于别人的崇拜与追随。韦伯认为，超凡权力的合法性，完全依靠对于领袖人物的信仰，他必须以不断的奇迹和英雄之举赢得追随者，超凡权力过于带有感情色彩并且是非理性的，不是依据规章制度，而是依据神秘的启示。所以，超凡的权力形式也不宜作为行政组织体系的基础。

（3）法定权力：理性—法律规定的权力。韦伯认为，只有法定权力才能作为行政组织体系的基础，其最根本的特征在于它提供了慎重的公正。原因在于：一方面，管理的连续性使管理活动必须有秩序地进行；另一方面，以"能"为本的择人方式提供了理性基础；同时，领导者的权力并非无限，而是应受到约束的。

有了适合于行政组织体系的权力基础，韦伯勾画出了理想的官僚组织模式。韦伯对组织管理理论的伟大贡献就在于他明确而系统地指出了理想的组织应以合理合法权力为基础，这样才能有效地维系组织的连续和目标的达成。为此，韦伯首推官僚组织，并且阐述了规章制度是组织得以良性运作的基础和保证。

韦伯的理想官僚组织模式具有下列特征。

（1）组织中的人员应有固定和正式的职责并依法行使职权。组织是根据合法程序制定的，应有其明确目标，并靠着这一套完整的法规制度，组织与规范成员的行为，以期有效地追求与达到组织的目标。

（2）组织的结构是一层层控制的体系；在组织内，按照地位的高低规定成员间命令与服从的关系。

（3）成员间的关系只有对事的关系而无对人的关系。

（4）每一职位根据其资格限制（资历或学历），按自由契约原则，经公开考试合格予以录用，务求人尽其才。

（5）对成员进行合理分工并明确每人的工作范围及权责，然后通过技术培训来提高工作效率。

（6）按职位支付薪金，并建立奖惩与升迁制度，使成员安心工作，培养其事业心。

韦伯认为，这种理想的行政组织是最符合理性原则的，其效率是最高的，在精确性、稳定性、纪律性和可靠性等方面都优于其他组织形式。而且这种组织形式适用于各种管理形式和大型的组织，包括企业、教会、学校、国家机构、军队和各种的团体。韦伯对理想的官僚组织模式的描绘，为行政组织确立了一条制度化的组织准则，这是韦伯在管理思想上的最大贡献。

第三节　行为科学管理理论

行为科学产生于 20 世纪二三十年代。1949 年，在美国芝加哥的一次跨学科的科学会议上，它正式被命名为行为科学。在古典管理看来，科学管理理论把人看作"活的机器""机器的附件""经济人"等，而行为科学认为"人"不单是"经济人"，还是"社会人"，即影响工人生产效率的因素除了物质条件外，还有人的工作情绪。人的工作情绪又受人所在的社会及本人心理因素的影响。因此，行为科学是一门研究人类行为规律的科学，管理学通过行为科学的研究，对于掌握人们的行为规律、找出对待员工的新方法和提高工作效率的新途径显得非常必要。

一、埃尔顿·梅奥的社会人理论

埃尔顿·梅奥（Elton Mayo, 1880—1949）认为，人是有思想、有感情、有人格的活生生的"社会人"，人不是机器和动物。作为一个复杂社会的成员，金钱和物质虽然对其积极性的产生具有重要影响，但是起决定因素的不是物质报酬，而是职工在工作中发展起来的人际关系。之后，经英国塔维斯托克学院煤矿研究所再度验证了这一发现：在煤矿采用长壁开采法先进技术后，生产力理应提高，但由于破坏了原来的工人之间的社会组合，生产反而下降了。这两项研究的共同结论是，人除了物质需要外，还有社会需要，人们要从社会关系中寻找乐趣。

（一）霍桑实验

梅奥曾参加 1927 年至 1932 年在芝加哥西方电气公司霍桑工厂进行的试验工作，即引起管理学界重视的"霍桑试验"。1933 年梅奥总结了霍桑实验以及其他实验的结果，得出了以下结论。

（1）传统管理认为，生产效率主要决定于工作方法和工作条件。霍桑实验认为，生产效率的提高和降低主要取决于职工的"士气"，而士气取决于家庭和社会生活，以及企业中人与人之间的关系。

（2）传统管理只重视"正式群体"问题，诸如组织结构、职权划分，规章制度等，霍桑实验还注意到存在着某种"非正式群体"。这种无形的组织有其特殊的规范，影响着群体成员的行为。

（3）霍桑实验还提出新型领导的必要性。领导者在了解人们的合乎逻辑的行为的同时，还须了解不合乎逻辑的行为，要善于倾听和沟通职工的意见，使正式组织的经济需要与非正式组织的社会需要取得平衡。

（二）霍桑试验研究的意义

霍桑试验使大家注意到：社会性需求的满足往往比经济上的报酬更能激励人们。人们在长期的社会活动中发现，只有在顾全群体利益时，个人利益才能得到保障。"社会人（Social Man）"的基本假设如下。

（1）从根本上说，人是由社会需求而引起工作的动机的，并且通过同事的关系而获得认同感。

（2）工业革命与工业合理化的结果，使工作本身失去了意义，因此能从工作上的社会关系入手去寻求意义。

（3）相对于管理者所给予的经济诱因控制，员工对同事们的社会影响力更为重视。

（4）员工的工作效率随着上司能满足他们社会需求的程度而改变。

（三）"社会人"假设内含的管理策略

从"社会人"的假设出发，采取不同于"经济人"假设的管理措施，主要有以下几点。

（1）管理人员不应只注意完成生产任务，而应把注意的重点放在关心人和满足人的需要上。

（2）管理人员不能只注意指挥、监督、计划、控制和组织等，而更应重视职工之间的关系，培养和形成职工的归属感与整体感。

（3）在实际奖励时，提倡集体的奖励制度，而不主张个人奖励制度。

（4）管理人员的职能也应有所改变，他们不应只限于制订计划、组织工序、检验产品，而应在职工与上级之间起联络人的作用。一方面，要倾听职工的意见和了解职工的思想感情，另一方面，要向上级呼吁、反映。

（5）提出"参与管理"的新型管理方式，即让职工和下级不同程度地参加企业决策的研究和讨论。

二、道格拉斯·麦格雷戈的 X 理论和 Y 理论

管理学也关注人们工作源动力的问题。1960 年，美国心理学家道格拉斯·麦格雷戈（Douglas McGregor, 1906—1964）在其所著的《企业中人的方面》一书中一针见血地指出，每个管理决策和管理措施的背后，都有一种人性假设，这些假设影响乃至决定着管理决策和措施的制定以及效果。该假设对人性的根理解：一种是性本恶，即 X 理论；另一种是性本善，即 Y 理论。

（一）X 理论对人性的假设

（1）人生而好逸恶劳，所以常常逃避工作。

（2）人生而不求上进，不愿负责，宁愿听命于人。

（3）人生而以我为中心，漠视组织需要。

（4）人习惯于保守，反对改革，把个人安全看得高于一切。

（5）只有少数人才具有解决组织问题所需要的想象力和创造力。

（6）缺乏理性，易于受骗，随时被煽动者当作挑拨的对象，做出一些不适宜的行为。

以 X 理论为指导思想的管理理论的要点如下。

（1）企业的管理者应以利润为出发点来考虑对人、财、物等生产要素的运用。

（2）管理者对员工的工作要加以指导，控制并纠正其不适当的行为，使之符合组织的需要。

（3）管理者把人视为物，忽视人的自身的特点和精神的需要，把金钱当作人们工作的最主要的激励手段。

（4）严格管理的制度和法规，运用领导的权威和严密的控制来保证组织目标的实现。

（5）采取"胡萝卜加大棒"的管理方法。

（二）Y 理论的假设

（1）人们并非天生就对组织的要求采取消极或抵制态度。他们之所以会如此，是由于他们在组织内的经历和遭遇造成的。

（2）人并非生性懒惰，要求工作是人的本能。

（3）外来的控制和惩罚的威胁并不是促使人们为实现组织的目标而努力的唯一方法。

（4）对目标的参与是同获得成就的报酬直接相关的。

（5）在适当条件下，人们不但能接受，而且能承担责任。

（6）不是少数人，而是大多数人都具有相当高的用以解决组织上问题的想象力、独创性和创造力。

以 Y 理论为管理工作的指导思想的管理要点如下。

（1）企业的管理要通过有效的综合运用人、财、物等要素来实现企业的经营目标。

（2）人的行为管理，其任务在于给人安排具有吸引力和富有意义的工作，使个人需要和组织目标尽可能统一起来。

（3）鼓励人们参与自身目标和组织目标的制定，把责任最大限度地交给工作者，相信他们能自觉完成任务。

（4）外部的控制、操纵、说服、奖罚绝不是促进人们努力工作的唯一方法。

（5）与 Y 理论一致的创新成果包括：分权与授权、扩大工作范围、参与式和协商式的管理、鼓励职工对自己的工作成绩做出评价。

三、威廉·大内的 Z 理论

威廉·大内（William Ouchi, 1943— ），从 1973 年开始研究日本企业管理，经过调查比较日美两国管理的经验，于 1981 年在美国爱迪生维斯利出版公司出版了《Z 理论——美国企业界怎样迎接日本的挑战》（Z Theory）一书，在这本书中，他提出 Z 理论，并最早提出"企业文化"概念，其研究的内容为人与企业、人与工作的关系。Z 理论强调管理中的文化特性，主要由信任、微妙性和亲密性所组成。根据这种理论，管理者要对员工表示信任，而信任可以激励员工以真诚的态度对待企业、对待同事，为企业而忠心耿耿地工作。微妙性是指企业对员工的不同个性的了解，以便根据各自的个性和特长组成最佳搭档或团队，增强劳动率。而亲密性强调个人感情的作用，提倡在员工之间应建立一种亲密和谐的伙伴关系，为了企业的目标而共同努力。

四、复杂人的假设

美国的行为科学家埃德加·沙因（Edgar H. Schein）在 1965 年出版的《组织心理学》中对人性进行了归类，并提出了四种人性假设，即理性—经济人假设、社会人的假设、自我实现人的假设、复杂人的假设。沙因认为，前面三种假设，各自反映出当时的时代背景，并适合于某些人和某些场合。但是，人有着复杂的动机，不能简单地归结为一两种。因此，沙因提出复杂人假设。复杂人假设的内容有五点。

（1）每个人都有不同的需要和不同的能力，工作的动机不但是复杂的，而且变动性很大。

（2）一个人在组织中可以学到新的需求和动机，因此一个人在组织中的表现的动机模式是他原来的动机模式与组织经验交互作用的结果。

（3）人在不同的组织和不同的部门中可能有不同的动机模式。

（4）一个人是否感到心满意足，肯为组织出力，决定于他本身的动机构造和他同组织之间的相互关系、工作的性质、本人的工作能力和技术水平、动机的强弱以及与同事间相处的状况。

（5）人可以依自己的动机、能力及工作性质对不同的管理方式做出不同的反应。

五、激励理论

一般而言，人们的各种行为，都有一定的动机，而动机又产生于人们本身内在的强烈要求得到满足的需要。激励理论就是根据人的需要和动机对人员进行有效激励的一系列理论。这些理论包括：在内容方面，有需要层次理论、ERG 理论、双因素理论、成就需要理论等；在过程方面，有期望理论、公平理论、强化理论和波特—劳勒激励模式等。这些理论，将在本书的第十一章详细介绍。本节暂不再详述。

第四节　现代管理理论

第二次世界大战以后，现代科技迅速发展，生产力迅速增长，企业的规模越来越大，生产的国际化进程加速，这一切都给管理工作提出了许多新问题，引起了人们对管理工作的普遍重视。科学技术，特别是运筹学、电子计算机等与管理紧密结合。不同领域的学者从不同的角度，用不同的方法来研究管理问题。这为管理理论的发展创造了极其有利的条件，出现了研究管理理论的各种学派，呈现出"百家争鸣、百花齐放"的繁荣景象。

一、现代管理理论的主要学派

1961 年，哈罗德·孔茨发表《管理理论的丛林》一文，19 年后又发表《再论管理理论的丛林》。他对管理流派进行了分类，指出管理已由 6 个学派发展形成了 11 个学派。本节主要介绍其中 7 个学派。

（一）管理过程学派

管理过程学派又称经营管理学派、管理职能学派，是历史悠久并有巨大影响力的一种管理理论。管理过程学派把管理看作一个过程，其研究对象就是管理的过程和职能。管理学者一般认为法约尔是管理过程学派的创始人，管理过程理论源于法约尔的管理理论，其他代表人物还有：亚历山大·丘奇、詹姆斯·穆尼、拉尔夫·戴维斯、威廉·纽曼、奥福德以及布朗。

（二）社会系统学派

社会系统学派的形成以美国管理学家切斯特·巴纳德的现代组织理论体系的建立为标志。社会系统学派的理论基础主要有：意大利社会学家帕累托的理论、德国社会学家马克斯·韦伯的理论、美国心理学家库尔特·卢因和库尔特·科弗卡的心理学理论以及梅奥等人的人际关系学说等。

（三）决策理论学派

决策理论学派是在巴纳德的社会系统学派的基础上发展起来的，他们把第二次世界大战以后发展起来的行为科学理论、系统理论、运筹学、计算机科学等综合运用管理决策问题，形成了关于决策和决策方法的完整理论体系。决策理论学派代表人物包括：赫伯特·西蒙（代表著作主要有1945年发表的《管理行为》），詹姆斯·马奇（决策理论的一个重要代表人物，以后又同赛叶特一起创建了企业行为理论，对决策管理理论的形成和发展做出了贡献，尤其是有关组织理论方面的研究，代表作为《组织》、《公司行为理论》）等人。

（四）系统管理学派

系统管理学派盛行于20世纪60年代前后。由于当时系统科学诸理论比较盛行，倡导系统管理的人士众多，因此对管理学派影响很大。系统管理学派的管理思想基础是一般系统理论。系统管理学派代表人物有：一般系统论的创始人贝塔朗菲，控制论的创始人诺伯特·维纳，信息论的创始人申农，耗散结构的建立者普利高津，协同论的理论创始人哈肯及突变论的创始人托姆等。

一般系统理论建立之后，有的学者把它应用于工商企业的管理，因而形成了系统观理论。这一理论的主要代表人物有：理查德·约翰逊、弗里蒙特·卡斯特、詹姆士·罗森茨韦克、米勒、梅萨·罗维奇。

（五）数量管理学派

数量管理学派又称管理科学学派，是泰罗科学管理理论的继续和发展，该理论是在第二次世界大战以后，与行为科学平行发展起来的。1939年，美国学者布莱克特领导的小组所建立的运筹学，发展了新的数学分析和计算技术，这些成果应用于管理工作就产生了数量管理理论。该理论认为，数量管理的目的是通过把科学的原理、方法和工具应用于管理的各种活动，制定出用于管理决策的数学和统计模型，并把这些模型通过电子计算机应用于管理，降低不确定性，以便投入的资源发挥最大的效用，得到最大的经济效果。数量管理学派代表人物，除了布莱克特之外，还有丹齐，他于1947年在研究美国空军资源配置问题时，提出了求解线性规划问题的一般方法——单纯形法，从此运筹学在美国逐渐应用到民用企业中。

（六）权变理论学派

在20世纪70年代，在美国形成了一种权变管理理论，该理论学派的核心就是力图研究组织的各子系统内部和各子系统之间的相互联系，以及组织和它所处的环境之间的联系，并确定各种变数的关系类型和结构类型。它强调在管理中要根据组织所处的内外部条件随机应变，针对不同的具体情况寻求不同的最适合的管理模式、方案或方法。权变理论学派代表人物有：英国学者伯恩斯和斯托克，他们最早运用权变思想来研究管理问题，并合著了《革新的管理》一书；美国学者劳伦斯和洛希，两人合写了《组织和环境》一书，论述了外部环境和组织结构之间的关系；美国学者卢桑斯，主要著作有《权变管理理论：走出丛林的道路》、

《管理导论：一种权变学说》，其"如果—就要"关系理论是权变理论的思想基础；英国女管理学家伍德沃德，主要著作有《经营管理和工艺技术》、《工业组织：理论和实践》和《工业组织：行为和控制》；莫尔斯，与洛希合著《超Y理论》和《组织及其成员：权变方式》；菲德勒，主要著作有《领导游戏：使人适合情况》；卡斯特和罗森茨韦克，主要著作有《组织与管理：系统观点与权变理论》等。

（七）经验主义学派

经验主义学派也被称为经理主义学派、案例学派。该学派认为，必须研究管理案例，通过案例研究向一些大企业的经理提供在相同情况下的管理经验和方法。经验主义学派的主要代表人物有：美国的彼得·F.德鲁克，代表著作有《管理的实践》《有效的管理者》《管理：任务、责任、实践》《动乱时代中的管理》；欧内斯特·戴尔，是美国管理学家，主要著作有《公司组织结构的计划和发展》《伟大的组织者》《组织中的参谋工作》《伟大的组织者：组织的理论与实践》；艾尔福雷德·斯隆，他设计出一种使集权和分权得到较好平衡的一种组织模式，通用汽车公司在他的领导下，迅速发展并成为世界上最大的汽车公司；威廉·纽曼，是美国的管理学家，主要代表著作有《经济活动：组织和管理的技术》。在他们看来，只有经验主义学说才能有效地指导管理实践。

二、当代管理思想的代表

20世纪80年代以后，世界政治和经济格局发生了重大变化，组织如何在这种环境下寻求生存和发展，引发了管理学者进行深入的思考和探索，管理思想也随之发生了重大的转变。

（一）托马斯·彼得斯的管理思想

托马斯·彼得斯（Thomas Peters）是美国最负盛名的管理学大师，他在无论是巨型公司还是小企业，无论是制造业还是服务业方面的管理方面都有很高的造诣。他和小罗伯特·沃特曼合著的《追求卓越》以及后来和南希·奥斯汀合著的《志在成功》这两本书在20世纪80年代的美国影响是非常大的，以至于成为美国的畅销书，并且在世界管理学界都产生了巨大的影响。到了20世纪80年代后期，他的《振兴于混乱之上：管理革命的手册》同样引起巨大的轰动，这说明了彼得斯的思想反映了美国20世纪80年代的管理思想的一个重要的方面。

1. 彼得斯的管理的八项原则

彼得斯在分析了美国的许多大小企业以后，提出了成功的公司必须遵循的八条原则：看准就干，行动果断，以求发展；接近顾客；自主创业；以人促产；深入基层；专心搞本行；精兵简政；张弛并济。

2. 彼得斯调动人的潜力的途径

（1）所有的人都是以自我为中心的，对来自他人的赞扬感到快慰，有普遍趋于认为自己是优胜者的趋势。

（2）人是环境的奴隶。

（3）人迫切需要活得有意义，对于这种意义的实现愿意付出极大的牺牲。

（4）人们通常将成功看成由自身因素所决定，而把失败归于体制的原因，以便使自己从中开脱出来。

（5）大多数人在寻求安全感时，好像特别乐于服从权威，而另一些人在利用他人向他们提供有意义的生活时，又特别乐于行使权力。

3. 彼得斯的管理哲学

在彼得斯看来，成绩优秀的公司既为人们提供了出人头地的机会，又将这一机会和一种具有超越意义的哲学和信念体系结合起来。彼得斯对人性的认识进行了归纳，得出如下结论。

（1）人们需要有意义的生活。

（2）人们需要受一定的控制。

（3）人们需要受到鼓励和表扬。

（4）人们的行动和行为在一定的程度上形成态度和信念，而不是态度和信念形成行动和行为。

（二）迈克尔·波特（Michael E. Porter）的竞争战略思想

迈克尔·波特是哈佛商学院的教授。迈克尔·波特在世界管理思想界可谓是"活着的传奇"，他是当今全球第一战略权威，是商业管理界公认的"竞争战略之父"，在2005年世界管理思想家50强排行榜上，他位居第一。他最有影响的著作有《品牌间选择、战略及双边市场力量》《竞争战略》《竞争优势》《国家竞争优势》等。波特的五力模型与价值链模型和一般战略模型一起，构成了完整的波特战略模型。通常，一个完整波特战略分析的顺序为：价值链分析、五力模型分析、一般战略分析。这三个战略分析工具在本书战略管理章节中将详述，在此暂略。

（三）约翰·科特（John P. Kotter）的管理新规则

约翰·科特，1947年出生于美国圣地亚哥。1980年，年仅33岁的科特成为哈佛商学院的终身教授，他和"竞争战略之父"迈克尔·波特成为哈佛历史上此项殊荣最年轻的得主。约翰·科特是举世闻名的领导力专家，世界顶级企业领导与变革领域最权威的代言人。

1. 科特的管理新规则

科特认为，在新的形势下，不能再按原先的管理规则，而是应该遵守一种新的规则，因此，现在企业的应变能力，对能否取得成功变得越来越重要，这一切都需要有强而有力的领导,科特提出了他的一些新的管理规则。

(1)新的现实。不要再依靠传统,再按 20 世纪大多数成功者走过的道路将不会再保证你成功了,而应该着眼于全球化和不断变化的新的现实——它们既提供了巨大的发展机会,也带来了相应的危险。

(2)新的反应。离开庞大的官僚化的公司,去小的和更企业化的公司,在竞争日益加剧今天,快速、灵活、善变是企业制胜的法宝。

(3)新的力量。要增强竞争动力,高标准和强烈的取胜愿望是不可缺少的。如今,不断成长、终身学习,对职业的成功显得越来重要。

2. 科特论领导与管理的关系

科特认为,在企业中领导和管理是十分不同的概念。管理是计划、预算过程的确定和详细的日程安排,以及调拨资源来实现计划。而领导是确定经营方向,确立将来的远期目标,并为实现远期目标制定进行变革的战略。在企业发展的过程中,这两者是缺一不可的,只有将有力的管理和领导结合起来,才能带来满意的效果。

3. 科特的领导及激励的四要素理论

科特提出了领导的四要素,即动力和精力、智力和智能、精神和心理健康、正直。科特认为这四要素是对重要领导职位的最低要求,必须在这四方面都达到一定的水平才能胜任。如果这四种中的任一项达不到最低的要求,都会对领导的行为产生不利的影响。科特提出,现代社会需要的是管理和领导能力都具备的人。

科特提出了领导激励的四个基本要素,即价值、参与、自尊、归属。

(四)彼得·德鲁克(Peter F. Drucker)的知识管理

知识是人们通过学习、发现以及感悟所得到的对世界认识的总和,是人类经验的结晶。知识管理,是从 1990 年开始在全球范围内兴起的学术与商业应用主题,主要是指在组织中建构一个人文与技术兼备的知识系统,让组织中的信息与知识,透过获得、创造、分享、整合、记录、存取、更新等过程,达到知识不断创新的目的,并反馈到知识系统内。从系统的角度进行思考,个人与组织的知识是不间断累积的,它将成为组织的智慧资本,有助于企业做出正确的决策,并将知识应用、整合到组织产品和服务中去,最终提高企业的创新能力和应对市场变迁的能力。

德鲁克是最早提出"知识社会"和"知识管理"概念的学者。他早在 1965 年即预言:知识将取代土地、劳动、资本与机器设备,成为最重要的生产因素。1988 年,他在《哈佛商业评论》上发表了论文《新型组织的出现》,指出在经历了管理权和所有权分离、命令—支配型组织后,由于信息技术的发展,企业组织将进入新的形态——由专家小组构成的知识型企业,知识成为最重要的生产要素。1999年,彼得·德鲁克出版《21世纪的管理挑战》,将"新经济"的挑战清楚地定义为:提高知识工作的生产力。这表明现代管理学的发展已经进入了一个新的阶段,即知识管理的时代。

(五)彼得·圣吉(Peter M. Senge)的学习型组织

彼得·圣吉是美国麻省理工学院(MIT)斯隆管理学院资深教授,为学习型组织之父,当代最杰出的新管理大师之一。《第五项修炼》一书所阐明的这一理论与实践相配套的新型的管理技术方法,是继"全面质量管理""生产流程重组""团队战略"之后出现的又一管理新模式,被西方企业界誉为"21世纪的企业管理圣经"。

所谓学习型组织是顺应了信息化时代大潮,是知识经济的产物,指通过弥漫于整个组织的学习气氛而建立起来的一种符合人性的、有机的、扁平化的组织。这种组织具有持续发展的能力,是可持续发展的组织。学习型组织是一个能熟练地创造、获取和传递知识的组织,同时也要善于修正自身的行为,以适应新的知识和见解。圣吉提出任何一个组织要成为学习型组织,都必须进行以下五项修炼。

第一项是建立共同愿景。就是要回答"我们想要创造什么"的问题。建立共同愿景,包含四项要素:愿景(我们想要的未来图像);价值观(我们如何到达我们的目的地);目的和使命(组织存在的理由);目标(我们期待在短期内达到的里程碑)。

第二项是团队学习。团队智慧应大于个人智慧的平均值,以做出正确的组织决策,透过集体思考和分析,找出个人弱点,强化团队向心力。在现代组织中,不仅每个成员需要学习,而且整个组织也需要共同的学习。学习型组织的根本手段就在于学习,而团队学习是其最基本的形式。学习型组织的修炼必须通过团队学习的形式,才能加以组织起来并具体实施。团队学习的组织形式是深度会谈,深度会谈是一个团体的所有成员,摊开心中的假设,而进入真正一起思考的能力。

第三项是改善心智模式。心智模式是根深蒂固于人们心中,影响人们如何了解世界,以及如何采取行动的许多假设、成见,或者是图像、印象等。心智模式决定了人们对世界的看法。组织的障碍,多来自个人的旧思维,例如固执己见、本位主义,唯有透过团队学习以及标杆学习,才能改变心智模式,有所创新。

第四项是自我超越。这项修炼是学习不断理清并加深个人的真正愿望,集中精力,培养耐心,并客观地观察现实。这项修炼对于组织中整体价值观的形成,对于组织成员对组织目标的认同,对于提高组织的学习能力都具有重要作用。

第五项是系统思考。这是五项修炼的核心。应透过资讯搜集,掌握事件的全貌,以避免"见树不见林",培养综观全局的思考能力,看清楚问题的本质,有助于清楚了解因果关系。圣吉认为，系统思考就是思考及形成、了解行为系统之间相互关系的方式。系统思考应遵循以下原则：第一要防止分割思考，注意整体思考的原则；第二要防止静止思考，注意动态思考的原则；第三要坚持防止表面思考、注意本质思考的原则。

圣吉认为，学习是心灵的正向转换，企业如果能够顺利导入学习型组织，不只能够达到更高的组织绩效，更能够带动组织的生命力。

（六）查尔斯查·M. 萨维奇的第五代管理

知识经济时代的到来以及计算机互联网技术的广泛应用使得传统的管理模式已经显得陈旧和落伍，对于如何管理好知识以及掌握知识的人，传统管理思想已经显得无能为力，在这种情况下，美国学者查尔斯·M. 萨维奇的第五代管理思想顺应而生。1991年，查尔斯查·M. 萨维奇的《第五代管理》提炼出了各具特色的五个管理时期：手工作坊孕育了经验管理阶段；大机器孕育了以泰罗为代表的古典管理理论阶段；强调以人为中心诞生了行为科学管理阶段；计算机等现代高新科技孕育出了现代管理理论阶段；以网络为基础产生了第五代管理阶段。第五代管理思想的观点，主要包括以下几个方面。

（1）人类最大的挑战在于以新的、更具有创造性的方式来组织人们的经历和知识。

（2）第五代管理主要关注领导方式方面的问题，它的注意力不应集中于某个人的力量，而应集中在如何锻炼、鼓励和培养其他人方面，可以预先假定一种环境，这一环境应使企业中最优秀的人才能与其他最优秀的人才互相结合。

（3）传统的基于严格的等级体系、命令一致性和"一个人只有一个上司"、"命令与控制"等的管理策略应被侧重于"集中与合作"的公司内部和公司之间多团队的管理方式所取代。

（4）正如计算机的发展经历了五个阶段发展到今天的并行网络单元计算机一样，管理也经历了五个阶段的发展：所有权、严格的等级制、矩阵组织、初层次网络化管理、利用并行网络单元计算机的思想建立知识联网。

（5）以任务为中心的复合团队在现代网络技术支持下将成为企业组织的主要形式，通过网络，不同团队可以时刻保持接触。

（6）工作不再是倾听、想象和记忆，不再是那种按吩咐去做的工作，而是一种对话式工作。

（7）应当建立虚拟企业，以排除传统企业组织所具有的缺乏灵活性、适应性和敏捷性的缺点。虚拟企业由来自不同企业或同一企业不同部门的人员组成，以充分利用他们的知识和才干的团队。这个团队并不需要驻扎在一个地点，他们彼此之间通过计算机网络来联系与交流信息。

第五代管理思想的特点为创新、人本、灵活、竞争和协同。同时，第五代管理注重实施过程中的利益激励原则、优化组合原则、集体协作原则。

三、当代管理思潮的特点

现代管理思潮是近代所有管理理论的综合，它的基本目标就是要在不断急剧变化的现代社会面前，建立起一个充满创造活力的自适应系统。要使这一系统能够得到持续、高效率的输出，不仅要求有现代化的管理思想和管理组织，而且还要求融入现代化的管理方法和手段来构成现代管理科学。

综观管理学各学派，虽各有所长、各有不同，但不难寻求其共同特点，可概括如下。

（1）强调系统化。这就是运用系统思想和系统分析方法来指导管理的实践活动，解决和处理管理的实际问题。系统化，就要求人们要认识到一个组织就是一个系统，同时也是另一个更大系统中的子系统。所以，应用系统分析的方法，就是从整体角度来认识问题，以防止片面性和受局部的影响。

（2）重视人的因素。由于管理的主要内容是人，而人又生活在客观环境中，虽然他们可能在同一个组织或部门中工作，但是他们在思想和行为等方面，可能与组织不一致。重视人的因素，就是要注意人的社会性，对人的需要予以研究和探索，在一定的环境条件下，尽最大可能满足人们的需要，以保证组织中全体成员齐心协力地为完成组织目标而自觉做出贡献。

（3）重视"非正式组织"的作用，即注意"非正式组织"在正式组织中的作用。非正式组织是人们以感情为基础而结成的集体，这个集体有约定俗成的信念，人们彼此感情融洽。利用非正式组织，就是在不违背组织原则的前提下，发挥非正式群体在组织中的积极作用，从而有助于组织目标的实现。

（4）广泛地运用先进的管理理论与方法。随着社会的发展和科学技术水平的迅速提高，先进的科学技术和方法在管理中的应用越来越重要。所以，各级主管人员必须利用现代的科学技术与方法，促进管理水平的提高。

（5）加强信息工作。由于普遍强调通信设备和控制系统在管理中的作用，所以对信息的采集、分析、反馈等的要求越来越高，即强调及时和准确。主管人员必须利用现代技术，建立信息系统，以便有效、及时、准确地传递信息和使用信息，促进管理的现代化。

（6）把"效率"（Efficiency）和"效果"（Effectiveness）结合起来。作为一个组织，管理工作不仅仅是追求效率，更重要的是要从整个组织的角度来考虑组织的整体效果以及对社会的贡献。因此，要把效率和效果有机地结合起来，从而使管理的目的体现在效率和效果之中。

（7）强调"预见"能力。社会是迅速发展的，客观环境在不断变化，这就要求人们运用科学的方法进行预测，进行前馈控制，从而保证管理活动的顺利进行。

（8）强调不断创新。要积极改革，不断创新。管理意味着创新，就是在保证"惯性运行"的状态下，不满足现状，利用一切可能的机会进行变革，从而使组织更加适应社会条件的变化。

一、案例分析

鲍勃是 XYZ 公司一位业绩非常好的推销员，处理人际关系的技巧非常高超。鲍勃在推销产品、与客户搞好关系和分析他们的需求方面可谓"如鱼得水"，所以两年以来一直都是 XYZ 公司最好的推销员。自他入职以来，表现一直胜过其他的推销员。鲍勃是那种干劲十足、非常自信的人，非常善于揣摩客户的想法，对于和他们拉关系也很拿手；客户们也乐于和他来往。客户们很喜欢他这个人，尽管鲍勃的竞争者们不断试图拉走这些客户，他们还是很忠于鲍勃。

鲍勃的销售业绩非常好，公司也考虑要对他的努力予以奖赏。公司提拔他做了高级销售经理，负责管理遍布全美的 25 名销售人员；还鼓励他自己给手下的销售人员分配奖金。他的职责包括激励这些推销员、为他们的推销工作提供支持，以此来提高整个团队的销售业绩。但在鲍勃刚当上高级销售经理后的一个月内，他手下的许多推销员纷纷跑到公司总经理那里，以辞职相威胁。问题就在于鲍勃这个人和他的领导方式。他的下属们说鲍勃非常专横，极难打交道，他们甚至对公司总经理抱怨说："他是个畜生。"他们指责说，鲍勃对一些很小的问题也大动干戈，批评下属的方式也非常伤人感情。他用开除来恐吓下属，在团队中制造了紧张气氛。在他的新岗位上，他完全只考虑自己，很少指导和支持下属的工作。他手下的推销员觉得唯一能够勉强忍受他的情况就是在他陪这些推销员们去见客户时候——这时他的注意力都集中在客户和销售问题上。

公司总经理召见了鲍勃，尽管对他还是支持的，但语气已经很强硬了："你对本公司很有价值，但是在管理岗位上可能无法得到体现。你必须改变你的管理方法，否则我们将考虑进行人事调整。"

问题：请运用管理学有关理论解释本案例问题发生的原因。

二、主要概念

例外原则，法约尔天桥，法约尔跳板，甘特图，巴塔制，霍桑实验，社会人假设，X 和 Y 理论，Z 理论，学习型组织，第五代管理

三、问题

1. 中外古代管理分别有哪些主要思想？
2. 简述泰罗科学管理原理的要点。

3. 韦伯的理想官僚组织模式具有什么特征?

四、讨论

1. 分析亨利·法约尔对管理学的贡献。
2. 分析当代管理学的特点。

第四章 决策

【本章概要】
　　决策是管理的基础和起点,决策的优劣,直接制约着管理的好坏;决策存在于一切管理领域,贯穿于管理过程的始终;现代社会中,不论管理者在组织中的地位如何,都需要制定和实施决策。学习决策理论,对于提高管理者的科学决策水平、提高管理绩效具有重要意义。本章主要阐述决策的概念、类型、特点和原则、决策的过程和影响因素以及决策的常用方法等。

【学习目的】
　　1. 掌握决策的概念和类型
　　2. 熟悉决策的特点和原则
　　3. 熟悉决策的过程与影响因素
　　4. 熟练掌握决策的常用方法

第一节 决策概述

一、决策的含义与类型

(一)决策的含义

1. 决策的概念

　　当前,管理学界对决策概念的界定不下上百种,决策的复杂性决定了不可能有统一的看法。诸多界定归纳起来,基本可以分为三类:一是把决策看作一个包括提出问题、确立目标、设计和选择方案的过程,这是广义的理解;二是把决策看作从几种备选的行动方案中做出最终抉择,是决策者的拍板定案,这是狭义的理解;三是认为决策是对不确定条件下发生的偶发事件所做的处理决定,这类事件既无先例,又没有可遵循的规律,做出选择要冒一定的风险,也就是说,只有冒一定的风险的选择才是决策,这是对决策概念最狭义的理解。以上对决策概念的解释是从不同的角度做出的,而我们要科学地理解决策概念,有必要重点参考决策专家西蒙在决策理论中对决策内涵的看法。

西蒙认为,决策的特征是"在任何时候,都存在着大量(实际)可能的备选行动方案;一个人可能选取其中任何一个方案;通过某种过程,这些大量的备选方案,被缩减为实际采用的一个方案了"。他还强调:"组织行为乃是众多决策过程所构成的一个错综复杂的网络。"另一方面,我们从决策的字面来考察,确定干还是不干,叫决;明确用什么方法和工具干,叫策;决策,就是做出用什么工具和方法去达成什么目标的难以逆转的决定。

综上所述,笔者认为:决策是指组织或个人为了实现某种目标而对未来一定时期内有关活动的方向、内容及方式就多个可行方案进行选择的过程。从该定义我们可以知道,决策至少包含以下几个方面的内容。

(1) 决策主体可以是组织也可以是个人

决策主体是指受社会、政治、经济、文化和心理等诸多因素影响的决策者。决策主体可以是组织,也可以是个人。一般,凡是以专家组成的集体或是一个领导班子群体在决策中起主导作用的决策主体为决策集体,也称决策集团;凡最后由一个人做出决策的,个人在决策中起决定性作用的决策主体为决策个体。

(2) 决策是为了实现某项目标

决策前必须明确所要达到的目标,并仔细辨清组织的整体目标体系中包含的多个具体小目标,也应明确所要解决的问题。如果一开始就缺乏要实现的目标,将会导致整个决策过程偏离方向,最终导致不正确的决策结果。

(3) 决策有多个可行方案

决策必须是在两个以上的备选方案中进行选择。如果只有一个方案,那就不用选择、不用决策了。同时,这些方案必须是平行的或者互补的,能实现预期的目标或者解决问题,并且可以加以定性或者定量的分析。

(4) 决策是对方案的分析、判断

决策面临若干个可行方案,每个方案都具有独特的优点,也隐含着缺陷,有的方案还带有很大的风险。决策的过程就是对每一个可行方案进行分析、评判,从中选择较好的方案来实施。管理者必须掌握充分的信息,进行逻辑分析,才能在多个备选方案中选择一个较为理想的合理方案。

(5) 决策是一个整体性过程

决定采用哪个方案的决策过程,不是个短暂的时段,而是一个连续统一的整体性过程。从初期搜集信息到分析、判断,再到实施、反馈活动,没有这个完整的过程,就很难有合理的决策。实际上,决策是一个循环过程,贯穿于整个管理活动的始终，经过执行活动的反馈，又会进入了下一轮的决策。

2. 决策的作用

（1）决策是现代管理的核心内容

管理工作是多方面的，但从一定意义上来讲，都是围绕着决策而展开的。无论管理中的计划制订、组织实施，还是管理中的用人、监督都离不开决策。可以说决策贯穿于管理过程的始终，存在于一切管理领域，存在于管理中的每一个方面、每一个层次、每一个环节。"运筹帷幄，决胜千里"等我国古代格言充分说明了决策在管理中的重要作用。

（2）决策是决定管理工作成败的关键

决策实际上是管理行为的选择。决策不仅决定管理的方向和目标，而且还为达到管理目标提供行动方案，并优化行动方案。决策选择的行动方案的优劣直接影响到目标实现的速度、程度和质量，直接影响管理的效率。选择的方案得当，就会以较小的投入获得较大的收益，进而提高管理效率，否则就会降低管理的效率，甚至带来重大的损失。

（3）决策是管理者的主要职责

有组织就有管理，有管理就有决策，任何管理和决策工作都是靠人去做的。不论管理者在组织中的地位如何，决策都是他们的重要职责。而且，管理者的地位越高，他所做决策的作用和影响也越大。尤其在当代社会，科学技术的发展日新月异，新技术革命冲击着经济、社会的发展，社会活动的影响面越来越大，管理越来越复杂、许多新问题层出不穷。管理者面对各种尖锐挑战和激烈的社会竞争，需要审时度势、统观全局，及时做出反应和决断。可以说，管理者每天都要采取许多行动，每天都要做出许多决策。

（二）**决策的类型**

根据不同的分类标准，可以将决策分成不同的类型。

1. 战略决策、管理决策和业务决策

决策按对组织的影响程度和所涉及的范围，可分为战略决策、管理决策和业务决策。战略决策是指直接关系到组织的生存和发展、涉及组织全局的长远性的和方向性的决策，比如确定或改变组织的方向和目标、开发新产品、企业上市、兼并企业、开拓海外市场、合资经营、扩大生产能力、高层管理的人事变动等，都是战略决策。

管理决策是组织内部范围贯彻执行的决策，属于战略决策过程的具体决策。不直接决定组织命运，但会影响组织目标的实现和工作效率的高低。管理决策与战略决策的区别在于：从调整对象看，战略决策调整组织的活动方向和内容，解决"干什么"的问题，是根本性决策；管理决策调整在既定方向和内容下的活动方式，解决"如何干"的问题，是执行性决策。从涉及的时间范围来看，战略决策面对未来较长一段时期内的活动，而管理决策则是具体部门在未来较短时期内的行动方案。战略决策是管理决策的依据，管理决策是在其指导下制定的，是战略决策的落实。从作用和影响上看，战略决策的实施效果影响组织的效益和发展，管理决策的实施效果则主要影响组织的效率与生存。

业务决策又称执行性决策。业务决策是指企业为了解决日常工作中的业务问题、提高工作效率和经济利益所做出的决策。它属于局部性、短期性、业务性的决策，一般由基层人员执行，比如设备的维修、文件整理、产品的销售服务、职工休假安排等。

在不同类型的组织决策活动中，不同的管理层所面对的问题和所授的权限不同，所能负责的决策任务也不同。如图4-1所示，基层管理者主要从事业务决策，中层管理者主要从事管理决策，高层管理者主要从事战略决策，但这并不意味着基层管理者对管理决策和战略决策可以漠不关心。事实上，基层管理者必须了解组织的战略决策和管理决策，才能做出合理的业务决策。同理，中层管理者在做出管理决策时，为使决策合理，必须对战略决策有深入的理解；同时，他们也必须指导和帮助基层管理者进行业务决策，使全体员工接受决策的结果。高层管理者除了制定战略决策之外，还通过战略决策来示范并引导管理决策和业务决策，从而促进战略决策的贯彻实施。在现代组织的决策活动中，随着民主管理的程度越来越高，中层管理者，甚至基层管理者参与组织战略决策的程度也越来越高，范围也越来越广，实践也证明，职工参与决策和管理的民主化，是提高管理的有效途径。

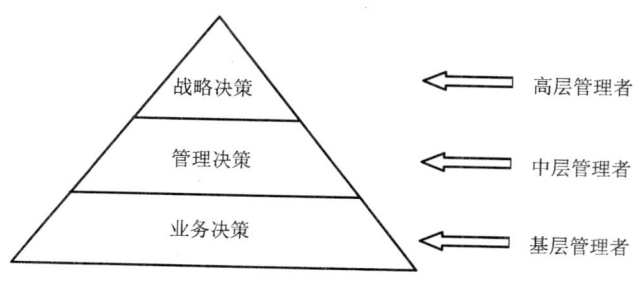

图4-1 管理者与决策的类型

2. 程序化决策和非程序化决策

决策按性质可分为程序化决策和非程序化决策。程序化决策又称常规性决策，是指对重复出现的日常管理问题所做的决策。这类决策有先例可循，能按原已规定的程序、处理方法和标准进行决策。它多属于日常的业务决策和可以规范化的技术决策。这种决策是可以根据既定的信息建立数学模型,把决策目标和约束条件统一起来,进行优化的一种决策,比如工厂选址、采购运输等决策。

非程序化决策,是指对管理中新颖的问题所做的决策。这种决策没有常规可循,虽然可以参照过去类似情况的做法,但需要按新的情况重新研究,进行决策。它多属于战略决策和一些新的管理决策,这种决策在很大程度上依赖于决策者政治、经济、技术的才智和经验。这种决策,是无法通过建立数学模型来为决策人制定决策提供优化方案的,这种决策中的变量,更多的是人的意志因素。而人又是一个奇特的存在物,他的意志和欲望多种多样,并且各自的评价又不同。所以,这种决策就不是一种可以在数理基础上完成的逻辑选择。

表4-1描述了程序化决策和非程序化决策之间的差别。较低层次的管理者面对的通常是熟悉的和重复性的问题,也就是结构良好的问题,因此在大多数情况下是进行程序化决策,即依靠诸如程序、规则或者组织的政策来进行决策。随着管理者所处的组织层次的上升,他们面对的问题通常具有更多的结构不良的特征,为什么?因为低层管理者通常自行处理那些程序化决策,而把不寻常的和困难的决策问题提交上级来解决。类似地,高层管理者会将程序化决策授权他们的下级来处理,从而使他们能够集中精力处理那些更困难的问题。需要注意的是,在现实世界中,几乎没有管理决策是完全程序化的或完全非程序化的,这是两种极端情况,绝大多数决策落在两个极端之间。恰当的方式是,将决策问题看作以程序化为主或以非程序化为主,而不是将它们看成完全程序化的或完全非程序化的。

表4-1 程序化决策与非程序化决策特点比较

特点	程序化决策	非程序化决策
问题类型	机构良好的	结构不良的
管理层级	较低层级	较高层级
频率	反复性的、常规的	新型的、不同寻常的
信息	易于获得的	模糊的、不全面的
目标	清晰的、具体的	含混的
解决问题的时间框架	短期	相对长期
解决问题依赖于	程序、规则、政策	主管判断、创造力

3. 集体决策与个人决策

决策按主体分为集体决策和个人决策。集体决策指决策者是由若干领导成员所组成的一个集体,集体中的每个成员都有同等的表决权,但任何个人又都无权单独做出决断,最后的决策以集体的决议形式表现出来。这类决策主要适用于某些带有全局性、战略性、长远性问题的决策。它的最大特点是具有广泛而深刻的群众性,通过集体的智慧,弥补个人决策的不足。个人决策是指决策机构的主要领导成员通过个人决定的方式,按照个人的判断力、知识、经验和意志所做出的决策。个人决策一般用于日常工作中程序化的决策和管理者职责范围内的事情的决策。集体决策与个人决策的特性比较如表 4-2 所示。

表 4-2 集体决策与个人决策的特性比较

特性	集体决策	个人决策
时效性	较弱	较强
质量性	较强	较弱
稳定性	较强	较弱
责任性	较弱	较强
可执行性	较强	较弱
民主性	较强	较弱
效益性	较弱	较强
冒险性	较强	较弱

集体决策与个人决策各有优缺点,概述如下。

(1) 集体决策

优点:第一,集体决策能较好地保证决策结果的合理性和正确性;第二,集体决策具有较好的执行性;第三,集体决策往往更富于创造性。

缺点:第一,决策的时间较长,集体决策有多个人参加,自然其意见也会纷繁多样,要达成统一的意见,一般要花较多的时间去统一认识,所以会使决策的时间延长,在特别紧急的关头,还可能会因此而贻误良机;第二,决策无明确的负责人,容易造成无人对决策后果负责的局面。

(2) 个人决策

优点:第一,它能使人们对事物感知得更迅速、更有效;第二,有助于使人们透过事物的表面现象抓住事物的本质;第三,有助于人们从不完全的情报中获取重要的变化信息;第四,有助于人们形成决心,做出果断而大胆的选择。

缺点:容易使人们在情况发生变化时固守过时的观点,因循守旧,以及固执先入为主的成见等,错失成功的良机。

4. 确定型决策、风险型决策和不确定型决策

决策按问题的可控程度分为确定性决策、风险性决策和不确定性决策。确定型决策亦称标准决策或结构化决策,是指决策过程的结果完全由决策者所采取的行动决定的一类问题,它可采用最优化、动态规划等方法解决。对于确定型决策,一般应具备以下四个条件:①存在着决策人希望达到的一个明确目标;②只存

一个确定的自然状态；③存在着可供选择的两个或两个以上的行动方案；④不同的行动方案在确定状态下的损失或利益值可以计算或估算出来。

  风险型决策是指决策方案未来的自然状态不能预先确定，可能有几种状态，每种的自然状态发生的概率可以做出客观估计，但不管哪种方案都存在一定风险的决策。决策是面对未来的，而未来又有不确定性和随机性，因此，这类决策具有一定的成败概率。现代社会化大生产，受客观环境的制约性大，一项重大决策对环境变化的适应性不同，其后果大不一样。如现代汽车工业，在"能源危机"的环境下，想要发展不用石油的汽车，那就需要投入较大的研究试验费用。如果能有很广的销路，那么就可以在投入市场几年之后收回投资并获得较大利润，这是成功的估计。如果因这种汽车造价高，使用不便，没有市场需求，那就要失败。对这两种可能性如何判断，怎样做出选择，就属于风险性的决策。也就是说，要冒一定风险，存在着两个前途、两种结果，决策不当就会带来巨大损失。当然这种决策也不完全是盲目的，要做各种预测，进行反复的技术经济论证，决策搞得科学，成功的概率就会高一些。

  不确定型决策是指决策人无法确定未来各种自然状态发生的概率的决策，是在不稳定条件下进行的决策。只要可供选择的方案不止一个，决策结果就存在不确定性。现实生活中，组织中大多数的决策都属于不确定型决策。不确定型决策关键在于尽量掌握有关信息资料，然后决策者凭直觉、经验行事。

5. 单目标决策和多目标决策

  决策按目标的多寡分为单目标决策和多目标决策。单目标决策是指在一定的时间、环境等条件下，所要达到的决策目标是单向的，或只有一个明确目标。如是否经销彩电的决策，就只需要考虑是否获利和获利是否达到一定的额度来进行。单目标决策直接明确，目标单一，相对简单，求解方法也很多，如线性规划、非线性规划、动态规划等。多目标决策是对多个目标进行科学、合理的选优，然后做出决策的理论和方法。它是20世纪70年代后迅速发展起来的管理科学的一个新的分支。多目标决策与只为了达到一个目标而从许多可行方案中选出最佳方案的一般决策有所不同。在多目标决策中，要同时考虑多种目标，而这些目标往往是难以比较的，甚至是彼此矛盾的；一般很难使每个目标都达到最优，做出各方面都很满意的决策。因此多目标决策实质上是在各种目标之间和各种限制之间求得一种合理的妥协，这就是多目标最优化的过程。

二、决策的特点与原则

（一）决策的特点

1. 目标性

任何组织决策都必须首先确定组织决策活动目标。目标是组织在未来特定时限内完成任务程度的指向和标志。组织决策是为了实现组织在某一时间内的特定目标的活动，没有目标就无从决策，目标已经实现，也就无须开展决策活动。

2. 可实践性

决策的目的是为了指导组织未来的实践活动。决策是为了正确行动，不准备实践，用不着决策。组织的任何活动都需要利用一定的资源，必须依靠必要的人力、物力和技术条件。理论上非常完善的方案，如果不能付诸实施，那也只能是空中楼阁。因此，决策方案的拟定和选择，不仅要考察采取某种行动的必要性，而且要注意实践条件的限制。例如一家矿产公司经过科学研究，发现外星球上蕴藏了丰富的金矿，但该公司就其实力而言，目前难以实现该项目。因此，在现阶段，这样的决策既无必要也无意义。

3. 可抉择性

决策的基本含义是抉择。如果只有一种方案，无选择余地，也就无所谓决策。没有比较就没有鉴别，更谈不到所谓"最佳"。国外有一条管理人员熟悉的格言："如果看来只有一种行事方法，那么这种方法很可能是错的。"在制订可行方案时，应满足整体详尽性和相互排斥性要求。所谓整体详尽性，是指将各种可能实现的方案尽量都考虑到，以免漏掉那些可能是最好的方案。所谓相互排斥性，是指方案之间不可雷同替代。可抉择性就要求管理人员善于调查、集思广益以及利用科学的方法尽量产生尽可能多的方案，这样才可能找到"最佳"方案。

4. 满意性

选择活动方案的原则是满意原则，而非最优原则。最优原则往往只是理论上幻想，因为它要求满足以下条件：①决策者了解与组织活动有关的全部信息；②决策者能正确地辨识全部信息的有用性，了解其价值，并能根据此制定出没有疏漏的行动方案；③决策者能够准确地计算每个方案在未来的执行结果。

然而，在管理过程中，这些条件是难以具备的。首先，决策是面向未来的，而未来不可避免地包含着不确定性；其次，人们也很难识别出所有可能实现目标的备选方案；另外，由于信息、时间和确定性的局限也使管理者难以做到最佳。"没有最好，只有更好"。管理者通常采纳一个令人满意的，即在目前环境中是足够好的行动方案。

5. 过程性

决策是一个过程，而非瞬间行动。决策是为达到一定的目标，从两个或多个可行方案中选择一个合理方案的分析判断和抉择的过程。一般认为，决策过程可以划分为四个主要阶段：①找出制定决策的理由；②找到可能的行动方案；③对诸行动方案进行评价和抉择；④对于付诸实施的抉择进行评价。

因此，决策实际上是一个"决策—实施—再决策—再实施"的连续不断的循环过程。

6. 普遍性

决策是组织日常活动的重要内容，即决策无处不在，无时不有。决策渗透在管理的计划、组织、领导和控制等职能中。无论是各层级管理者，还是一般员工，无论是生产领域、市场领域，还是财务领域，都不可避免地面临着新问题或出现新机会，因而都必须就如何科学地解决问题或利用机会做出决策。另外，进行一项特定决策的过程本身是一个更复杂的决策过程。例如，制定评价方案阶段之前需要确立评价标准，而如何制定评价标准则是决策。

（二）决策的原则

决策的原则就是对决策的一般要求，在常规情况下，按照这些原则去进行决策，可以大大减少决策的失误。

1. 经济效益与社会效益相结合

在市场经济条件下，以盈利为标准衡量决策是否可行应该成为组织决策的一个重要标准，但不是唯一标准。一个组织的生存和发展与整个社会的发展是相互联系的，我们必须在做决策时兼顾社会的整体利益，使组织的盈利和社会利益尽可能完满地结合起来。

2. 可能性和现实性相结合

事物是在不断发展变化的过程之中的。尽管组织的经营思想、目标和方针是根据组织内外部条件的基础确定的，但是在使之实施时，又会遇到一系列新情况、新问题，需要在决策时加以考虑。为此，一方面应该把原先已经确定的经营思想、目标和方针进一步与不断变化着的实际情况结合起来；另一方面又应该把组织内部的条件如企业的产品开发能力、资金筹措能力等，与组织外部的条件如市场供求状况、竞争对手的状况等相结合起来。

3. 定性分析和定量分析相结合

现代决策必须尽可能多地在决策中运用各种数学方法进行定量分析，使决策更精确、更可信，也更便于今后的操作。但是社会经济现象是十分复杂的，数学方法很难完全渗透于现代决策之中，仍有大量的决策需要利用人们主观上的经验判断，为此仍然必须重视人们的传统经验，并把人们的传统经验与社会学、心理学等现代科学结合起来,使人们的主观判断更科学、更符合实际。

4. 领导者与专家相结合

有关业务性的决策,涉及面窄,且有惯例可循,一般由个人决策即可,但凡有关组织的战略方面的重大决策,由于对组织的生死存亡至关重要,且此类决策涉及面广,影响因素极多,仅靠个人的知识和经验决策就难以胜任,因此需要由各方面专家集体决策,这样可以集思广益,做出的决策会更正确、更易被人接受。

5. 局部与全局相结合

一个决策往往影响到组织的方方面面,但决策的制定和执行往往又是某一部门或层次的工作。因此,决策必须处理好全局和局部的关系,站得高,看得远、看得全,以全局的眼光战略地把握工作的主次和轻重缓急;从全局着想,从局部着手,全局指导局部,局部服从全局,保证全局。

6. 近期利益和长远利益相结合

这也是考验领导战略思想的原则,每一次决策都对以后的经营带来正面和负面的影响,因此决策就必须考虑这些影响,保证组织目标的一致性、连贯性、继承性和可持续性。不能鼠目寸光、也不能舍近求远。远期是近期的指导,近期是远期的保证。

7. 决策工作的规范性和灵活性相结合

制定决策,一般会有许多制度规定、程序、方法,这是正确决策的保证,领导要充分遵循这些规范;另一方面,管理工作永远是灵活、创新、开拓的,因此要搞好这两个方面的结合。

第二节 决策的过程与影响因素

一、决策的过程

决策过程是指从问题到方案确定所经历的过程。决策是一项复杂的活动,有其自身的工作规律性,需要遵循一定的科学程序。在现实工作中,导致决策失败的原因之一就是没有严格按照科学的程序进行决策,因此,明确和掌握科学的决策过程,是管理者提高决策正确率的一个重要基础。

一般来说,决策过程大致包括如图 4-2 所示的几个步骤。

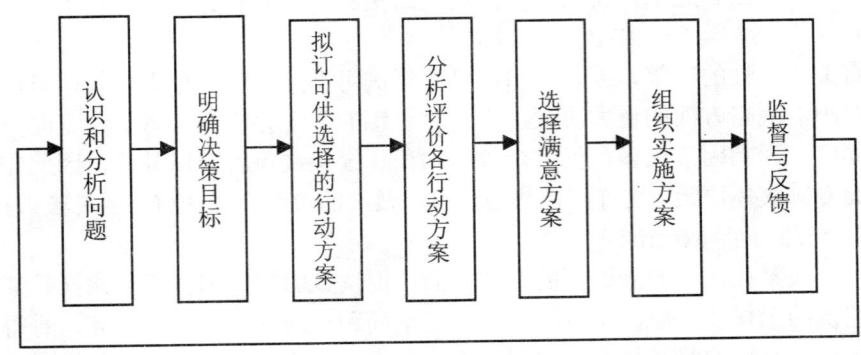

图 4-2　决策过程示意图

（一）判断问题——认识和分析问题

决策是为了解决现实中遇到的需要解决的问题或者为了达到需要实现的目标。决策是围绕着问题而展开的。没有问题就不需要决策；问题不明，则难以做出正确的决策。

决策的正确与否首先取决于判断的准确程度，因此，认识和分析问题是决策过程中最为重要也是最为困难的环节。当然，在一个组织中，总是存在许许多多的问题。例如在一个企业中，存在着企业如何在市场竞争中发展自己、开发什么样的新产品、开发新产品的资金如何筹措等问题需要解决。在一个具有两个或两个以上层次的组织中，仅仅将问题提出来是不够的，还必须在提出问题的基础上，对众多的问题进行分析，以明确各种问题的性质，弄清楚哪些是涉及组织全局的战略性问题，哪些只是涉及局部问题，哪些是非程序性的问题，哪些是程序性问题，由此确定解决问题的决策层次，避免高层决策者被众多的一般性问题所纠缠而影响对重大问题的决策。

因此，决策的第一步就要求决策者必须主动地深入实际调查研究，及时发现并提出新问题，进而解决问题，以保证组织的健康发展。

（二）明确决策目标

在所要解决的问题及其责任人明确以后，则要确定应当解决到什么程度，明确预期的结果是什么，也就是要明确决策目标。所谓决策目标是指在一定的环境和条件下，根据预测，对解决这一问题所希望得到的结果。

目标的确定十分重要，同样的问题，由于目标不同，可采用的决策方案也会大不相同。目标的确定，要经过调查和研究，准确掌握系统的统计数据和事实，然后进行一定的整理分析，根据对组织总目标及各种目标的综合平衡，结合组织的价值准则和决策者愿意为此付出的努力程度进行确定。

(三) 拟订可供选择的行动方案

决策实际上是对解决问题的种种行动方案进行选择的过程。为解决问题，必须寻找切实可行的各种行动方案。各种行动方案都有其优点和缺陷，决策要求以"满意原则"来确定方案。

在制订备选方案时，既要注意科学性，又要注意创造性。无论哪一种备选方案，都必须建立在科学的基础上。方案中能够进行数量化和定量分析的，一定要将指标数量化，并运用科学、合理的方法进行定量分析，使各个方案尽可能建立在客观、科学的基础上，减少主观性。要充分发挥集体的智慧和才能，让大家畅所欲言，充分发表自己的意见，然后通过集体充分的讨论，这样制订出来的备选方案往往会更有针对性和创造性。

(四) 分析评价各行动方案

决策过程的第四步是对已制订的备选方案逐个地进行评价。为此，首先要建立一套有助于指导和检验判断正确性的决策准则。决策准则表明了决策者关心的主要是哪些方面，其中主要包括目标达成度、成本、可行程度等。其次根据这些方面来衡量每一个方案，并据此列出各方案满足决策准则的程度和限制因素，即确定每一个方案对于解决问题或实现目标所能达到的程度和所需的代价，及采用这些方案后可能带来的后果。再次是分析每一个方案的利弊，比较各方案之间的优劣。最后根据决策者对各决策目标的重视程度和对各种代价的承受程度进行综合评价，结合分析比较结果，提出推荐方案。

(五) 选择满意方案并组织实施

在对各方案进行理性分析比较的基础上，决策者接下来要从中选择一个满意方案并付诸实施。

在决策的时候，要注意不要一味地追求最佳方案。由于环境的不断变化和决策者预测能力的局限性，以及备选方案的数量和质量受到不充分信息的影响，决策者可能期望的结果只能是做出一个相对令人满意的决策。

决策的实施要有广大组织成员的积极参与。为了有效地组织决策实施，决策者应通过各种渠道将决策方案向组织成员通报，争取成员的认同，对成员给予支持和具体的指导，调动成员的积极性。当然最可取的方法是设计出一种决策模式，争取所有的成员参与决策，了解决策，以便更好地实施决策，并且在方案实施的过程中还要对新出现的问题进行协调和解决。

(六) 监督与反馈

这是决策过程中的最后一个步骤。一个决策者应该通过信息的反馈来衡量决策的效果。决策是一种事前的设想，在实际的实施过程中，随着形势的发展，实施决策的条件不一定与设想的条件完全相吻合。况且，在一些不可控因素的作用下,实施条件和环境与决策方案所依据的条件之间可能会有较大的出入。这时,需要改变的不是现实,而只能是决策方案。所以,在决策实施过程中,决策者应及时了解、掌握决策实施的各种信息,及时发现各种新问题,并对原来的决策进行必要的修订、补充或完善,使之不断地适应变化了的新形势和条件。一项决策实施之后,对其实施的过程和情况进行总结、回顾既可以明确功过、确定奖惩,又可使自身的决策水平得到进一步的提高。

二、决策的影响因素

(一)环境

环境对组织决策的影响是双重的。

首先,环境的特点影响着组织的活动选择。组织决策要面临的环境包括微观环境和宏观环境。微观环境是指与组织的人、财、物、信息等直接发生关系的客观环境,是决定组织生存和发展的基本环境。宏观环境是指能影响整个组织活动的广泛性因素——人口环境、自然环境、科技环境、政治与法律环境以及社会文化环境等。如果组织面临的环境相对稳定,则今天的决策基本上是昨天决策的翻版与延续;而如果组织面临的环境急剧变化,则需要经常对组织的发展方向、方式和内容进行调整。

其次,对环境的习惯反应模式也影响着组织的活动选择。对于相同的环境,不同的组织可能做出不同的反应。而这种调整组织与环境关系的模式一旦形成,就会趋于稳固,限制着决策者对行动方案的选择。

(二)过去的决策

在大多数情况下,组织决策不是在一张白纸上进行初始决策,而是对初始决策的完善、调整或改革,组织过去的决策是目前决策过程的起点。过去的决策对目前决策的影响程度,与决策和现任决策者的关系密切程度相关。如果过去的决策是由现任决策者制定的,而决策者通常要对自己的选择及其后果负管理上的责任,因此,决策者一般不愿对组织活动进行重大调整,而倾向于仍把大部分资源投入到过去方案的执行中,以证明自己的决策的正确和避免不必要的对自身形象的伤害。相反,如果现任决策者与组织过去的主要决策没有很深的关系,则愿意接受改变。

(三)决策者对风险的态度

未来条件并不总能事先预料。现实生活中,许多管理决策是在风险条件下做出的。所谓风险是指那些决策者可以估计某一结果或概率的情形。如何对各种各样的行动方案进行概率估计呢?如果情形相似的话,决策者可以依靠过去的经验或是对二手资料的分析。

风险是指一个决策所产生的特定结果的几率。根据决策者对风险的态度可以将其分为三种，即风险喜好型、风险中性与风险厌恶型。不同的决策者对风险的态度，决定了其决策的方式。风险喜好型的决策者敢于冒风险，敢于承担责任，因此有可能抓住机会，但也可能遭到一些损失。风险厌恶型决策者不愿冒风险，不敢承担责任，虽然可以避免一些无谓的损失，但也有可能丧失机会。风险中性的决策者对风险采取理性的态度，既不喜好也不回避。由此可见，决策者对风险的态度影响了决策活动。

（四）组织文化

文化通常指人民群众在社会历史实践过程中所创造的物质和精神财富的总和。它是一种历史现象，每一个社会都有与其相适应的文化，并随着社会物质生产的发展而发展。

组织受其文化特征的影响。企业组织的管理人员应该把握其文化特征，同时还应思考从组织决策的角度研究组织文化与决策的关系。一个新决策要求原有的组织文化的配合与协调，而组织中原有的文化有它的滞后性，很难马上对新的决策做出反应，所以，组织文化既可能成为实施组织决策的阻力，积极的革新组织文化又可能成为实施组织决策的动力。

在进行管理决策和实施一个新决策时，组织内部的新旧文化必须相互适应，相互协调，这样才能为组织决策获得成功提供保证。虽然决策时要考虑所做出的决策尽量与组织文化相适应，不要破坏企业已有的组织文化。但是，当企业环境发生重大变化时，企业的组织文化也需要相应做出重大变化。在这种情况下，组织应考虑到自身长远利益，不能为了迎合现有的组织文化，而将组织新的决策修订得与现行组织文化标准相一致。因为这有可能损害组织的长远发展。

（五）时间

决策受时间的制约。决策是在特定的情况下，把组织的当前情况与组织未来可能的行动联系起来，并旨在解决问题或把握机会的管理活动。这就决定了决策必然受时间的制约，一旦超出了时间的限制，情况发生了变化，再好的决策也不可能达到预期目标。"刻舟求剑"的寓言就充分地说明了随着时间的改变、条件的改变，决策也必须随之变化的道理。

一个方案可能涉及较长的时间，在这段时间里，形势可能发生变化，而初步分析建立在对问题或机会的初步估计上，因此，管理者要不断对方案进行修改和完善，以适应变化了的形势。同时，连续性活动因涉及多阶段控制而需要定期的分析和控制。

第三节 决策方法

一、定性决策方法

（一）头脑风暴法

头脑风暴法是由美国创造学家 A. F. 奥斯本于 1939 年首次提出、1953 年正式发表的一种激发性思维的方法。头脑风暴何以能激发创新思维？根据 A. F. 奥斯本本人及其他研究者的看法，主要有以下几点：第一，在集体讨论问题的过程中，每提出一个新的观念，都能引发他人的联想；第二，在不受任何限制的情况下，集体讨论问题能激发人的热情；第三，在有竞争意识情况下，人人争先恐后，竞相发言，不断地开动思维机器，力求有独到见解、新奇观念；第四，在集体讨论解决问题过程中，个人的欲望自由，不受任何干扰和控制。

使用头脑风暴法应注意以下四项原则：第一，鼓励每个人独立思考、开阔思路、自由发言；第二，欢迎提出大量的方案；第三，对别人提出的方案不批评、不反驳、不做结论；第四，结合别人的意见进行思维、补充或者发展自己的意见。

头脑风暴法的目的在于创造一种畅所欲言、自由思考的氛围，诱发创造性思维的共振和连锁反应，产生更多的创造性思维。这种方法的时间安排应在 1 小时以内，参加者以 10 人上下为宜。

（二）名义小组技术

名义小组技术，是管理决策中的一种定性分析方法。随着决策理论和实践的不断发展，人们在决策中所采用的方法也不断得到充实和完善。名义小组技术是指在决策过程中对群体成员的讨论或人际沟通加以限制，但群体成员是独立思考的。像召开传统会议一样，群体成员都出席会议，但群体成员首先进行个体决策。

在集体决策中，如对问题的性质不完全了解且意见分歧严重，则可采用名义小组法。在具体使用这种方法时，管理者先选择一些对要解决的问题有研究或者有经验的人作为小组成员，并向他们提供与决策问题相关的信息。小组成员各自先不通气，请他们独立思考，要求每个人尽可能翔实地把自己的备选方案和意见写下来。然后让他们再按次序陈述自己的方案和意见。在此基础上，由小组成员对提出的全部备选方案进行投票，根据投票结果，赞成人数最多的备选方案即为所要的方案，当然，管理者最后仍有权决定是接受还是拒绝这一方案。

（三）德尔菲技术

德尔菲技术是决策学中的一种方法。在 20 世纪 40 年代由 O. 赫尔姆和 N. 达尔克首创，经过 T. J. 戈尔登和兰德公司进一步发展而成的。"德尔菲"这一名称起源于古希腊有关太阳神阿波罗的神话：传说中阿波罗具有预见未来的能力。1946 年，兰德公司首次用这种方法来进行预测，后来该方法被迅速广泛运用。

运用这一方法的步骤是：第一步，根据问题的特点，选择和邀请做过相关研究或有相关经验的专家；第二步，将与问题有关的信息分别提供给专家，请他们各自独立发表自己的意见，并写成书面材料；第三步，管理者收集并综合专家们的意见后，将综合意见反馈给各位专家，请他们再次发表意见，如果分歧很大，可以开会集中讨论，否则管理者分头与专家联络；第四步，如此反复多次，最后形成代表专家组意见的方案。

使用这一方法的注意事项：第一，为专家提供充分的信息，使其有足够的根据做出判断；第二，所提问的问题应是专家能够回答的问题；第三，允许专家粗略地估计数字，不要求精确，但可以要求专家说明预计数字的准确程度；第四，尽可能将过程简化，不问与决策无关的问题。

二、定量决策方法

（一）确定型决策方法

1. 线性规划法

线性规划是解决多变量最优决策的方法，是在各种相互关联的多变量约束条件下，解决或规划一个对象的线性目标函数最优的问题，即给予一定数量的人力、物力和资源，如何应用才能得到最大经济效益。当资源限制或约束条件表现为线性等式或不等式，目标函数表示为线性函数时，可运用线性规划法进行决策。

运用线性函数规划法建立数学模型的步骤是：第一步，确定影响目标的变量；第二步，列出目标函数方程；第三步，找出实现目标的约束条件；第四步，找出目标函数达到最优的可行解，即该线性规划的最优解。

例 4-1 假设某银行有 5000 万元的资金来源，这些资金可用作贷款（X_1）和二级储备即短期债券（X_2），贷款收益率为 12%，短期证券收益率为 8%，存款成本忽略不计。再假设银行管理短期资产的流动性标准为投资资产的 25%，即短期证券与总贷款的比例至少为 25%。用线性规划法，求解银行的最佳资产组合。

解：首先确定目标函数及约束条件：

  目标函数   定义

  Max（Y）=0.12X_1+0.08X_2 利润目标

  约束条件

$X_1+X_2 \leqslant 5000$ 万元　　　　　　　　总资产负债约束

$X_2 \geqslant 0.25X_1$　　　　　　　　　　　流动性约束

$X_1 \geqslant 0$ 与 $X_2 \geqslant 0$　　　　　　　非负约束条件

下面以直观的几何图示来表示，如图 4-3 所示。

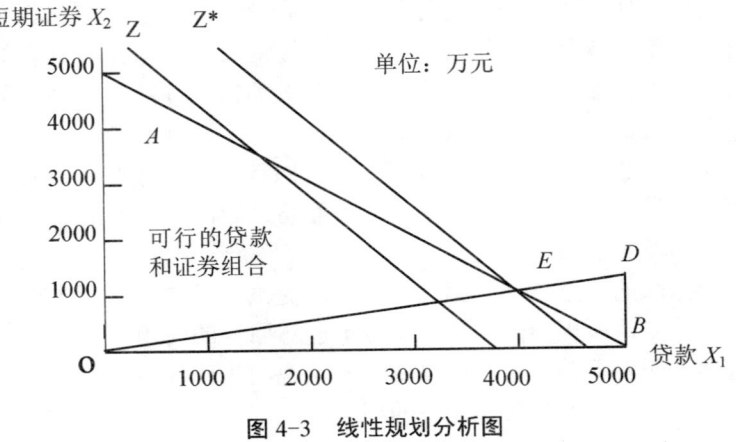

图 4-3　线性规划分析图

目标函数表示各种盈利性资产对银行总盈利的贡献。图中，目标函数表现为一条常数利润线，给定 Z 函数上的每一点都代表产生同样收益的贷款和短期证券的不同组合点。

第一个约束条件 $X_1+X_2 \leqslant 5000$ 万元，表明银行的贷款与短期证券的组合受资金来源总量的制约，可行的资产选择必须在 AB 线及其下。

第二个约束条件 $X_2 \geqslant 0.25X_1$ 表明，用来作为二级储备的短期证券必须等于或大于总贷款的 25%，以符合流动性标准，因此可行的资产组合应在 OD 线及其上。

第三个约束条件 $X_1 \geqslant 0$ 与 $X_2 \geqslant 0$ 表明，贷款和短期证券不可能为负数。三角形 AOE 区域表示满足三个约束条件的所有组合点。

为了确定最佳资产组合，通过反复验证，利润函数 Z 向右上方移动代表更高的总利润水平。只有在 E 点，所选择的贷款和二级储备金组合在同时满足了三个约束条件，才能使银行利润最大化，这个点被称为最佳资产组合点。在这一点上，银行资金管理者在短期证券上投资 1000 万元，贷款 4000 万元，目标函数 Z*代表总的收益 560 万元。

2. 量本利分析法

量本利分析法由美国人沃尔特·劳漆斯特劳赫在 20 世纪 30 年代首创。量本利分析法是根据产量、成本、利润三者之间的相互关系，进行综合分析，预测利润、控制成本的一种数学分析方法。通常也称为"盈亏分析法"。利用量本利分析法可以计算出组织的盈亏平衡点，又称保本点、盈亏临界点、损益分歧点、收益转折点等。其基本原理是：当产量增加时，销售收入成正比增加；但固定成本不增加，只是变动成本随产量的增加而增加，因此，总成本的增长速度低于销售收入的增长速度，当销售收入和总成本相等时（销售收入线与总成本线的交点），企业不盈也不亏，这时的产量称为"盈亏平衡点"产量。量本利分析见图4-4。

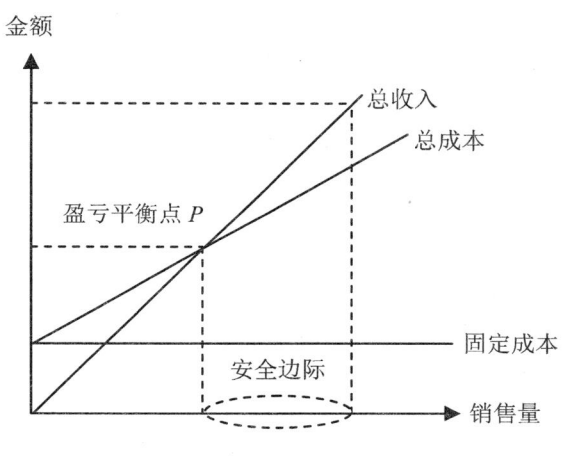

图4-4 量本利分析图

假设 P 代表单位产品价格，Q 代表产量或销售量，F 代表总固定成本，v 代表单位变动成本，π 代表总利润，c 代表单位产品贡献率（$c=P-v$）。

（1）求保本产量

企业不赢不亏时，有

$$PQ=F+vQ$$

所以保本产量

$$Q=F/(P-v)=F/c$$

（2）求保目标利润的产量

设目标利润为 π，则

$$PQ=F+vQ+\pi$$

所以保目标利润 π 的产量

$$Q=(F+\pi)/(P-v)=(F+\pi)/c$$

（3）求利润

$$\pi=PQ-F-vQ$$

（4）求安全边际和安全边际率

安全边际＝方案带来的产量-保本产量

安全边际率＝安全边际/方案带来的产量

（二）风险型决策方法

科学决策是现代管理者的一项重要职责。我们在管理实践中，常遇到的情景是：若干个可行性方案制订出来了，分析一下内、外部环境，大部分条件是已知的，但还存在一定的不确定因素。每个方案的执行都可能出现几种结果，各种结果的出现有一定的概率，决策存在着一定的胜算，也存在着一定的风险。这时，决策的标准只能是期望值，即各种状态下的加权平均值。针对上述问题，用决策树法来解决不失为一种好的选择。

决策树法作为一种决策技术，已被广泛地应用于企业的投资决策之中，它是随机决策模型中最常见、最普及的一种决策模式和方法。此方法有效地控制了决策带来的风险。所谓决策树法，就是运用树状图表示各决策的期望值，通过计算，最终优选出效益最大、成本最小的决策方法。下面举例说明决策树法的具体应用。

例 4-2 某医院供应公司是一家制造医护人员的工装大褂的公司。该公司正在考虑扩大生产能力。它可以有以下几个选择：①建一个大厂；②建一个中型厂；③建一个小厂；④什么也不做。新增加的设备将生产一种新型的大褂，目前该产品的潜力或市场还是未知数。如果建一个大厂且市场较好，就可实现 100000 美元的利润。如果市场不好，则会导致 90000 美元的损失。但是，如果市场较好，建中型厂将会获得利润 60000 美元，建小型厂将会获得利润 40000 美元。如果市场不好，则建中型厂将会损失利润 10000 美元，建小型厂将会损失利润 5000 美元。当然，还有一个选择，就是什么也不干。最近的市场研究表明，市场好的概率是 0.4，市场不好的概率是 0.6，请问公司该如何决策。

画出该问题的决策树，如图 4-5 所示。

在这些数据的基础上，计算各方案的预期货币价值（EMV）。

EMV（建大厂）=(0.4)×(100000)+(0.6)×(-90000)=-14000

EMV（建中厂）=(0.4)×(60000)+(0.6)×(-10000)=+18000

EMV（建小厂）=(0.4)×(40000)+(0.6)×(-5000)=+13000

EMV（不建厂）=0

根据 EMV 标准，方案②所带来的预期货币价值为 18000 美元，为最大的期望收益，因此，该公司应该建一个中型厂。

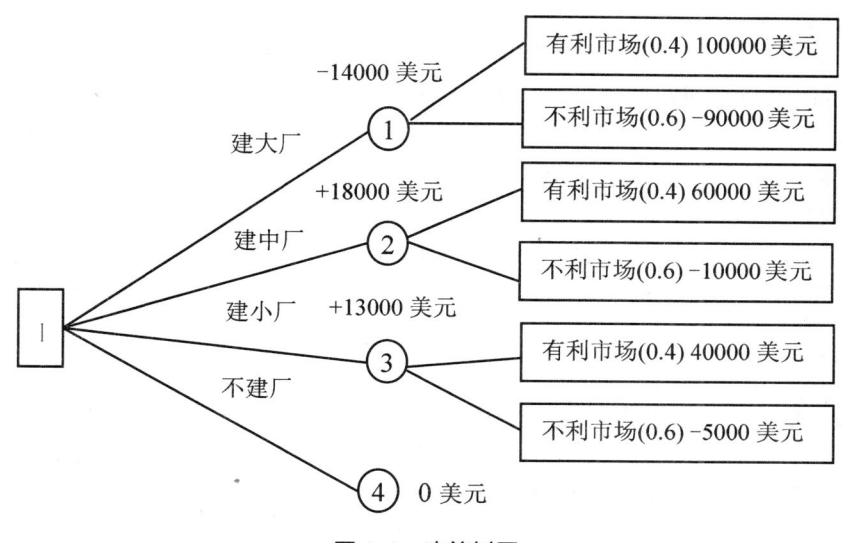

图 4-5 决策树图

(三) 不确定型决策方法

不确定型决策方法又称非确定型决策、非标准决策或非结构化决策，是指决策人无法确定未来各种自然状态发生的概率的决策。不确定型决策的主要方法有：小中取大法、大中取大法和最小最大后悔值法。下面通过举例来介绍这些方法。

例 4-3 某企业计划生产某一新产品。有三种生产制造方案可供选择：①改造原有生产线；②新建一条生产线；③自制与外购结合。该产品需求量无从预测。但在三种不同销售情况时，各种方案的收益可以估计。有关资料见表 4-3，试分别用小中取大法、大中取大法和最小最大后悔值法进行决策。

表 4-3 各方案在不同情况下的收益值

收益值 自然状态 方案	收益值（万元）		
	畅销	销路一般	滞销
①改进生产线	900	600	-200
②新建生产线	1200	500	-400
③自制与外购结合	500	350	80

1. 小中取大法

小中取大法也叫悲观法、保守法、瓦尔德决策准则，采用这种方法的管理者对未来持悲观的看法，认为未来会出现最差的自然状态，因此不论采取哪种方案，都只能获取该方案的最小收益。

决策者面对两种或两种以上的可行方案，每一种方案都对应着几种不同的自然状态，每一种方案在每一种自然状态下的收益值或损失值各不相同，且每一种损益值都可以通过科学的方法预测出来。决策者将每一种方案在各种自然状态下的收益值中的最小值选出，然后比较各种方案在不同的自然状态下所可能取得的最小收益，从各个最小收益中选出最大者，那么这个最小收益当中的最大者所对应的方案就是采用悲观决策法所要选用的方案。

在例 4-3 中，①方案的最小收益为-200 万元，②方案的最小收益为-400 万元，C 方案的最小收益为 80 万元。经过比较，③方案的最小收益最大，所以选择③方案。

2. 大中取大法

大中取大法又称乐观法、大中取大原则、乐观决策法、冒险法、最大的最大收益法。采用这种方法的管理者对未来持乐观的看法，认为未来会出现最好的自然状态，因此不论采取哪种方案，都能获取该方案的最大收益。

采用大中取大法进行决策时，首先计算各方案在不同自然状态下的收益，并找出各方案所带来的最大收益，即在最好自然状态下的收益，然后进行比较，选择在最好的自然状态下收益最大的方案作为所要的方案。

在例 4-3 中，①方案的最大收益为 900 万元，②方案的最大收益为 1200 万元，③方案的最大收益为 500 万元。经过比较，②方案的最大收益最大，所以选择 B 方案。

3. 最小最大后悔值法

最小最大后悔值法也叫机会损失最小值决策法，是一种根据机会成本进行决策的方法，它以各方案机会损失大小来判断方案的优劣。后悔值是指当某种自然状态出现时，决策者由于从若干方案中选优时没有采取能获得最大收益的方案，而采取了其他方案，以致在收益上产生的某种损失。

最小最大后悔值作决策的步骤：

第一步，计算每个方案在各种情况下的后悔值，即

后悔值＝各个方案在该情况下的最优收益-该情况下该方案的收益；

第二步，找出各方案的最大后悔值；

第三步，选择最大后悔值最小的方案作为最优方案。

在例 4-3 中，在畅销这一自然状态下，②方案（新建生产线）的收益最大，为 1200 万元。在将来发生的自然状态是畅销的情况下，如果管理者恰好选择了这一方案，他就不会后悔，即后悔值为 0。如果他选择的不是②方案，而是其他方案，他就会后悔（后悔没有选择②方案）。比如，他选择的是③方案（自制与外购结合），该方案在销路好时带来的收益是 500 万元，比选择②方案少带来 700 万元

的收益,即后悔值为700万元。各个后悔值的计算结果,如表4-4所示。

表4-4　各方案在不同情况下的后悔值

后悔值　自然状态 方案	收益值(万元)		
	畅销	销路一般	滞销
①改进生产线	300	0	280
②新建生产线	0	100	480
③自制与外购并举	700	150	0

由表中看出,①方案的最大后悔值为300万元,②方案的最大后悔值为480万元,③方案的最大后悔值为700万元,经过比较,①方案的最大后悔值最小,所以选择①方案。

一、案例

1987年,关于深圳机场的选址方案有两种:一是在市北建黄田机场;二是在市区南面填海建白石洲机场。建黄田机场的理由是:客源主要来自内陆地区,不会影响城市的发展,便于飞机安全飞行。建白石洲机场的理由是:与香港共用,争取更多的国际客源。关于机场到底建在哪里,争论非常激烈。反对建白石洲机场的人认为,机场建在白石洲,妨碍城市的进一步发展,机场自身也无扩展的余地,机场的噪声严重影响深圳大学,而且对附近的红树林和鸟类保护区带来破坏性的影响。赞成建白石洲机场的人认为,与香港争客源是最重要的,上述问题可以采取安装双重玻璃窗和"驱鸟器"等措施来解决。最后决定以"白石洲机场方案"作为首选方案向中央领导汇报,但反对者拒绝在该方案上签字。最后,国务院派出专门的工作组赴实地考察,在多次听取各方面的意见后,否定了"白石洲机场方案",批准了"黄田机场方案"。从深圳机场建成以来的运行情况看,这一决策是正确的。

问题:

1. 决策的基本程序是什么?
2. 深圳机场选址决策过程给我们留下的启示是什么?

二、重要概念

决策,战略决策、管理决策和业务决策,程序化决策和非程序化决策,集体决策与个人决策,确定型决策、风险型决策和不确定型决策,单目标决策和多目标决策,头脑风暴法,名义小组技术,德尔菲技术,决策树法

三、问题

1. 什么是决策?决策的特点和原则各是什么?

2. 有哪些常用的定性决策方法？各有何特点？

3. 进行风险型决策，需要具备哪些条件？

4. 应用头脑风暴法进行决策的思路是什么？

5. 某商场经营某一品牌的饮料，该商场每月租金5000元，雇了5名员工，平均月工资为1200元，每月水电费及各项杂费2000元。饮料进价为120元/箱。求：

（1）如果售价为180元/箱，每月售多少箱才能盈亏平衡？

（2）要实现10万元的目标利润，每月最低要销售多少箱？

（3）如果饮料进价为140元/箱，则要实现每月10万元的目标利润，每月最低要销售多少箱？

6. 为生产某新产品，可选择两个方案：方案一是新建生产线，需投资800万元，建成后如果销路好，每年可获利300万元，如果销路差，每年要亏损50万元；方案二是与其他企业合作生产，需投资300万元，如果销路好，每年可获利70万元，如果销路差，每年可获利10万元。方案的使用期限均为8年，根据市场预测，产品销路好的概率为0.7，销路差的概率为0.3。用决策树法选择最佳的投资方案。

四、讨论

1. 你认为在决策制定过程中哪一步最重要？请说明理由。

2. 不少人都认为，民主总是比独裁好。如果有人把民主定义为群体决策，把独裁定义为个人决策，你同意这个观点吗？为什么？

第五章 计划

【本章概要】
　　做任何工作都应有计划，以明确目的，避免盲目性，使工作循序渐进，有条不紊。计划是未来行动的蓝图，是为实现组织目标而对未来行动所做的综合性的统筹安排，计划是未来组织活动的指导性文件，提供从目前通向未来目标的道路和桥梁。通过计划，促使管理者展望未来、合理配置资源、提高管理效益，保障组织目标的实现。本章主要阐述计划的概念、类型、性质和作用、计划的工作原理、计划的编制过程以及组织计划实施的常用方法等。

【教学目的】
1. 掌握计划的概念和类型
2. 熟悉计划的特点和作用
3. 熟悉计划的编制过程
4. 掌握组织计划实施的常用方法

第一节 计划概述

一、计划的概念和特点

（一）计划的概念
　　在管理学中，计划具有两重含义：其一是计划工作，是指根据对组织外部环境与内部条件的分析，提出在未来一定时期内要达到的组织目标以及实现目标的方案途径；其二是计划形式，是指用文字和指标等形式所表述的组织以及组织内不同部门和不同成员，在未来一定时期内关于行动方向、内容和方式安排的管理文件。无论是计划工作还是计划形式，计划都是根据社会的需要以及组织的自身能力，通过计划的编制、执行和检查，确定组织在一定时期内的奋斗目标，有效地利用组织的人力、物力、财力等资源，协调安排好组织的各项活动，取得最佳的经济效益和社会效益。

我们把计划的内容简要地概括为八个方面，被称为"5W2H1E"：

What（什么）——计划的目的和内容；
Who（谁）——计划的相关人员；
Where（何处）——计划的实施场所；
When（何时）——计划实施的时间范围；
Why（为什么）——计划的缘由、前景；
How（如何）——计划的方法和实施；
How much（多少）——计划的预算；
Effect（效果）——预测计划实施的结果。

（二）计划的特点

1. 针对性

计划是根据党和国家的方针、政策和有关的法律、法规，针对本系统、本部门的实际情况制订的，目的明确，具有指导意义。

2. 普遍性

实际的计划工作涉及组织中每一位管理者及员工，一个组织的总目标确定后，各级管理人员为了实现组织目标，使得本层次的组织工作得以顺利进行，都需要制订计划。

3. 预见性

计划是在行动之前制订的，它以实现今后的目标、完成下一步工作和学习任务为目的。

4. 首位性

计划是进行其他管理工作的前提，计划在前，行动在后。

5. 目的性

任何组织或者个人制订的各种计划都是为了促使组织的总目标的实现和一定时期目标的实现。

6. 实践性

符合实际、易于操作、目标适宜，是衡量一个计划好坏的重要标准。

7. 明确性

计划应明确表达出组织的目标和任务，明确表达出实现目标所需的资源以及所采取的程序、方法和手段，明确表达出各级管理人员在执行计划过程中的权利和职责。

8. 效率性

计划的效率性主要是指时间性和经济性两个方面。

二、计划的作用和性质

（一）计划的作用

在管理实践中，计划是其他管理职能的前提和基础，并且还渗透到其他管理职能之中，列宁指出过："任何计划都是尺度、准则、灯塔、路标。"它是管理过程的中心环节，因此，计划在管理活动中具有特殊重要的地位和作用。

1. 计划是组织生存与发展的纲领

我们正处在一个经济、政治、技术、社会变革与发展的时代。在这个时代里，变革与发展既给人们带来了机遇，又给人们带来了风险，特别是在争夺市场、资源、势力范围的竞争中更是如此。如果管理者在看准机遇和利用机遇的同时，又能最大限度地减少风险，就像在朝着目标前进的道路上架设一座便捷而稳固的桥梁，那么，组织就能立于不败之地，在机遇与风险的纵横选择中，得到生存与发展。如果计划不周，或根本没计划，那就会遭遇灾难性的后果。

2. 计划是组织协调的前提

现代社会的各行各业的组织及其内部的各个组成部分之间，分工越来越精细，过程越来越复杂，协调关系更趋严密。要把这些繁杂的有机体科学地组织起来，让各个环节和部门的活动都能在时间、空间和数量上相互衔接，既围绕整体目标，又各行其是、互相协调，就必须要有一个严密的计划。管理中的组织、协调、控制等如果没有计划，那就好比汽车总装厂事先没有流程设计一样不可想象。

3. 计划是指挥实施的准则

计划的实质是确定目标以及规定达到目标的途径和方法。因此，如何朝着既定的目标步步逼近、最终实现组织目标，无疑需要计划这个管理活动中人们一切行为的准则。它指导不同空间、不同时间、不同岗位上的人们，围绕一个总目标，秩序井然地去实现各自的分目标。行为如果没有计划指导，被管理者必然表现为无目的的盲动，管理者则表现为决策朝令夕改、随心所欲、自相矛盾，结果必然是组织秩序的混乱、事倍功半、劳民伤财。可以这样说，在现代社会里，几乎每项事业、每个组织乃至每个人的活动，都不能没有计划。

4. 计划是控制活动的依据

计划不仅是组织、指挥、领导的前提和准则，而且与管理控制活动紧密相连。计划为各种复杂的管理活动确定了数据、尺度和标准，它不仅为控制指明了方向，而且还为控制活动提供了依据。经验告诉我们，未经计划的活动是无法控制的，也无所谓控制。因为控制本身是通过纠正偏离计划的偏差，使管理活动保持与目标的要求一致。

(二) 计划的性质

计划的根本目的，在于保证管理目标的实现。从事计划工作并使之有效地发挥作用，就必须把握计划的性质。它主要表现在以下四个方面。

1. 计划的普遍性

与计划的概念相对应，计划的普遍性也有两层含义：一是指社会各部门、各环节、各单位、各岗位，为有效实现管理目标，都必须具有相应的计划；二是指所有管理者，从最高管理人员到第一线的基层管理人员，都必须从事计划工作。计划是任何管理人员的一项基本职能，只是他们各自计划工作的范围不同、特点不同而已。

2. 计划的首位性

把计划放在管理职能的首位，不仅因为从管理过程的角度看，计划先行于其他管理职能，而且因为在某些场合，计划是付诸实施的唯一管理职能。计划的结果可能得出一个决策，即无须进行随后的组织、领导及控制工作等。计划具有首位性的原因，还在于计划影响和贯穿于组织、领导和控制等各项管理职能当中。

3. 计划的科学性

从事计划工作，一是必须要有求实的科学态度，一切从实际出发，量力而行；二是必须有可靠的科学依据，包括准确的信息、完整的数据资料等；三是必须有正确的科学方法，如科学预测、系统分析、综合平衡、方案优化等。这样才能使整体计划建立在科学的基础上，既富有创造性，又具有可行性。

4. 计划的有效性

计划要追求效率。计划的效率，可以用计划对组织的目标的贡献来衡量。贡献是指实现组织目标所获得的利益，扣除制订和实施这个计划所需要的费用和其他因素后，所得到的剩余。只有当计划对组织的目标的贡献为正值时，这项计划才是有效率的。

三、计划的类型

(一) 长期计划与短期计划

按计划的时限，计划可分为长期计划与短期计划。

财务人员习惯于将投资回收期分为长期、中期和短期。长期通常指 5 年以上的，短期一般指 1 年以内的，中期则介于两者之间。管理人员也采用长期、中期和短期来描述计划。长期计划描述了组织在较长时期（通常为 5 年以上）的发展方向和方针，规定了组织的各个部门在较长时期内从事某种活动应达到的目标和要求，绘制了组织长期发展的蓝图。短期计划具体地规定了组织的各个部门在目前到未来的各个较短的时期阶段，特别是最近的时段中，应该从事何种活动、从事该种活动应达到何种要求，因而为各组织成员的行动提供了依据。

（二）业务计划、财务计划与人力资源计划

按照计划的职能，计划可分为业务计划、财务计划和人力资源计划。

业务计划是指根据组织的战略目标，各部门针对其具体业务所制订的、在规定的时间内必须完成或达到的计划。业务计划应基于组织宗旨制订，是对组织战略进行目标分解后制订的部门中长期规划。其具体制订的思路、方法以及其充分性、适宜性、有效性将对年度的工作方向及效率产生较大的影响。

财务计划是以货币形式预计计划期内资金的取得与运用和各项经营收支及财务成果的书面文件。它是企业经营计划的重要组成部分，是进行财务管理、财务监督的主要依据。财务计划是在生产、销售、物资供应、劳动工资、设备维修、技术组织等计划的基础上编制的，其目的是为了确立财务管理上的奋斗目标。

人力资源计划是组织为实现其发展目标，对所需人力资源进行供求预测、制定系统人力资源政策和措施，以满足自身人力资源需求的活动。人力资源计划是一种将人力资源管理与组织宏观战略相结合，并最终实现组织目标的途径。

（三）战略计划与作业计划

从计划的重要性程度上来看，可以将计划分为战略计划和作业计划。

应用于整体组织的，为组织设立总体目标和寻求组织在环境中的地位的计划，称为战略计划。规定总体目标如何实现的细节的计划称为作业计划。战略计划与作业计划在时间框架上、在范围上和在是否包含已知的一套组织目标方面是不同的。战略计划趋向于包含持久的时间间隔，通常为5年甚至更长，它们覆盖较宽的领域，同时不规定具体的细节。此外，战略计划的一个重要的任务是设立目标；而作业计划假定目标已经存在，只是提供实现目标的方法。

（四）具体计划与指导性计划

根据计划内容的明确性指标，可以将计划分为具体计划和指导性计划。

具体计划具有明确规定的目标，不存在模棱两可。比如，企业销售部经理打算使企业销售额在未来3个月中增长10%，他会制定明确的程序、预算方案以及日程进度表，这便是具体计划。指导性计划只规定某些一般的方针和行动原则，给予行动者较大的自由处置权，它指出重点但不把行动者限定在具体的目标上或特定的行动方案上。比如，一个增加销售额的具体计划可能规定未来3个月内销售额要增加10%，而指导性计划则可能只规定未来3个月内销售额要增加8%~12%。相对于指导性计划而言，具体计划虽然更易于执行、考核及控制，但缺少灵活性，它要求的明确性和可预见性条件往往很难满足。

(五) 程序性计划和非程序性计划

根据组织活动,计划可分为程序性计划和非程序性计划。

程序性计划是为那些经常重复出现的工作或问题而按既定的程序来制订的计划,是针对例行活动的程序化决策而言的。非程序性计划是对不经常重复出现的非例行活动所做的计划,是针对例外问题的非程序化决策而言的。

西蒙把组织活动分为两类。一类是例行活动。有关这类活动的决策是经常反复的,而且具有一定的结构,因此可以建立一定的决策程序,每当出现这类工作或问题时,就利用既定的程序来解决,而不需要重新研究。这类决策叫作程序化决策,与此对应的计划是程序性计划。另一类活动是非例行活动。处理这类问题没有一成不变的方法和程序,因为这类问题或在过去尚未发生过,或因为其确切的性质和结构捉摸不定或极为复杂,或因为其十分重要而必须用个别方法加以处理。解决这类问题的决策叫作非程序化决策,与此对应的计划是非程序性计划。

第二节 计划的层次和编制过程

一、计划的层次

哈罗德·孔茨和海因茨·韦里克从抽象到具体,把计划划分为:使命(或目的)、目标、战略、政策、程序、规则、方案,以及预算。见图 5-1。

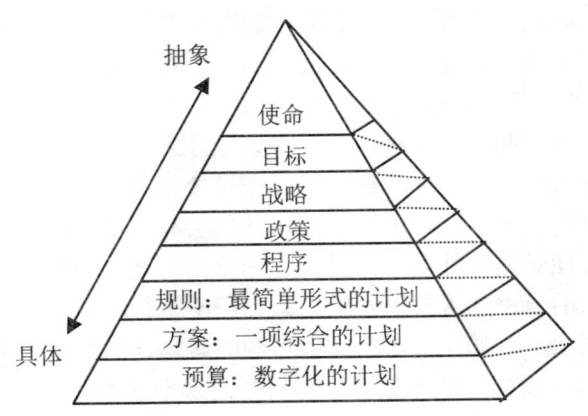

图 5-1 计划的层次

（一）使命

它指明一定的组织机构在社会上应起的作用和所处的地位。它决定组织的性质，是此组织区别于彼组织的标志。各种有组织的活动，如果要使之有意义的话，那么至少应该有自己的目的或使命。比如，大学的使命是教书育人和科学研究，研究院（所）的使命是科学研究，医院的使命是治病救人，法院的使命是解释和执行法律，企业的目的是生产和分配商品和服务。

（二）目标

组织的目的或使命往往太抽象、太原则化，它需要进一步具体为组织一定时期的目标和各部门的目标。组织的使命支配着组织各个时期的目标和各个部门的目标。而且组织各个时期的目标和各部门的目标是围绕组织存在的使命所制定的，并为完成组织使命而努力的。比如，虽然教书育人和科学研究是一所大学的使命，但一所大学在完成自己使命时会进一步具体化不同时期的目标和各院系的目标，比如最近三年培养多少人才、发表多少论文等。

（三）战略

战略是为了达到组织总目标而采取的行动和利用资源的总计划，其目的是通过一系列的主要目标和政策去决定和传达一个组织期望自己成为什么样的组织。当然，战略还不是具体说明组织如何去实现目标的，它的重点是要指明方向和资源配置的优先次序。

（四）政策

政策是指导或沟通决策思想的全面的陈述书或理解书。但不是所有政策都是陈述书，政策也常常会从主管人员的行动中含蓄地反映出来。比如，主管人员处理某问题的习惯方式往往会被下属作为处理该类问题的模式，这也许是一种含蓄的、潜在的政策。政策能帮助事先决定问题处理方法，这一方面减少对某些例行问题处理上的时间成本，另一方面把其他计划统一起来了。政策支持了分权，同时也支持了上级主管对该项分权的控制。政策允许对某些事情处理的自由，一方面我们切不可把政策当作规则，另一方面我们又必须把这种自由限制在一定的范围内。自由处理的权限大小一方面取决于政策本身，另一方面取决于主管人员的管理艺术。

（五）程序

程序是制订处理未来活动的一种必需方法的计划。它详细列出必须完成某类活动的切实方式，并按时间顺序对必要的活动进行排列。它与战略不同，它是行动的指南，而非思想指南。它与政策不同，它没有给行动者自由处理的权利。出于理论研究的考虑，我们可以把政策与程序区分开来，但在实践工作中，程序往往表现为组织的政策。比如，一家制造企业处理订单的程序、财务部门批准给客户信用的程序、会计部门记载往来业务的程序等，都表现为企业的政策。组织中每个部门都有程序，并且在基层，程序更加具体化、数量更多。

（六）规则

规则没有酌情处理的余地。它详细、明确地阐明必须行动或无须行动的情形，其本质是一种管理决策。规则通常是形式最简单的计划。规则不同于程序：其一，规则指导行动但不说明时间顺序；其二，可以把程序看作一系列的规则，但是一条规则可能是也可能不是程序的组成部分。比如，"禁止吸烟"是一条规则，但和程序没有任何联系；而一个规定为顾客服务的程序可能表现为一些规则，如在接到顾客需要服务的信息后30分钟内必须给予答复。

规则也不等于政策。政策的目的是指导行动，并给执行人员留有酌情处理的余地；而规则虽然也起指导作用，但是在运用规则时，执行人员没有自行处理之权。必须注意的是，就其性质而言，规则和程序均旨在约束思想；因此只有在不需要组织成员使用自行处理权时，才使用规则和程序。

（七）方案

方案也称规划，是一个综合的计划，它包括目标、政策、程序、规则、任务分配、要采取的步骤、要使用的资源以及为完成既定行动方针所需要的其他因素。一项方案可能很大，也可能很小。通常情况下，一个主要方案（规划）可能需要很多支持计划。在主要计划进行之前，必须要把这些支持计划制订出来，并付诸实施。所有这些计划都必须加以协调和安排时间。

（八）预算

预算是一份用数字表示预期结果的报表。预算通常是为规划服务的，其本身可能也是一项规划。

二、计划的编制过程

任何计划工作都要遵循一定的程序或步骤。虽然小型计划比较简单，大型计划复杂些，但是，管理人员在编制计划时，其工作步骤都是相似的，依次包括以下内容：认识机会，确定目标，确定前提条件，拟订可供选择的可行方案，评价可供选择的方案，选择方案、制订派生计划和编制预算。见图5-2。

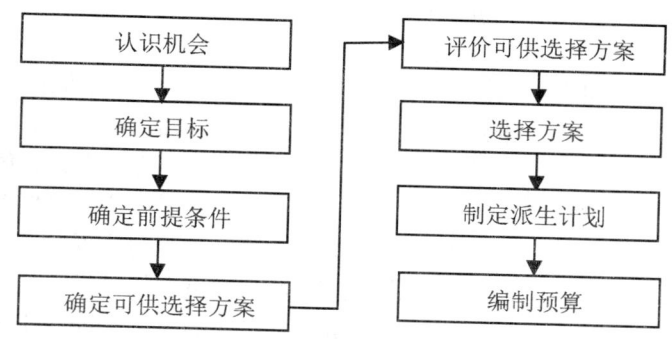

图 5-2 计划的编制过程

（一）认识机会

认识机会应该是在实际的计划工作开始以前。严格来讲，它不是计划的一个组成部分，但却是计划工作的一个真正起点。因为它预测到了未来可能出现的变化，清晰而完整地认识到组织发展的机会，搞清了组织的优势、弱点及所处的地位，认识到组织利用机会的能力，意识到不确定因素对组织可能发生的影响程度等。

认识机会，对做好计划工作十分关键。一位经营专家说过：认识机会是战胜风险，求得生存与发展的诀窍。诸葛亮"草船借箭"的故事流传百世，其高明之处就在于他看到了三天后江上会起雾而曹军又不善水战、不敢迎战的机会，如有神助般地实现了自己的战略目标。

（二）确定目标

制订计划的第二个步骤是在认识机会的基础上，为整个组织及其所属的下级单位确定目标。目标是指期望达到的成果，它为组织整体、各部门和各成员指明了方向，描绘了组织未来的状况，并且作为标准可用来衡量实际的绩效。计划的主要任务，就是将组织目标进行层层分解，以便落实到各个部门、各个活动环节，形成组织的目标结构，包括目标的时间结构和空间结构。

（三）确定前提条件

所谓计划工作的前提条件就是计划工作的假设条件，简言之，即计划实施时的预期环境。负责计划工作的人员对计划前提了解得越细越透彻，并能始终如一地运用它，则计划工作也将做得越协调。

按照组织的内外环境，可以将计划工作的前提条件分为外部前提条件和内部前提条件；还可以按可控程度，将计划工作前提条件分为不可控的、部分可控的和可控的三种前提条件。外部前提条件大多为不可控的和部分可控的，而内部前提条件大多数是可控的。不可控的前提条件越多，不确定性越大，就越需要通过预测工作确定其发生的概率和影响程度的大小。

(四) 拟订可供选择的可行方案

编制计划的第四个步骤是,寻求、拟订、选择可行的行动方案。"条条大路通罗马",描述了实现某一目标方案的途径是多条的。通常,最显眼的方案不一定就是最好的方案,对过去方案稍加修改和略加推演也不一定会得到最好的方案,一个不引人注目的方案或通常人们提不出的方案,效果却往往是最佳的,这里体现了方案创新性的重要。此外,方案也不是越多越好。编制计划时没有可供选择的合理方案的情况是不多见的,更加常见的不是寻找更多的可供选择的方案,而是减少可供选择方案的数量,以便可以分析最有希望的方案。即使用数学方法和计算机,我们还是要对可供选择方案的数量加以限制,以便把主要精力集中在对少数最有希望的方案的分析方面。

(五) 评价可供选择的方案

在找出了各种可供选择的方案和检查了它们的优缺点后,下一步就是根据前提条件和目标,权衡它们的轻重优劣,对可供选择的方案进行评估。评估实质上是一种价值判断,它一方面取决于评价者所采用的评价标准;另一方面取决于评价者对各个标准所赋予的权重。一个方案看起来可能是最有利可图的,但是需要投入大量现金,而回收资金很慢;另一方案看起来可能获利较少,但是风险较小;第三个方案眼前看没有多大的利益,但可能更适合公司的长远目标。此时应该用运筹学中较为成熟的矩阵评价法、层次分析法、多目标评价法进行评价和比较。

(六) 选择方案

计划工作的第六步是选定方案。这是在前五步工作的基础上,进行的关键一步,也是决策的实质性阶段——抉择阶段。可能遇到的情况是,有时会发现同时有两个以上可取方案。在这种情况下,必须确定出首先采取哪个方案,而将其他方案也进行细化和完善,以作为后备方案。

(七) 制订派生计划

基本计划还需要派生计划的支持。比如,一家公司年初制订了"当年销售额比上年增长 20%"的销售计划,与这一计划相连的有许多计划,如生产计划、促销计划等。再如当一家公司决定开拓一项新的业务时,这个决策需要制订很多派生计划作为支撑,比如雇用和培训各种人员的计划、筹集资金计划、广告计划等等。

(八) 编制预算

在做出决策和确定计划后,计划工作的最后一步就是把计划转变成预算,使计划数字化。编制预算,一方面是为了计划的指标体系更加明确,另一方面是使企业更易于对计划执行进行控制。定性的计划往往在可比性、可控性和进行奖惩方面比较难以衡量,而定量的计划具有较硬的约束。

第三节　计划的组织实施

一、目标管理

(一) 目标管理的含义

"目标管理"的概念是管理专家彼得·德鲁克(Peter Drucker)1954年在其名著《管理实践》中最先提出的,其后他又提出"目标管理和自我控制"的主张。目标管理的具体形式各种各样,但其基本内容是一样的。所谓目标管理乃是一种程序或过程,它使组织中的上级和下级一起协商,根据组织的使命确定一定时期内组织的总目标,由此决定上、下级的责任和分目标,并把这些目标作为组织经营、评估和奖励每个单位和个人贡献的标准。

(二) 目标管理的特点

1. 明确目标

美国马里兰大学的早期研究发现,明确的目标要比只要求人们尽力去做有更高的业绩,而且高水平的业绩是和高的目标相联系的。在企业中,目标管理技能的改善会继续提高生产率。当然,目标制定的重要性并不限于企业,在公共组织中也是有用的。在许多公共组织里,目标含糊不清是普遍存在的,这对于管理人员来说是一件难事,但人们已在寻找解决这种难题的途径。

2. 参与决策

目标管理中的目标不是像传统的目标设定那样,单向由上级给下级规定目标,然后分解成子目标落实到组织的各个层次上,而是用参与的方式决定目标,上级与下级共同参与选择设定各对应层次的目标,即通过上下协商,逐级制定出整体组织目标、经营单位目标、部门目标直至个人目标。因此,目标管理的目标转化过程既是"自上而下"的,又是"自下而上"的。

3. 规定时限

目标管理强调时间性,制定的每一个目标都有明确的时间期限要求,如一个季度、一年、五年,或在已知环境下的任何适当期限。在大多数情况下,目标的制定可与年度预算或主要项目的完成期限一致。但并非必须如此,这主要是要依实际情况来定。某些目标应该安排在很短的时期内完成,而另一些则要安排在更长的时期内。同样,在典型的情况下,组织层次的位置越低,为完成目标而设置的时间往往越短。

4. 评价绩效

目标管理寻求不断地将实现目标的进展情况反馈给个人，以便他们能够调整自己的行动。也就是说，下属人员承担为自己设置具体的个人绩效目标的责任，并具有同他们的上级领导人一起检查这些目标的责任。因此每个人对他所在部门的贡献就变得非常明确。尤其重要的是，管理人员要努力吸引下属人员对照预先设立的目标来评价业绩，积极参加评价过程，用这种鼓励自我评价和自我发展的方法，鞭策员工对工作的投入，并创造一种激励的环境。

（三）目标管理的过程

1. 建立一套完整的目标体系

实行目标管理，首先要建立一套完整的目标体系。这项工作总是从组织的最高主管部门开始的，然后由上而下地逐级确定目标。上下级的目标之间通常是一种"目的—手段"的关系；某一级目标，需要用一定的手段来实现，这些手段就成为下一级的次目标，按级顺推下去，直到作业层的作业目标，从而构成一种锁链式的目标体系。

2. 明确责任

目标体系应与组织结构相吻合，从而使每个部门都有明确的目标，每个目标都有人明确负责。然而，组织结构往往不是按组织在一定时期的目标而建立的，因此，在按逻辑展开目标和按组织结构展开目标之间，时常会存在差异。其表现是，有时从逻辑上看，一个重要的分目标却找不到对此负全面责任的管理部门，而组织中的有些部门却很难为其确定重要的目标。这种情况的反复出现，可能最终导致对组织结构的调整。从这个意义上说，目标管理还有助于搞清组织机构的作用。

3. 组织实施

目标既定，主管人员就应放手把权力交给下级成员，而自己去抓重点的综合性管理。完成目标主要靠执行者的自我控制。如果在明确了目标之后，作为上级主管人员还像从前那样事必躬亲，便违背了目标管理的主旨，不能获得目标管理的效果。当然，这并不是说，上级在确定目标后就可以撒手不管了。上级的管理应主要表现在指导、协助等方面，比如提出问题、提供情报以及创造良好的工作环境等。

4. 检查和评价

对各级目标的完成情况，要事先规定出期限，定期进行检查。检查的方法可以灵活地采用自检、互检和责成专门的部门进行检查。检查的依据就是事先确定的目标。对于最终结果，应当根据目标进行评价，并根据评价结果进行奖罚。经过评价，使得目标管理进入下一轮循环过程。

（四）**目标管理的评价**

1. 目标管理的优点

（1）管理强化，水平提高

扼要地讲，目标管理最大的好处就是它能导致管理水平的提高。以最终结果为导向的目标管理，迫使各级管理人员去认真思考计划的效果，而不仅仅是考虑计划的活动。

（2）成果导向，结构优化

目标管理的另一个好处，是促使管理人员根据目标去确定组织的任务和结构。为了取得成果，各级管理人员必须根据他们期望的成果授予下属人员相应的权力，使其与组织的任务和岗位的责任相对应。

（3）任务承诺，责任明确

目标管理还有一个重要好处，是由各级管理人员和工作人员去承担完成任务的责任，从而让各级管理者和工作人员不再只是执行指标和等待指导，而成为专心致志于自己目标的人。

（4）监督加强，控制有效

目标管理能使责任更明确，由此就不难推理，它会使控制活动更有效。有了一套可考核的目标评价体系，监督就有了依据，控制就有了准绳，也就解决了控制活动最主要的问题。

2. 目标管理的局限性

目标管理有许多优点，但它也有缺陷，这是一个事物的两个方面。有些缺陷是方式本身存在的，有些缺陷是在实施过程中因工作没到位而引起的。

（1）目标难确定

真正可考核的目标是很难确定的，尤其是要让各级管理人员的目标都具有正常的"紧张"和"费力"程度，即"不跳够不到"、"跳一跳够得到"的合理程度，是非常困难的。而这个问题恰恰是目标管理能否取得成效的关键。为此，目标设置要比展开工作和拟订计划需要更多的研究。

（2）目标短期化

短期目标的弊端在管理活动中是显而易见的，短期目标会导致短期行为，以损害长期利益为代价，换取短期目标的实现。

（3）目标修正不灵活

在实施目标管理的过程中，由于目标是经过多方磋商确定的，要改变它就不是轻而易举的事。通常，修订一个目标体系与制定一个目标体系所花费的精力和时间是差不多的，结果很可能是不得不中途停止目标管理的进程。

二、时间管理

资料：桌上有一个玻璃罐，教授将鹅卵石装满罐子，问学生："你们说罐子是不是满了？""是。"学生们异口同声。教授再拿出一袋碎石倒进罐里，问："现在罐子满了没有？"大家有些不敢回答，有人细声说："也许没满。"教授又拿出一袋沙子慢慢倒进罐里，又问："现在呢？""没有满！"学生们很有信心地回答。"是的。"教授又拿出一瓶水缓缓倒进看起来已经被鹅卵石、小碎石、沙子填满的玻璃罐。

（一）时间管理的含义

为了提高管理者的工作效率，我们引入时间管理。时间管理就是用技巧、技术和工具帮助人们完成工作，实现目标。时间管理并不是要把所有事情做完，而是更有效地运用时间。时间管理的目的除了要决定该做些什么事情之外，另一个很重要的目的是决定什么事情不应该做；时间管理不是完全掌控，而是降低变动性。时间管理最重要的功能是将事先的规划作为一种提醒与指引。

时间管理发展得很快：第一代是建立备忘录；第二代就需要事先的计划和准备；第三代会根据你对任务的理解排列优先顺序；到了第四代，就是分工合作的授权管理。

（二）时间管理的内容

时间管理并非是对时间这一资源进行管理，而是对管理者自身进行管理，通过提高管理者的时间使用效率，减少浪费，从而达到提高工作效率的目标。对管理者自身进行管理主要包括以下四个方面的内容。

1. 掌握工作的关键

不同层次的管理者尽管工作任务和工作责任不尽相同，但管理活动却是一致的，可简单归结为"三个掌握"，即掌握关键工作、掌握关键人物、掌握关键活动。组织目标能否实现的重点不在于每个环节、每个步骤，而在于制约性因素。制约性因素往往体现在关键工作、关键人物和关键活动上。抓住了这三个关键，管理者也就解决了制约性因素。所谓"大智有所不虑，大巧有所不为"，有些管理者之所以成为大智大巧者，在于能够扬其长而避其短。因此，只要掌握了关键也就抓住了时间管理的要诀。

2. 简化工作程序

工作流程越简化，越不容易出问题，执行部门及人员在工作过程中越细致，执行效果越好。同时，简化程序有利于解决组织中出现的"文山会海"现象，不该发的文不发，不该开的会不开，提高行文和会议效率，降低管理成本。就开会而言，会前必须明确会议的目的，是分享信息、辩论还是决策，决策性的会议材料应该在会前几天分发参会者，让参会者能尽早熟悉会议内容并有足够的考虑时间，以提高决策的质量和速度，避免会议流于形式，避免将会议时间浪费在泛泛而谈上却做不出任何科学决策。

3. 合理安排工作时间

应该做好每天、每周、每月以及每年的工作计划，列出每一时间单位内应该完成的工作，排出优先次序，突出重点并确认完成时间，并适当安排"不被干扰"的时间。管理者常常需要整块的时间去思考一些重要决策或完成重要的任务，在进行这些任务的过程中，不能被外界打断，否则重新进入深度思考与完全工作状态往往需要更长的时间。

4. 合理授权

任何一位管理者都不可能独自完成本部门乃至整个组织的所有工作，也不可能独自对所有的事情做出科学决策，因此将一些事情指派或授权给别人，让其他人对工作进行分担，是提高时间使用效率的有效方式之一。在授权过程中，必须克服"办事拖延"的鄙习，推行"限时办事制"。办事拖延是浪费时间的重要原因之一，实际工作中，工作任务的完成时间往往都会超出预期。因此，严格规定每一件事情的完成期限，并要求被授权者在限定时间内报告处理结果，授权效果会更为可观。

（三）时间管理的方法

1. 帕累托原则在时间管理中的运用

时间是实现目标的重要因素之一，为了对高效管理者的时间进行更好的管理，我们引入帕累托原则。帕累托原则又称重要的少数、微不足道的多数，或 80 对 20 定律、犹太法则等，是 19 世纪末、20 世纪初由意大利经济学家及社会学家帕累托提出的，最初是用于经济领域中的决策。这一原则是说，在任何一组东西之中，最重要的通常只占其中的一小部分，因此对于重要但只占少数的部分必须分配更多的资源，更注重对它的管理。在时间管理中运用帕累托原则有助于应付一系列有待完成的工作。将一大堆需要完成的工作列出优先次序，把最应优先完成的作为工作中的重中之重，各花上一段时间集中精力把它们完成。

只有这样，那些看起来可能无法完成的工作才能通过我们所完成的那几件重要工作而一一得到解决，获得最大的收益。

2. "坐标法"在时间管理中的运用

一个人在同一时间处理两个以上的任务是件极为困难的事情，一直保持高效率更是难上加难，因此管理者应把时间花在重要的、必须做的任务上，而不是那些并非必须要做的事情之上。

如果以"轻—重"为横坐标，"缓—急"为纵坐标，我们可以建立一个时间管理坐标体系，见图 5-3。把各项事务放入这个坐标体系，大致可以分为四个类别：

重要且紧急、重要不紧急、紧急不重要、不重要不紧急。

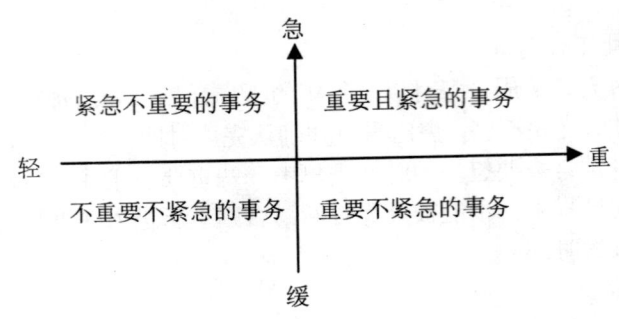

图 5-3 时间管理坐标系

我们通常会把紧急的事情放在第一位，但这并不是管理时间的有效办法。在最初，我们可能会重视事情的重要程度，做的是"重要且紧急"的事情，但应避免习惯于"紧急"状态，否则，我们会不由自主地喜欢上"到处救火"的感觉，把自己当成"救火队员"，转而去做那些"紧急不重要"的事情了。

这样一来，我们没有时间去做那些"重要不紧急"的事，而这些事往往有着更深远的影响。将大部分时间花在"重要而不紧急"的事情上，可以让我们避免掉进"嗜急成瘾"的陷阱中，更可以避免在事情变得紧急后才疲于应付。比如对于高校来说，"重要不紧急"的事就是教学。确定了教学任务，就明确了围绕教学所需的人、财、物以及包括学术活动在内的各种活动，高校各个管理层的时间管理都应围绕这一任务展开。

此外，时间管理的方法还有计划管理、有效的时间管理、时间 ABC 分类法、考虑不确定性等方法，在此不一一列举。

三、滚动计划法

（一）滚动计划法基本思想

滚动计划法是按照"近细远粗"的原则制订一定时期内的计划，然后按照计划的执行情况和环境变化，调整和修订未来的计划，并逐期向后移动，把短期计划和中长期计划结合起来的一种计划方法。

（二）滚动计划法编制过程

其编制方法是：在已编制出的计划的基础上，每经过一段固定的时期（例如一年或一个季度，这段固定的时期被称为滚动期）便根据变化了的环境条件和计划的实际执行情况，从确保实现计划目标出发对原计划进行调整。每次调整时，保持原计划期限不变，而将计划期顺序向前推进一个滚动期，滚动计划的编制见

图 5-4。

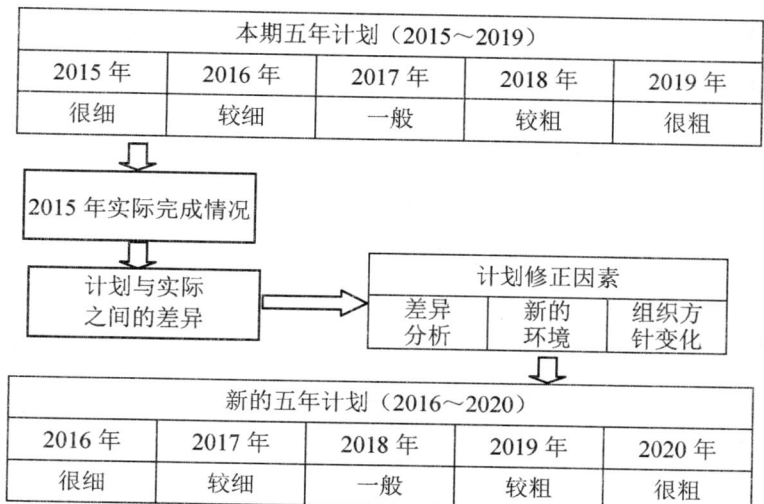

图 5-4 滚动计划法示意图

（三）对滚动计划法的评价

滚动计划法虽然使得计划编辑工作的任务量加大，但在计算机已被广泛应用的今天，其优点十分明显。

第一，把计划期内各阶段以及下一个时期的预先安排有机地衔接起来，而且定期调整补充，从而从方法上解决了各阶段计划的衔接和符合实际的问题。

第二，较好地解决了计划的相对稳定性和实际情况的多变性这一矛盾，使计划更好地发挥其指导生产实际的作用。

第三，采用滚动计划法，使企业的生产活动能够灵活地适应市场需求，把供产销密切结合起来，从而有利于实现组织预期的目标。

四、网络计划技术

（一）网络计划技术发展历程

20 世纪 50 年代，为了适应科学研究和新的生产组织管理的需要，国外陆续出现了一些计划管理的新方法。1956 年，美国杜邦公司研究创立了网络计划技术的关键线路方法（缩写为 CPM），并试用于一个化学工程上，取得了良好的经济效果。1958 年美国海军武器部在研制"北极星"导弹计划时，应用了计划评审方法（缩写为 PERT）进行项目的计划安排、评价、审查和控制，获得了巨大成功。20 世纪 60 年代初期，网络计划技术在美国得到了推广，一切新建工程全面采用这种计划管理新方法，同时，该方法开始被引入日本和西欧。随着现代科学技术的迅猛发展、管理水平的不断提高，网络计划技术也在不断发展和完善。

（二）网络计划技术编制步骤

网络计划技术的编制步骤包括：确定目标、项目分解，列作业明细、绘网络图、进行结点编号、计算网络时间、确定关键路线、进行网络计划方案的优化、网络计划的贯彻执行。网络计划技术的基本步骤见图 5-5。

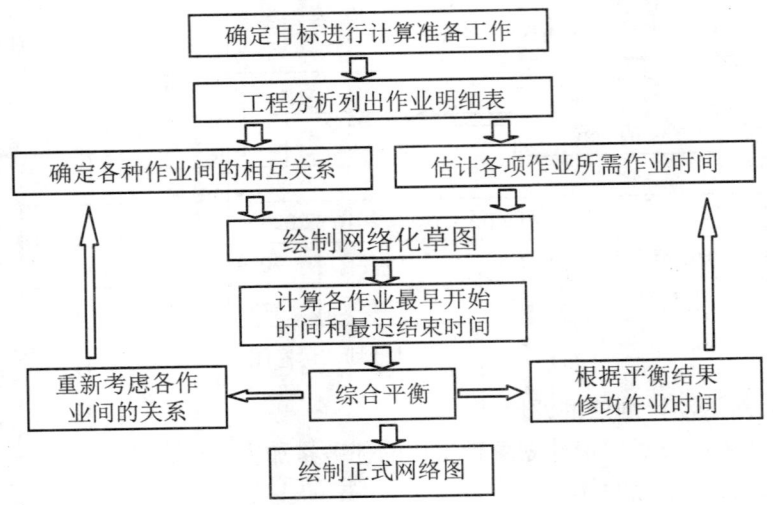

图 5-5　网络计划技术的基本步骤

（三）网络图

网络图是网络计划技术的基础，它是一种图解模型，形状如同网络，故称为网络图。网络图是由工序、事项和路线三个因素组成的，见图 5-6。

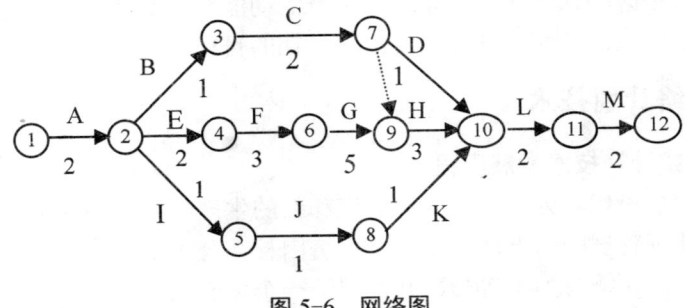

图 5-6　网络图

一般用"→"表示工序，它是一项工作的过程，有人力、物力参与，需要一段时间才能完成。图中实线箭头下的数字便是完成该项工作所需的时间。此外，还有一些工序既不占用时间，也不消耗资源，是虚设的，叫虚工序，在图中用虚线箭头表示。"○"表示事项，它是两个工序之间的连接点，事项既不消耗资源，也不占用时间，只表示前道工序结束、后道工序开始的瞬间。一个网络图中只有一个始点事项和一个终点事项。此外，网络图中最重要的就是"路线"，它是由始点事项出发，沿箭头方向前进，连续不断地到达终点事项为止的一条通道。一个网络图中往往存在多条路线，例如图 5-6 中，从始点 1 连续不断地走到终点 12 的路线有 4 条，即：

路线一：1→2→3→7→10→11→12
路线二：1→2→3→7→9→10→11→12
路线三：1→2→4→6→9→10→12→12
路线四：1→2→5→8→10→11→12

比较各条路线的长短，可以找出一条或几条最长的路线。这种路线被称为关键路线，关键路线上的工序被称为关键工序。关键路线的路长决定了整个计划任务所需时间。

一、案例

艾丽丝·约翰逊（Alice Johnson）是布拉德利服装公司（妇女服装和衣着用品的生产者）的人事经理，她刚从一个管理开发研究班回来，在那里对激励理论，特别是马斯洛和赫茨伯格的理论相当注意。她为马斯洛的清晰的需要层次学说和赫茨伯格的激励因素和保健因素理论所感动，认为这个公司可以立即实际运用它们。她欣赏这两种激励方法的简单易用，并且觉得公司的工资和薪水水平在本行业中间已是最好的了。她相信，公司应该集中在赫茨伯格的激励因素上。结果她说服公司的执行委员会，去着手制订了关于强调表彰、提升、更大的个人责任、成就并使工作更有挑战性等各种计划。计划运转了几个月之后，她迷惑了，发现结果并不如她所期望的那样。服装设计人员对计划的反应是好像并没有被引起热情。有些人觉得他们已经有了一个挑战性工作了，他们的成就感已由他们超过销售定额实现了，他们的佣金支票就是对他们的表彰。并且对他们说来，所有这些新计划都是浪费时间。裁剪员、缝纫工、熨衣工和包装工的感受是各式各样的。有些人随新计划的实行而受到表彰，工作热情更高；但是另外一些人则认为这是管理人员的诡计，要让他们更加拼命工作而不增加任何工资。他们工会的企业代表同后面那些人的意见一致，公开批评这些计划。因此，约翰逊女士受到公司最高层主管人员的不少批评，他们以为被一个过度热心的人事经理欺骗了。在同该公司的管理顾问讨论这个问题时，顾问对约翰逊女士的意见是，她对人的激励观念想象得过于简单了。

问题：
1. 你认为这个计划为什么会引起这么大的争议？计划应该包含哪几个方面？
2. 为什么管理顾问说，约翰逊女士对人的激励观念想象得过于简单了？
3. 如果你是约翰逊女士，你会做些什么？

二、重要概念

计划，长期计划与短期计划，业务计划、财务计划与人力资源计划，战略性计划与战术性计划，具体计划与指导性计划，程序性计划和非程序性计划，目标管理，时间管理，滚动计划法，网络计划技术

三、问题

1. 什么是计划？计划有哪些特点？
2. 计划可以分为哪些类型？各有何特点？
3. 论述计划的编制过程。
4. 何为目标管理？简述目标管理的过程。
5. 何为时间管理？时间管理的具体方法有哪些？
6. 滚动计划法的优缺点是什么？
7. 简述网络计划技术的编制过程。

四、讨论

1. 在未来的管理中，计划是变得更重要，还是更不重要了，为什么？
2. 如果计划非常重要，为什么有一些管理者选择不做计划？你又该如何劝说他们开始计划工作？

第六章 组织战略

【本章概要】

俗话说，人无远虑，必有近忧。因此，组织要永续生存和发展，必须面对瞬息万变的环境和日益激烈的竞争，进行全局性的战略筹划。本章将讨论战略的有关概念、战略的活动过程以及组织总体战略和竞争战略等，使读者能够认识到战略的计划性特征。

【学习目的】
1. 掌握战略及战略管理的基本性质
2. 熟悉战略管理的基本过程
3. 了解战略管理的主要类型

第一节 战略及其核心问题

一、战略的概念

战略的含义是指统领性的、全局性的、左右胜败的谋略、方案和对策，其特征是发现智谋的纲领。从本质上讲，战略是竞争者较量中一种预先性的谋略和安排，它具有高度的计划性。因此，肯尼斯·安德鲁认为，战略是目标、意图或目的，以及为了达到这些目的而制定的方针和计划的一种模式。詹姆斯·布莱恩·奎因强调，战略是将一个组织的主要目标、政策和行动过程整合为一个整体的方式或计划，一个明确的战略有助于组织根据自己的相对优势和劣势、预期的环境变动以及竞争对手的举措来规划和配置资源。哈默尔和普拉哈拉德更进一步认为，人们应该且必须创造未来。因此，对于战略的理解，可以把握以下要点。

（一）战略源于军事术语

"战略（Strategy）"一词源于希腊语"Strategos"，历史久远，最早是军事方面的概念，"战"指战争，"略"指谋略。战略的基本含义指对军事斗争全局的策划和指导，是战略指导者基于对军事斗争赖以进行的主客观条件及其发展变化规律的认识，全面规划、部署和指导军事力量，以有效地达成既定的军事目的。《牛津袖珍词典》将"战略"解释为：战争的艺术，尤其是指军队和船只调整到有利位置的计划；在商业或政治等领域里的行动或政策的计划。可见，自有战争以来，战略便出现于人们的战争实践活动中。随着战争和社会的发展，战略经历了形成、发展和不断完善的漫长过程。

在中国，早在氏族社会末期，传说中的黄帝部族与蚩尤部族的涿鹿之战，以及进入奴隶社会之后的夏启伐有扈的甘之战、商灭夏的鸣条之战、周灭商的牧野之战等，无不涉及战争的谋略和对战争胜负因素的分析。此时的古书中就记述了"德不可敌，哀兵可吉，师出有律，失律凶也"、"争取与国，剪敌羽翼，乘势而动，量力而行，伺隙击弱，机动进退，车徒配合"等战略思想。

春秋战国时期，在筹划和指导战争全局时，人们更加重视政治和经济等多种因素对战争的作用，强调义兵、义战，注重变法图强，富国强兵，并从战争的长期性上着眼战略指导问题。齐桓公的"尊王攘夷"、晋文公的"联秦制楚"、吴国的"三分四军"等，都是这一时期战略运用的典型。《孙子》是这一时期著名的兵书，它揭示了战争的普遍规律，论述了驾驭战争、克敌制胜的许多原理原则，比较系统地阐述了军事战略理论。

秦代以后是战略进一步发展的时期。秦朝以墙（长城）制骑，"用险制塞"，实行军事筑城安边设防的防御战略。三国时期，在多极斗争中，联盟战略运用最为出色，如诸葛亮的"联吴抗曹"、孙权的"联魏击蜀"。诸葛亮的《隆中对》是古代料敌审势、因情定策的战略典范。

在西方，古代希腊、马其顿、罗马、迦太基等政权进行的战争，对西方古代战略的形成和发展有较大的影响。当时战略所解决的主要问题是：训练和装备军队，组织远征，组织协同，实施机动，争夺交通线，筹集人力、物力，支持持久战争等。5世纪之后，欧洲各国先后进入封建时代，战争长期在骑士制度支配下进行，战略发展缓慢。15世纪后期到16世纪初，欧洲许多国家建立了中央集权制，火药、火器的运用使西方各国军队装备编制及战略随之发生了较大变革。意大利人N.马基雅维里的《战争艺术》等军事著作，在西方军事学术史上起到了承前启后的作用。瑞典国王古斯塔夫二世改革军队编制，运用炮兵，实施一翼突击的机动作战等战争实践活动及其战略思想，对西方近代资产阶级战略理论的形成与发展有重要影响。另外，城堡的攻防往往是战争的重要元素，因为它们护卫着农地。居住在城堡中的战士会控制邻近的地区。随着城镇的发展，它们也需要防御工事的修筑。防卫与攻取城镇，逐渐地比争夺城堡变得更为重要。

（二）战略是指导全局的方略

战略具有重要的地位和作用。它是国家根本性的军事政策，是军事活动的主要依据，是运用军事力量支持和配合国家进行政治、经济、外交斗争的重要保障。它既指导战时，也指导平时；既指导军事力量的使用，也指导军事力量的建设；既指导准备与实行战争，赢得战争的胜利，也指导遏制战争，维护和平。战略正确与否，决定战争的胜负，事关国家和民族的荣辱兴衰。战略对战役法和战术具有指导作用，同时战役法和战术对战略也有着重要影响。

资料：科学发展观，就是坚持以人为本，全面、协调、可持续的发展观，是胡锦涛在2003年7月28日的讲话中提出的中国共产党的重大战略思想。在中共十七大上，科学发展观被写入党章；在中共十八大报告中，正式将科学发展观列入党的指导思想。2012年11月14日，中共十八大通过《中国共产党章程（修正案）》，把科学发展观同马克思列宁主义、毛泽东思想、邓小平理论、"三个代表"重要思想一道确立为党的行动指南。大会要求全党把全社会的发展积极性引导到科学发展上来，把科学发展观贯彻落实到经济社会发展各个方面。

（三）战略具有一定的普遍意义

现代战略概念涉及的范围已经非常广泛，大到国家，小到个人，无处不在，无时不在。而且，"战略"一词也已经被应用于各个具体领域。

从范围考察，战略可以从宏观上来谋划，例如：西方国家陆续提出的"大战略"、"国家战略"、"全球战略"等概念，也可以从微观考虑，如企业、机关、学校等具体单位的战略。

从功能考察，战略可以体现在工作的各种功能领域上，诸如政治战略、经济战略、科技战略、外交战略、人口战略、粮食战略、资源战略和体育战略，等等。

战略尽管是一个长期性的安排，仍然可以具有不同的时间跨度，如十年、二十年，甚至更远。

只要我们生活的社会存在着竞争和争斗，战略的作用就会非常有效。

二、战略的核心内容

战略是一个完整的管理系统，其核心构成要素包括：战略目标、战略方针、战略力量和战略措施等方面。

（一）战略目标

战略目标是战略行动所要达到的预期结果，是制定和实施战略的出发点和归宿点，它是根据战略形势及国家或组织的利益需要确定的。不同性质的国家和军队以及组织，其战略目标不同。例如：对于奉行防御战略的国家来说，维护国家和民族的根本利益、长远利益和整体利益，特别是维护国家的领土主权完整和统一是战略的基本目标。通常,国家或组织战略目的确定,强调需要与可能相结合,具有科学性和可行性,符合其路线、方针和政策,与其总体目标和能力相适应,满足在一定时期内对维护自身利益的基本要求。又如,我国在不同时期,根据经济社会的发展,制定了不同的人口控制目标,污染治理目标,维稳目标等;同样,一个企业,为了在竞争中发展壮大,需要制定各种战略目标,如销售目标、利润目标和竞争目标。

(二)战略方针

战略方针原指指导战争全局的基本思想和原则,是指导军事行动的纲领和制定战略计划的基本依据。它是在分析战略形势和敌对双方战争诸因素基础上制定的,具有很强的针对性。对不同的作战对象,不同条件下的战争,应采取不同内容的战略方针。每个时期或每次战争除了总的战略方针外,还需制定具体的战略方针,以确定战略任务、战略重点、主要的战略方向、力量的部署与使用等问题。

(三)战略力量

战略力量是战略的物质或非物质基础和支柱。它以国家或组织的综合能力为后盾,在发展经济和科学技术的基础上,根据战略目的和战略方针的要求,确定其建设的规模、发展方向和重点,并与国家的总体力量协调发展。例如:对于国家来讲,要有强大的经济实力和军事力量,对于组织而言必须要有核心能力,才有可能获得战略优势。

资料:力量的悬殊。早在若干年前,发达国家研发经费占销售收入的比例已达到 5%~10%,许多世界 500 强企业都超过了 10%。国际企业普遍认为:研发经费占销售收入的 5%以上的企业有竞争力,占 2%的企业仅能够维持,不足 1%的企业难以生存。某年,我国大中企业研发经费占销售收入的比例仅为 1%。我国大型纺织服装企业研发经费占销售额的 0.38%。中国制药 12 强企业的研发经费占销售额的 1.44%,而世界十大制药企业早已占到 12%。而在劳动生产率方面,中国 500 强的人均营收、人均利润和人均资产分别是世界 500 强的 12%、30%、1.58%。

(四)战略措施

战略措施原指为准备和进行战争而实行的具有全局意义的实行战略的保障,是战略决策机构根据战争的需要,在政治、军事、外交、经济、科学技术和战略领导与指挥等方面,所采取的各种全局性的切实可行的方法和步骤。例如:我国当前强化的反腐倡廉的治国方略,就是实现国家长治久安战略的必然措施。

三、战略的特点

"战略"的本义是对战争全局的谋划和指导。战略是指把战略的思想和理论应用到组织管理当中,为了适应未来环境的变化,寻求长期生存和稳定发展而制定的总体性和长远性的谋划。战略的特性主要表现在以下几点。

（一）全局性

它指以组织全局为研究对象，来确定组织的总体目标，规定组织的总体行动，追求组织的总体效果。全局性表现在空间上，反映出整个世界、一个国家、一个战区、一个独立的战略方向；全局性还表现在时间上，贯穿于指导竞争准备与实施的各个阶段和全过程。战略的领导者和指挥者必须胸怀全局、通观全局、把握全局，处理好全局中的各种关系，抓住主要矛盾，解决关键问题，特别是注意解决对全局有决定意义的问题。

（二）纲领性

战略是决策的继续，具有很强的目的性。任何战略都反映着一个国家或组织集团利益的根本的目标方向，体现它们的路线、方针和政策，是为其政治或利益目的而服务的，具有鲜明的目标方向。战略的纲领性，指经营战略所确定的战略目标和发展方向是一种原则性和总体性的规定，是对组织未来的一种粗线条设计，是对组织未来成败的总体谋划，而不是纠缠于现实的细枝末节。

（三）对抗性

当前，无论是在国家之间，还是在一般性的组织之间，竞争已经成为全球经济社会的一种常态，因此，制定和实施战略都要针对一定的比拼对手。通过对其各方面的情况进行分析判断，确定适当的战略目的，有针对性地建设和使用好进行竞争的力量，掌握竞争的特点和规律，采取多种竞争形式和方法，对对手抑长击短，对己扬长避短，以取得预期的效果，这是战略谋划的基本内容。

（四）预见性

预见性是谋划的前提、决策的基础。在广泛调查研究的基础上，全面分析、正确判断、科学预测国际国内战略环境和竞争关系以及竞争双方相关诸因素等可能的发展变化，把握时代的特征，明确现实的和潜在的竞争对手，判明面临威胁的性质、方向和程度，科学预测未来可能遇到的机遇、挑战、变化、趋势、进程和结局，揭示未来竞争的特点和规律，是制定、调整和实施战略的客观依据。

（五）长远性

长远性指组织战略的着眼点是其未来而不是当前，是为了谋求组织的长远利益而不是眼前利益。

（六）谋略性

战略是基于客观情况而提出的克敌制胜的竞争策略。运用谋略，重在对全局的谋划。制定战略强调深谋远虑，尊重竞争的特点和规律，多谋善断，料"敌"定谋，灵活多变，高"敌"一等，以智谋取胜。它是在一定的客观条件下，变被动为主动、化劣势为优势、以少胜多、以弱制强乃至"不战而屈人之兵"的重要方法。

（七）风险性

风险性指战略考虑组织的未来，而未来具有不确定性，因而战略必然具有风险性。对于管理者来说，根据各种可能结果的客观概率做出的决策，决策者对此要承担一定的风险。

四、几个概念的辨析

在战略管理学习过程中，常常会遇到诸如战略、策略和战术等相关的一些概念，正确地理解和认识这些概念的异同，对于战略学习具有一定的帮助。

（一）相同点及其关系

无论战略，还是策略或战术，都是面对复杂多变的环境及敌对的力量而进行的谋划、应对和举措，它们均具有斗争性或竞争性，因此，也都有自己具体的争斗对象。

三者是互为依存的。首先，战略与策略和战术是全局与局部、目的与手段、面与点及未来与当前的关系；其次，战略对策略和战术起指导、制约作用；同时，战略企图的实现，又有赖于策略和战术的执行及成败。因此，没有战略，竞争就会迷失方向，方寸大乱；而没有策略和战术支持，战略就会变成空中楼阁。一般来讲，先有战略，后有策略，策略必须服从和服务于战略。

（二）三者的差异

在与军事进行类比的意义上讲，战略定于战役之前，战术用于战役期间。战略指明在哪里与敌人作战，战术指明如何去实施。纽曼在1951年用"战略"一词来区分管理者的重要事务与日常事务。安索夫把战略看成决策的法则。钱德勒认为战略决策关系到组织的长期健康，而措施决策只涉及为提高效率或在平稳条件下经营的日常活动。

战略（Strategy）：指导战争全局的计划和策略，泛指指导或决定全局的策略，是目标和策略的组合，企业远景、使命、命题等的全局规划和方针及定位。战略是关于战役的地点、时间和条件的决策，战略是指御敌于何处，战略的核心问题是方向的确定和策略的一种选择、一种取舍。

策略（Policy）：就是如何来组织资源来落实战略，将战略转化为具体目标、计划、行动后的绩效，是提供指导思想和行动的框架。策略是承上启下的。

战术（Tactic）：是战役过程中有关兵力的分配、行动的决策。战术是指如何御敌，战时运用军队达到战略目标的手段；作战具体部署和克敌制胜的谋略，是执行策略或战略的手段，是执行策略的行动技术。战术是当即就要实施的行动计划，十分具体。

第二节 战略管理及其过程

一、战略管理

（一）战略管理的概念

不同的学者和企业家，对于战略管理均有不同的见解。按照钱德勒的定义，战略管理是决定组织基本的长期目标与任务、制订行动方案、配置必要的资源以实现这些目标。希金斯认为，战略管理是设法协调组织与环境的关系，并同时完成企业使命的过程。安索夫后来提出战略管理这一概念，更倾向于把战略管理看成一个过程，而且是一个根据实施的情况不断调整目标与方案的动态过程。与此同时，战略管理自它诞生之日起就被定义为为应付环境的不连续与无秩序而创新的原则。德鲁克用"不连续"和安索夫用"无序"（Turbulent）来描述企业面临的无法预测的新机遇和风险。战略管理强调的是一个动态过程，要时刻审视环境（Scanning the Horizon）与内部的变化，并敏捷地对变化做出反应。战略管理的目标就是长期有效地适应环境。弗雷德·大卫教授在《战略管理》一书中将战略管理定义为：一门着重制定、实施和评估管理决策和行动的具有综合功能的艺术和科学，这样的管理决策和行动可以保证在一个相对稳定的时间内达到一个组织所制定的目标。

综上所述，战略管理是组织制定长期战略和贯彻这种战略的活动，是组织在处理自身与环境关系过程中实现其愿景的管理活动过程。因此，对战略管理的认识主要有以下三个要点。

第一，战略管理是一个行动计划，这个计划的核心是企业内部能力与外部机遇的匹配。

第二，战略管理是一个过程，一个为实现企业的目标而不断调整自己的行动方案的过程。

第三，战略管理的本质是企业要适应环境或改变环境。

（二）战略管理的动因及其意义

战略管理之所以被多数组织重视，其动因来自内、外两个方面。

1. 外部动因

是企业面临的顾客、竞争和变化，即"3C"挑战。

（1）顾客（Customer）：顾客越来越精明，要求也越来越高，他们需要个性化的服务，因此要求企业研发个性化的产品，满足不同层次的客户需求。

（2）竞争（Competition）：企业要面对的不仅有国内的企业，还有世界级的跨国公司。企业还要不停地围绕降低成本和提高经济效益与同行企业进行竞争。

（3）变化（Changing）：经济形势和竞争规则在不断变化，科技在高速发展，需求在不断变化，行业周期在不断缩短，企业要及时调整发展战略、增强竞争优势。

2. 内部动因

企业需要内部协同和打造核心竞争力。

（1）内部协同的要求：当环境变化的时候，已经建立起来的组织传统和经验不足以适应新的机会和威胁。没有统一的战略，组织各个部分的反应可能各不相同、互相矛盾和缺乏效率。

（2）提升内部能力的要求：从内部看，企业要提升自身的能力，以适应外部环境的变化。外部环境的变化要求企业通过提高自身的能力，全面考虑企业内部要素和企业外部环境要素，以适应不断变化的环境。

3. 战略管理的益处

（1）战略管理有助于提高企业的赢利能力。实证研究表明，运用战略管理观念的企业比那些不采用战略管理观念的企业更能赢利、更为成功。

（2）战略管理可以促进企业主动应对威胁与挑战。由于战略管理将企业的成长和发展纳入了变化的环境之中，管理工作要以未来的环境变化趋势作为决策的基础，这就使企业管理者们更加重视对经营环境的研究，从而能更好地把握外部环境所提供的机会，增强企业经营活动对外部环境的适应性，从而使二者达成最佳的结合。

（3）战略管理促进了企业资源的合理配置和协同效果。由于战略管理不只是停留在战略分析及战略制定上，而是将战略的实施作为其管理的一部分，这就使战略规划同日常的经营计划结合起来，把近期目标与长远目标（战略性目标）结合起来，把总体战略目标同局部的战术目标统一起来，从而不仅可以调动各级管理人员参与战略管理的积极性，也有利于充分利用企业的各种资源并提高协同效果。

（4）战略管理提供了企业激励员工的机会。战略制定过程是一种学习、帮助、教育和支持活动，而不只是高级领导人之间的文书活动。战略管理中的对话、沟通比精美的战略管理文件本身更为重要。战略制定者所做的最糟糕的事，便是自己制订战略计划，然后交给经理们去实施。认识到战略计划过程必须有基层管理者和雇员参与，越来越多的组织正在使战略管理过程分散化。在企业组织中，集中化的、由职能管理人员进行决策的观念已经被分散化的基层管理者计划所取代。

通过参与战略制定过程，基层管理者便成为战略的"所有者"。战略的实施者成为战略的主人，而这也成为很多企业战略成功的关键所在。

二、战略管理过程

目前，居主流地位的是狭义的战略管理。按照狭义战略管理观点，战略管理包括以下含义：战略管理是决定组织长期问题的一系列重大管理决策和行动，其过程（Strategic Management Process）包括组织战略的制定、实施、评价和控制。因此，战略管理是一个包含了一系列活动内容的过程，见图6-1。

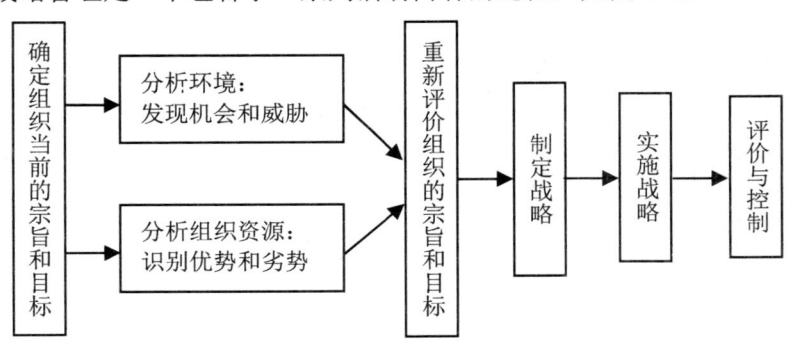

图6-1　战略管理过程图

（一）确定组织当前的宗旨和目标

罗伯特·西蒙斯通过调研发现，战略确实是起一种应急教旨的作用，战略是一种边界系统，战略只是定义了一个边界，排除了与宗旨不相符的行为。宗旨是指组织管理者确定的总目标、总方向、总特征和总的指导思想。它反映了管理者为组织将要从事的业务规定的价值观、信念和指导原则；描述了组织力图为自己树立的形象；揭示了自己与同行其他机构在目标上的差异；界定了组织的主要产出物和服务范围以及试图满足的顾客基本需求。宗旨不但涉及组织的长远目标、具体业务，同时更重要的是涉及组织文化、精神和经营理念。组织在任何一个发展阶段，都不能偏离企业的宗旨，宗旨实质上就是一个组织的根本思想与发展路线。它影响组织订立各项制度与决策。

战略家的首要责任，就是确保组织宗旨陈述得当。战略管理过程的第一步是确定组织的宗旨，而宗旨所陈述的正是组织战略管理的基础和起点。

可见，如果对此有了一个清晰明了、缜密周全的战略展望，管理者就有了一个真正能指导组织决策的灯塔，就有了前进的航线和制定组织战略和政策的基础。可见，提出未来的战略展望是有效的战略领导的前提条件。

资料：对"我们到底从事的是什么事业"的理解，关系到组织的指导方针。

如一些学者指出的，美国铁路公司之所以不景气，是因为他们错误地理解了自己所从事的事业。在20世纪三四十年代，如果铁路公司认识到他们从事的是运输事业而不仅仅是铁路事业，他们的命运也许会完全不同。而这种情况在一个国家身上也是同样的道理。

（二）分析环境

环境分析是战略管理过程的关键环节和要素。组织环境在很大程度上规定了管理当局可能的选择。成功的战略大多是那些与环境相适应的战略。管理当局应很好地分析组织所处的环境，了解市场竞争的焦点，了解政府法律法规对组织可能产生的影响，以及组织所在地的劳动供给状况，等等。其中，环境分析的重点是把握环境的变化和发展趋势。关于环境的信息可以通过各种各样的外部资源来获取。分析了环境之后，管理当局需要评估环境中哪些机会可以利用，以及组织可能面临的威胁。机会和威胁（Opportunity-threat）都是环境的特征。威胁会阻碍组织目标的实现，而机会则相反。

资料："朱雀桥边野草花，乌衣巷口夕阳斜。旧时王谢堂前燕，飞入寻常百姓家。"唐代诗人刘禹锡的这首诗，生动形象地诠释了昔日豪门贵族的兴衰变迁。在全球手机行业，随着4G时代的到来，特别是移动通信与互联网的深度融合，GSM时代的"三雄"诺基亚、摩托罗拉、爱立信昔日叱咤风云的美好时光已一去不复返。是什么原因导致昔日的三大巨头不约而同地沦落？沦落的背后折射出怎样的产业走向？如何在变幻莫测的激烈市场竞争中保持长盛不衰？无疑值得人们去思索、去回味。

（三）分析组织的资源

这一视角转移到组织内部，进行优势—劣势（Strength-weakness）分析。优势是组织可资开发利用以实现组织目标的积极的内部特征，是组织与众不同的能力（Distinctive Competence），即决定作为组织竞争武器的特殊技能和资源；劣势则是抑制或约束组织目标实现的内部特征。这一环节的分析能使管理当局认识到，无论多么强大的组织，都在资源和能力方面受到某种限制。因此，所有的组织都必须扬长避短。

（四）重新评价组织的宗旨和目标

明茨伯格发现，战略是事后总结的而非事前制定的，在战略的形成中强调反思理性（Retrospective Rationalization）。明茨伯格认为，战略的形成是从历史上对过去的行动做出合理的解释，使组织的成员将来能按照过去成功的模式行事，明茨伯格称之为应急的战略（Emergent Strategy），说明它是来源于对过去历史的挖掘。组织宗旨和目标的最初确定，可能是出于组织的历史和经验，甚至是高层管理者的主观研判。因此，管理者必须跳出原有条条框框，要战略性地思考，重新评价企业的宗旨和目标，分析它们是否实事求是、是否需要修改，寻求适合自身特点和实际情况的宗旨和目标，如果需要改变组织的整体方向，战略管理的过程可能要重新定位。

资料：一些企业的战略口号
- 飞利浦：做任何事都成为最优秀者（To be top performer in everything）
- 佳能：打败施乐（Beat Xerox）
- 本田：成为福特第二（To be second ford）
- 克莱斯勒：到2000年成为世界上最好的轿车和轻型卡车制造者（To be the world's premier car and light truck manufacturer by 2000）
- ATT：我们的企业就是服务
- IBM 三格言：IBM 即服务；IBM 将尊重每个员工；追求卓越
- 松下：谋求社会的改善与进步，进而贡献于世界文化

（五）制定战略

在这一环节，组织将寻求组织的恰当定位，以便获得领先于竞争对手的相对优势。制定战略包括确定组织任务，分析组织的外部机会与威胁和组织内部优势与弱点，建立长期目标，制定可供选择的战略，以及选择特定的实施战略。战略制定过程所要决定的主要问题有：组织进入何种新领域？放弃何种领域？如何配置资源？是否进入新的地域？是否扩大市场范围？是否扩大经营或进行多元经营？是否进行合并？如何防止被对手接管？由于没有任何组织拥有无限的资源，战略制定者必须确定在可选择的战略中，哪一种能够使组织获得最大价值？

（六）实施战略

已经制定的战略无论多么好，但如未能实施。无论战略制定得多么周密，如果不能恰当地实施，便不会有任何实际作用，也不可能保证组织的成功。

战略实施就是将战略转化为行动。在这一过程中，要求组织确立年度目标、制定政策、激励雇员和配置资源，各个职能部门制定具体的战术，以便使制定的战略得以贯彻执行。主要涉及以下一些问题：如何在组织内部各部门和各层次间分配及使用现有的资源；为了实现组织目标，还需要获得哪些外部资源以及如何使用；为了实现既定的战略目标，需要对组织结构做哪些调整；如何处理可能出现的利益再分配与组织文化的适应问题，以保证组织战略的成功实施，等等。

（七）评价与控制

战略管理过程的最后一步是评价结果：战略的效果如何？需要做哪些调整？这涉及控制过程。由于外部及内部因素均处于不断变化之中，所有战略都将面临不断的调整与修改，所以，管理者需要及时地了解哪一特定的战略管理阶段出了问题，而战略评价便是获得这一信息的主要方法。战略评价活动包括：重新审视

外部与内部因素；度量业绩；采取纠正措施。战略评价是必要的，因为今天的成功并不保证明天的成功，成功总是和新的、不同的问题并存，自满必然失败。战略调整就是根据组织情况的发展变化，即参照实际的事实、变化的环境、新的思维和新的机会，及时对所制定的战略进行调整，以保证战略对组织管理进行有效的指导，这些调整包括战略展望、长期发展方向、目标体系、整体战略以及战略的执行等内容。

第三节 战略的类型及其基本思想

战略的基本属性是相同的，都是一种整体性、长期性、基本性问题的计谋或谋略。由于谋划涉及问题的层次与角度有所差异，战略的种类呈多样性，层出不穷。就企业来说，既包括竞争战略，也包括营销战略、发展战略、品牌战略、融资战略、技术开发战略、人才开发战略、资源开发战略，等等。对于企业的各类战略，这里不再一一赘述，以下只从组织总体和业务单元等两个角度对不同类型的战略进行讨论。

一、组织总体战略

战略形态是指组织采取的战略方式及战略对策，按表现形式，粗略可以分为：稳定型、拓展型、收缩型等三种形态。

（一）稳定型战略

稳定型战略是指：在内外部环境约束下，基本保持目前的资源分配和业绩水平的战略。

1. 稳定型战略的特征

稳定型战略坚持前期战略对产品和市场领域的选择，以前期战略所达到的目标作为本期希望达到的目标。它具有如下特征。

（1）企业对过去的经营业绩表示满意，决定追求既定的或与过去相似的经营目标。

（2）企业战略规划期内所追求的绩效按大体的比例递增。与增长性战略不同，这里的"增长"是指一种常规意义上的增长，而非大规模的和非常迅猛的发展。

（3）企业准备以和过去相同的或基本相同的产品或劳务服务于社会，这意味着企业在产品的创新上投入较少。

（4）实行稳定型战略的前提条件是企业过去的战略是成功的。对于大多数企业来说，稳定型增长战略也许是最有效的战略。

2. 稳定型战略的优缺点

（1）稳定型战略的优点

①企业的经营风险相对较小。由于企业基本维持原有的产品和市场领域，从而可以避免开发新产品核心市场的巨大资金投入、激烈的竞争抗衡和开发失败的巨大风险。

②能避免因改变战略而改变资源分配的困难。由于经营领域基本上与过去大致相同，因而稳定战略不必考虑原有资源的增量或存量的调整，相对于其他战略态势来说，显然要容易得多。

③能避免因发展过快而导致的弊端。在行业迅速发展的时期，许多企业无法看到潜伏的危机而盲目发展，结果造成资源的巨大浪费。

④能给获得一个较好的修整期，积聚更多的能量，以便为今后的发展做好准备。从这个意义上说，适时的稳定型战略是增长性战略的一个必要的酝酿阶段。

（2）稳定型战略的缺陷

①稳定型战略的执行是以内外条件基本稳定为前提的，一旦这一判断没有得到验证，就会打破战略目标、外部环境、企业实力之间的平衡，并陷入困境。

②长期采用稳定型战略，会导致发展缓慢，面对激烈的竞争，使企业落伍。

③稳定型战略也会使企业的风险意识减弱，甚至形成害怕风险、回避风险的文化氛围，这就会大大降低对风险的敏感性、适应性和冒风险的勇气，从而增加了风险的危害性和严重性。

（二）增长型战略

增长型战略是指采用积极进攻态度的战略形态，此战略是不断地扩大经济规模，使组织从竞争力弱小发展成为强大的有效途径。

1. 增长型战略的特征

与其他类型的战略态势相比，增长型战略具有以下特征。

（1）实施增长型战略不一定比整个经济增长速度快，但往往比其产品所在的市场增长得快。增长型战略的体现，不仅应当有绝对市场份额的增加，更应有在市场总容量增长的基础上相对份额的增加。

（2）实施增长型战略往往取得大大超过社会平均利润率的利润水平。由于发展速度较快，更容易获得较好的规模经济效益，从而降低生产成本，获得超额的利润。

（3）采用增长型战略态势，倾向于采用非价格的手段同竞争对手抗衡。

（4）增长型战略鼓励发展，立足于创新。组织常常开发新产品、新市场、新工艺，以及旧产品的新用途，以把握更多的发展机会，谋求更大的风险回报。

（5）与简单的适应外部条件不同，采用增长型战略，倾向于通过创造以前本身并不存在的某物或对某物的需求来改变外部环境并使之适合自身。

2. 增长型战略的分类

增长型战略主要包括：一体化战略、多元化战略和密集型成长战略。

（1）一体化战略（Integration Strategies）

一体化战略是指企业有目的地将互相联系密切的经营活动纳入企业体系之中，组成一个统一经济实体的控制和支配过程。它包括纵向一体化、横向一体化及混合一体化。

①纵向一体化也称为垂直一体化，是指生产或经营过程相互衔接、紧密联系的企业之间实现一体化，即向产业链的上下游发展。按物质流动的方向，纵向一体化又可以划分为前向一体化和后向一体化。前向一体化，是指企业与用户企业之间的联合，向产品的深度或业务的下游发展；后向一体化，是指企业与供应企业之间的联合，向上游方向发展的后向一体化。

②横向一体化，也称为水平一体化，是指与处于相同行业、生产同类产品或工艺相近的企业实现联合。实质上是通过联合或合并获得同行竞争企业的所有权或控制权，是在同一产业和部门内的集中，目的是实现扩大规模、降低产品成本、巩固市场地位。

③混合一体化。这是指处于不同产业部门、不同市场且相互之间没有特别的生产技术联系的企业之间的联合。混合一体化包括三种形态：产品扩张型，即与生产和经营相关产品的企业联合；市场扩张型，即一个企业为了扩大竞争地盘而与其他地区生产同类产品的企业进行联合；毫无关联型，即生产和经营彼此之间毫无联系的产品或服务的若干企业之间的联合。

（2）多元化战略（Diversification Growth Strategies）

多元化战略就是尽量增大产品大类和品种，跨行业生产经营多种多样的产品或业务，扩大企业的生产经营范围和市场范围，充分发挥企业特长，充分利用企业的各种资源，提高经营效益，保证企业的长期生存与发展。

多元化战略的形式多种多样，但主要可归纳为以下四种类型。

①同心多元化经营战略（Concentric Diversification）。也称集中化多元化战略。指利用原有的生产技术条件，制造与原产品用途不同的新产品。如汽车制造厂生产汽车，同时也生产拖拉机、柴油机等。同心多元化战略的特点是，原产品与新产品的基本用途不同，但它们之间有较强的技术关联性。

②水平多元化经营战略（Horizontal Diversification），也称为横向多元化战略，指生产新产品销售给原市场的顾客，以满足他们新的需求。如某食品机器公司，原来生产食品机器卖给食品加工厂，后来生产收割机卖给农民，以后再生产农用

化学品，仍然卖给农民。水平多元化经营的特点是，原产品与新产品的基本用途不同，但它们之间有密切的销售关联性。

③垂直多元化经营战略（Vertical Diversification），也称为纵向多元化经营战略。它又分为前向一体化战略（Forward Integration）和后向一体化战略（Backward Integration）。垂直多元化战略的特点，是原产品与新产品的基本用途不同，但它们之间有密切的产品加工阶段关联性或生产与流通关联性。

④整体多元化战略（Conglomerate Diversification），也称混合式多元化经营战略，指企业向与原产品、技术、市场无关的经营范围扩展。如美国国际电话电报公司的主要业务是电信，后扩展经营酒店业。整体多元化经营需要充足的资金和其他资源，故多为实力雄厚的大公司所采用。

（3）密集型成长战略（Intensive Growth Strategies）

密集发展战略也称为加强型成长战略，就是在现有的业务领域内寻找未来发展的各种机会。企业的经营者在寻求新的发展机会时，首先应该考虑现有产品是否还能得到更多的市场份额；然后，它应该考虑是否能为其现有产品开发一些新市场；最后，考虑是否能为其现有的市场发展若干有潜在利益的新产品。它还能考虑为新市场开发新产品的种种机会。

3. 增长型战略的优缺点

（1）增长型战略的优点

①可以通过发展扩大自身价值，扩张后使公司市场份额和绝对财富得到增加。这种价值既可以成为职工的一种荣誉，又可以成为企业进一步发展的动力。

②能通过不断变革来创造更高的生产经营效率与效益。由于增长型发展，企业可以获得过去不能获得的崭新机会，避免企业组织的老化，使企业总是充满生机和活力。

③能保持企业的竞争实力，实现特定的竞争优势。如果竞争对手都采取增长型战略，企业却还在采取稳定或紧缩型战略，那么就很有可能在未来实现竞争优势。

（2）增长型战略的缺点

①增长型战略获得初期的效果后，很可能导致盲目的发展和为发展而发展，从而破坏企业的资源平衡。

②过快的发展很可能降低企业的综合素质，使企业的应变能力虽然表面上不错，而实质上却出现内部危机和混乱。这主要是由于企业新增机构、设备、人员太多而未能形成一个有机的相互协调的系统所引起的。

③不利于使企业达到最佳状态。很可能企业管理者更多地注重投资结构、收益率、市场占有率、企业的组织结构等问题，而忽视产品的服务或质量；也可能

因重视宏观发展而忽视微观问题。

资料：中央经济工作会议强调，经济工作要全面认识持续健康发展和GDP增长的关系，不能把发展简单化为增加生产总值，要保持国内生产总值合理增长、推进经济结构调整，努力实现经济发展质量和效益的同步提高。资料显示，与2013年增长目标相比，除了广东逆势提高，浙江、上海、湖北、新疆、西藏与去年持平外，其他20个省市自治区都下调了增速，下调幅度从0:5至3个百分点不等，下调幅度最高的内蒙古，高达3个百分点。

（三）紧缩型战略（Retrenchment Strategy）

紧缩型战略又称收缩战略，是指企业从目前的战略经营领域收缩或撤退，是偏离原战略起点较大的一种战略，是相对比较消极的战略。一般来讲，企业实行紧缩型战略是短期的，其根本目的是从某一经营领域撤出后，再进入其他对企业发展更为有利的领域中去，是以退为进的战略。

1. 紧缩型战略的特征

（1）对现有的产品和市场领域实行收缩、调整和撤退战略，比如放弃某些市场和某些产品线系列。

（2）对资源的运用采取较为严格的控制和尽量削减各项费用支出，往往只投入最小限度的经管资源，因而紧缩型战略的实施过程往往会伴随着大量的裁员。

（3）紧缩型战略具有明显的短期性。与稳定和发展两种战略相比，紧缩型战略具有明显的过渡性，其根本目的并不在于长期节约开支、停止发展，而是为了今后发展积蓄力量。

2. 紧缩型战略的类别

（1）从采用紧缩型战略的原因来看，紧缩型战略可以分成以下几类。

①适应性紧缩战略，指企业为了适应外部环境而采取的紧缩型战略。

②失败性紧缩战略，指企业由于经营失误造成竞争地位的下降、经济资源的短缺，只有撤退才有可能最大限度的保存实力。

③调整型紧缩战略，指企业为了利用环境中出现的新机会，谋求更好的发展，不是被动采用，是有长远目标的积极的紧缩型战略。

（2）第二种分类方法，也是主要的分类方法，就是根据实施紧缩型战略的基本途径，将紧缩型战略划分为以下三类。

①抽资转向战略，是对原有的业务领域进行压缩投资，控制成本以改善现金流为其他业务领域提供资金的战略方案。

②放弃战略，指在采取抽资转移战略无效时，可以使用的战略，即将企业的一个或几个主要部门转让、出卖或停止经营。这个部门可以是一个经营单位，一条生产线或者一个事业部。

③清算战略,是指卖掉其资产或停止整个企业的运行而终止一个企业的存在。显然,只有在其他战略都失败时,才考虑使用清算战略。

3. 紧缩型战略的适用性

采用紧缩型战略的企业可能是出于不同的动机。以下为最主要的三类动机的紧缩型战略的适用性。

(1)适应性战略的使用条件就是企业预测到或已经感知到了外界环境对企业经营的不利性,并且企业认为采用稳定型战略尚不足以使企业顺利应对这个不利的外部环境。

(2)失败性紧缩战略的使用条件是企业出现重大的问题,如出现产品滞销、财务状况恶化、投资已无法收回的情况。

(3)调整型紧缩战略的动机是为了谋求更好的发展机会,使有限的资源分配到更有效的使用场合。因而,调整型紧缩战略的适用条件是企业存在一个回报更高的资源配置点。

二、各层次业务单元战略

企业业务单元战略是在企业总体战略的指导下,经营管理某一个战略单位的战略计划,是总体战略之下的子战略,为企业的整体目标服务。业务单元战略更加考虑企业如何在特定的市场上获取竞争优势,这种战略的侧重各有不同,以下主要介绍一般竞争战略、不同行业的战略选择及国际化战略等三种。

(一)一般竞争战略(Generic Competitive Strategies)

从企业内业务单元出发,美国哈佛商学院著名的战略管理学家迈克尔·波特提出,企业一般竞争战略有三种,即成本领先战略、产品差异化战略和集中战略。企业必须从这三种战略中选择一种,作为其主导战略。要么把成本控制到比竞争者更低的程度;要么在企业产品和服务中形成与众不同的特色,让顾客感觉到你提供了比其他竞争者更多的价值;要么企业致力于服务于某一特定的市场细分、某一特定的产品种类或某一特定的地理范围。

1. 成本领先战略(Overall Cost Leadership)

成本领先战略也称低成本战略,是指企业通过有效途径降低成本,使企业的全部成本低于竞争对手的成本,甚至成为同行业中最低的成本,从而获取竞争优势的一种战略。

(1)成本领先战略的类型

根据企业获取成本优势的方法不同,人们把成本领先战略概括为如下几个主要类型。

①简化产品型成本领先战略:就是使产品简单化,即将产品或服务中添加的

花样全部取消。

②改进设计型成本领先战略。

③材料节约型成本领先战略。

④人工费用降低型成本领先战略。

⑤生产创新及自动化型成本领先战略。

（2）成本领先战略的适用条件与组织要求

①现有竞争企业之间的价格竞争非常激烈。

②企业所处产业的产品基本上是标准化或者同质化的。

③实现产品差异化的途径很少。

④多数顾客使用产品的方式相同。

⑤消费者的转换成本很低。

⑥消费者具有较大的降价谈判能力。

企业实施成本领先战略，除具备上述外部条件之外，企业本身还必须具备如下技能和资源。

①持续的资本投资和获得资本的途径。

②生产加工工艺技能。

③认真的劳动监督。

④设计容易制造的产品。

⑤低成本的分销系统。

（3）成本领先战略的收益与风险

采用成本领先战略的收益体现在以下几点。

①抵挡住现有竞争对手的对抗。

②抵御购买商讨价还价的能力。

③更灵活地处理供应商的提价行为。

④形成进入障碍。

⑤树立与替代品的竞争优势。

采用成本领先战略的风险主要包括如下几点。

①降价过度引起利润率降低。

②新加入者可能后来居上。

③丧失对市场变化的预见能力。

④技术变化降低企业资源的效用。

⑤容易受外部环境的影响。

2. 差异化战略（Differentiation Strategy）

差异化战略又称别具一格战略或差别化战略，是将企业提供的产品或服务差异化，形成一些在全产业范围中具有独特性的东西。这种战略的指导思想是：在价值链的某些环节上，企业提供的产品与服务在产业中具有独特性，即具有与众不同的特色，因而赢得一部分用户的信任，使同产业内的其他企业一时难以与之竞争，其替代品也很难在这个特定的领域与之抗衡。

资料：提到洋快餐，自然会想到麦当劳、肯德基和必胜客等人们熟悉的品牌，因为这些快餐已经有半个世纪到一百年的历史，是世界快餐业的领头者，在中国随处可见。对于中国多数消费者来说，洋快餐赛百味（SUBWAY）似乎是一颗新星。如今的消费者更加注重自己的健康，在欧美国家尤其如此，而赛百味向市场提供了健康和绿色的产品。截至2013年，赛百味已经在全球98个国家拥有34751家门店，在店数上已经取代了麦当劳等老牌快餐的领先地位。

（1）差异化战略的类型

企业要突出自己产品与竞争对手之间的差异性，主要有以下四种基本的途径。

①产品差异化战略：可产生产品差异化的主要因素有特征、工作性能、一致性、耐用性、可靠性、易修理性、式样和设计。

②服务差异化战略：主要包括送货、安装、顾客培训、咨询服务等因素。

③人事差异化战略：训练有素的员工应能体现出六个特征，即胜任、礼貌、可信、可靠、反应敏捷、善于交流。

④形象差异化战略：是指在产品的核心部分与竞争者类同的情况下塑造不同的产品形象以获得差别优势。塑造形象的工具有名称、颜色、标志、标语、环境、活动等。

（2）差异化战略的适用条件与组织要求

①可以有很多途径创造企业与竞争对手产品之间的差异，并且这种差异被顾客认为是有价值的。

②顾客对产品的需求和使用要求是多种多样的，即顾客需求是有差异的。

③采取类似差异化战略的竞争对手很少，即真正能够保证企业是"差异化"的。

④技术变革很快，市场上的竞争主要集中在不断地推出新的产品特色。

除上述外部条件之外，企业实施差异化战略还必须具备如下内部条件。

①具有很强的研究开发能力，研究人员要有创造性的眼光。

②企业具有以其产品质量或技术领先的声望。

③企业在这一行业有悠久的历史或吸取其他企业的技能并自成一体。

④很强的市场营销能力。

⑤研究与开发、产品开发以及市场营销等职能部门之间要具有很强的协调性。

⑥企业要具备能吸引高级研究人员、创造性人才和高技能职员的物质设施。
⑦各种销售渠道强有力的合作。
（3）差异化战略的收益与风险
实施差异化战略的意义体现在以下几个方面。
①建立起顾客对企业的忠诚。
②形成强有力的产业进入障碍。
③增强了企业对供应商讨价还价的能力，这主要是由于差异化战略提高了企业的边际收益。
④削弱购买商讨价还价的能力。一方面，企业通过差异化战略，使得购买商缺乏与之可比较的产品选择，降低了购买商对价格的敏感度；另一方面，通过产品差异化使购买商具有较高的转换成本，使其依赖于企业。
⑤由于差异化战略使企业建立起顾客的忠诚，所以这使得替代品无法在性能上与之竞争。
差异化战略也包含一系列风险，有如下数端。
①可能丧失部分客户。
②用户所需的产品差异的因素下降。
③大量的模仿缩小了感觉得到的差异，特别是当产品发展到成熟期时，拥有技术实力的厂家很容易通过逼真的模仿，减少产品之间的差异。
④过度差异化。

3. 集中化战略（Focus Strategy）

集中化战略也称为聚焦战略，是指企业或事业部的经营活动集中于某一特定的购买者集团、产品线的某一部分或某一地域市场上的一种战略。这种战略的核心是瞄准某个特定的用户群体，某种细分的产品线或某个细分市场。

（1）集中化战略的类型
具体来说，集中化战略可以分为产品线集中化战略、顾客集中化战略、地区集中化战略、低占有率集中化战略。

（2）集中化战略的适用条件、收益与风险
具备下列四种条件，才适合采用集中化战略。
①具有完全不同的用户群，这些用户或有不同的需求，或以不同的方式使用产品。
②在相同的目标细分市场中，其他竞争对手不打算实行重点集中战略。
③企业的资源不允许其追求广泛的细分市场。
④行业中各细分部门在规模、成长率、获利能力方面存在很大差异，致使某些细分部门比其他部门更有吸引力。

集中化战略的收益主要表现在以下几点。

①集中化战略便于集中使用整个企业的力量和资源,更好地服务于某一特定的目标。

②将目标集中于特定的部分市场,企业可以更好地调查研究与产品有关的技术、市场、顾客以及竞争对手等各方面的情况,做到"知彼"。

③战略目标集中明确,经济效果易于评价,战略管理过程也容易控制,从而带来管理上的简便。

集中化战略的风险主要表现在以下方面。

①由于企业全部力量和资源都投入了一种产品或服务或一个特定的市场,当顾客偏好发生变化,技术出现创新或有新的替代品出现时,就会发现这部分市场对产品或服务需求下降,企业就会受到很大的冲击。

②竞争者打入了企业选定的目标市场,并且采取了优于企业的更集中化的战略。

③产品销量可能变小,产品要求不断更新,造成生产费用的增加,使得采取集中化战略的企业成本优势得以削弱。

(二)不同行业的竞争战略

产业结构始终在不断地演进着,如果企业具备了适应行业新变化的能力并制定了相应的战略,它就能繁荣和成长;如果不具备相应的能力,没有制定相应的战略,它就会衰败和灭亡。虽然每个产业的演进都是独一无二的,我们还是可以针对不同的行业分类,进行战略讨论。

1. 分散行业的企业竞争战略

分散行业是指由大量中小型企业组成的行业。快餐业、洗衣业、照相业等都属于这种行业。在这种行业中,企业的市场占有率没有明显的优势,企业也不存在规模经济。没有一个企业能够对行业的运行发生影响。一个行业成为分散行业的原因很多,既有历史的原因,也有经济的原因,归纳起来主要有以下几种:①进入门槛低;②缺乏规模经济;③产品的差别化程度高;④讨价还价的能力不足;⑤运输成本高;⑥市场需求的多元化;⑦行业初期阶段。

针对行业的分散状态,企业常用的战略有以下三种形式。

(1)连锁经营:企业运用这种方法主要是为了获得成本领先的战略优势。

(2)特许经营:在特许经营中,一个地方性的企业由一个人同时拥有与管理,这人既是所有者又是经营者,可以又很强的事业心管理该企业,保持产品和服务质量,满足顾客的需求,形成差别化。

(3)横向合并:为了求得发展,企业在经营层次上合并一些产业中的中小企业,以形成大企业。

分散行业可以为企业的选择带来战略机会，在战略的使用过程中，企业应该注意以下几点。

（1）避免全面出击。在分散行业中，企业要面对所有的顾客，生产经营各种产品和提供各种服务是困难的，很难获得成功，反而会削弱企业的竞争力。

（2）避免随机性。企业在战略实施过程中，不要总在调整以往的资源配置。在短期内，频繁的调整可能会产生效果，但在长期的发展中，战略执行过于随机，会破坏自身的资源，削弱自身的竞争力。

（3）避免过于分权化。在分散的行业中，企业竞争的关键是在生产经营上对需求的变化做出及时反应。

（4）避免对新产品做出过度的反应。在分散行业中，新产品会不断出现，企业如果不考虑自身的实力，做出过度的反应，往往会削弱自身的竞争力。

2. 停滞和衰退行业的经营战略

行业发展到停滞和衰退阶段的时候，市场总体需求低于经济增长，增长停滞或者开始缩小，利润可能会开始下滑。一般来说，在停滞或衰退行业中取得成功的企业所采取的战略主题有下面三个。

（1）确认、创造和充分利用挖掘行业中成长的细分市场。竞争会出现这种情况：虽然整个行业处于停滞或衰退的状态，但是其中的一个或多个细分市场却会快速增长。敏锐的竞争厂商往往能够首先集中于有吸引力的成长细分市场上，从而能够摆脱销售和利润的停滞，同时还可能在目标市场上获得竞争优势。

（2）强调以质量改善和产品革新为基础的差别化。不管是改善的质量还是革新，都可以通过创造新的细分市场来使需求恢复活力，开辟一条新的道路。这种差异化可能会形成一种额外的优势，因为会令竞争对手模仿起来很困难或者代价很大。

（3）不懈努力，降低成本。也就是，公司重视不断提高生产率和降低成本，从而提高利润和投资回报率。可能的成本降低行动包括：①对外部公司能够更低价格开展的活动和功能，采取外部寻源的策略；②完全对内部的流程进行重新设计；③整合没有被充分利用的生产能力；④增加更多的销售渠道，保证低成本生产所需要的单位产量；⑤关闭低销量和高成本得分销点；⑥抛弃价值链中盈利很少的活动。

以上三个战略主题并不相互矛盾。推出新的革新性的产品型号可能会创造一个快速增长的细分市场，但是，在停滞或衰落的市场上公司要避免犯以下错误。

（1）陷于无利可图的消耗战之中。

（2）从业务之中太多太快地抽走现金流，从而使得业绩下降。

（3）对行业的未来过于乐观，由于期望行业的形势将会改变，所以过度投资进行某些改善。

3. 成熟行业中的经营战略

正如产品存在寿命周期的规律那样，行业也存在一个由迅速成长时期转变为增长缓慢的成熟时期的过程。行业成熟所引起的竞争环境的变化，要求企业战略迅速做出反应。

（1）成熟行业的特点

行业在成熟阶段有以下特点。

①低速增长导致竞争加剧。行业内部形成两方面的竞争：一是众多企业对缓慢增长的新需求的竞争；二是企业相互之间对现有市场份额的竞争。企业将根据自身的实力，对市场份额进行重新分配。

②注重成本和服务上的竞争。由于行业增长缓慢，技术更加成熟，购买者对企业产品的选择越来越取决于企业所提供的产品的价格与服务组合。

③裁减过剩的生产能力。行业低速增长，企业的生产能力缓慢增加，有可能产生过剩的生产能力，企业需要在行业成熟期中裁减一定的设备和人力。

④研究开发、生产、营销发生变化。在成熟行业中，更为成熟的技术、更为复杂的购买者，必然要在供、产、销等方面进行调整，将原来适应高速增长的经营方式转变为与缓慢增长互相协调的经营方式。

⑤行业竞争趋向于国际化。技术成熟、产品标准化以及寻求低成本战略等需求，使企业竞相投资于具有经营资源优势的国家和地区。同时，企业所面临的国内需求增长缓慢而且趋于饱和，企业转向经济发展不平衡、行业演变尚未进入成熟期的国家和地区。在这种情况下，竞争的国际化便不可避免。

⑥企业间的兼并和收购增多。在成熟的行业中，一些企业利用自身的优势，兼并与收购，产生行业集团。

在行业的成熟期，企业一般可供选择的战略有以下几种形式。

①缩减产品系列：成熟行业里，原有的产品结构必须调整，企业要适当放弃利润低的产品，将生产和经营能力集中到利润高或者有竞争优势的产品上。

②创新：企业要注重以生产为中心的技术创新，通过创新，力争在买方价格意识日益增强的市场中具有独特的竞争优势。

③降低成本：价格竞争激烈是成熟行业的基本特征，企业可以获得低成本优势，从而在竞争中获得价格优势。

④提高现有顾客的购买量：企业采取更好的促销手段，提高自己现有顾客的购买数量。同时，企业也应该开拓新的细分市场，以扩大顾客的购买规模。

⑤发展国际化经营：在国内行业已经成熟时，企业也应该谋求国际化经营。

4. 新兴行业的战略

新兴行业是随着技术创新、消费者新需求的出现以及促进新产品和潜在经营机会产生的经济和社会的变化而产生的行业。

（1）新兴行业的特点

①技术与战略的不确定性。在新兴行业中，企业的生产技术还不成熟，还有待于继续创新与完善。同时，企业的生产经营也还没有形成一套完整的方法和规程，哪种产品结构最佳，哪种生产技术最有效率等，都还没有明确的结论。

②行业发展的风险性。在新兴行业中，不存在公认的竞争对策原则，尚未形成稳定的竞争结构，竞争对手难以确定；同时，许多顾客对新兴行业持观望等待的态度，等待产品的成熟与技术和设计方面的标准化。以上因素都可能成为行业进入风险。

③初始成本虽高但成本急剧下降。相对于一般行业可达到的成本，较低产量及新生程度通常会在新兴行业内产生高成本，随着对工作熟悉程度的增加，雇员们会在生产率上获得重大收益。不断增长的销售量会大大增加生产规模。

（2）进入新兴行业的战略考虑

最先进入行业的企业需要考虑下列风险：厂商若采用了不当的技术，可能面临高的更改成本；开辟市场的费用很大，但是开辟市场的好处却不能为厂商所独占；技术变革将使早期投资过时，使后期进入者和具备最新产品及工艺的企业占有某种优势。

(三) 国际化战略

当今世界经济环境下，全球化步伐的加快已经成为一个不争的事实。对于企业来说，在国际市场上可以获得的市场份额和利润变得非常诱人。

1. 国际化战略的动因

企业扩张进入国际市场的原因有以下几点。

（1）为公司的产品或服务寻找新的顾客，在额外国家市场上销售产品或服务，有助于提高销售收入和利润，可以为公司的长期发展提供诱人的高增长率的途径。

（2）可以降低成本，很多企业在本国市场上的销量不足以充分实现规模制造经济性；而且，在那些劳动力、原材料或者技术成本比较低的国家布置生产和经营，常常可以大大提高公司的成本竞争力。

（3）有利于充分利用公司的能力和资源优势：如果一个企业有着宝贵的核心能力和卓越能力，那么，它既可以在国内市场上建立竞争的优势地位，也可以在国外的市场上获得优势的地位。

（4）可以在其他的国家获得宝贵的自然资源：以自然资源为基础的行业中，企业常常需要获得国外诱人的原材料供应。

（5）在一个更为广泛的基础上分散商业风险：公司通过在很多不同的国外市场上进行经营运作，有利于分散公司的商业风险。

2. 国际战略的类型

不管进行国外经营和运作的动机是什么，公司必须特别关注国内和国外购买者的需求、分销渠道、长期的增长潜力、市场驱动因素以及竞争压力等方面的差异。参与国际竞争的公司有以下4种战略选择。

（1）本国中心战略

这一战略的特点是母公司集中进行产品的设计、开发、生产和销售协调，管理模式高度集中，经营决策权由母公司控制。这种战略的优点是集中管理可以节约大量的成本支出，缺点是产品对东道国当地市场的需求适应能力差。

（2）多国中心战略

这种战略是在统一的经营原则和目标的指导下，按照各东道国当地的实际情况组织生产和经营。这种战略的优点是对东道国当地市场的需求适应能力好，市场反应速度快；缺点是增加了子公司和子公司之间的协调难度。

（3）全球中心战略

此战略是将全球视为一个统一的大市场，在全世界的范围内获取最佳的资源并通过全球商务网络销售产品。这种战略既考虑到东道国的具体需求差异，又可以顾及跨国公司的整体利益，已经成为企业国际化战略的主要发展趋势。但是这种战略也有缺陷——对企业管理水平的要求高，管理资金投入大。

（4）国际战略联盟

国际战略联盟，是指两个以上的企业为了实现优势互补、提高竞争力及扩大国际市场的共同目标而签订的双边或多边的长期或短期的合作协议。战略伙伴基于平等互惠、共享利益，共担风险的原则开展合作，有利于缩短从设计新产品到正式投产的时间，有利于分摊高昂的开发投资费用，有利于提高规模经济效益，有利于规避经营风险。因此，企业建立国际战略联盟具有极其重要的意义。

一、案例

粮食安全历来是关乎江山社稷的头等大事。司马迁在《史记·郦生陆贾列传》中写道："王者以民人为天，而民人以食为天。"新中国成立以来，粮食一直被视为国民经济的基础。当今世界，粮食安全与能源安全及金融安全并称为全球三大经济安全，谁控制了粮食，谁就控制了人类！世界粮农组织（FAO）对粮食安全内涵做了新的表述："只有当所有人在任何时候都能在物质上和经济上获得足够、安全和富有营养的粮食，来满足其积极和健康生活的膳食需求及食物爱好时，才实现了粮食安全。"

当前，在我国工业化、城镇化、国际化的背景下，出现了一些新情况：一是经济建设大量用地；二是水资源减少和被污染，我国人均水资源仅为世界人均水平的1/4；三是土壤有机质含量下降，农业产出减少；四是产出品食用安全堪忧；五是消费快速增长，浪费严重；六是农业发展方式落后；七是比较成本优势思想导致了进口依赖。近年来，我国粮食增产的同时，粮食自给率却不断降低，官方数据显示，2012年中国粮食自给率已经下降至约89%，低于中央规定的95%红线。粮食不安全的问题正摆在人们面前。

2013年12月，中央政治局会议再次谈到了粮食安全底线，中央经济工作会议也把保障国家粮食安全战略作为2014年经济工作的六大主要任务之首，将粮食安全提到了前所未有的重要位置，实际上是把粮食安全上升到了国家战略高度。因此，制定符合我国国情和粮食发展历史趋势、确保国家粮食安全的战略刻不容缓。

问题：结合上述案例，请分析我国粮食战略的问题，并提出有关战略思路。

二、重要概念

战略，战术，战略管理，战略联盟，一体化，多元化战略，稳定型战略，增长型战略，紧缩型战略，成本领先战略，差异化战略，集中战略

三、问题

1. 战略的本质是什么？
2. 战略的特点是什么？
3. 战略管理包括哪些过程？

四、讨论

1. 某全球化集团公司拥有航空业务部、医疗器材业务部、电器业务部、塑料制品业务部和重型机械业务部等，该集团公司可以实施集中竞争战略吗？为什么？

2. 从行业集中度来看，旅行社、餐饮以及美容等行业属于什么类型的行业？有什么好的途径可以提升其竞争力？

3. 中国和印度都是人口大国，市场潜力巨大，肯德基在中国开始提供油条和粥类等早餐食物，麦当劳在印度开设了素食餐厅，请讨论这些国际快餐巨头的国际化战略。

第七章 组织概述

【本章概要】

组织职能是指按计划对组织活动及其生产要素进行分派和组合。组织职能对于发挥集体力量、合理配置资源、提高劳动生产率具有重要作用。本章主要阐述组织概念及构成要素，组织与群体的联系和区别，常见组织分类标准及类别，组织理论发展主要阶段、代表人物和内在逻辑。

【学习目的】

1. 熟悉组织概念及构成要素
2. 理解组织与群体的联系和区别
3. 了解常见的组织分类标准及类别
4. 理解组织理论发展的阶段和脉络
5. 理解学习型组织的内涵和五项修炼

第一节 组织及组织的构成

一、什么是组织

名词意义上组织（Organization）是指一个实体，是人们为了达到某一特定的共同目标而形成的系统集合体。组织由两个以上的人组成，相互联系，分工合作。学校、医院、企业、政府部门等都是组织。

"组织"也可以指一种活动，此时组织（Organizing）的真实含义是"组织工作"或"组织行为"，即按照一定目的和程序确定组织特定的结构以实现组织目标的过程。其具体内容包括：组织结构设计、组织内部关系确定与维持、组织变革等。

二、组织与群体的联系与区别

群体是指由两个或两个以上为了共同目标相互影响、相互依存的个体形成的整体。组织与群体既相通又相互区别。一方面，两者具有共同性。两者均由两个及两个以上个体组成，个体具有共同目标，彼此相互联系、相互影响。另一方面，两者差异性体现在：①组织仅用于形容人类，群体既可以用来形容人类也可以形容动物，如"动物群体"一词；②相较于群体，组织更强调正式组织名称、分工协作、制度规范。

在管理学中，对群体的研究一般限于组织内的群体，群体往往被视为组织变革和发展的载体与对象，组织一般要通过群体来实现其总体目标。

三、组织构成要素

组织一般包括以下构成要素。

（1）组织目标：是组织存在基础，事实上，组织是人们为了实现共同目标而采用的一种工具或载体。目标不仅决定了一个组织作为社会组成部分存在的必要性与合理性，而且能够引导组织成员行为，使大家协作一致，完成组织使命与任务。

（2）分工与合作：组织是由人组成的系统，尽管不同组织人数有所不同，但都需要分工合作。组织目标具体化为各种工作内容，工作内容分配到具体工作人员形成岗位，进而再划分部门，各部门、各岗位之间利用合作机制，把组织上下左右联系起来，形成一个有机整体，产生较高组织效率。

（3）权力与责任制度：权力是组织成员采取行动以实现组织目标的活动基础，组织中每位成员的工作权力都是有限度的。拥有权力，就应该承担相应责任，不能有权无责，也不能有责无权。同时，获得与责任相对应利益是保证组织成员工作积极性的关键。明确各部门、各岗位权力、责任与利益，使三者得以平衡并制度化是组织正常运转基本要求之一。

（4）组织环境：组织是环境的产物，环境是影响组织绩效各种因素的总和。组织环境包括内部环境和外部环境。内部环境是指组织内部成员之间关系模式所构成的环境，如结构环境、制度环境、文化环境。除了内部环境，组织还必须与外部环境进行物质、能量和信息交换，获得输入，经过一系列转换，把输出再送回外部环境。

第二节 组织的类型

组织类型多种多样，不同类型的组织，其功能和特性也不同。本节将介绍常见分类标准及各种组织类型。

一、按组织性质划分

按性质的不同，组织可以分为以下几大类。

（1）经济组织：是一种主要为了追求经济利益而存在的组织，它存在于生产、交换、分配、消费等不同领域中，为社会提供物质产品和各种服务。商业银行、酒店、保险公司等都属于经济组织。

（2）政治组织：是一种为某个阶级政治利益而服务的组织。国家立法机构、司法机构、政党、监狱、军队等都属于政治组织。

（3）文化组织：是一种便于人们之间相互沟通、联络感情、传递知识和文化的组织。各类学校、艺术团体、图书馆、博物馆、广播电台等都属于文化组织。

（4）群众组织：是一种代表群众利益，由广大群众参加的非政权性质组织。工会、妇女联合会、青年联合会、学生联合会等都属于群众组织。

（5）宗教组织：是一种与某种宗教信仰目标和行为体系相联系、共同遵守一定的制度规范的信奉者所构成的组织。佛教、道教、伊斯兰教、天主教等各种宗教性社会团体等都属于宗教组织。

二、按组织目标划分

按目标的不同，组织可以分为以下几大类。

（1）营利组织：所有以获得经济利润为主要目标的组织都是营利组织，如工厂、商店、商业银行、酒店。营利组织是现代社会的基石。它们以产品或服务来满足其他组织和个人各种需求，并用纳税支持其他组织正常运行。

（2）非营利组织：除公共组织外，一切不以营利为主要目标的组织都属于非营利组织，如公立医院、公立学校、宗教团体、慈善机构。非营利组织既是营利组织的重要目标市场，也承担着许多重要社会职能，为其他组织提供独特服务。

（3）公共组织：公共组织是负责处理国家公共事务的组织，如立法机关、司法机关、军事机关。公共组织代表公众运用法律、行政、经济等手段管理营利组织与非营利组织，使它们的运作符合国家与公众利益。虽然公共组织是"组织之上"的组织，但不应过多干涉其他两类组织的内部事务。

三、按服务对象划分

按服务对象的不同，组织可以分为以下几类。

（1）公益组织：服务对象是全体社会民众，如政府行政机构、军事机构、警察机构、消防队。

（2）企业组织：服务对象是利益相关者，其所有者和管理者等相关人员能得到实惠，如工厂、商店、银行、其他各种公司。

（3）服务组织：服务对象为部分社会民众，如医院、学校、福利机构。

（4）互利组织：服务对象为组织内部成员，对所有参加者都有好处，如互助团体、会员俱乐部、工会、党派。

四、按控制成员的方式划分

按控制成员方式的不同，组织可以分为以下几类。

（1）强制型组织：主要以强制手段（高压、威胁、暴力等）来控制成员行为，如精神病医院、监狱等。

（2）功利型组织：主要以金钱、物质利益等功利报酬来控制成员行为，如各种工商企业、农场。

（3）规范型组织：主要以信仰、伦理道德或内在价值及地位来控制成员行为，如学校、宗教团体。

除了上述几种组织分类方式外，还有其他一些分类方式。例如，根据产权归属，可以将组织分为公有组织与私有组织。公有组织是归国家、全民或集体所有的组织，如国有企业、集体企业、公办学校；私有组织是归某些私人所有的组织，如私营企业、私立学校。又如，根据组织人员多少，可以将组织分成小型组织（3～30人）、中型组织（30～1000人）、大型组织（1000～45000人）、巨型组织（45000人以上）。

第三节　组织理论的发展

组织理论是管理理论的核心内容之一，是研究组织结构、职能和运转以及组织中管理主体的行为，并揭示其规律性的逻辑知识体系。一般认为，自20世纪初以来，组织理论大致经历了古典组织理论、行为科学组织理论和现代组织理论三个阶段，而学习型组织理论是现代组织理论的新发展。

一、古典组织理论

古典组织理论盛行于 20 世纪 10～30 年代，其代表人物有泰罗、法约尔、韦伯、古利克和厄威克等人。古典组织理论的核心是组织结构合理化，它着重研究组织结构设计、组织运行的一般原则和组织管理的基本职能。研究内容涉及组织目标、分工、协调、权力关系、责任、组织效率、授权、管理幅度和层次、集权和分权等。古典组织理论构造了集权型层级制组织结构，适应了工厂化、社会化大生产的体制需要，提高了组织效率，促进了生产力发展。

1929 年经济危机爆发，人们对归属感需求日益迫切，人在组织管理中日益重要，古典组织理论的不足也日益显现。在这一背景下，行为科学时期组织理论应运而生。

二、行为科学组织理论

20 世纪 30 年代后产生了以人际关系为研究重点的组织理论，后来逐步发展成为行为科学组织理论，其代表人物有梅奥、巴纳德、西蒙、马斯洛、麦格雷戈、赫茨伯格等人。

行为科学组织理论是对古典组织理论的补充和完善。在 20 世纪 20～40 年代，员工动力成为制约组织进一步提高效率的关键问题，行为科学组织理论重视组织内人的重要性，充分关注人的情感和心理需要。认为对人激励不应只有经济手段，还要在社会和心理方面满足，这种满足对组织效率提高至关重要。该理论一反传统组织理论静态研究方法，着重研究人和组织活动过程，如群体和个体行为，人和组织的关系、沟通、参与、激励、领导艺术。为了满足组织之间协作的需要，这一时期组织结构采用了分权型层级制组织形式，包括事业部制、超事业部、矩阵等形式，有利于生产者参与决策，提高管理效率，适应了组织规模扩大化、产品多样化、市场国际化需要。

行为科学组织研究了被古典组织理论忽视的非正式组织问题，但是它对个人情感和心理的过分强调却使它对正式组织重视不够，缺乏对理性和经济因素研究。

三、现代组织理论

第二次世界大战以后，科技发展日新月异，生产社会化程度不断提高，全球化市场竞争日益加剧，组织内外部环境变得更为复杂。在这样的背景下，形成了以下几种现代组织理论。

（一）系统组织理论

20世纪中叶，以系统论为指导的现代组织理论逐步登上了历史舞台。系统组织理论把组织看成一个开放而具有整体性的社会技术系统，从系统内部要素的相互作用和系统同环境的相互作用中来考察组织生存和发展。

虽然巴纳德在早期就提出了组织系统观点，认为组织是人与人之间相互作用的系统，但他是用封闭系统的观点来考虑组织的。帕森斯、卡斯特、罗森茨韦克等人把组织看成一个开放系统，即组织系统除了要维持本身平衡外，还要与环境平衡。卡斯特认为组织是一个人造的、开放的系统，它由各个分支机构组成，各个分支机构之间通过输出输入关系构成一个完整系统，只有适应了环境变化，组织才能生存下去。霍曼斯社会系统模型认为，任何社会组织都处于物理的、文化的、技术的环境之中，这些环境决定着社会系统中人们的活动和发生的相互作用。

（二）权变组织理论

20世纪60年代后出现了权变组织理论，其代表人物有英国的伍德沃德，美国的劳伦斯、洛奇和菲德勒。该理论认为组织结构本身并无优劣之分，不存在适用于所有情况的理想组织结构，也不存在普遍适用的组织管理理论。组织结构设计取决于各种环境因素，必须根据具体情况来对组织结构进行调整，只要与环境相适应的组织结构就是有效率的。权变组织理论反对一般管理原则，主张组织管理应当相机行事，是对古典组织理论、行为科学组织理论强调形式、规范模式等思想的重大突破。

（三）群体生态理论和资源依赖理论

在系统组织理论和权变组织理论之后，阿尔瑞契与普费弗提出了群体生态理论，也叫自然选择模型。该理论把生物学群体生态理论应用到组织理论分析当中，提出组织也符合"适者生存"的规律，即环境依据组织结构特点及其与环境适应性来选择或是淘汰一些组织。此后，普费弗和萨兰西克又提出了资源依赖理论，认为组织对外部资源有依赖性，并强调了组织从环境中获取资源能力的重要性。群体生态理论和资源依赖理论强调了组织环境是组织结构的主要决定力量，而非管理者主导了组织结构变革，不存在一成不变的、普遍适用的组织结构。

整体来看，现代组织理论把组织看成一个开放系统，侧重研究组织与外部环境之间的关系。这一时期组织结构变得更加灵活，以团队为模块的工作单元、临时工作小组、网络型组织等扁平网络型组织得到迅速发展。实践证明，这类组织更加适应激烈竞争环境。然而，现代组织理论中"环境决定组织结构"的观点，具有一定片面性，它忽视了管理者在组织结构变革中的积极作用。

（四）学习型组织理论

学习型组织（Learning Organization），是一个能熟练地创造、获取和传递知识的组织，全体成员积极参与到与工作有关的问题的识别与解决中，使组织形成持续学习和适应变革的能力。学习型组织中"学习"与传统"学习"含义不同：它不单指获取知识、信息，更重要的是指提高自身能力以对变化的环境做出有效应变。

学习型组织理论代表人物有美国麻省理工学院的佛瑞斯特教授、美国学者彼得·圣吉等人。佛瑞斯特教授在 1965 年运用系统动力学原理，提出了学习型组织最初构想。彼得·圣吉 1990 年在其著作《第五项修炼：学习型组织的艺术与实务》中正式提出了学习型组织的管理思想，提供了一套使传统企业转变成学习型企业的方法。该书出版后，产生了极大反响。彼得·圣吉也被誉为 20 世纪 90 年代的管理大师。

在书中，彼得·圣吉认为学习型组织有五项修炼：①建立共同愿景：建立共同认可的价值观和愿景目标，从而凝聚组织成员意志力，统一大家努力方向；②团队学习：这是建立学习型组织的关键，团队是现代组织中学习的基本单位，通过相互学习，深度会谈，集体思考，克服个人弱点，利用团队智慧做出正确组织决策；③改变心智模式：心智模式是指存在于个人和群体中的描述、分析和处理问题的观点、方法和进行决策的依据和准则，不良心智模式会妨碍学习，必须严加审视和即时修正；④自我超越：自我超越是指突破极限实现自我，或使技巧精熟。自我超越是一个过程、一种终身修炼，它以磨炼个人才能为基础；⑤系统思考：系统思考通过搜集信息掌握事件全貌，站在系统角度认识系统，看清问题本质和因果关系，综观全局。系统思考将前四项修炼融合为一个理论与实践统一体。

资料：思科是一个生存在网络上的公司，有非常发达的内部网。其庞大的 e-Learning 系统构成了一个特殊学习环境，该系统包括以不同形式发送的学习内容、学习过程的管理，以及供学员与内容供应的开发者或专家共同参与的网上学习社区。与传统学习环境相比，e-Learning 有三个主要变化：首先内容是通过 Web 进行发送；其次是对学习进行电子化管理，包括学习跟踪、报告及评价；第三是在学习过程中，学员之间能进行电子化协作。

一、案例

沃尔玛公司是一家世界性连锁企业，由美国山姆·沃尔顿先生于 1962 年在阿肯色州成立。沃尔玛主要涉足零售业，在全球有 8000 多家门店，是世界上雇员最多的企业，连续多年在美国《财富》杂志全球 500 强企业中居首。沃尔玛被管理界公认为是最具文化特色公司之一，《财富》杂志评价它"通过培训方面花大钱和提升内部员工而赢得雇员忠诚和热情，管理人员中有 60% 是从小时工做起的"。

沃尔玛在用人上注重的是能力和团队协作精神，学历和文凭并不是那么重要。

　　沃尔玛坚信内训出人才。在沃尔玛，很多员工都没有接受过大学教育，拥有一张 MBA 文凭并不见得能够赢得高级主管赏识，除非通过自己努力，以杰出工作业绩来证明自己的实力。但这并不是说公司不重视员工素质，相反，公司为每一位想提高自己的员工提供接受训练和提升机会。公司专门成立了培训部，开展对员工全面培训，无论是谁，只要你有愿望，就有学习和获得提升的机会，而且，如果第一次努力失败了，还有第二次机会。因此，今天沃尔玛公司绝大多数经理人员产生于公司管理培训计划，是从公司内部逐级提拔起来的。在沃尔玛没有"员工"这个称谓，即使是沃尔玛创始人沃尔顿在称呼他属下的时候，也是称呼"同事"。所以，他们只对"同事"进行培训，不对"员工"进行培训。沃尔玛中国有限公司高级人力资源总监谭少熙说："尊重，这是我们整个培训的基础。"

　　问题：请评价沃尔玛内部培训做得好的地方。结合学习型组织五项修炼给出更好建议。

　　二、重要概念

　　组织，群体，古典组织理论，行为科学组织理论，系统组织理论，权变组织理论，群体生态理论和资源依赖理论，学习型组织理论，五项修炼，心智模式，系统思考

　　三、问题

　　1. 组织构成要素有哪些？

　　2. 组织与群体的联系与区别是什么？

　　3. 按服务对象可将组织划分为哪些类别？

　　4. 你参加了哪些组织？属于哪个类型？

　　5. 什么是公益组织？它与公共组织有什么不同？

　　6. 一般认为，组织理论经历了哪几个发展阶段？

　　7. 什么是学习型组织？学习型组织五项修炼是什么？

　　四、讨论

　　1. 有人说："当今时代，变是唯一不变的真理。"在快速变革时代，请从组织建设角度谈谈企业组织如何应对。请结合谷歌、联想等知名公司的例子进行讨论。

　　2. 关于学习，中国有句俗话：活到老，学到老。学习型组织理论提出后，各类"学习型"概念遍地开花，比如"学习型社会""学习型城市""学习型社区""学习型企业"等，请结合有关理论，谈谈学习型组织特征和建设要点。

第八章 组织结构设计

【本章概要】

组织结构设计是组织职能的重要内容，组织结构在很大程度上决定着计划能否实现。本章主要阐述组织结构设计的含义、内容和任务，影响组织结构设计的因素，组织结构设计的原则、程序，常见组织结构形式，以及组织结构发展趋势和新型组织结构形态等内容。

【学习目的】

1. 了解组织结构设计的含义、内容和任务
2. 熟悉影响组织结构设计的各种因素
3. 理解组织结构设计原则
4. 了解部门划分的标准、影响管理幅度的因素
5. 熟悉常见组织结构形式
6. 了解组织结构发展趋势和新型组织结构形态

第一节 组织结构设计及其影响因素

一、组织结构的含义

组织结构是指组织中各组成部分的排列次序、空间分布、联系方式以及各要素之间相互关系的一种模式，是组织中正式确定的使工作任务得以分解、组合和协调的框架体系。

组织结构的核心内容有三个方面：组织结构的复杂性、规范性、集权与分权性。复杂性是指组织内部各要素之间的差异性，它包括组织的专业分工程度、职权层级数目以及人员和部门的地区分布情况等；规范性是指组织内的纪律、规章制度、工作程序、生产过程及产品的标准化程度等；集权与分权性是指组织内决

策权集中与分散程度。

二、组织结构设计的含义、内容和任务

组织结构设计是指管理者对一个组织结构进行规划、构造、创新或再构造，将组织内各要素进行合理组合，建立和健全一种特定组织结构的过程。组织结构设计一般包括三种情况：一是对新建组织进行组织结构设计；二是当原有组织结构出现较大问题或组织目标发生变化时，对原有组织结构进行重新评价和设计；三是对原有组织结构进行局部调整和完善，比如，在原有组织中设立新部门、机构或取消一些不再发挥作用的部门、机构。

组织结构设计的主要任务是提供组织结构系统图和编制职务说明书。组织结构系统图是反映组织结构的常用工具，通过组织结构系统图，我们可以清楚地了解组织部门、职务构成及其地位和相互关系。职务说明书要求简要而明确地写出各职务工作的内容、职责与权限，对任职者基本素质、技术能力、工作经验的要求，等等。

三、影响组织结构设计的因素

组织结构设计应当分析以下五种因素的影响。

（一）外部环境因素

外部环境因素包括一般环境因素和任务环境因素。政治、法律、经济、社会文化、技术和自然环境等因素是所有组织共同面对的一般环境因素，而特定客户、供应商、竞争对手、行业政策等因素是特定组织面对的任务环境因素。

一般来说，外部环境对组织结构的影响，主要体现在三个方面：①外部环境越复杂，组织结构也就越复杂，组织集权程度会降低，以给下级部门更大自主权，对环境做出灵活反应；②外部环境变动性越强，组织结构相对越灵活，各部门权责关系和工作内容要经常做出适应性调整，更为强调横向沟通，以增强组织"柔性"；③外部环境影响到组织内部部门和岗位设置，以及各部门之间关系和相对重要程度，比如，在当今市场经济时代和网络时代，市场部门、营销岗位和电子商务工作越来越重要。

（二）组织战略因素

组织结构与组织战略紧密联系。组织战略决定了组织目标，而组织结构是实现组织目标的手段。当战略目标发生调整和转移时，一般要求组织结构做出相应调整。

美国经济学家钱德勒最早对战略—结构关系进行了研究，他在1962年出版的《战略与结构》一书中提出了"结构跟随战略"的观点，认为战略不但影响到管理

职务设置，而且还会引起各部门和职务相对重要程度的改变，要求对各部门和职务间关系做出相应调整。在美国管理学家雷蒙德·迈尔斯和查尔斯·斯诺出版的《组织的战略结构和过程》一书中，关于战略影响组织结构的观点如表 8.1 所示。

表 8-1 战略影响组织结构的观点

战略	目标	环境	组织结构特征
防御者战略	追求稳定和效益	相对稳定的环境	严格控制，专业化分工程度高，规范化程度高，规章制度多，集权程度高
分析者战略	追求稳定、效益和灵活相结合	变化的环境	适度集权控制，对现有活动实行严格控制，但对一部分部门采用让其分权或相对自主独立方式，组织结构采用一部分有机式，一部分机械式
探索者战略	追求快速，灵活反应	动荡而复杂的环境	松散型结构，劳动分工程度低，规范化程度低，规章制度少，分权化

此外，从企业经营战略角度来看，专业化经营公司通常采用倾向集权的组织结构，通过纵向层级来实现控制和协调。多元化经营公司的组织结构倾向分权，更强调灵活性和快速决策以提供多样化产品和服务。

（三）技术因素

技术因素是组织中能够把输入资源转化为产出的整个过程中有关知识、信息系统、管理方法、机器设备和工艺流程等的总和。技术因素包括生产技术与管理技术，生产技术影响着物质生产过程的效果和效率、组织活动内容划分、职务设置和工作人员素质要求；管理技术的改进，将影响组织中各部门工作的形式和性质。

英国学者伍德沃德等人以英国南艾塞克斯郡（South Essex）近 100 家小型制造企业为对象，对工业生产技术与组织结构关系进行了有影响的研究。她的研究表明：工业企业的生产技术同组织结构及管理特征有着系统的联系，每一种有着类似经营目的和类似技术复杂程度的生产系统，都有其独特的组织模型及管理特征。比如在一般情况下，成功的单件小批生产和连续生产的组织具有柔性结构，而成功的大批量生产的组织具有刚性结构。

美国学者查尔斯·佩罗从两个维度对技术进行考察：一是任务可变性，即技术在工作中遇到例外的数量（分为少量例外和很多例外）；二是问题可分析性，即技术在工作过程中可被分析的难易程度（分为确定的和不确定的）。他将技术划分为以下四种不同类型：①常规技术：只有少量例外，问题易于分析，如钢铁生产技术和汽车技术；②工程技术：有大量例外，但可以进行理性、系统的分析处理，如桥梁建造技术；③手艺技术：例外较少，且可分析性也较小，依靠直觉、经验判断灵活处理，如服装设计、烹饪技术等；④非常规技术：有诸多例外，且问题难以分析，如航天飞机开发技术。佩罗主张，越是常规技术，越需要高度结构化的组织，越适用高度正规化和集权化结构，即机械式组织结构。反之，越是非常规技术，越要求更大的组织灵活性，正规化程度越低，越适用分权化结构，即有机式组织结构。

近年来，随着信息技术的发展以及计算机辅助制造（CAM）、计算机辅助设计（CAD）、管理自动化、计算机数控（CNC）等技术的运用，提高了组织生产、管理效率，也引起了组织结构变化，比如组织纵向层次减少了，管理幅度增加了，出现了扁平化趋势；组织横向的专业化和部门化差异缩小了，横向联系与沟通更为紧密。

（四）组织发展阶段与生命周期

美国学者托马斯·坎农提出了组织发展五阶段理论，在不同阶段上要求有与之相适应的组织结构形态：①创业阶段：组织决策和日常管理往往由最高管理者直接做出，组织结构简单、不正规，主要采用非正式沟通；②职能发展阶段：随着组织活动开展和专门化管理职能形成，决策越来越多地由其他管理者做出，各职能间协调需要增加；③分权阶段：随着组织规模扩大，组织结构逐渐向以产品或地区"事业部"为基础，事业部与职能部门管理相结合模式转变；④参谋激增阶段：为了适应愈来愈大的规模的需要，各级（特别是高层管理部门）增加了许多参谋助手，以保证决策科学性和有效性，但由此也导致了参谋部门与直线部门的矛盾；⑤再集权阶段：参谋激增阶段所产生问题可能促使高层主管重新高度集中决策权力，新的权力集中是一种高水平的集中。

美国学者奎因和卡梅隆把组织的生命周期划分为创业、集合、规范化和精细四个阶段。他们认为企业的成长是一个从非正式到正式、从低级到高级、从简单到复杂、从幼稚到成熟的阶段性发展过程。每个阶段都由两个时期组成：一个是组织的稳态发展时期，组织在这个时期的结构与活动都比较稳定；另一个是组织的变革时期，即当组织进一步发展直到从内部产生一些新的矛盾和问题时，就必须通过变革使组织结构适应内外部环境的变化，使组织保持适应性。组织的发展就是在如此循环往复中进行的。

我国学者周三多认为，在组织初始阶段，组织层级比较简单。如企业在初创时可能以个人业主制或手工作坊等简单的形式出现，只包括管理层和执行层两个层级，或者两层合而为一。在组织逐步向高级阶段发展时，组织可能将一部分市场交易的资源转化为内部交易，以减少交易费用，这时，组织层级很可能增加，由两层跃升为三层或更多级别；或者发展为更高级的组织组织形式如股份制，所有权与经营权相分离。在组织逐渐走向老化或是处于组织生命周期的衰退阶段时，为了开源节流，管理者可能进行组织层级调整，如裁员等。

（五）组织规模

组织规模，主要是指一个组织拥有的人员数量。组织规模对组织结构的影响显而易见，事实上，组织人员数量往往是组织设计者首先考虑的因素。组织规模较大时，不可避免地需要分层，从而形成多层次的组织结构；同时为了协调更加复杂的组织关系，需要划分部门，形成多部门结构。一般来说，组织规模越大，专业化分工程度就越细，组织标准化程度和规章制度的健全程度也就越高。实践证明，大型组织往往比小型组织具有更高的复杂程度、分权程度，更加专业化、部门化和规范化。

第二节　组织结构设计的原则和程序

一、组织结构设计的原则

（一）任务与目标原则

组织结构设计和组织形式选择必须有利于组织目标实现。在进行组织结构设计时，首先要明确组织目标是什么，然后认真分析为了实现组织目标，必须完成哪些任务，应设立什么机构、什么职务、选用什么人才能完成这些任务。此外，当组织任务、目标发生重大变化时，组织结构必须做相应调整和变革。例如，从单纯生产型向生产经营型、从内向型向外向型转变时，就应这样做。

（二）因事设职与因人设职相结合原则

在明确组织目标和具体工作事务内容的基础上，为事架构，因事设职，因职用人，让人与事高度配合，做到"事事有人做"。同时，组织设计过程应考虑到组织内外现有人力资源的特点，将因事设职与因人设职结合起来，保证"有能力的人有机会去做他们真正胜任的工作"。

（三）分工与协作原则

分工与合作相互依存。分工是把组织任务和目标进行合理分解，通过横向和纵向划分设计，明确规定每个层次、每个部门乃至每个人的工作内容、工作范围。协作就是要明确部门与部门之间、部门内人与人之间的协调关系与配合方法，并使协调中各种关系逐步规范化和程序化。

（四）有效管理幅度原则

减少管理层次，在很多时候能减少管理成本，提高管理效率，但是，管理者能够直接有效地指挥和监督的下属数量是有限的，所以管理幅度以适当为好，管理幅度太大，上级主管工作量就会增大，而管理幅度过小，则存在失控的风险。

（五）权责利对等原则

权责对等是指既要明确每个管理层次和各个部门职责范围，又要赋予完成其职责所必需的管理权限，但权力不能超过所对应的责任。承担责任的同时也要承担风险，所以必须给该职位赋予相应的利益作为补偿。职责、权力和利益如同等边三角形的三条边，应是对等的。

（六）统一指挥原则

统一指挥是组织设计中的一条重要原则。组织各级机构以及个人必须服从一个上级的命令和指挥，在上下级之间形成一条清晰的"指挥链"，明确规定各个职务之间的责任、权力关系，禁止越级指挥或越权指挥。

（七）稳定性与灵活性相结合的原则

组织管理层次与管理幅度、人员结构以及部门工作流程既要有相对稳定性，又必须随着组织内外部环境变化做出灵活调整和变动。

二、组织结构设计的程序

设计一个全新组织结构需要从最基层开始，自下而上进行设计，认真分析为了实现组织目标，有哪些工作要做，应设立什么职务，成立什么部门，各部门间关系如何，合理架构，最终形成组织结构，绘制成组织系统图。通常来说，组织设计者要完成以下三个方面工作。

（一）职务分析与设计

职务分析，又称工作分析，指全面了解获取与工作有关的详细信息的过程，是对组织中某个特定职务工作内容和职务规范进行描述和研究的过程。职务设计是在目标活动逐步分解的基础上，设计和确定组织内从事具体管理工作所需职务的类别和数量，分析担任每个职务的人员应负的责任、应具备的素质要求。

职务分析与设计结果是制定职务规范（也称作职务说明书）。职务规范一般包含两部分内容：一是该职位所要从事的工作内容和所要承担的工作职责；二是该职位所要求的任职资格，如学历、专业、年龄、技能、工作经验、工作能力以及工作态度等。

资料：20世纪初，福特通过建立汽车生产线而富甲天下，享誉全球。他的做法是，给每一位员工分配特定的、重复性的工作，例如，有的员工只负责装配汽车的右前轮，有的则只负责安装右前门。人们总结了福特的经验，称为工作专门化，即把工作分化成较小的、标准化的任务，使员工从事专门化工作，其生产效率会提高。

（二）部门划分

部门划分（也称部门化）是根据各个职务所从事工作内容的性质以及职务间的相互关系，依照一定原则，将具有某种相似性的工作归类、合并到一起，组成若干个管理单位，如任务小组、部门、处室。

1. 部门划分原则

一般来说，部门划分应当遵循以下原则：①以提高组织效率和效能为首要目标，坚持方便管理原则；②力求维持最少的部门，精干高效；③应具备所有必要职能，以确保组织目标实现；④各部门间分工合理、职责分明，工作量、职责、职权大致平衡；⑤部门划分应有弹性，不可僵化，应当可以随着业务需要、环境变化而灵活调整。

2. 部门划分标准

组织活动的特点、环境和条件不同，划分部门依据的标准也是不一样的。常见部门划分标准有：职能、产品、地区、服务对象、工艺流程和综合类，等等。此外，还有按人数、时间、设备等来划分部门。

（1）按职能划分部门。按照业务活动相似或技能要求相似要求，分类设立生产、财务、人事等专门管理部门，这是最普遍、最传统的划分方法，适用于所有组织。

（2）按产品或服务划分部门。按照产品或服务要求对组织活动进行归类，各部门专注于某一产品（服务）或产品（服务）系列经营，拥有较全面的管理职权。

（3）按地区划分部门。根据地理因素来设立管理部门，把不同地区经营业务和职责划归不同部门全权负责，有利于各部门因地制宜进行决策。比如联想大中华区、联想俄罗斯区、联想印度区等。

（4）按服务对象划分部门。根据不同服务对象设立相应部门，比如商场设有老人用品部、儿童服装部等。

（5）按工艺流程划分部门。按照工作或业务流程来设立相应部门，比如制造型企业设有锻压车间、机加工车间和装配部等。

（6）按综合类标准划分部门。在实践中，采取单一标准划分部门较为少见，大多数组织往往综合采用两种或两种以上标准来划分部门。例如将按职能、产品、地区、服务对象划分部门结合起来，形成混合部门化组织，比如某医院在某地的分院设有内科、外科、妇科、儿科、药房、供应科、财务科。

（三）结构的形成

在职务设计和部门划分的基础上，应进一步对初步设计的部门和职务进行调整，并平衡各部门、各职务的工作量，使组织机构更为合理。接下来，再根据各自工作的性质和内容，规定各管理机构之间职责、权限以及义务关系，使各管理部门和职务形成一个严密的网络。在此过程中，必须解决一个重要问题，那就是确定合理的管理幅度与管理层次。

1. 管理幅度与管理层次

管理幅度（Span of Control）也叫管理跨度、管理宽度，是指一个管理人员能够直接有效地指挥、监督的下属人数。由于受到时间和精力限制，管理人员能够直接指挥的下级数量是有限的，管理幅度在很大程度上决定了组织中管理层次的数目及管理人员的数量。

管理层次是组织中管理等级数，表明了从组织最高领导者到基层工作人员之间指挥关系的层数。显然，管理层次受到组织规模（人员数量）和管理幅度的影响。在组织规模一定的情况下，管理层次和平均管理幅度成反比。

2. 锥型结构和扁平结构

管理层次与平均管理幅度的反比关系决定了两种基本组织结构形态："锥型结构"和"扁平结构"。当组织规模一定时，管理幅度越窄，管理层次就越多，其组织结构显得高、尖、细，通称为"锥型结构"，也叫金字塔结构、科层式组织。相反，管理幅度越宽，层次就越少，其组织结构显得扁平，通称为"扁平结构"。

（1）锥型结构管理幅度较小，可使管理者仔细分析从下属那里得到的有限信息，并对每个下属进行详尽指导。锥型结构体现出管理严密、分工和权责关系明确、有利于控制和增强管理者权威、为下级提供晋升机会多等特点。锥型结构也存在一些局限性：管理层次过多，降低了信息在基层和高层间传递的速度，使上下级意见沟通和交流受阻，并且信息传递过程中可能被各级主管加工扭曲，导致信息失真；管理严密，可能影响下属的主动性和创造性；同时，管理层次过多，需要管理人员增加，管理成本也会增加。

（2）扁平结构的优点与局限性与锥型结构正好相反，其优点是：信息传递经过的层次少，失真可能性较小，信息传递速度快，有利于高层尽快发现问题，及时采取纠偏措施；管理幅度较大，控制相对宽松，有利于下属自主性和首创精神的发挥；管理层次少，管理人员总数相对较少，管理成本较低。扁平结构的局限性是：对管理者素质要求较高，难以对每位下属进行充分、有效的指导和监督；同级间沟通变得困难；下级晋升机会少等。

总体来看，随着管理信息化技术的发展，为提高管理效率、节约管理成本，扁平结构是组织结构未来的发展趋势。

3. 影响管理幅度的因素

在管理实践中，管理幅度差别较大，多则10～25人，小则3～6人。影响管理幅度因素很多，了解这些因素，有助于管理者合理地设置管理幅度和管理层次，提高组织效率。具体来说，影响管理幅度的因素包括以下几个方面。

（1）主管人员及其下属素质和能力。如果主管人员理解能力、表达能力和指挥能力等较强，可以直接指挥较多下属；同时，如果下属训练有素，工作经验丰富，独立工作能力强，那么，就可以减轻主管负担，加大管理幅度。

（2）主管所处管理层次。一般来说，主管管理层次越高，决策性工作量越大，责任也更为重大，难以有精力直接指挥、协调太多下属，所以，越往高层，管理幅度一般越小。

（3）工作内容和性质。一般来说，简单、重复的工作，主管对下属工作指导和建议大体相同，管理幅度可以大一些；具有挑战性、创造性的工作，管理幅度应相对较小。

（4）计划完善程度。如果计划制订得较为完善，目标清晰、分工明确、对步骤及其衔接中可能出现的问题考虑周密，那么协调和控制的工作量会相对减少，管理跨度就可以大一些。

（5）非管理性事务多少。主管作为组织不同层次的代表，须占用相当多的时间去处理一些非管理性事务，耗费不少时间和精力，不利于管理幅度扩大。

（6）助手配备情况。主管是否配备有助手，以及助手是否有能力成为主管的有力臂膀、在主管授权下进行联络和处理一些日常事务，这点也是影响管理幅度的因素之一。

（7）管理信息技术应用情况。借助先进信息技术去收集、存储、处理和传输信息，有助于管理者快速掌握信息，科学地进行决策，自如地处理分内事务，从而扩大管理幅度。

（8）工作地点的相近性。工作地点过于分散，不利于上下级联络，造成沟通困难，不利于主管管理幅度扩大。

（9）工作环境的稳定性。稳定的环境，有利于管理政策和制度的稳定，使主管无须在管理方面做出太多调整，这样管理幅度就可以大一些；反之，管理幅度应小一些。

第三节　组织结构形式

一、两种基本组织结构形式

（一）机械式组织

也被称为官僚式组织，体现了传统组织设计原则。机械式组织具有高度复杂化、高度正规化和高度集权化的特性。具体表现为：具有严格层级关系和正式职权层级链，坚持统一指挥原则，每个人只接受一个直接上级指挥，组织权力集中在金字塔顶层。每个职位都有固定职责，成员之间按照正式渠道进行沟通。职能制、直线参谋制等具有机械式组织特征。

（二）有机式组织

也叫适应性组织、弹性组织、柔性组织等，体现了现代组织设计原则，有机式组织具有低度复杂化、低度正规化和分权化特性，反应灵活，具有较高适应性。这种组织结构较为松散，保持低度集权。一般不具有标准化工作内容和规章制度，员工多是职业化的，工作技巧熟练，能够处理多种多样的问题，在工作中不要太多正式规则和监督。员工之间保持高度合作，经常采用非正式沟通，职位与职务随时变化和调整。矩阵结构、网络结构、委员会结构等具有有机式组织特征。

二、常见的组织结构形式

对常见组织结构形式，可从横向结构、纵向结构以及相互职权关系进行分析和理解，掌握各种结构形式优缺点、适用范围。

（一）直线制

直线制结构（Tall Structure）也叫单线制或军队制结构，是最早、最简单、最基本的组织结构形式。其特点是组织中只有纵向直线指挥系统，没有职能机构，各级主管人员对所属下级拥有直接指挥的一切职权，组织中每一个人只向一个直接上级汇报工作。组织结构低度复杂化、低度正规化、高度集权。如图8-1所示。

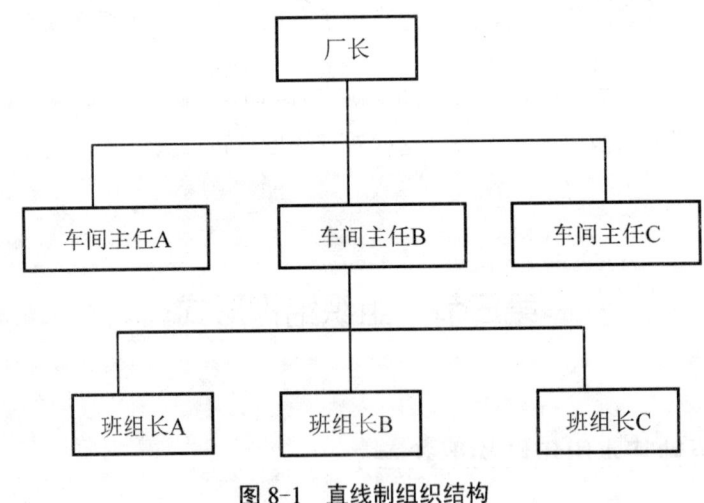

图 8-1 直线制组织结构

直线制结构的优点是：结构简单，管理成本较低；权力集中，指挥统一，责任明确；信息沟通快捷，决策迅速，容易把握机会；有利于强化各级主管人员责任心。直线制结构的缺点是：对综合管理能力要求高；管理者陷入日常事务中，不利于集中精力思考重大问题；权力集中于最高管理者，容易造成滥用权力和权力更替问题，可能会给组织带来重大损失；组织结构较为僵化，缺乏弹性，不利于部门间协调。

适用对象：一般来说，直线制组织只适用于那些规模较小、任务比较单一、人员较少、没有必要按职能实行专业化管理的小型组织，或者是适用于现场的作业管理。

（二）职能制

职能制结构（Functional Structure）也叫多线制结构。其特点是在各级直线指挥人员之下，按专业分工设置相应职能机构，这些职能机构受上一级直线指挥人员领导，并在各自职能范围内有权向下级发布命令、指示。因此，下级直线主管除了接受上级直线主管指挥外，还必须接受上级职能机构指挥。如图8-2所示。

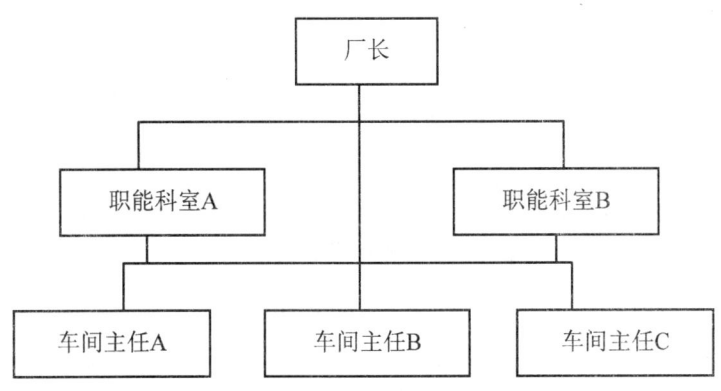

图8-2　职能制组织结构

职能制结构的优点是：适应现代组织技术比较复杂和管理分工较细的特点，能发挥职能机构专业管理作用，专业化程度和水平大大提高；减轻了上层主管的负担，提高了管理成效；能选拔和培养各类专业管理者。职能制结构的缺点是：破坏了统一指挥原则，形成了多头领导；容易造成管理混乱、直线主管和职能部门争权卸责现象。

适用对象：任务较复杂的社会管理组织和生产技术复杂、各项管理需要具有专门知识的企业管理组织。由于职能制结构缺点明显，现代组织一般较少采用。

（三）直线参谋制

直线参谋制也被称为"U—型组织"或"单元结构"（U-form Organization, Unitary Structure），它综合了直线制和职能制两种组织结构的优点，并力图克服其缺点。以直线管理为主，直线主管在自己职责范围内有决定权，对下属进行命令和指挥，并负全部责任。参谋部门和人员是直线主管参谋和助手，只能对下级部门提供建议和业务指导，没有命令和指挥权。如图8-3所示。

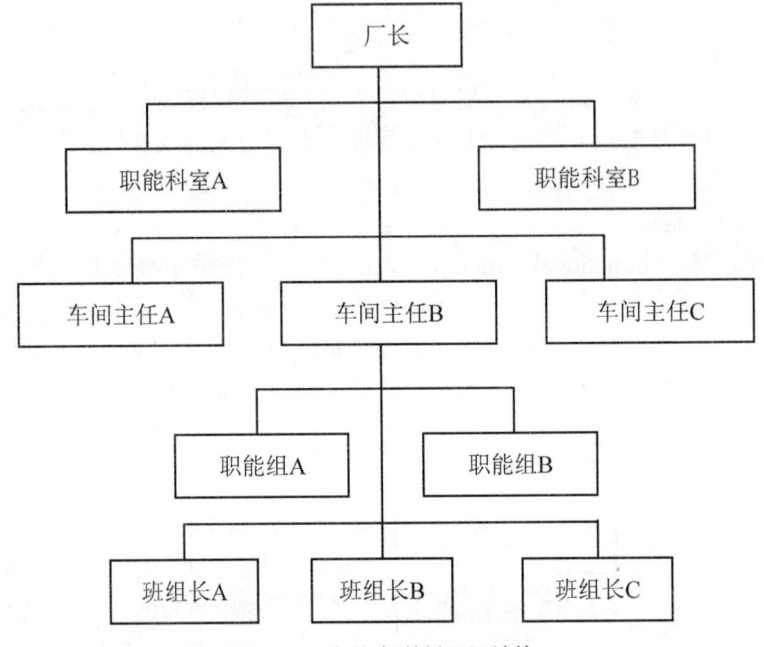

图8-3 直线参谋制组织结构

直线参谋制结构的优点是：综合了直线制和职能制的优点，既保证了统一指挥，又能发挥专业管理的长处，组织形式较为稳定；参谋部门发挥参谋作用，为直线主管提高了工作效率。直线参谋制结构的缺点是：参谋部门和直线部门可能出现目标不一致，关系较难协调，易产生矛盾。

适用对象：复杂但相对来说比较稳定的组织，尤其是规模较大的组织。

（四）事业部结构

事业部结构（Divisional Structure）是20个世纪20年代由美国通用汽车公司领导人斯隆创立的，所以又称斯隆模型。特点是"集中决策，分散经营"，即在总公司统一领导下，按产品、地区或顾客划分若干事业部（或分公司），事业部是利润中心，拥有相对独立的产品和市场，自主经营、独立核算、自负盈亏；总公司是决策中心，一般掌握监督、预算控制和主要人事决策权，主要通过利润等指标对事业部进行控制，其他权力尽量下放。如图8-4所示。

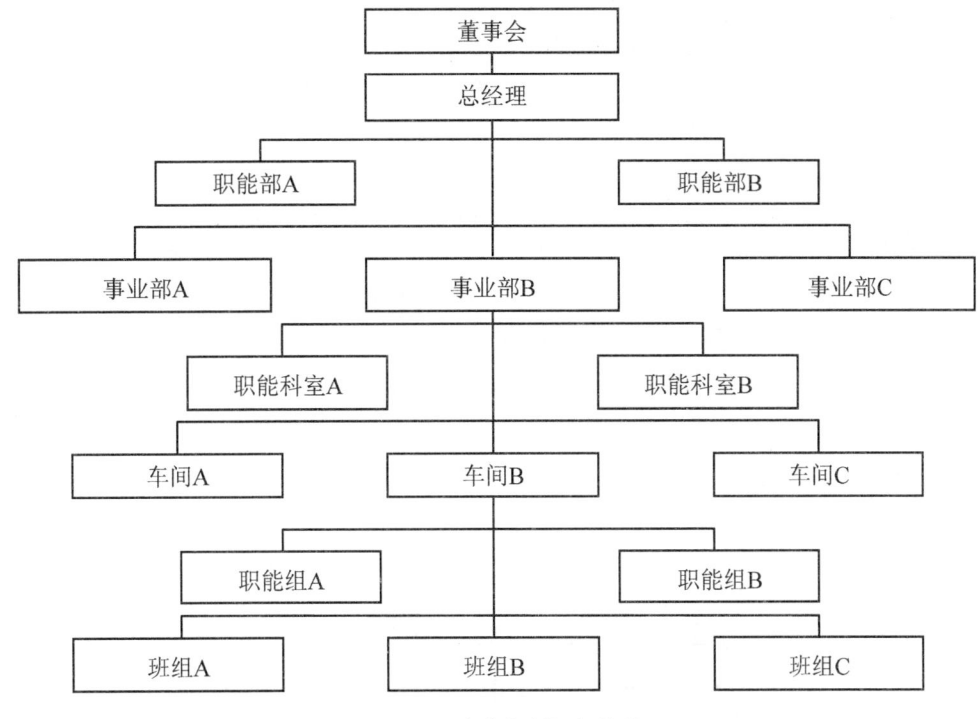

图 8-4 事业部制组织结构

事业部结构的优点是：有利于高层领导摆脱日常事务，集中精力做好战略决策和长远规划；各事业部是利润中心，有利于调动经营者积极性和主动性，对市场变化快速反应，提高公司整体灵活性与主动性；有利于培养综合型管理人才。事业部结构的缺点是：各事业部相对独立，往往只重视自身利益和短期利益，忽视了整体利益，相互支援和配合较差；机构重复建设，造成管理人员浪费，管理成本加大；对事业部一级管理人员的业务和管理水平要求较高，只有知识和能力全面才能胜任。

适用对象：规模庞大，品种繁多，技术复杂的大型企业、跨国公司、多元化经营企业。

20 世纪 70 年代中期，随着大企业迅速扩张，事业部越来越多，带来了管理困难。为了加强对各事业部的管辖和协调，使最高管理层能集中精力于更重要的战略决策，在最高管理层与各个事业部之间增加了一层管理机构——超事业部，于是出现了超事业部制（也叫"执行部制"）。

资料：美国通用电气公司（GE）在 20 世纪 50 年代初有 20 个事业部，到 1967 年扩张到 50 多个，加大了组织内部协调成本；进入 20 世纪 70 年代，美国经济停滞，企业经营艰难。从1971年开始，GE在最高领导和事业部之间设立了5个"超事业部"（执行部），统辖协调所属事业部活动，由副总经理负责；事业部日常事务决策，向执行部报告，以加强协调。1978年1月这种体制正式确立，其后一些大企业也相继采用类似结构。

（五）模拟分权制

模拟分权制结构（Simulation of Decentralized Structure）又称"模拟分散管理组织结构"，是一种介于直线职能制和事业部制之间的结构形式。所谓模拟，就是要模拟事业部相对独立经营、独立核算，但不是真正的事业部，实际上是一个个"组织单元"。这些"组织单元"一般按生产区域或生产阶段划分，它们拥有较大自主权，有自己的职能机构，负有"模拟性"盈亏责任。各"组织单元"之间产品交换及经济核算，依据是组织内部的价格，而不是市场价格。采用模拟分权制结构目的是要调动各"组织单元"生产经营积极性，达到改善经营管理的目的。如图8-5所示。

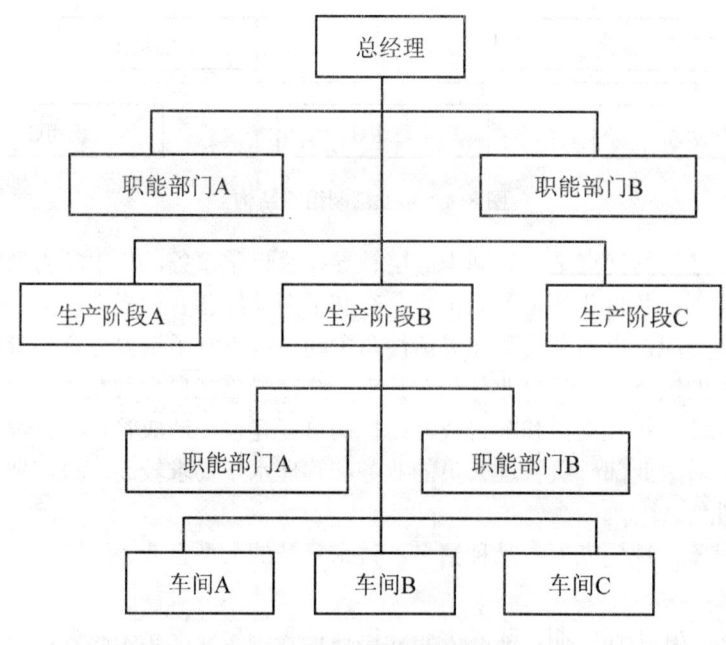

图8-5　模拟分权制组织结构

模拟分权制结构的优点是：解决了企业规模过大而不易管理的问题；调动各生产单位的积极性；高层管理人员将部分权力授权给生产单位，易于把精力集中到战略问题上来。模拟分权制结构的缺点是：难以明确每一位组织成员任务，造成考核困难；各生产单位领导人不易了解企业全貌，在信息沟通和决定权利分配方面也存在着明显缺陷。

适用对象：适用于大型化工、钢铁及各类原材料生产等工业企业，以及银行、医药、保险等服务行业。

（六）矩阵制结构

矩阵制结构（Matrix Structure）从项目小组形式发展而来，在该结构中，既有纵向职能系统，又有横向的为完成某项专门任务（如新产品开发）而设计的项目系统，两者有机结合，形成矩阵。矩阵制结构也称作"规划—目标"结构，其特点是：①组织成员一般要接受双重领导，既与原职能部门保持联系，又参加产品或项目小组工作；②职能部门一般是固定组织，项目小组是临时组织，没有固定工作人员，由有关职能部门派人参加，任务完成即解散，回到原职能部门工作，若有新项目则重新组合。如图8-6所示。

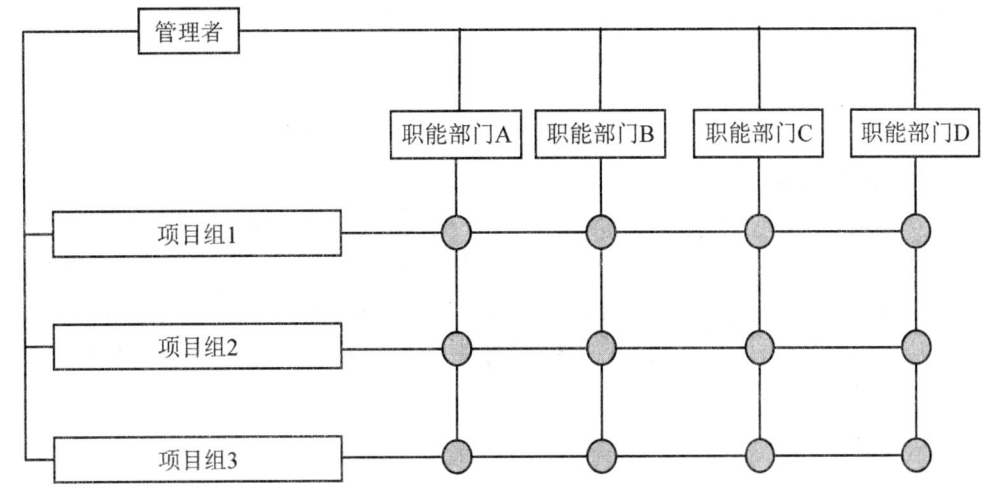

图8-6 矩阵制组织结构

矩阵制结构的优点是：加强了各职能部门之间的横向联系与资源配合，能促进新观点和新思路产生，有利于形成整体合力；专业人员和专用设备能够得到充分利用，能提高完成任务专业化程度和速度；具有较大机动性，有助于激发组织成员的积极性和创造性。矩阵制结构的缺点是：双重领导容易产生责权不清，横向部门和纵向部门间容易出现分歧与矛盾等；双重领导并不总是保持一致，可能使下属难以适从；组织结构关系错综复杂，对管理者要求较高；可能导致项目组短期行为，长期责任难追究。

适用对象：适用于横向协作和攻关项目，特别适用于科研单位，尤其是应用性研究单位，可用于完成重大工程与项目、单项重大事务等，也可作为一般组织中安排临时性工作任务的补充结构形式。

(七) 多维立体制结构

多维立体制结构 (Multidimensional Stereo Structure) 又称为多维组织，是综合矩阵制与事业部制机构形成的复合结构形态，由美国道康宁公司于1967年首创。这种组织结构一般包括三类管理机构：按产品划分的事业部，是产品利润中心；按职能划分的专业参谋机构，是专业成本中心；按地区划分的管理机构，是地区利润中心。事实上，这种结构在具体操作中较为灵活。例如，一家大型日本电子公司在进行部门化时，根据职能类型来组织其各分部；根据生产过程来组织其制造部门；把销售部门分为7个地区工作单位；又在每个地区根据其顾客类型分为4个顾客小组。

多维立体制结构的优点是：综合了事业部制、矩阵制结构的优点。强调多个方面管理机构协调一致，各部门紧密配合，集思广益，共同决策；有利于高层统筹全局，科学决策。多维立体制结构的缺点是：机构庞大、复杂，沟通协调困难，决策速度慢，管理成本高。

适用对象：从事多种产品开发、大规模生产经营而又需要保持灵活反应的大型跨国、跨地区组织。

(八) 网络型组织结构

网络型结构 (Network Structure) 的中心机构一般小而精干，借助于现代信息和网络通信技术，以契约关系的建立和维持为基础，依靠外部机构进行生产、销售、会计等业务经营活动，自身仅保留最专业、最擅长或最具竞争优势的部分。网络结构中各经营单位之间一般没有资本所有关系和行政隶属关系，只是通过相对松散的契约纽带"横向"联结，建立一种互惠互利、相互信任的机制来进行密切合作。

网络型组织结构的优点是：能灵活选择合作对象，利用和整合外部优势资源，成员间共享技术，减少投资风险；是一种柔性组织，适应性和应变能力强，基于现代信息网络技术，在组织内部与外部环境发生变化时，能快速感知并做出调整；减少了行政层次，增进了上下级直接联系，减少了信息失真。网络型结构的缺点是：加剧了组织资源规划的难度，容易出现管理混乱；某些节点发生问题，很可能快速波及其他节点，存在失控风险；容易泄露商业机密，比如在设计上的创新很容易被负责生产环节的外部组织所窃取。

适用对象：适用于基于现代信息和通信网络的各类公司，耐克公司、阿里巴巴便是典型网络结构，也被称为"虚拟公司"。

(九) 委员会结构

委员会 (Committee) 也是一种常见组织形式，它是为执行某种管理职能而设置的集体组织，由两名以上委员组成，进行集体决策。委员会通常由各部门各层次代表组成，委员们权力平等，按少数服从多数的原则进行决策并采取集体行动。

委员会有多种类型，从存续时间上看，有临时委员会，如奥运会组委会，也有常设委员会，如人大常务委员会；从职权性质上看，有发挥直线指挥作用的委员会，也有发挥参谋作用的委员会，有些委员会只涉及某个专门职能，而另一些则是综合性质的；从层次上看，有些委员会存在于较高管理层次，如中央常务委员会，而另一些则存在于组织的中间层或较低管理层，如院系团委会；此外，还有决策型委员会，如董事会，也有执行型委员会，比如解决某一专项问题的委员会。

委员会结构的优点和缺点正是集体决策的优点和缺点，关于这一内容，本书第四章第一节已有介绍，这里从略。

适用对象：处理组织中具有全局性、长远性的重要问题，时间较为充分时，可组建委员会进行充分讨论；对于一些经常性的专项管理职能或临时性的突击工作，以及在处理涉及不同部门利益和权限问题时，也可组建委员会进行管理。慎重选择有代表性和合作精神的委员，并选举出有组织能力和大局观念的委员会主席，这是极为关键的。

以上介绍了几种常见的组织结构形式。最后，应当指出：组织结构形式并不是截然对立的，而应当相互结合，灵活运用。例如，某个组织在整体上是事业部制结构，在某个事业部内则可能采用职能制结构。

三、组织结构的发展趋势和新型组织结构形态

从当前各国特别是发达国家的组织管理实践来看，随着组织所面临的环境日益动态化和复杂化，组织结构的发展呈现出新的趋势，主要特点有：①重心两极化；②外形扁平化；③运作柔性化；④结构动态化。流程型组织、无边界组织、集团控股型组织、团队型组织等新型组织结构形式相继涌现。

（一）流程型组织

这种组织结构的特点是：①体现顾客和市场导向，围绕顾客和市场需求，组织工作流程；②以组织各种流程为基础来设置部门，决定人员分工，在此基础上建立和完善组织各项职能；③减少组织纵向层级，使组织结构扁平化，同时打破部门边界，注重横向合作与协调；④鼓励各部门成员互相合作，共同追求流程绩效，而不是个别部门或个别活动绩效；⑤强调信息技术的重要性，以自动化、电子化来提高工作效率。

（二）无边界组织

组织边界一般有纵向边界、横向边界和外部边界三种。纵向边界是由划分组

织层级引起的，横向边界由工作专业化和部门化形成，外部边界是组织与其客户、供应商及其他利益相关者之间的界限。"无边界"是指要打破组织边界，保持灵活性和非结构化，主要做法是：①打破纵向边界，通过组建跨层级团队、采用参与式决策来削减指挥链，扩大管理幅度，使组织扁平化；②打破纵向边界，取消各种职能部门，在组织内组建跨职能团队，充分授权，围绕工作流程进行相关活动；③打破外部边界，与外部供应商、客户包括竞争对手进行战略合作，建立联盟。

（三）集团控股型组织

集团控股型组织是指通过企业之间控股或参股，形成由母公司、子公司和关联公司组成的企业集团。这种结构是公司分权的一种形式，是进行非相关多元化经营的企业集团经常采用的组织结构形式。母公司对非相关或弱相关经营业务不直接管理和控制，而代之以持股控制。母公司与子公司、关联公司在法律上各为独立法人，子公司与关联公司对具体业务有自主经营权。集团控股型组织能够相对降低经营风险，子公司有较强责任感和经营积极性。但是，母公司对子公司的影响较间接、缓慢，同时缺乏必要的战略联系和协调。

一、案例

Gerry Leed 和 Lilo Leed 是一对夫妇，联手经营 CMP 出版公司。1971 年该公司建立后，所设立的组织将所有重大决策都集中在他们夫妇手中，公司运作得非常好。

1987 年情况发生了变化：想约见戈里的人早上 8：00 就要在办公室外等候。员工越来越难以得到对日常问题的答复。要求快速反应的决策常常被耽误。当初设计的组织结构，已经不适应用于公司了。

认识到这一问题后，公司进行了重组：①在公司内设立分部，每个分部配备一名经理，授予足够的权力；②设立出版委员会负责监管这些分部，他们夫妇和各分部经理都是该委员会成员，分部经理向委员会汇报工作，委员会负责确保各分部按公司总战略运作。

公司改组后的效果是：出版刊物增加到 14 种，年销售额达到 2 亿美元，收益按每年 30% 的速度增长。

CMP 出版公司的案例说明了什么呢？答案是：在组织演进过程中选择合适结构是至关重要的。

问题：哪些因素影响着 CMP 出版公司组织结构变化？随着 CMP 出版公司进一步发展，还有哪些组织结构形式可能适合它？

二、重要概念

组织结构，职务分析，部门化，管理幅度，管理层次，锥型结构，扁平结构，机械式组织，有机式组织，直线制，职能制，直线参谋制，事业部结构，模拟分权制，矩阵制结构，多维立体制结构，网络型组织，委员会，流程型组织，无边界组织，集团控股型组织

三、问题

1. 组织结构设计的内容和任务分别是什么？
2. 组织结构设计有哪些影响因素？
3. 组织结构设计有哪些原则？
4. 部门划分有哪些标准？
5. 影响管理幅度的因素有哪些？分别产生什么样的影响？
6. 有哪两种基本组织结构形式？分别有什么特点？
7. 常见组织结构形式有哪些？各有何特点？优点、缺点和适用性如何？

四、讨论

1. 美特斯·邦威的前身是位于温州、创建于 1994 年的一个加工厂，在董事长周成建率领下，在国内服装业率先采用"虚拟经营"的业务模式，与广东、江苏等地 250 多家具有一流生产设备、管理规范的国有、集体、外资、合资服装加工厂长期合作，自身只直接运营品牌和管理数据，成为一家"品牌运营商"，实现了快速扩张，如今已位居中国市场本土和国际休闲服品牌前列。查阅相关资料，讨论其组织结构特点和利弊。

2. 查找相关资料，列举 1~2 个新型组织结构的实例，并分析其特点和利弊。

第九章 组织力量的整合

【本章概要】

组织力量分散在不同部门、不同岗位中，管理者应充分整合这些力量，以齐心协力实现共同目标。为此，管理者应学会如何有效地运用权力，充分了解非正式组织、团队型组织的运行特点。本章主要阐述了权力的基础、类型及其特点，直线权力、参谋权力和职能权力三种权力间的相互关系，集权和分权的关系和影响分权的因素，授权的艺术，以及非正式组织和团队建设的相关知识。

【学习目的】

1. 了解权力的含义、构成基础，掌握三种权力的联系与区别
2. 理解集权、分权的关系和影响分权程度的因素
3. 熟悉授权的原则、步骤，理解如何克服授权误区
4. 了解非正式组织的积极和消极影响，学会正确对待非正式组织
5. 熟悉团队特征，了解高效团队的建设策略

第一节 直线与参谋

一、权力及其类型

确定了组织内的职务划分和等级层次之后，明确规定每个职位的权力、职责便是必不可少的工作，也是整个组织得以运转的基础。权力（Power）是指一个人影响他人或组织行为的能力。按来源的基础和使用方式的不同，权力可分为五种：强制权力、奖赏权力、合法权力、专家权力和感召权力。

职权（Authority）是指由组织制度正式确定的，与一定管理职位相关的决策、指挥、分配资源和进行奖惩的权力。职权是组织中的合法权力，来源于某人或某部门的授予，如股东的权力来源于股东大会。职权依附于职位，不依附于个人，一个人离开了管理职位，该离职者就不再享有该职位的任何权力，职权仍保留在原职位上，并授予新任职者。职权可以部分地或是暂时性地委托给下级或是他人来行使，但应规定行使范围和时间。职权关系依据其指向、作用和范围可以划分为以下三种基本类型。

（一）直线权力

直线权力是指上级指挥下级的权力，体现了上下级之间命令与服从的关系。显然，每个管理层主管人员都具有这种权力。在组织结构图上，直线权力用一条由上级部门或人员直通下级部门或人员的直线来表示，它贯穿于组织最高层和最底层的上下级之间，形成一个指挥链。直线权力的特点是：遵守等级链原则，上级有指挥命令权，下级必须贯彻执行，上级不越级发号施令（但可越级检查）；下级对自己直线上级负责，并报告工作，不能越级汇报请示（但可越级上告和建议）。

（二）参谋权力

参谋权力是指组织成员所拥有的向组织其他成员提供咨询或建议，协助其他部门或人员做好工作的权力。参谋权力是一种辅助性权力，其性质是顾问或服务。组织中任何成员都拥有参谋权力。很多时候，管理者会设置专门参谋人员协助管理。参谋权力的特点是：不能向其他部门发号施令，而应为整个组织或某些部门提供服务，发挥助手作用。

（三）职能权力

职能权力指某一人员或部门根据高层管理人员授权而拥有的对其他部门或人员直接指挥的权力。这种有限权力只有在被授权的职能范围内才有效。其特点是分担领导工作负担；加快信息传递速度，提高管理工作效率；保证组织内部政策的一致性。

二、三种权力的关系

当直线权力与参谋权力之间出现矛盾时，可采用"参谋建议，直线指挥"的原则，参谋的建议权，不能干预直线人员权力范围内的活动；在次序上，"先参谋，后指挥"，直线人员为避免决策带来重大损失，可事先征求参谋人员的建议。

直线有大权，职能有特权。在一个组织中，直线人员拥有除上层直线人员赋予的职能部门的职能权力以外的大部分直线权力；职能部门管理人员除拥有指挥本部门下属的直线权力外，还拥有上层赋予的特定权力，可以在其职能范围之内对其他部门及其下属部门发号施令。一般而言，直线权力范围大，职能权力范围小；直线人员拥有指挥权，但职能范围内只能遵从职能部门安排，职能部门也必须在职能范围内执行，不能超出职权范围。

第二节　集权与分权

一、集权与分权

集权是指决策权主要由最高层管理者或某一上级部门掌握与控制，下级部门只能依据上级决定和指示具体执行，没有自主权。从管理实践看，集权是必要的，它能保证组织目标的一致性和组织行动的统一性。但是，权力过于集中会加重上层管理者的负担，影响决策质量，并且不利于调动下级的积极性与培养管理人员。

资料：《三国演义》中描述，刘备死后，诸葛亮怕别人不尽忠职守，立了一条"罚二十以上皆亲览"的制度，事无巨细，都亲自过目。外连东吴，内平南越，六出祁山，整顿戎装，工械技巧等，他都事必躬亲，结果日理万机，留下"出师未捷身先死"的千古遗恨。可悲的是，诸葛亮没有培养出能独当一面的接班人，以致他死后蜀中除了姜维无大将，刘备之子刘禅则成了"扶不起的阿斗"。

分权是组织领导层把其决策权分配给下级组织机构和部门的负责人，使其能够行使这些权力，支配组织某些资源，自主解决某些问题，完成其工作职责。在组织内部要实行分工，就必须分权，但是，过度分权可能会导致各自为政，甚至造成组织瓦解。

组织应当将集权和分权有效结合起来，使组织既能保持目标的统一性又具有足够的灵活性。集权与分权的程度，是随条件变化而变化的，其影响因素有以下数端。

1. 决策代价。一般来说，以经济标准和其他无形标准来衡量，决策失误代价越大，越不适于交给下层决策者，一般由高层主管亲自负责。

2. 政策一致性。集权是达到政策一致性最方便的途径，如果希望保持政策一致性，那么集权程度就应高些。

3. 组织规模。一般而言，组织规模越大，管理层次和部门越多，分权程度就应越高些，这样可以使最高主管能够集中精力进行重要决策，提高管理效率。

4. 组织成长。从成长阶段来看，组织通常在成立初期集权程度较高；随着组织规模逐渐扩大，管理方式开始倾向分权。另一方面，如果组织是通过内部积累由小到大逐级发展起来的，则集权程度较高；倘若是由并购或联合发展起来，则分权程度较高。

5. 管理哲学。专制、独裁的管理者往往小心戒备、不能容忍别人触碰他们的权力，往往采取集权式管理；反之，则会倾向于分权。

6. 管理人员数量及素质。如果管理人员数量充足、经验丰富、训练有素、管理能力强，则可较多地分权。

7. 控制技术与手段。如果控制技术与手段比较完善，主管人员对下属工作和绩效控制能力强，则可较多地分权。

二、授权

人的精力是有限的，管理者不可能亲自监控组织中的所有活动，必须要将一部分权力授予下级。授权是指委派给下属适当权力来完成特定任务的一个过程。这些权力委派给下级之后，上级仍保留着对下级的指挥与控制权。授权是一门科学，更是一门值得钻研的艺术。

（一）授权的优点

授权有很多好处。授权可以使领导者从日常事务中脱身出来，有机会学习新的知识和技能；可以提升被授权者的责任感和工作积极性；有利于培养、锻炼下级；可以发挥下属的专长，弥补授权者才能的不足；可以加强信息的传递，有助于组织建立一种分权的领导机制；此外，还可使上下级关系变得更融洽。

（二）授权的步骤

简单授权没有必要划分步骤，而较为规范的授权可分为以下几个步骤。

1. 确定工作任务。授权的目的在于完成任务、实现目标，所以，授权过程始于工作任务的确定。要下达明确的任务，规定所要实现目标的标准、相应的要求和完成的时限。

2. 明确被授权人。要选择好被授权者，即授权对象，要考虑其工作能力和意愿、考虑其目前工作量大小、考虑其工作类型是否吻合，做到因事择人、视能授权。

3. 明确其权力和责任。领导者要将完成任务、实现目标所需的相应类型和相应限度的权力授予下级。要做到权责对等，并使责任与一定利益挂钩。授权中，要特别注意明确权力界限，切不可含糊不清，令出多门。还要注意给予下级充分信任，全力支持，放手使用。同时注意传授工作要诀，并一定要公开授权。

4. 监控与考核。在下级运用权力推进工作的过程中，要以适当的方式与手段，进行必要的监控，保证权力的正确运用与组织目标的实现。在工作任务完成后，要对授权效果、工作实绩进行考核与评价。

（三）授权的原则

授权过程中要遵循的原则有以下几个方面。

1. 重要性原则。必须建立在相互信任的基础上。所授权力不能是一些无关紧要的部分，要敢于把一些重要权力放下去。

2. 适度原则。必须建立在效率的基础上。授权过少往往造成主管者的工作量过大，授权过多又会造成工作杂乱无序，甚至失控。

3. 权责一致原则。必须向被授权人明确所授事项、目标要求、权责范围，使下属得以清楚地开展工作。

4. 相近原则。这个原则包含两层意思：一是不要越级授权，越级授权可能会造成工作混乱，导致管理机构失衡，破坏管理秩序；二是应把权力授予最接近做出目标决策和执行的人员，保证一旦发生问题可立即做出反应。

5. 加强监督控制原则。建立反馈渠道，及时检查工作完成情况和权力使用情况。

6. 动态原则。从实际需要出发授权，针对下级的不同环境条件、不同目标责任及不同的时间，应该授予不同权力。

第三节 非正式组织及团队建设

一、非正式组织与正式组织

（一）非正式组织的定义与特征

非正式组织是人们在共同工作过程中自然形成的以感情、喜好等情绪为基础的、松散的、没有正式规定的群体。非正式组织可以是一个独立团体，比如学术沙龙、业余俱乐部等，也可以是一种存在于正式组织之中的无名而有实的群体，如师徒关系、同学关系、同事关系中非工作内容的来往。

非正式组织具有以下特征：它是自发形成的，没有明确的结构和形态，可辨识性差，但具有较强的内聚力；其主要作用是满足个人的不同需要；一经形成，会产生各种行为规范，约束和调整个人的行为；其规范可能与正式组织目标一致，也可能不一致，甚至发生抵触；往往有一位或多位核心人物，对非正式组织的行动方向起主导作用。

（二）非正式组织与正式组织的区别与联系

正式组织与非正式组织是相对而言的。正式组织具有明确的目标、任务、结构，以及相应机构、职能和成员权责关系、活动规范。政府机关、军队、学校、工商企业等都属于正式组织。非正式组织则没有固定编制，其成员之间的相互关系、权利义务和职责范围取决于成员自发自愿、约定俗成的共同行为规范。正式组织活动以理性为原则,以效率和成本为主要标准,非正式组织则以感性为原则,以精神奖励为标准。非正式组织伴随着正式组织的运转而形成,常存在于正式组织之中,给正式组织的运行带来积极或消极的影响。

二、非正式组织的影响

(一)非正式组织的积极影响

非正式组织可以作为正式组织的支持力量,当非正式组织的目标和利益与正式组织的目标和利益相类似时,有助于正式组织目标实现,具体体现在:

1. 可以使组织成员获得"归属感"、"安全感",丰富业余生活,排解工作压力,起到"安全阀"作用;

2. 可以促使组织成员在志向、情趣、工作技能等方面相互帮助和学习,共同提高;

3. 有利于形成融洽的人际关系,增强向心力和凝聚力,促进工作中紧密配合,提高生产效率;

4. 非正式组织还具有对管理人员的监督作用,使管理人员在计划与行动方面更加谨慎。同时,非正式组织对那些严重违反正式组织纪律的害群之马,可能会按照自己的规范、采用特殊形式予以惩罚。

(二)非正式组织的消极影响

非正式组织使得人事关系复杂化,当非正式组织的目标或利害关系与正式组织相冲突时,就会阻碍正式组织发展,产生消极作用,主要表现在以下几个方面。

1. 当非正式组织的观念与正式组织不一致时,可能会阻碍正式组织活动的开展。比如,对于正式组织倡导的有益生产的竞赛活动,非正式组织可能认为相互竞争会造成非正式组织成员不和,从而设法阻碍和破坏竞赛的展开。

2. 当正式组织结构发生变革或组织制度变动危及非正式组织存在时,其成员便会一致抵制这种变革。

3. 非正式组织成员间交往频繁,信息传递快捷,易于导致小团体主义和谣言流传,对组织内信息传递、功能运作等产生阻碍甚至扭曲的反作用。

4. 非正式组织中普遍存在着"从众行为",可能会束缚成员个人发展,有才华、有想法的成员可能为了保持与非正式组织成员一致,难以正常表现。

三、正确对待非正式组织

对正式组织发展有利的非正式组织,管理者应给予支持与鼓励,充分发挥其积极影响;对于带来不利影响的非正式组织,应善于引导与协调,控制其影响。

1. 正确认识非正式组织,允许乃至鼓励良性非正式组织的存在。比如,将性情相投、有共同爱好的人安排在同一部门或相邻工作岗位上，以利于相互接触了解；适时开展一些学习互助、联欢会、茶话会等集体活动，以促进成员感情交流。

2. 引导和利用非正式组织发挥积极作用。可通过建设和宣传正向组织文化来影响成员的工作和生活态度，保持非正式组织成员的工作积极性。在管理人员做出决策并准备付诸实施时，可借助非正式组织的力量，使成员迅速接受并较好地完成任务。

3. 在正式组织与非正式组织利益发生冲突时，管理人员应当在坚持组织利益的原则上，适当考虑非正式组织的利益要求，以便争取非正式组织的配合。

4. 尽量少用行政方法或其他强硬措施来干涉非正式组织活动，但对于严重危害正式组织利益的小团体、各宗派等，应当严格加以限制，在劝说无效的情况下，适时采用行政手段调离、处分，甚至开除某些主要成员，以免造成更大不良影响。

5. 重视非正式组织中核心人物的作用。非正式组织中"群体领袖"的地位举足轻重，甚至比正式组织主要领导人的影响力和号召力还要强。要注意发现"群体领袖"，并取得他们的合作与支持，通过他们去影响其他非正式组织成员行为。

总而言之，应注重培育、引导和利用非正式组织，但不应当使其居于支配地位。在任何情况下，非正式组织都应当是正式组织有益的补充。

四、团队建设

团队是一个群体，由两个或两个以上的人组成，他们相互作用，相互依赖，为了特定目标而按照一定规则结合在一起。

（一）团队的特征

团队是群体的一种，但又有着不同于普通群体的明显特征：①互补性，即团队成员往往具备不同能力、才干、经验和背景，相互补充；②自主性，即团队成员往往平等协商、自主决策和自我管理；③协作性，即团队成员相互协作，团队领导与成员共同承担责任；④高绩效，即团队绩效大于个人绩效之和，这是团队最重要的特征。

（二）团队的类型

根据团队存在目的和拥有自主权的大小可将团队分成以下四种类型。

1. 问题解决型团队。团队成员一般就如何改进生产质量、提高生产效率、如何改变传统流程和工作方法相互交流，分析问题、提出建议，但一般没有采取实际行动的权力，问题确认和改进措施的采取由管理层最终把握。

2. 自我管理型团队。20世纪80年代以来，自我管理型团队在美国企业组织中大量出现。这种团队的功能包括：控制工作节奏，决定工作任务分配与绩效目标，直接与客户、供应商打交道等。上级组织对自我管理型团队的控制程度较弱，团队自主权力较大。彻底的自我管理型团队甚至可以自己雇用员工，并让成员相互进行绩效评估。

3. 多功能型团队。由来自同一等级、不同工作领域的员工组成，成员之间交换信息，激发新观点，解决面临问题，协调复杂项目。团队成员需要具有很高的合作意识和个人素质，团队的形成需要一定的磨合期。

4. 虚拟型团队。现代信息通信技术飞速发展，突破了合作时空限制，虚拟团队应运而生。虚拟团队成员一般分散在远距离的不同地点，成员间通过现代通信技术相联系，完成共同目标和任务。有些成员可能来自不同组织，其工作时间可以交错。

（三）建设高效团队

建立高效团队的策略有以下几点。

1. 确立清晰的目标。通过宣讲和描绘，让团队成员共同树立清晰一致的目标，共同目标是团队凝聚力的基础。

2. 挑选具有合作精神的成员。合作精神至关重要，团队成员应相信集体力量和智慧，相信通过集体能够实现自我抱负，达到双赢或多赢。在此基础上，才有合作的可能性。

3. 成员应具备相关互补性技能。一般来说，团队应整体具备概念技能、技术技能和人际技能，成员中必须有人具备有关技能，同时还愿意并且能够担任必不可少的各种角色，比如决策者、监督者、协调者等。

4. 培养成员间充分的了解和信任。创造机会，让团队成员通过一定时间的磨合与沟通，建立深入的了解和信任，形成合作的基础。

5. 对团队整体进行激励。树立团队荣誉、名声和旗号，对团队整体进行奖励，让团队内部进行成员间分配，培养成员集体荣誉感。

6. 重视内部基础和外部基础。内部基础包括适当培训，建立一套易于理解的用以评估团队绩效的测评系统，以及起支持作用的人力资源系统，包括相关人事制度、奖惩制度等；外部基础包括应有重视团队建设高层领导、相关经费、场地和政策支持等。

一、案例

苏·雷诺兹今年22岁，即将获得哈佛大学人力资源管理本科学位。在过去两年里，她每年暑假都在康涅狄格互助保险公司打工，填补去度假员工的工作空缺，因此她在这里做过许多不同类型的工作。目前，她已接受该公司的邀请，毕业后将加入互助保险公司，成为保险单更换部主管。

康涅狄格互助保险公司是一家大型保险公司，仅苏所在总部就有5000多人。

公司奉行员工个人开发，这已成为公司的经营哲学，公司自上而下都对员工十分信任。苏将要承担的工作要求她直接负责25名职工。他们的工作不需要什么培训而且高度程序化，但员工责任感十分重要，因为更换通知要先送到原保险单所在处，要列表显示保险费用与标准表格中的所有变化；如果某份保险单因无更换通知的答复而将取消，还需要通知销售部。

苏工作的群体成员全部是女性，年龄从19岁到62岁，平均年龄为25岁。其中大部分人是高中学历，以前没有工作经验，她们的薪金水平为每月420美元到2070美元。苏将接替梅贝尔·芬彻的职位。梅贝尔为互助保险公司工作了37年，并在保险单更换部做了17年的主管工作，现在她退休了。苏去年夏天曾在梅贝尔的群体中工作过几周，因此比较熟悉她的工作风格，并认识大多数群体成员。她预计除了丽莲·兰兹之外，其他将成为她下属的成员都不会有什么问题。丽莲今年50多岁，在保险单更换部工作了10多年。而且，作为一位"老大姐"，她在员工群体中很有分量。苏断定，如果她的工作得不到丽莲的支持，将会十分困难。

问题：丽莲在组织中有怎样的身份和地位？为了赢得丽莲的支持并对她进行有效的管理，你有何建议？

二、重要概念

强制权力，奖赏权力，合法权力，专家权力，感召权力，直线权力、参谋权力，职能权力，集权，分权，授权，非正式组织，问题解决型团队，自我管理型团队，多功能型团队，虚拟型团队

三、问题

1. 什么是权力？权力构成基础有哪些方面？
2. 组织内部职权关系可划分为哪三种基本权力类型？其相互间的关系如何？
3. 过分集权所导致的弊端包括哪些？
4. 影响分权程度的因素有哪些？
5. 授权有哪些好处？
6. 较为规范的授权可划分为哪几个步骤？
7. 什么叫非正式组织？怎样合理利用非正式组织？
8. 团队与一般群体的有什么区别？

四、讨论

1. 内陆银行总裁大卫·拜伦一直坚守这样的准则：一是决不让自己超量工作；二是授权他人后立刻忘掉这回事。你对这样的准则怎么评价？
2. 下面四个群体中，哪些是团队，哪些是普通群体？为什么？

- 龙舟队   · 旅行团   · 足球队   · 候机旅客

第十章 领导理论与方法

【本章概要】
俗话说，火车跑得快，全靠车头带。卓越的领导者在各领域发挥着强大的领导作用。对领导力的研究风靡全世界，以至于形成一门新的学问：领导学。本章主要阐述领导的概念、本质、权力的来源，领导相关理论，以及领导方法和艺术等。

【学习目的】
1. 理解领导与领导者的基本概念
2. 理解领导者与管理者之间的差异
3. 熟悉特质、行为与权变三类主要领导理论
4. 了解用人、处事等常用领导方法与艺术

第一节 领导概述

美国艾森豪威尔将军是第二次世界大战时期的盟军指挥官,诺曼底登陆之前,一次他在英国打高尔夫球,记者采访他："前线战势紧急，您怎么还有心情打球啊？"他说："我不忙，我只管三个人：大西洋有蒙哥马利，太平洋有麦克阿瑟，喏，在那边捡球的是马歇尔。"其手下有百万大军，而诺曼底登陆事关重大，后被证明是第二次世界大战的转折点。难道他真只管三个人吗？不是。是因为他拥有高超的领导水平。

一、什么是领导

（一）领导的定义及本质

领导就是领导者通过指挥、引导和激励等手段影响被领导者去实现群体目标的过程。影响力是领导的本质，也是实现领导的标志。领导者通过对被领导者施

加影响，使被领导者为实现群体目标而努力。

（二）领导的地位与作用

领导可视为管理活动的职能之一，是否具有卓越的领导是组织成败的重要原因之一。领导职能发挥着三大作用。①引导作用：领导者高瞻远瞩，帮助人们认清当前形势，指引正确的前进方向，并以自己的行动为表率；②协调作用：领导者及时协调组织的内部矛盾和外部矛盾，保证组织团结一致去实现目标；③激励作用：领导者从物质和精神方面采用各种手段对被领导者进行激励，以激发斗志、坚定信念。

（三）领导权力从哪里来

领导者对被领导者施加影响的基础是权力。权力有时来自职位，有时又与职位无关。国际管理学界广泛认为，领导权力来自以下五个方面。

1. 合法权（Legitimate Power）。产生于正式职位所赋予的职权，往往是级别越高，权力越大。比如预算审批权力、人事调配权力、制定规章制度的权力等。

2. 奖赏权（Reward Power）。是对他人进行奖赏，吸引他人追随的权力。奖赏形式包括提拔、加薪、给予某种荣誉等。

3. 强制权（Coercive Power）。是对他人进行惩罚，以使他人惧怕和服从的控制权，惩罚形式包括降级、罚款、解聘等。

4. 模范权（Referent Power），也叫作感召权。模范权的基础是某人具备的道德、品质、人格等，能对追随者产生精神感召力。

5. 专长权（Expert Power）。是某人拥有的专业知识或特殊技能，使得他人信任、学习，并因此而受益，产生敬佩之情并自愿听从。

以上五种权力中，前三种与职位有关，统称为职位权力，简称职权；后两种与职位无关，而与个人能力、特质有关，称为个人权力。职位权力由组织正式授予，在职就有权，一旦离职权力也就消失；而个人权力只与个人魅力有关，无论在职还是离职，个人权力始终如影随形。

二、领导者与管理者的比较

管理者是处在某个管理岗位上实施管理活动的人。当此人离开了管理岗位，就不再是管理者。领导者是指实施领导活动的人，其主要依靠个人权力，与职位没有必然联系。领导本质是影响力，一些没有职务在身的人，却拥有较大的影响力，发挥着实质领导作用。邓小平在南方进行考察时，已经辞去了党内外一切职务，可谓"无官一身轻"，然而其"南方谈话"依然影响巨大。

从根本上来看，判断某个人是不是领导者，依据是看他有没有通过个人权力来发挥影响力。如果某位管理者在管理过程中既运用了职位权力，又运用了个人权力，那么，他既是管理者，又是领导者。倘若只运用了职位权力，那么他就只是管理者，而不是领导者。为了提升管理效果，管理者应努力培养个人权力，将自己培养成领导型管理者。

除了权力来源之外，管理者与领导者还有其他方面的区别，如表 10-1 所示。

表 10-1　领导者与管理者的区别

	领导者	管理者
权力	个人权力	职位权力
思考	为什么	是什么
目标	长远、全局	眼前、局部
重点	做正确的事（方向、效果）	正确地做事（方法、效率）
行动	创新、发展	常规、模仿

第二节　领导理论

领导理论大致可以分为三类：领导特质理论、领导风格与行为理论以及权变领导理论。领导特质理论盛行于 20 世纪 40 年代以前，领导风格与行为理论在 20 世纪 40~60 年代占主导地位，20 世纪 60 年代中期以后到 80 年代，权变领导理论风靡一时。

资料：在变革时代，国内外越来越重视领导科学的发展。国外领导科学从 20 世纪 20 年代兴起，已经发展了 90 多年。在美国，有 200 多所大学开设领导学课程，哈佛大学设有领导艺术研究所，马里兰大学有专门的领导学系，而在联合国，也成立了领导学院。我国领导科学从 20 世纪 80 年代初开始发展，时间虽短，但年轻而有活力。我国领导科学以研究领导艺术为核心，研究内容包括领导能力、领导体制、选人用人、决策技术等。中共中央要求各级领导都要学习领导学课程，提高执政能力。

一、领导特质理论

（一）西方领导特质理论

一些研究者认为，领导者之所以杰出，是因为他们身上具备特有的素质。研究者对这些素质进行了深入的案例研究、资料分析和广泛调查，形成了领导特质理论。早期领导特质理论认为，领导者的特质是天生的，由遗传因素决定。而现代领导特质理论认为，领导者的特质是后天培养的结果。

杰出领导者究竟具备哪些特质？从 1904 年到 1948 年，专家学者做过 100 多项领导特质研究，1949～1970 年，公开发表的相关研究成果至少有 163 项。美国学者诺尔弗·斯托格狄尔归纳了有代表性观点，提出了领导者应具备的六个特征：

（1）生理特征，如身高、体重、身体状况、年龄、外貌；

（2）社会背景特征，如教育程度、社会地位；

（3）智力与能力特征，如智力、判断力、果断性、知识、口才；

（4）人格特征，如适应性、情绪稳定性、独立性、自信心；

（5）工作相关特征，如责任感、追求卓越、工作主动、重视完成任务；

（6）社会特征，如合作精神、人际技巧、积极参加各种活动。

知名学者吉沙利对于领导特质的研究也颇有意义，他提出了自己的品质理论，还测算出了每项品质的相对重要性。如表 10-2 所示。

表 10-2　吉沙利的品质理论简表

品　　质	重要性	品　　质	重要性
监督能力	100	人际关系	47
职业成就	76	创造性	34
智　　力	64	不慕财富	20
自　　立	63	对权力的追求	10
自　　信	62	成熟	5
决 断 力	61	男性化或女性化	0
冒　　险	54		

（二）我国对领导特质理论的研究与应用

我国从古至今，对领导人应当具备什么特质进行了长期探讨。在《论语·阳货》里，孔子提出领导者应当"恭、宽、信、敏、惠"；在《孙子兵法·计篇》里，孙武提出"将者，智、信、仁、勇、严也"。长期以来，我国人才标准是"德才兼备"，在《国家公务员考核暂行规定》中，要求对国家公务员从"德、能、勤、绩、廉"五个方面进行选拔和考核，其中"德"排首位，"能"的含义包括决策决断能力、开拓创新能力、组织协调能力、识才用才能力、人际交往和沟通能力等，"勤"从领导者工作是否勤勉、"绩"从领导者工作是否有实绩、"廉"从领导者生活和工作作风表现方面提出了要求。

值得一提的是，我国学者还对领导集体，即"领导班子"进行了研究。"领导班子"中为首的领导者特别重要，起着核心和舵手作用。同时，"领导班子"必须依靠集体智慧，以合理结构为基础，包括合理的年龄结构、知识结构、能力结构、专业结构等，这样才能有效互补，达到"1+1＞2"的效果，实现"全脑管理"。

二、领导风格与行为理论

由于领导特质理论存在一些无法克服的缺陷，人们转变了研究方向，开始关注领导风格与行为，研究不同领导风格与行为带来的不同领导效果，由此形成了多种理论，具有代表性的有领导风格类型理论、连续统一体理论、领导行为四分图和管理方格理论。

（一）领导风格类型理论

20世纪30年代，美国心理学家和行为学家库尔特·勒温等人以权力定位为衡量标准，将领导者作风分为下述三种基本形式。

1. 专制作风。领导者将权力定位于个人，独断决策，靠职位权力和强制命令指挥下属，下属只能绝对服从、奉命行事。这种领导作风有一定效率，但由于下属自由度过小，易造成士气低落和促生对抗情绪，成员间经常出现攻击性言论。实验发现，专制作风领导下的群体比民主作风领导下的群体发生争吵多30多倍，挑衅行为多8倍。成员多以自我为中心，遇到挫折时，倾向于彼此推卸责任，如果领导不在场，工作积极性会下降明显，无人出来组织工作。

2. 民主作风。领导者把权力定位于群体，善于发动下属参与讨论，集思广益，然后再做决策。在这种领导作风下，成员间关系融洽，下属积极性高、创造力强、乐于合作，在工作遇到挫折时，大家齐心协力渡过难关；即使领导不在场，员工也会照常继续工作。勒温研究认为，民主作风领导下工作效率通常最高。

3. 放任作风。领导者把权力定位于组织中每一位成员，实行无政府管理，对下属工作不做任何指导和干预，下属想怎样做就怎样做。领导者职责仅为下属提供信息并进行外部联系，以帮助下属工作。这种领导作风通常工作效率最低。只有当下属素质很高、自我管理能力很强时，放任作风才可行。

实际工作中，上述三种典型的领导作风较少见，常见的是混合型作风。

（二）领导方式的连续统一体理论

1958年，美国学者罗伯特·坦南鲍姆和沃伦·施密特提出了领导方式的连续统一体理论。这一理论认为，领导者运用权力的程度和下属拥有自主权的程度之间是一方扩大另一方缩小的关系。领导方式并不是只有专制和民主这两种极端方式，而是一个连续变量，在"专制式"到"民主式"之间存在着多种过渡类型，可分为七种典型的领导方式，分别是：①独裁型，由领导者做出决策并宣布实施；②推销型，由领导者"推销"决策；③报告型，由领导者提出决策并允许提问；④咨询型，由领导者提出可修改的暂行计划；⑤参与型，由领导者提出问题征求意见做决策；⑥授权型，领导者规定界限让群体做决策；⑦自主型，领导者允许下属在规定范围内发挥作用。

领导者在选择领导方式时要考虑的因素有：①领导者的特征——包括领导者背景、学历、知识、经验、价值观、目标和期望等；②下属的特征——包括下属背景、学历、知识、经验、价值观、目标和期望等；③环境的要求——环境复杂程度、组织目标、组织结构类型和组织氛围、完成任务时间压力、所需技术和任务性质等。

综合上述因素，如果下属能够理解工作目标，有自主做出决定的能力和意愿，并敢于承担责任，领导者就应该给予下属较大自主权力；如果这些条件不具备，则领导者不能轻易把权力授予下属。此理论将影响领导方式的因素即领导者特征、下属特征和环境因素看成既定不变的，而事实上这些因素相互影响，相互作用。

（三）领导行为四分图

从20世纪40年代末期开始，美国俄亥俄州立大学的诺尔弗·斯托格狄尔和C. L. 沙特尔等人进行了大量研究，通过多种调查问卷来收集下属对领导行为的描述，列出了1000多种刻画领导行为的因素，并最终高度概括为两个方面，即结构维度（Initiating Structure）和关怀维度（Consideration）。如图10-1所示。

1. 结构维度。结构维度高的领导者，其对工作任务关心程度远高于对组织中人际关系的关心程度。他重视工作任务的完成，致力于确定工作目标和要求、制定工作计划和规章、明确岗位责任和权力分配、明确上下级关系和沟通渠道，倾向于运用职位权力监控员工来实现目标。

2. 关怀维度。关怀维度高的领导者，其对组织中人际关系关心程度远高于对工作任务的关心程度。他注重与下属建立互信、和谐的关系，关怀下属个人需要、福利和满意程度，平易近人，作风民主，与下属沟通对话并给下属较多工作主动权。

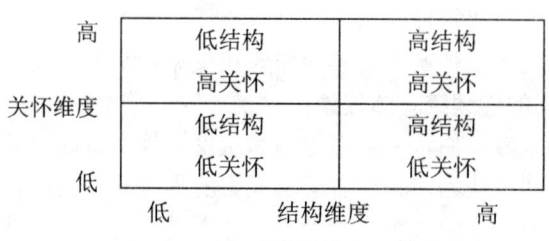

图10-1　领导行为四分图

图10-1显示了四种形式的领导行为："高结构—高关怀"式领导，对人和工作都十分关心；"高结构—低关怀"式领导，关心的是工作任务；"低结构—高关怀"式领导，关心下属，重视互相信任、尊重的气氛；"低结构—低关怀"式领导，既不关心工作也不关心人。研究者认为"高结构—高关怀"的领导行为常常比其

他三种类型领导行为更能提高下属的工作绩效和满意度。

（四）管理方格理论

美国行为科学家罗伯特·布莱克和简·穆顿在 1964 年出版的《管理方格》一书中设计了一个巧妙的管理方格图。以领导者对工作的关心程度作为横坐标、对人的关心程度作为纵坐标，管理方格图对于研究组织领导方式及其有效性提供了独到思路。如图 10-2 所示。

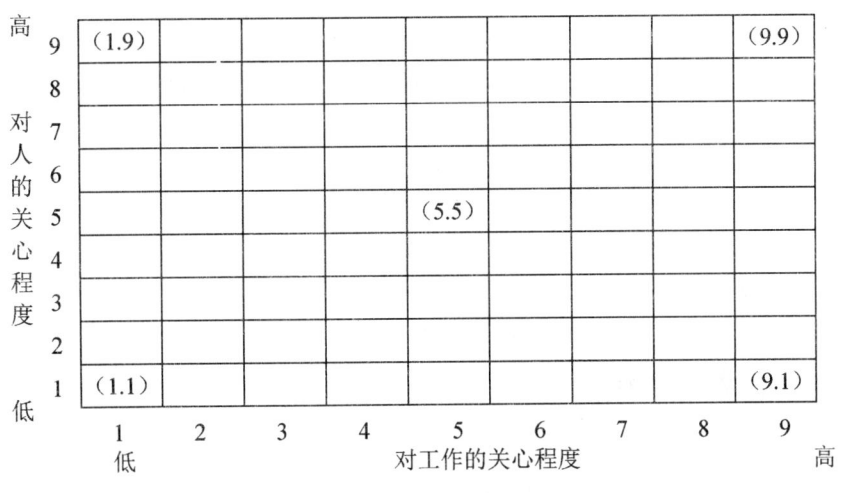

图 10-2　管理方格图

管理方格图横纵九等分，形成 81 个小方格，分别表示 81 种不同领导风格，其中四个角和中心方格代表了五种典型领导风格：

（1.1）型——对人和工作都极不关心的"贫乏型领导"。领导者对工作搞好搞不好无所谓，对下属放任不管，下属感觉不到领导者存在，有他没他一个样。实际上，领导者已放弃其职责。这种方式在实践中很少见。

（9.1）型——重工作，不重人的"任务型领导"。这是一种专权型领导，领导者掌握着决策权，指挥和控制下属活动，下属只能遵章照办。领导者眼里只有业绩指标，易导致员工丧失积极性、主动性和创造精神，难以发挥工作潜力。

（1.9）型——关心人，不关心工作的"俱乐部型领导"。领导者特别关心员工需要，追求和谐、快乐的人际关系，他们认为员工精神愉快了，工作业绩自然就提高了。这种方式领导对指挥监督、规章制度重视不够，存在一定脆弱性，一旦人际关系变差工作业绩就会相应下滑。

（5.5）型——既关心工作，又关心人，但关心程度都不高的"中庸型领导"。领导者努力追求工作和人际平衡，遇到问题习惯于妥协和敷衍了事。（5.5）型比

(1.9) 型和（9.1）型好一些，但是，只求维持一般工作效率与士气不利于促使下属发扬创造革新精神，可能偏向保守，使组织落伍。

（9.9）型——对工作、对人都极为关心的"团队型领导"。领导者追求组织目标和个人发展的和谐统一，员工能了解组织的目标并关心其结果，并且能够自动自发努力工作。领导者诚心实意地关心员工，促进团队成员关系和谐，紧密合作，出色地完成工作任务。

布莱克和穆顿研究认为，（1.1）型领导方式必然失败，（9.9）型方式领导者所取得的管理效果最佳。管理方格理论提供了一种衡量领导行为状态的模式，可使领导者较清楚地认识到自己的状态，并指出了改进方向。但是达到（9.9）型领导方式并不容易，需要进行培训。

上面介绍的领导风格与行为理论在理论界和实务界都产生了深远影响，然而，其局限性也较明显，它们过于强调领导者本人风格与行为对领导效果的影响，将领导过程看作是领导者的个人活动，并试图找到一种"最好"的领导方式。这是一种静态的、流于僵化的思维，忽略了下属和环境因素的影响。为突破这一局限，人们对领导行为的研究进入了权变理论时代。

三、权变领导理论

权变领导理论认为影响领导行为有效性的因素既有领导者特征、被领导者特征等内在因素，也有工作任务特征等外部因素，应根据不同情境来选择恰当领导方式，不存在普遍适用的领导方式。权变领导理论可用一个通用公式来表示：

$$S = f(L, F, E)$$

其中，S 代表领导方式有效性，L 代表领导者，F 代表追随者（即被领导者），E 代表环境。公式含义是：领导方式是领导者特征、追随者特征和环境因素的函数。下面介绍三种有代表性的权变领导理论。

（一）菲德勒的权变模型

美国心理学家弗莱德·菲德勒从 20 世纪 50 年代早期开始研究组织绩效和领导方式之间关系，经过 15 年研究，于 1967 年提出了"有效领导的权变模式"，通常称为菲德勒权变模型。他将影响领导有效性的环境因素具体化为三个方面，即职位权力、任务结构和上下级关系。

1. 职位权力（大、小）。职位权力越大，领导者对下属雇佣、工作分配、奖励和惩罚的决定权就越大，下属遵从指挥程度越高。

2. 任务结构（高、低）。即工作任务明确程度以及下属所负责任程度。工作任务越明确，职责越分明，下属所负责任越大，意味着任务结构性越高。

3. 上下级关系（好、差）。上下级关系越好，领导者越是受到下属信任、喜爱和尊敬，下属越是乐意去追随他。

菲德勒将职位权力、任务结构、上下级关系三个环境变量组合成八种工作情境，对1200个团体进行了抽样调查，得出了在各种不同情境下最有效的领导方式。如图10-3所示。

利于领导者控制 ←——— 情境 ———→ 不利于领导者控制

情境类型	1	2	3	4	5	6	7	8
职位权力	大	小	大	小	大	小	大	小
任务结构	高		低		高		低	
上下级关系	好				差			
最有效的领导方式	任务导向	任务导向	任务导向	关系导向	关系导向	关系导向	关系导向	任务导向

图10-3 菲德勒模型示意图

图10-3显示，对于非常有利于领导者控制的情境1、2、3和非常不利于领导者控制的情境8，采用任务导向型领导方式较为有效；对于控制程度适中的情境4、5、6、7，采用关系导向型领导方式较为适宜。

菲德勒权变模型强调了在情境与领导方式之间寻找切合点的重要性，开辟了权变领导研究的新思路，激发出了大量新研究构想与理论。

（二）领导生命周期理论

美国俄亥俄州立大学的管理学家保罗·赫塞和肯尼思·布兰查德以"领导行为四分图"理论为基础，结合下属"成熟度"来考察领导方式选择问题，提出了"领导生命周期理论"。该理论认为下属有一个"不成熟→初步成熟→比较成熟→成熟"的成长过程，这与人的生命周期相似，领导方式应根据下属"成熟度"不同而相应转变，当下属"成熟度"提高时，领导方式应逐渐由"命令式"转向"授权式"。

"成熟度"（Maturity）是指人们完成某项工作任务的能力和意愿程度，它包括两个方面的内容：一是工作成熟度，是指与工作有关的技能和知识水平；二是心理成熟度，是指完成工作的意愿与信心。赫塞和布兰查德将下属成熟度划分为四个等级，并对应采取四种领导方式。

M1类员工处于"不成熟"阶段，表现为"低能力，低意愿"，应采用"命令式"领导方式，即高任务行为和低关系行为。领导者具体指导下属该干什么、怎么干、何时何地去干等，主要采取单向沟通，领导者较少关心员工个人。

M2类员工处于"初步成熟"阶段，表现为"低能力，高意愿"，采用"说服式"领导方式，即高任务行为和高关系行为。领导者既注重工作指导，以补偿下属能力的不足，又注意与下属进行双向情感沟通，支持下属工作，提高其积极性。

M3类员工处于"比较成熟"阶段，表现为"高能力，低意愿"，应采用"参与式"领导方式，即低任务行为和高关系行为。领导者考虑其建议和要求，使之参与决策，通过双向沟通和提供便利条件，激励和支持下属完成任务。

M4类员工处于"成熟"阶段，表现为"高能力，高意愿"，应采用"授权式"领导方式，即低任务行为和低关系行为。领导者直接授权，极少提供指导或支持，由下属独立完成工作，领导者只抓主要决策并监督。

总的来看，根据领导生命周期理论，对不成熟的、未经训练的下属，应给予更多指导、控制和监督；对成熟、负责的下属，给予较宽松的控制、有弹性的组织和一般的监督，促使其发挥潜力。领导生命周期理论显示：领导方式应因人而异，它还建议当下属因工作内容变化或本人成长经历变化而引起成熟度变化时，领导方式要随之改变。

领导生命周期理论因其灵活性和适用性，在企业管理培训中非常流行。然而，也有学者指出，领导方式选择受多种因素影响，仅从下属成熟度一个因素来选择领导方式，未必恰当。

（三）路径—目标理论

路径—目标理论是最常用的权变领导理论之一，该理论由美国管理学家罗伯特·豪斯等人于20世纪70年代提出。该理论认为，领导者的工作是帮助下属找到实现目标的路径，并提供必要指导和支持以确保个人目标与组织目标相一致。

领导者在领导过程中会面临不同情境，主要有以下几种。

1. 下属个人特征。包括下属技能、需要和动机等。下属个人特征可从三个方面来描述：一是拜权主义倾向，二是控制点类型，三是能力特征。拜权主义倾向是指个人对权威钦佩、敬重的程度；控制点是指个人对其行为结果归因的倾向，"内在控制点"类型的人认为他们所遇到的一切都由自己造成，"外在控制点"类型的人认为他们所遇到的一切都是运气或命运；能力是指人们的工作技能和信心。

2. 工作环境。包括任务性质是常规还是非常规、正式权力系统和制度规范是否健全、团队成员数量和质量等。

针对上述不同情境，可在下述四种领导方式中选择最合适的一种。

（1）指令型领导方式。适用于工作任务不明确，正式权力系统和制度规范不够健全，下属对工作不熟悉、能力较弱、具有拜权主义倾向的情形，属于"外在控制点"类型。举例来说，若某个下属缺乏自信和必要的工作技能，那么就需要领导者给予指导、培训和其他支持。

（2）支持型领导方式。适用于正式权力系统和制度规范较为健全，常规性、程序化、简单重复性质的工作，这类工作枯燥乏味，缺乏吸引力，需要领导者关心、尊重和友好对待。

（3）成就导向型领导方式。适用于非重复性、任务不明确、具有挑战性的工作，下属可能缺乏信心，他们需要领导者鼓励，以激起信心和创造性。

（4）参与型领导方式。适用于非重复性、任务不明确的工作，需要成员高度协作，下属具有独立性，有能力完成任务，属于"内在控制点"类型。通常情况下，技术能力比较强、经验丰富的下属，往往希望能自主工作，他们对指令型领导方式比较反感，而适宜于采用参与型领导方式。

四、领导理论的新发展

（一）变革型领导理论

相对于传统交易型领导，美国政治社会学家詹姆斯·麦格雷戈·伯恩斯在20世纪70年代末提出了变革型领导理论，这一领导类型理论的提出使领导学界产生了一次大革命，成为近几十年来学界和企业界共同关注的焦点。

1. 交易型领导

伯恩斯认为传统领导可以称为一种交易型领导，即领导者以下属所需要的报酬（包括有形报酬和无形报酬）来换取自己所期望的下属努力与绩效。实际上，传统领导者和被领导者在进行一种交换，双方在一种"契约"式约束下获得满足。交易型领导鼓励追随者诉诸自身利益，但以追随者对领导者顺从为前提，并没有在追随者内心产生自发热情，其工作动力有限，因此，交易型领导不能使组织获得更大进步。

2. 变革型领导

变革型领导者通过让下属意识到所承担任务的重要意义和责任，激发下属高层次需要或扩展下属的需要和愿望，使下属超越个人利益，为了团队、组织的更大目标而相互合作、共同奋斗。变革型领导者通常具有强烈价值观和理想，关心下属需求和组织内成员互动，通过对组织愿景的共同创造和宣扬，在组织内营造起变革氛围，并通过自身表率，推动组织适应性变革，富有效率地实现组织目标。

变革型领导并不一定带来有利结果，如果其提倡的目标和价值体系与社会文明基本准则相违背，则会对社会构成威胁。

实际上，交易型领导与变革型领导这两者是彼此共存、互相补充的，交易型领导不一定过时，而变革型领导也并不是灵丹妙药，使用何种领导方式必须要因人、因时、因地灵活处理。

（二）魅力型领导理论

魅力型领导理论是指领导者利用其自身魅力鼓励追随者并做出重大组织变革的一种领导理论。魅力型领导理论从20世纪80年代起，日益受到研究者重视。

这是因为在当今全球化、网络化快速变革的时代，各类组织，尤其是企业组织迫切需要魅力型领导者的改革和创新精神，以对应环境挑战。

1. 魅力型领导

"魅力"（Charisma）一词源自希腊文，意为不凡的天赋，如：过人智慧、预知能力等。20世纪初，德国社会学家韦伯将"魅力"定义为"存在于个体身上的一种品质，超出了普通人的品质标准，因而会被认为是超自然所赐，超凡力量，或者至少是一种与众不同的力量与品质"。魅力型领导是"基于对一个人的超凡神圣、英雄主义或者模范性品质的热爱以及由他揭示或者颁布的规范性形态或者命令"的权威。

2. 魅力型领导者区别于无魅力领导者的特征

1987年，麦克基尔大学康格与卡纳果概括了魅力型领导者区别于无魅力领导者的基本特征：①对自我判断力和能力充满自信；②对环境变化非常敏感；③不满足于现状，并采取果断措施改变现状；④设置远大、超越现状的目标前景；⑤能深入浅出、言简意赅地向追随者说明自己远大理想和目标，并使之认同；⑥经常突破现有秩序框架，采用异乎寻常的手段达到远大目标；⑦采取一些新奇、违背常规的行为，当他们成功时，会引起下级的惊讶和赞叹；⑧经常依靠专长权力和参照权力，而不仅只用合法权力；⑨被认为是改革创新的代表人物。

3. 魅力型领导的优点和局限性

魅力型领导者往往精力充沛，无畏风险，是一个天生乐观主义者。他们表达能力强，善于利用象征、类比、比喻以及故事进行沟通和交流，具有高超的说服能力。他们具有远见卓识，带有强烈反理性、反传统意识，其行为能产生较强的模范引领作用。当组织遇到突变、处于困难时期或危险情境时，魅力型领导者能够进行强势领导，让下属绝对服从，如果其愿景正确，其领导力无疑极为高效。

魅力型领导不一定代表正面的积极力量，比如希特勒是一位典型的魅力型领导者，但代表了反面力量。魅力型领导者能力超越常人，容易自我陶醉，过分强调自己的个人需要高于一切，以个人价值观为导向，忽略现实和他人感受。魅力型领导者可能缺乏责任感，内在道德束缚弱化，行为有时变化莫测。在其强势领导下，下级"唯命是从"，日积月累，整个组织命运系于一人之手，可能产生不良结果。

第三节 领导方法与艺术

管理工作的对象可以是财、物，也可以是人，而领导工作主要对象是人，人的行为受心理、情感多方面影响，复杂多变。在谈到管理时，人们习惯上用"管理技术"，而谈到领导，人们则习惯上用"领导艺术"来体现其工作灵活性。

一、用人的方法和艺术

俗话说："治国之道，唯用人才"。用人是领导者的核心工作之一，毛泽东在《中国共产党在民族战争中的地位》一文中说："领导者的责任，归纳起来，主要是出主意、用干部两件事。"在合适时机，把合适的人用在合适位置，发挥出合适的作用，是用人的真谛。

（一）树立正确的用人理念

首先，用人之前先得人心，要赢得下属的敬佩和自愿追随，这是产生"领导力"的基础。其次，要将下属看成事业成功的基石和荣辱与共的合作伙伴，尊重和关爱下属，培养一些紧密相随的"知己"。最后，要分层、分类使用人才。下属才能各异，使用人才方式宜灵活多变，力求用得其法，用得其所。比如，对于高层次人才，要尊重、信任和授权，给其独当一面的机会，而对于自控力、工作能力差的下属，要多引导、培养，规范其行为，提高其能力。

（二）公平公正地对待下属

唐太宗李世民曾说："王者至公无私，故能服天下之心。"一贯公平公正的领导者才能够服众，而混淆是非功过、以亲疏贵贱来区别对待下属的领导者，终不能得到众人信服。

（三）以身作则，严于律己

"桃李不言，下自成蹊"是司马迁在《史记》中对汉代名将李广的高度评价。李广爱兵如子，薄财仗义，虽口才不佳，但以其行为作表率号令三军，受到官兵爱戴。《论语·子路》有言："其身正，不令而行；其身不正，虽令不从。"领导者的优秀言行是下属的楷模，而低劣行径将使其名望扫地、号令无力。孔子说："躬自厚而薄责于人。"领导者对待自己要高标准、严要求，而对待下属，要有宽容之心。

（四）容人之短，用人所长

古语有云"智者取其谋，愚者取其力，勇者取其威，怯者取其慎"，此话倡导了知人善任、用其所长、人尽其才的道理。另一方面，领导也要容人之短。"海纳百川，有容乃大"、"宰相肚里好撑船"，优秀领导者无不是宽容之人。首先，领导者要容得下才能超过自己的人；其次，要容得下有缺点和犯过错误的人，俗话说"人无完人，金无足赤"，"水至清则无鱼，人至察则无徒"；最后，还要容得下对自己有不满甚至反对过自己的人，以及敢于向自己提意见的人。唐朝贞观年间魏征敢于针对唐太宗的缺点和不足直言进谏，唐太宗不但不责怪他，还极为欣赏和重用他，并且将他比喻为自己的"镜子"，成为一代明君。

（五）激励下属，注意表扬与批评的技巧

激励是领导工作的核心内容之一。激励应根据不同员工的不同需要采取不同措施，形式和手段要丰富，尺度要公正和公平。在激励过程中，应始终注重将组织整体目标与个人目标相结合，将组织利益与个人利益相结合。激励有正反两方面，即正激励和负激励，常见形式就是表扬和批评，领导者要注意表扬和批评的方式与技巧。表扬一定要及时，态度要真诚；表扬内容要具体，不要笼统地表扬整个人；要实事求是，恰如其分，不要随意抬高；适当运用间接表扬技巧。对下属的批评也要得法，可谓"惩前毖后，治病救人"。批评下属要在适当的场所和时机进行；对事不对人，具体指出错在何处；不要伤害下属自尊与自信；掌握批评程度、适可而止；提供具体改进建议，友好地结束批评；等等。

（六）善于与人沟通，听取下属意见

信息上传下达、情感交流、任务安排的过程中，少不了沟通。沟通能力是领导力的重要组成部分。沟通有效性对于上下级统一思想、协调步伐、紧密配合意义重大。沟通可以通过正式文件、报告、会议和电话进行，也可以通过非正式面对面谈话等方式进行。善于与下属交谈、听取下属意见是领导艺术中的重要一环。

（七）与人合作的艺术

孟子说："天时不如地利，地利不如人和。"在组织内部，需要上下级通力合作，才能形成合力与和谐局面，达到共同目标。与人合作的重要内容是处理好与上级、同级及下级的关系。尊重上级，支持其工作，识大体，顾全局。出色完成上级交代的任务，主动为上级排忧解难、献计献策。同级间要加强团结，相互配合，相互学习，不争名夺利，不相互拆台。不干预别人职权之事，自己的责任决不推诿。对待下级要善于分权和授权，不随便干预下级权限范围之内工作，关爱下属，给予及时支持和鼓励，赏罚分明。要学会给下级让利，将荣誉、机会、奖励等论功行赏，不能一人独揽，同时还要敢于承担造成下属工作失误的领导责任。

二、处事的方法和艺术

领导力体现在具体事务处理上，伟大领袖毛泽东，正是通过土地改革、解放

战争、抗日战争等重大历史事件来显示其高超领导力的。实际工作中，领导者应掌握的处事方法和艺术有以下几个方面。

（一）贯彻群众路线的基本领导方法

1943年6月毛泽东在《关于领导方法若干问题》一文中指出："在我党的一切实际工作中，凡属正确的领导，必须是从群众中来，到群众中去。"群众路线从毛泽东时代起，就被确立为党的基本工作路线，后来邓小平进一步指出：全党要始终把"人民拥护不拥护"、"人民赞成不赞成"、"人民高兴不高兴"、"人民答应不答应"作为党的一切工作的出发点和归宿点。

（二）重视调查研究的工作方法

"没有调查就没有发言权。"毛泽东从青年时期起，就十分重视调查研究，正是通过深入实际调查，他对社会各阶层行为特征了如指掌，从而推动形成统一战线，找到了中国革命发展的正确方向。作为领导者，应坚持采用调查研究的方法，通过实地考察、专题调查、文献调查等多种方式，了解真实情况，做出科学决策。

（三）抓中心工作和"弹钢琴"

领导者面临的多项工作中往往只有一项是中心工作，这是当时工作的主要矛盾。在保证重点工作的同时，又要照顾一般。毛泽东把它形象化为"弹钢琴"，他在1949年七届二中全会上的《党委会的工作方法》的报告中指出："弹钢琴要十个指头都动作，不能有的动，有的不动。但是，十个指头同时都按下去，那也不成调子。要产生好的音乐，十个指头的动作要有节奏，要互相配合。党委会要抓中心工作，又要围绕中心工作而同时开展其它方面的工作。"

（四）掌握科学决策的方法

出主意和断主意是科学决策的两个阶段：出主意阶段大家是平等的，可能很多人参与，集思广益，提出各种想法；断主意阶段，参与者就少了。从众多主意中选择和判断，这一阶段才真正体现出领导者的决断力。在决策过程中应尽可能使用一些科学方法，比如：头脑风暴法、决策树法、经济技术分析方法等。此外，还要注意决策过程民主化、程序化、公开化，决策体制合理化、法制化等。

（五）善于分权与授权

领导者作用更多地体现在"带领"和"引导"上，而不是凡事亲力亲为。领导者应将权力适当下放，划分并明确部门及上下级职责。做到职权明晰的要点是统一指挥和责权利一定要对等，这样才能实现行权高效。授权是重要的领导艺术之一，善于授权能够解放自己，培养下属，提高下属的积极性和组织效率。

资料：我国最大房地产上市公司万科集团，因为分权合理、制度严明，实现了高效运作，解放了领导者。其董事长、前总经理王石酷爱野外运动，曾爬喜马拉雅山一个星期、重走长征路几个月，不需一个电话，公司照常运转。美国"股神"巴菲特管理着几千亿美元资产的世界 500 强企业集团，可伯克希尔集团公司总部全部管理人员才 12.8 人（有一个会计每周只上 4 天班）。高效管理的秘诀正是坚定授权。

一、案例

德国专家施密特的"三件宝"为何失灵

河南汽轮机厂为了进一步提高企业管理水平，从德国退休企业家协会聘请了管理专家施密特先生来华出任该厂厂长。施密特先生竭尽了全力工作，几乎达到废寝忘食的程度。在华期间体重下降了十八磅（约 8 公斤）。他经常深入车间和科室，使用他过去经常使用的"三件宝"——手电筒、磁铁棒、放大镜，对生产和工作提出了近乎苛刻的要求，进行了最严格的监督，搞得"翻江倒海，人人自危"。但是，任期届满以后，他在就职演说中曾经明确提出的三大任职目标都没能完成。职工群众（包括相当一部分厂级和中层干部）气理不顺，管理者和被管理者严重对立，因此造成了越搞越糟的客观结果，出现了事与愿违的结局。

问题：

1. 施密特的领导行为有何特点？由此可以推断他属于哪种领导方式？
2. 施密特先生在德国是"管理专家"，为何到中国企业担任领导职务，却没能取得良好效果？

二、重要概念

领导，领导者，影响力，权力，领导特质理论，权变领导理论，管理方格理论，领导生命周期理论，路径—目标理论，连续统一体理论，变革型领导，魅力型领导

三、问题

1. 什么是领导者？领导者与管理者有什么异同？
2. 领导者权力的来源是什么？如何正确地使用这些权力？
3. 什么是管理方格理论？请将它的领导观与美国俄亥俄州立大学、密歇根大学研究的领导观进行比较。
4. 根据领导行为四分图，你认为双高型是最有效的领导方式吗？
5. 试比较赫塞—布兰查德的领导生命周期理论与管理方格理论。
6. 本章介绍的西方领导理论中，哪几种属于权变理论？
7. 变革型领导与交易型领导有何不同？
8. 魅力型领导有何优点和局限性？
9. 常见主要领导方法与艺术有哪些？谈谈自己的理解。

四、讨论

1. 市井无赖出身的刘邦得三杰而得天下，英勇盖世的项羽虽有谋士范增却猜疑他，导致范增一怒之下告老还乡。请分析比较刘邦、项羽的领导素质和领导风格。

2. 请列举 1~2 位你所钦佩的领导者，政治、经济、军事、文化领域的都可以，并分析他（她）为什么会成为领导者，具备何种素质，领导风格如何。请用具体事例说明。

第十一章 激励理论与方法

【本章概要】

俗话说，士为知己者死。研究发现，当组织成员受到激励时，其能力的发挥比没有受到激励时要高60%以上。激励往往从人的需要出发，激发出行为动机，并产生对实现组织目标有利的行为。本章介绍了两类激励理论：一类是内容型激励理论，包括需要层次论、ERG理论、双因素理论、成就需要理论等；另一类是过程型激励理论，包括期望理论、公平理论、强化理论和波特—劳勒激励模式等。本章还介绍了激励原则和具体的激励方式。

【学习目的】

1. 理解激励的作用机理
2. 了解人的需要分类和层次构成
3. 熟悉内容型激励理论、过程型激励理论
4. 理解激励原则
5. 熟悉激励的常用方式

第一节 激励概述

一、激励的作用机理

激励是激发人的动机，使人产生内在动力去追求目标的心理活动过程。激励对于组织运行十分重要，为理解激励的作用机理，我们先要理解需要、动机与行为之间的关系。

（一）需要

需要是有机体内部缺乏某种东西的不平衡状态。它是个体的一种主观体验。

当个体感到缺乏某种事物时,就会处于一种紧张和焦虑不安的状态。需要的产生源自个体内部生理和心理,以及外部诱因。比如在饥饿时将产生对食物的需要,在回忆往事的时候,可能产生想翻看老照片的需要;再比如在街上看到漂亮姑娘经过,忍不住要回头多看几眼。

(二)动机

"动机"的原义是引起动作,它是为了满足需要而支配行为所表现的内心活动,体现为一种意图、愿望、信念,等等。动机是产生行为的直接和内在原因。动机是由需要激发的,但需要转化为动机还要有两个条件:一是需要达到一定强度,产生了满足需要的强烈愿望;二是需要的对象(目标)确定,即必须有一个现实存在的外在诱因。举例来说,如果一名员工非常想当主管,但如果公司短期内不会有空缺职位,他也只能想想而已。

(三)行为

行为是人类有意识的、由内在动机支配的、有目的的活动。这里的行为不包括无意识的、无目的的活动,比如醉酒后的活动。动机与行为的关系是因果关系,二者密不可分,但是,两者并不完全对应,这是因为:①同一行为可能出自不同动机,比如同样努力工作,动机却不一样;②同一动机可能引发不同行为,比如都想发家致富的人,行为却不一样;③合理动机可能引起不合理行为,比如"好心办坏事";④错误动机有时被表面上的积极行为所掩盖,比如"无事献殷勤"的行为背后可能有不可告人动机。

综合上述内容可知:人的动机由需要激发,行为由动机决定,达到目标,动机强化,达不到目标,动机弱化。在先前的需要满足后,又将产生新的需要,进入下一轮循环。如图 11-1 所示。

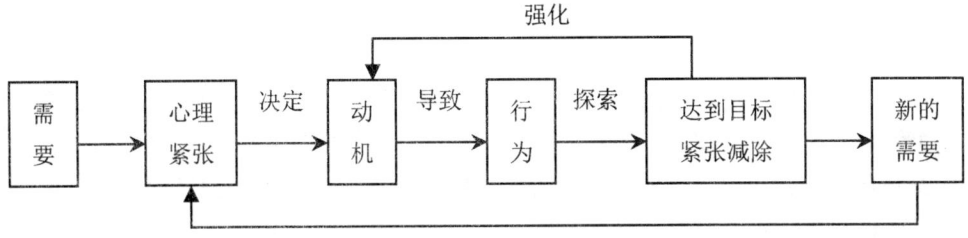

图 11-1 激励的过程模型

图 11-1 揭示了激励的作用机理:要激励某人,首先要确定他的真实需要,设置能够满足其需要的目标(各种物质和非物质因素),引导其行为去实现目标,达到目标后,其动机得以强化,再设置能够满足其新需要的更高目标。

二、激励的目的与作用

激励的最终目的，是要诱导员工工作动机，调动他们的工作积极性和创造性，使他们在实现组织目标的同时实现自身需要，提高满意程度，从而使积极性和创造性得以保持。具体来看，激励的作用包括以下三个方面。

（一）激励是调动员工积极性的主要途径

哈佛大学教授威廉·詹姆士研究发现：普通人在工作时一般只运用了10%的能力，按时计酬的员工一般只需发挥20%～30%的能力即可保住职位。如果给予充分激励，则员工能力可以发挥出80%～90%。

（二）激励使员工个人目标与组织目标相统一

将组织目标细化为一个个具体工作任务，对于完成工作任务员工进行及时的激励，这样，既满足了员工个人需要，实现了个人目标，又有效地实现了个人目标与组织目标的统一。长期下去，员工工作动机得以强化，工作更加努力，为组织做出的贡献更大，同时也为个人带来更大利益。

（三）有效的激励有利于吸引并保留优秀人才

优秀人才是稀缺资源。"良禽择木而栖，贤臣择主而事"，吸纳和留住优秀人才，要求有"明主"。所谓明主，就是能够给人才带来施展个人能力、实现个人抱负机会的人。明主对人才的吸引，靠的是提供诱人的工作前景、适当的工作条件、能满足个人需要的精神和物质回报等，这些，正是激励的内容。

第二节 激励理论

激励理论可以分为两大类：一是内容型激励理论，二是过程型激励理论。内容型激励理论集中于研究"到底是什么激起人们的行为"，即对引起激励作用因素的具体内容进行研究；过程型激励理论着重探讨"人们接受了激励信息以后到行为产生的过程"。

一、内容型激励理论

诱发人的动机的原因有哪些？如何针对这些诱因来激励人？心理学家和管理学家们进行了广泛深入的研究，提出了众多激励理论。

（一）需要层次论

需要是产生行为的根本原因。人究竟有哪些需要？美国人本主义心理学家亚伯拉罕·马斯洛1943年提出"需要层次论",认为人的需要有如下五个层次。

1. 生理需要：是指维持生存需要,饥思食,渴思饮,困倦则思睡眠,男大当婚,女大当嫁等,都是生理需要。

2. 安全需要：包括经济上安全、职业安全、环境安全、政治安全、心理安全等需要。人们希望生存于一个安全、有序、可以预测、有组织的世界里。在这种环境条件下,个体可以寻求到依赖和保护,避免危险与灾难。

3. 社会需要：包括爱和归属的需要。爱的需要,不只是爱别人,也希望得到别人的爱。归属的需要,体现为希望得到别人认可,希望参加群体活动。

4. 尊重需要：包括自尊和他尊,即自己尊重自己和得到他人尊重。基于自尊心会产生自信心、自豪感,会带来自我表现行为。

5. 自我实现需要：即追求理想的需要,希望自己越来越接近成为所羡慕的人物,达到与自己能力相称状态。自我实现需要具体体现为胜任感和成就感的需要。

马斯洛认为,人的需要有层次性、发展性、并存性、主次性等特点。生理和安全需要是较低层次的需要,社会、尊重和自我实现是较高层次的需要。人的需要总是由低层向高层发展,在同一时期内,可能同时存在几种需要,共同影响和支配个体行为,但总有一种需要是优势需要,对个体具有支配地位。

马斯洛需要层次论有一定科学性：它在一定程度上反映了人类行为和心理活动共同规律,在管理中也有实际应用。但是这个理论,也有其局限性：一是人为地将需要割裂为五个层次,有形而上学倾向；二是认为人只有在满足低层次需要后才产生较高层次需要,有机械论倾向。事实上,人在低层次需要没有满足前,也可能有高层次需要,比如舍生取义的战斗英雄。

马斯洛需要层次理论提出后,被广泛地运用到管理实践中,参见表11-1。

表11-1 需要层次论的运用

需要的层次	诱因（追求的目标）	管理制度与措施
生理需要	工资、工作环境、各种福利	工资奖金、工作条件、医疗条件、住宅设施、福利安排
安全需要	职业保障、意外事故的防止	雇佣保证、退休金制度、健康保险制度、意外保险制度
社会需要	良好人际关系、团体接纳、组织认同感	协商制度、利润分配制度、团体活动计划、互助金制度、娱乐制度
尊重需要	地位、名誉、权力、责任、与他人工资相对高低	考核制度、晋升制度、表彰制度、选拔进修制度、委员会参与制度
自我实现需要	能发展个人特长的组织环境,具有挑战性的工作	决策参与制度、提案制度、研究发展计划、劳资会议

（二）ERG 理论

美国耶鲁大学的克雷顿·奥德弗在马斯洛提出的需要层次理论基础上，提出了一种新的人本主义需要理论。他认为人们共存在三种核心的需要。

1. 生存需要：生存需要是最基本需要，这种需要类似于马斯洛需要层次论中生理、安全需要，这类需要只有用金钱才能满足。

2. 相互关系需要：人们有保持重要人际关系的需求，这是一种社会和地位的需要，相当于马斯洛需要层次论中的社会需要和尊重需要的外在部分（他尊）。

3. 成长需要：个人在能力、事业、前途等方面谋求发展的内在愿望，相当于马斯洛尊重需要中的内在部分（自尊）和自我实现需要。

奥德弗认为：①人同时存在多种需要，某种需要满足得越少就越是渴求，对该需要进行激励的作用也就越大；②需要层次并不严格地阶梯式上升，在特定情况下可能越级发展，较低层次需要满足越多，对较高层次的需要越渴求；③人的需要存在"挫折—倒退"现象，若较高层次需要的满足受挫，则对较低层次的需要渴望更强烈，例如当某人个人抱负无法实现时，可能转而生活放荡、奢靡。

ERG 理论的启发：一是关注和把握下属的真实需要，对其最渴求的需要进行激励，作用更大；二是注意满足下属的较高层次需要，防止"挫折—倒退"现象发生。

（三）双因素理论

双因素理论又叫激励—保健因素理论，由美国心理学家弗雷德里克·赫茨伯格于 20 世纪 50 年代后期提出。他在一些工厂企业进行调研，设计了许多问题，如"什么时候你对工作特别满意"，"什么时候你对工作特别不满意"，"满意和不满意的原因是什么"，等等。请工人写出自己做过的"最佳工作"和"最糟糕的工作"及个人评价。结果发现了影响激励效果的不同因素，针对这些不同因素进行激励，将收到完全不同的效果。

1. 双因素定义

双因素即激励因素和保健因素。激励因素是指那些得到改善后将使员工感到非常满意，即使不改善员工也不会感到不满意的因素；保健因素是指那些得到改善后员工不一定满意，但如果不改善将导致职工非常不满意的因素。

赫茨伯格从 1753 人次的调查中发现了激励因素，又通过 1844 人次的调查发现了保健因素。激励因素多是由工作自身性质所带来的，包括工作所带来的成就感，工作是否为社会所尊重，工作内容是否符合员工要求，有没有学习和发展机会等。保健因素多是工作本身之外的因素，包括各种管理政策制度、工资水平、工作条件、人事关系等。这一类因素只能对员工积极性起到维持作用，所以又称为维持因素。

2. 对满意和不满意新的理解

通过分析保健因素和激励因素，赫兹伯格对满意和不满意做出了新解释。传统观点认为，满意的对立面是不满意，即某人对某事物的态度是要么满意，要么不满意。赫兹伯格却认为，人们态度变化过程是"满意→没有满意（没有不满意）→不满意"，也就是说，在"满意"和"不满意"之间还有一种中间状态，叫作"没有满意"，或者叫作"没有不满意"。这样，满意的对立面是没有满意，而不是不满意；不满意的对立面是没有不满意，而不是满意。如图 11-2 所示。

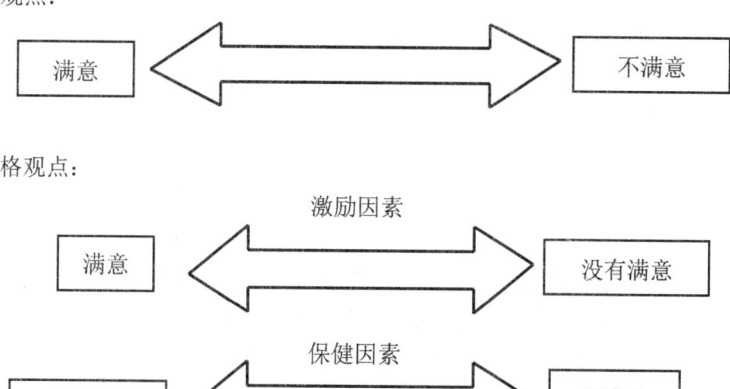

图 11-2 对满意和不满意的理解

赫兹伯格的观点在现实生活中也能找到例子。比如顾客买回家一台电视机，用了不到两个月就出现故障，心里肯定是"不满意"。商家提供上门维修服务，哪怕态度再好，最多只能让顾客消除不满意，而不会变得"满意"。上述观点和例子启示我们：如果员工或顾客已经表示不满意，管理者将变得被动，即使用各种理由来解释，采取各种措施来补救，也很难让员工或顾客满意。因此，管理的重点在于主动地把事故防患于未然，事先多听取员工或顾客的意见。

3. 双因素理论的应用

双因素理论说明：某种激励措施实施并不能一定就能带来满意，要调动人的积极性，不仅要注意物质利益和工作条件等外部因素，更重要的是要注意一些内在因素。赫兹伯格倡导：改善工作的外部条件只能消除不满，改善工作本身性质实施激励才能提高满意度。

传统观念认为工作内容和性质不可以改变，只有改变人去适应工作，而现代观点则认为可以通过工作再设计来改变工作内容和方式，提高工作效率，提升员工满意度。工作再设计方法包括：①工作轮换；②工作扩大化；③工作丰富化；④团队工作方式；等等。

4. 对双因素理论的质疑

双因素理论提出后得到了管理学界的重视，为后续理论研究打下了基础，在实务界也有所应用。不过，该理论也受到了质疑和批评：一是认为其研究方法有局限性，人们容易把满意的原因归因于自己，而把不满意的原因归因于外部因素；二是该理论仅基于对美国会计和工程师取样研究得出结论，调查的样本量较小，且多为脑力劳动者，由此得出的结论普遍性意义不强，比如对收入不高的体力劳动者而言，工资可能属于激励因素；三是对员工满意度没有明确评价标准，满意度与生产率之间的密切关系只是一种假设，还有待于深入研究。

（四）成就需要理论

美国哈佛大学教授大卫·麦克利兰于20世纪50年代提出了著名的"成就需要理论"，并得出了一系列重要研究结论。他认为人有多种需要，其中有三种需要值得特别关注。

（1）成就需要，即达到目标，取得成功，追求卓越的需要。具有成就需要的人喜欢设立具有适度挑战性的目标，不喜欢凭运气获得成功，不喜欢接受特别容易或特别困难的工作任务，而对于那些成败机会各半的工作，表现得最为出色。他们希望得到及时明确的反馈，从而了解自己是否有进步。高成就需要者事业心强，追求克服困难的乐趣，以及奋斗成功之后的成就感，却并不看重物质奖励。拥有高成就需要的人才，是企业快速发展、国家兴旺发达主要原因之一。

资料：麦克利兰认为，具有高度成就需要的人对企业、对国家都有重要作用。一个企业拥有这种人越多，劳动生产率越高，发展和成功就越有保障。一个国家拥有这样的人越多，就越兴旺发达。据他调查，英国在1925年时所拥有的高成就需要的人数，在25个国家中名列第五，而当时的英国确实是一个兴旺发达的国家；可是到了1950年，英国所拥有的高成就需要的人数，在39个国家和地区中已退居第二十七位，而事实上当时英国也正在衰退。这说明不发达的国家和地区之所以不发达，重要原因之一就是缺少高成就需要的人。

（2）权力需要，即影响或控制他人且不受他人控制的需要。具有权力需要的人喜欢对别人"发号施令"，注重地位和影响力。他们喜欢具有竞争性和能体现较高地位的场合和情境。他们常喜欢辩论，乐于讲演，直率而头脑冷静，善于发现和提出问题。高权力需要者工作出色的主要目的是为了获得地位和权力。

（3）亲和需要，即寻求被他人喜爱和接纳的愿望。高亲和需要者对环境中的人际关系更为敏感，渴望友谊，喜欢合作而不是竞争的工作环境。有时，亲和需要表现为对失去某些亲密关系的恐惧和对人际冲突的回避。

对上述三种需要的表现，麦克利兰做了进一步解释。

（1）高成就需要者喜欢能独立负责、可以获得业绩反馈和中等冒险的工作环境。在企业经理人员和独立负责一个部门的管理者中，以及需要创造性的活动中，高成就需要者往往会取得成功。

（2）最优秀的管理者往往是权力需要很高而亲和需要很低的人。如果一个大企业经理人的权力需要高，责任感和自我控制能力也强，那么他很有可能成功。高权力需要可能是管理有效性的一个必要条件。为什么亲和需要对成功的管理不那么重要呢？原因之一是高亲和需要者很难做出令别人不快却很必要的决策。

（3）可以通过培训激发员工的成就需要。如果某项工作要求高成就需要者，管理者可以直接选拔一名高成就需要者，或者是培训自己原有的下属。

二、过程型激励理论

内容型激励理论重点研究了激发动机的诱因，然而，从诱因到动机的产生，再到采取具体行动是一个复杂的心理过程，值得深入研究，这正是过程型激励理论的内容。

（一）期望理论

1964年，美国心理学家维克多·弗鲁姆提出了期望理论，内容包括期望公式和期望模式。

1. 期望公式

期望即预计某一行为达到目标、满足需要的程度。弗鲁姆认为，不同的期望程度，给人的行为带来不同的激发力量。他提出了期望公式：激发力量=目标效价×期望概率，用符号表示为：

$$M = \Sigma V \times E$$

M 是 Motivation 的缩写，表示动机强度

V 是 Valence 的缩写，表示目标效价

E 是 Expectancy 的缩写，表示期望概率

目标效价不是单项效价，而是各种效价的综合，反映动机强弱。它有三种可能：正、零、负。效价越高，激励力量就越大。同一目标，对不同的人，效价不同。2000元钱奖励，对于生活贫困者效价大，对于富裕者效价小。期望概率是人们主观认为的实现目标的可能性大小，反映信心强弱。乘号表明倍数关系。

效价和期望概率的不同组合，将产生不同激励作用，包括以下几种情况：

E 高 × V 高 = M 高　　强激励

E 中 × V 中 = M 中　　中激励

E 低 × V 高 = M 低　　弱激励

E高×V低＝M低　　弱激励

E低×V低＝M低　　极弱激励或无激励

2. 期望模式

怎样使激发力量达到最好的激励效果，弗鲁姆认为存在如下传导关系：

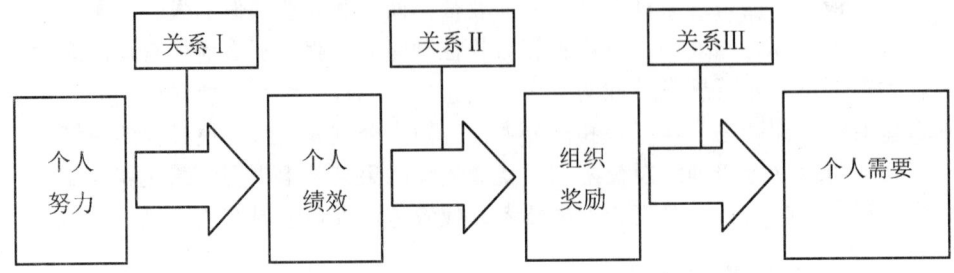

图 11-3　弗鲁姆期望模式

图 11-3 所示的期望模式中，存在三大关系。

（1）努力和绩效的关系。员工在想：需要付出多大努力才能达到某一绩效水平？概率有多大？这取决于工作条件、部门配合，以及个人的工作能力、工作方法等。

（2）绩效与奖励的关系。员工会问：取得绩效后是否会得到组织奖励？比如奖金、晋升、表扬等。如果没有相应奖励，积极性可能就不高。

（3）奖励和个人需要的关系。员工还会追问：我得到的奖励是不是我所需要的？奖励应适合各人不同需要，要考虑效价，采取多种形式。

（二）公平理论

公平问题很难解决。有人说，谁能解决这个问题，就该获得社会科学的诺贝尔奖。美国行为科学家史坦斯·亚当斯敢于挑战这个问题。他在1965年提出了公平理论，又称社会比较理论，研究了个体在社会比较过程中，对个人贡献与其所获回报之间的平衡问题。事实上，员工对报酬是否满意不仅在于报酬的绝对数额，更重要的还在于相对数额。

1. 横向比较公平公式

横向比较，即将自己获得的"报酬"（包括金钱、工作安排以及获得的赏识等）与自己的"投入"（包括教育程度、所做努力、用于工作的时间、精力和其他无形损耗等）的比值与其他人的比值进行比较，在相等时他才认为公平。

公平公式：自己报酬／自己投入：他人报酬／他人投入

用字母表示：　　　　$O_P/I_P = O_C/I_C$

式中：O_P表示自己对自己所获报酬的感觉；

O_C 表示自己对他人所获报酬的感觉;

I_P 表示自己对自己所作投入的感觉;

I_C 表示自己对他人所作投入的感觉。

式中的投入和报酬来自员工主观感觉,而不是准确测定的结果。

2. 纵向比较公平公式

纵向比较是把自己现在的投入与所获报酬的比值,同自己过去的投入与所获报酬的比值进行比较,只有相等时他才认为公平。即:

$$O_{PP}/I_{PP}= O_{PL}/I_{PL}$$

式中：O_{PP} 自己对现在所获报酬的感觉;

O_{PL} 自己对过去所获报酬的感觉;

I_{PP} 表示自己对现在投入的感觉;

I_{PL} 表示自己对过去投入的感觉。

当上述两个公平公式为不等式时,可能有以下两种情况。

一是前者小于后者。此时员工认为不公平,他可能会采取以下几种做法：①改变自己的投入;②改变自己的产出(如保量不保质);③改变自我认知(如自我安慰);④改变对他人的认知(对他人的工作条件、投入等进行再认知);⑤选择另一个参照对象;⑥辞去现有工作;⑦改变他人的投入或产出(如故意把重活、难活交给他人做)。

二是前者大于后者。此时,大多数人不会觉得不公平,也不会因为觉得自己多拿了报偿而主动多做工作;当然,或许有少数人会要求减少自己的报酬或在开始时主动多做些工作,久而久之他会重新估计自己的技术和工作情况,终于觉得他确实应得较高的待遇时,公式重新变成等式,他也不那么积极主动了。

(三) 强化理论

强化理论也叫作行为修正理论,由美国的心理学家和行为科学家斯金纳、赫西、布兰查德等人提出。该理论认为人的行为是其所受刺激的函数,当这种刺激对他有利,这种行为就会重复出现;若对他不利,这种行为就会减弱或消失。人们可以采用各种强化的方式来影响行为的后果,修正其行为使其符合组织的目标。

最初,强化理论仅用于训练军犬和马戏团的动物等。后来,斯金纳将强化理论用于人的学习,发明了程序教育法和教育机。他强调在学习中应遵循小步子强化和及时反馈的原则,将大问题分成许多小问题循序渐进;他还将编好的教育程序放在机器里对人进行教学,收到了良好效果。

1. 强化的类型

"强化"是指通过不断改变环境的刺激因素以达到增强、减弱或消除某种行为的过程。"强化"包括以下四种类型。

（1）积极强化。又称为正强化，是在行为之后伴随一个有利的结果，从而使这种行为得到加强。正强化在管理实践中体现为奖励措施，包括奖金、表扬、提升、给予学习和发展的机会等。

（2）惩罚。惩罚是在行为之后伴随一个不利的结果，从而削弱这种行为。在管理实践中体现为处罚措施，包括批评、处分、罚款、降级甚至辞退等，目的是使组织不出现行为消退。

（3）消极强化。又称为负强化，它是介于积极强化和惩罚之间的一种状态。消极强化通过监督、提醒、告诫等具有一定震慑作用的方式来削弱消极行为。例如，母亲向孩子唠叨"该学习了"、"不要贪玩"，孩子就会听话，因为他知道若不听话将会受到惩罚。再比如"杀鸡给猴看"，对鸡是惩罚，对猴是一种消极强化。

（4）忽视。忽视是在行为之后不给予奖励也不给以惩罚，即不加理会。这种方式会削弱动机，使行为逐渐消退。例如某员工每次主动加班都能得到领导表扬，便得到积极强化；如果领导不再表扬，员工加班的积极性就可能趋于削弱。

2. 强化的方式

按强化的频率不同，强化可以分为连续强化和间断强化。按时间间隔不同，强化可分为固定时距强化和可变时距强化。

（1）连续强化和间断强化

连续强化：每次特定行为之后均给予强化。例如，在超市经营的过程中，对会员客户每次购买都给以积分奖励。间断强化：并不是每次特定行为之后均给予强化。以买彩票为例，哪次会中奖谁也说不准，但偶尔中一次让彩民们乐此不疲。间断强化包括固定比率强化与可变比率强化。固定比率强化是在特定反应次数达到一定比率时就给予一次强化。比如驾驶机动车违章一次扣2分，被扣12分就吊销驾照；可变比率强化是指强化比率可变，比如买书打折，买一本书打9折，买10本书打8.5折，买20本打8折。

（2）固定时距强化和可变时距强化

固定时距强化是每隔一个固定时间就强化一次，如海尔公司的日工资制。可变时距强化是强化的时间间隔不固定，比如对学生不定期抽查考试，或者是总部审计部门不事先通知就到各分公司进行随机检查等。

3. 强化的原则

为达到强化效果，可按以下原则采取强化措施。

原则一：小步子强化。采取循序渐进的方式达到较高目标。

原则二：及时反馈。实践证明，及时奖惩将产生良好的刺激作用。

原则三：奖惩结合以奖为主。心理学研究表明，正强化更易于被人接受，效果大于负强化。负强化虽然产生效果较快，但其作用通常只是暂时的，且容易给人留下负面心理影响,引起或明或暗的对抗行为,甚至是极端行为。

原则四:因人而异。各人兴奋点和需求不同,应采取有针对性的强化手段。

原则五:多种强化方式相结合。连续强化和固定时距的正强化,可以及时刺激、立竿见影,但随着时间推移,人们会习惯性地认为这种强化理所当然。此时,管理者被迫不断加强这种正强化,否则将起不到刺激作用。而时间、强度不固定,灵活变化的正强化不仅成本较低,而且由于是"意外惊喜"更让人乐于接受。管理者应善于将多种强化方式结合起来使用。

(四)波特—劳勒激励模式

美国管理学家波特和劳勒综合了上述多种激励理论的成果,建立了他们的激励模式。他们将激励看成一个循环的完整过程,认为影响激励水平的因素除了效价和期望概率之外,还有关联性、结果(报酬)、绩效、能力和选择等,见下面的公式和图 11-4:

$$M = \sum V \times E \times I$$

式中,M 表示激励力量,E 表示期望概率、V 表示效价、I 表示关联性

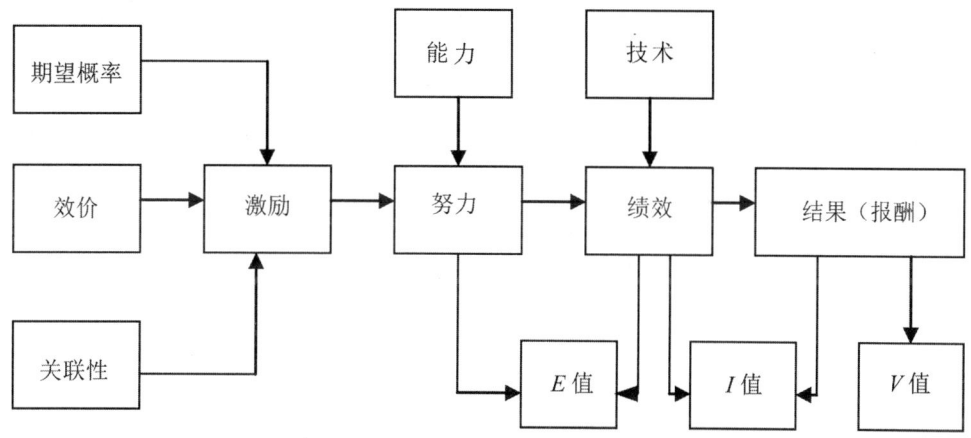

图 11-4 波特—劳勒激励模式

图 11-4 中 E 值即期望概率,V 值表示效价,其含义同前述弗鲁姆期望公式里的含义一致。关联性 I(Instrumentality)是指工作绩效与所得报酬之间的关系,这种联系通常用系数表示,在+1 和-1 之间变化。假如高工作绩效总导致报酬的提高,则关联系数为正值;如果二者无关则为零值;如果高工作绩效导致报酬降低,那么关联系数为负值。

要激励员工更好地工作,管理者应注意以下三点。

（1）尽可能提高所给报酬的效价水平。当员工获得的报酬满足了其主导需要时，工作积极性会提高。值得注意的是，报酬的给付要尽量公平。

（2）使员工认识到这种报酬与工作绩效有关。先完成任务后，再给以奖励，让员工感觉自己是因绩效因素而不是其他因素受到奖励。

（3）使员工相信，只有努力工作，绩效才能提高。这一联系的前提条件是，个人应具备必要的能力，对员工的绩效评估系统必须公正、客观。

第三节　激励实务

一、激励的原则

（一）个人、组织目标相结合

实施激励的过程中，管理者应想方设法将个人目标与组织目标结合起来，使两者的交集最大。激励的方向是将个人行为引导到实现组织目标上来，同时帮助员工实现个人目标。

（二）按需要激励

有针对性地根据员工的实际需要采取激励措施，力求达到"雪中送炭"的效果。要做到按需要激励，首先要对员工的需求进行调查与分析，可采用问卷调查或访谈的方式进行。

（三）物质激励与精神激励相结合

只有在满足基本的物质需要的前提下，员工才谈得上安心工作。同时，人又有社会情感、自我实现的精神需要。管理者应有意识地将物质激励与精神激励结合起来。

（四）正激励与负激励相结合

正激励以奖励为主，可以对人的积极行为起到正向强化作用；负激励以惩罚性措施为主，可以对人的消极行为起到负向削弱作用。将两者结合起来，惩恶扬善，形成最大的合力。正激励与负激励相结合时，应以正激励为主。

（五）个体激励与群体激励相结合

对个人贡献和功劳的奖励属于个体激励，能提高个人积极性，同时又有利于树立模范人物，产生良好的示范效应。众所周知，独木难成大船，红花还需绿叶扶，所以必须肯定集体的功劳，对群体进行激励有利于组织团结和凝聚力增强。

（六）公平与适当差距相结合

在采取奖金、晋升等奖励形式时，管理者应尽量避免不公平现象，消除员工的不公平感和受挫感；同时也要认识到完全消除不公平是不现实的，事实上，对不同的业绩水平奖励时适当地拉开一定差距，反而会产生一定的激励作用。

（七）成本与效益相统筹

管理效益原理表明，只有当效益大于支出，管理才是有效的。实施激励时，一方面追求充分有效地调动员工积极性，另一方面要考虑激励的成本在可接受的范围内。激励并不一定靠物质手段，精神激励很多时候比物质奖励更有效，而且成本也低。

二、常用的激励方式

（一）工作激励

工作对人的激励主要体现为工作意义和内容、工作环境、工作目标、工作中培训和发展的机会等。赫茨伯格将工作本身的因素看成激励因素，奥德弗指出人有成长的需要，马斯洛认为人最高层次的需要是自我实现的需要，这些都是与工作密切相关的。

1. 工作意义和内容对人的激励

奥德沃公司是一家果蔬汁类饮料生产商，其员工对产品的营养价值感到很自豪。吉路（Giro）运动设计公司主要生产自行车头盔，员工们同样具有很强的自豪感，因为知道他们的产品挽救了许多人的生命。这两家公司的员工干劲充足，因为他们理解和认可了工作的意义。

为增加工作内容的趣味性和挑战性，管理者在条件允许时可考虑进行工作再设计，包括工作扩大化、工作丰富化、工作轮换等。同时，要知人善任，将适当的人放在适当位置上，才有所用，从而获得成就感和快乐。

资料：有一户人家有五个儿子，长子质朴，次子聪明，三子目盲，四子背驼，五子脚跛。这五个儿子各有安排。老大质朴，务农；老二聪明，经商；老三目盲，按摩；老四背驼，搓绳；老五脚跛，纺线。真所谓各展其长，各得其所。

2. 工作环境对人的激励

尽可能创造满足工作要求的工作环境，包括通风、通光、卫生、安全、供饮、人性化的工作场所设置、上下班交通便利等。在这样的环境下工作，员工心情愉悦，工作效率自然就提高了。

3. 工作目标对人的激励

管理人师德鲁克提出的目标管理法，提倡上下级结合来共同制定工作目标，通过及时评估绩效来调整目标，从而提高管理效果。1967年，美国马里兰大学管理学兼心理学教授洛克提出了目标激励理论，认为目标本身就具有激励作用，目标能把人的需要转变为动机，使人们的行为朝着一定的方向努力。

4. 工作中培训和发展的机会对人的激励

工作中培训和发展的机会满足了人的成长需要和自我实现需要，对人的行为起到良好的激励作用。

（二）精神激励

精神方面的激励，是指着眼于满足员工的心理需要，提升员工的思想意识，引导员工的行为。

1. 自信心激励

通用电气公司前总裁韦尔奇非常看重人的自信，他认为："自信是创造力、果断和速度的动力。"他不断努力激发员工的自信。他相信人们必须掌握自己的命运，而且能够掌握自己的命运。通用的员工说："我在这儿最好。通用给我信心和自尊，让我成为我能成为的那样。"

2. 荣誉激励

荣誉激励是对下属长期优秀的表现，或某次重大突出的贡献进行激励，给予荣誉称号或某种身份。拿破仑非常重视激发军人的荣誉感，他主张对军队"不用皮鞭而用荣誉来进行管理"。拿破仑常常在全军广泛通报表扬立了功的士兵，以激发所有官兵为荣誉而勇敢战斗。

3. 情感激励

人是有感情的动物，管理者在管理实践中，要有人情味，需要真情实感的投入，体谅和关爱下属。古人云："以诚感人者，人亦以诚应。"

（三）薪酬与福利激励

薪酬与福利激励是物质激励的基本形式，在具体应用时有不同的做法。比如，Wells Fargo 公司注重将员工的薪酬与具体的工作成果联系起来，及时兑现。该公司的事业部给员工"虚拟币"，让他们去奖励对自己有帮助的同事，得到者可以将之换成真实的钱。再比如，西北航空公司给经常乘坐航班的旅客派发可兑换现金的证书，让他们奖给值得奖励的员工。

在福利方面，一般来说，组织的福利约占员工工资的 10%～40%。多数公司的福利项目是由管理者设定的，员工没有选择权，只能被动接受，带来的激励作用有限。目前，国外部分企业实行了灵活福利的做法，福利项目可变可选，效果良好。

（四）负激励

负激励是通过批评、罚款、降薪、降职、辞退等方式对组织不希望出现的行为进行惩处，以使该行为消退。使用时应注意以正激励为主，少用负激励，因为其存在一定负面效应。国外某家销售公司一位经理制定了独特的负激励措施,每月绩效最差的销售人员要带回家一只活山羊度周末,目的是让成为"月度山羊"的员工感到不好意思,下个月就能提高销售额。结果他的"创造性"做法伤害了员工自尊,导致部分销售人员跳槽。

一、案例

一条猎狗将兔子赶出了窝,一直追赶它,追了很久仍没有捉到。羊看到此情景,讥笑猎狗说:"你们两个之间,个子小的反而跑得快。"猎狗回答说:"你不知道,我们两个跑的目的完全不同!我仅仅为了一顿饭,它却是为了性命!"这话被猎人听到了。猎人想:猎狗说得对啊,我想得到更多猎物,得想个好法子。

于是,猎人买来几条猎狗,宣布凡是能够在打猎中捉到兔子的,就可以得到几根骨头,捉不到的就没有饭吃。这一招果然有用,猎狗们纷纷去努力追兔子。过了一段时间,问题又出现了。大兔子非常难捉到,小兔子好捉。但捉到大兔子得到的奖赏和捉到小兔子得到的骨头差不多,慢慢地,大家都专门去捉小兔子,猎人得到的兔子越来越小。

猎人经过思考后,将分配方式改为根据猎狗捉到的兔子总重量来决定其待遇。于是猎狗们捉到兔子数量和重量都增加了。猎人很开心。过了一段时间,猎人发现,猎狗们捉兔子的数量又少了,而且越有经验的猎狗,捉兔子的数量下降得就越多。猎狗说:"我们把最好的时间都奉献给了您,主人。但是我们会变老,当我们捉不到兔子的时候,您还会给我们骨头吃吗?"

猎人决定论功行赏,规定如果捉到的兔子超过一定数量后,即使捉不到兔子,每顿饭也可以得到一定数量的骨头。一段时间过后,有一些猎狗达到了猎人规定的数量。这时,其中一只猎狗说:"我们这么努力,只得到几根骨头,而我们捉的猎物远远超过了这几根骨头,我们为什么不能给自己捉兔子呢?"于是有些猎狗离开了猎人,自己捉兔子去了。

问题:

1. 猎人为了让猎狗多捉兔子,采取了哪些激励措施?还可以采取哪些激励措施?

2. 猎人的激励措施分别满足了猎狗的哪些需要?

二、重要概念

激励,需要,动机,行为,马斯洛需要层次论,双因素理论,成就需要理论,期望理论,公平理论,强化理论

三、问题

1. 什么是激励?激励的过程是怎样的?

2. 比较需要层次理论和 ERG 理论、双因素理论的异同。
3. 根据成就需要理论，对于职业经理人，你认为应如何激励？
4. 根据期望理论，举一个例子谈谈为何你有时不受激励？
5. 解释强化理论的主要观点。
6. 在我国的管理实践中，对员工的激励应遵循哪些原则？

四、讨论

1. 描述一个你感到不公平的时刻以及为什么会这样。对不公平你会做出何种反应？你还能有哪些其他选择。你认为在管理实践中应如何做到消除不公平现象？
2. 设想你是一个部门主管，你怎样用强化理论纠正一位销售员经常迟到的行为？

第十二章 沟通理论与方法

【本章概要】

学者研究发现，经理人员每天70%的时间用于不同形式的沟通，企业70%的问题是由于沟通障碍引起的。如果不善于有效沟通，就不可能成为一名杰出管理者。协调和冲突管理是一门艺术，是沟通理论和方法的重要应用领域。本章主要阐述沟通的过程，常见沟通形式和分类，常见沟通障碍及其克服，协调的概念、原则，以及冲突的起源、分类，冲突管理观念的演变，冲突管理的理论与策略等。

【学习目的】

1. 理解沟通的要素、环节与过程
2. 了解常见沟通形式和分类，熟悉常见沟通方式的优缺点
3. 了解常见的沟通障碍，掌握克服沟通障碍的技巧
4. 理解协调的概念、常见形式和原则
5. 了解冲突的起源与分类，掌握冲突管理基本理论与策略

第一节 沟通概述

一、沟通的含义、过程和分类

（一）沟通的含义

沟通是人与人之间的信息交流过程。人与人之间离不开沟通，人在清醒时约有70%的时间在进行沟通，沟通形式可以是语言、副语言、动作、文字、图像等。人们日常交往称为人际沟通，而管理学主要研究的是管理沟通，它们有所不同。

表 12-1　管理沟通与人际沟通的不同特点

管理沟通的特点	人际沟通的特点
管理者角色	个体角色
实现组织目标	随意性
相对稳定性	多变性
以达成共识为导向	以维护关系为导向
多种交流方式	面对面、口头交流方式为主

管理沟通有四种主要功能：控制、激励、情绪表达、信息传递。管理沟通意义重大。根据尼柯斯的研究结果，经理人员每天将70%的时间用于各种沟通，普通员工每天花50%的时间用于传播信息，企业70%的问题是由于沟通障碍引起的，效率低下、执行力差、领导力不高等问题，都可能与沟通能力欠佳有关。

（二）沟通的过程

沟通过程离不开三个要素：信息源（发送者）、信息和接收者，包括7个环节：信息源、信息、编码、媒介、解码、接收者和反馈。

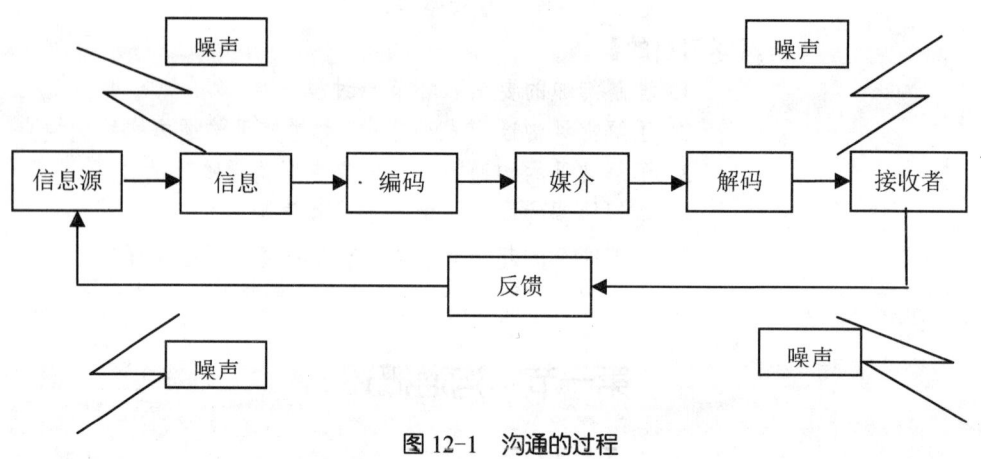

图 12-1　沟通的过程

1. 信息源

发出信息的主体，可以是人也可以是物。比如授课老师、卫星电视发射塔等都是信息源。

2. 信息

信息源传递的内容即信息，可以是思想、观点或情感等。如老师传递的信息是某个知识点或某项技能。

3. 编码

编码是将信息加工处理成人们能理解的符号、信号的过程。编码符号各式各样，可以是有声语言符号（如口头语句）、无声语言符号（如书面文字）、有声的非语言符号（如尖叫、呻吟）和无声的非语言符号（如姿势、手势等）。善于表达的人编码能力强，用语准确、表情丰富，不善于表达的人可能正好相反。

4. 媒介

媒介是承载并传递信息的物质。口头沟通的媒介是空气，书面交流的媒介是纸张，身体语言的媒介是光线，电子邮件的媒介是电子信号等。

5. 解码

解码是接收者将编码加工处理为有特定含义的信息的过程。解码的结果因接收者的不同，差异很大。如看同一场电影、听同一堂课，各人理解、感悟千差万别。解码过程的差异取决于接收者知识水平、兴趣与感悟能力等。

6. 接收者

接收信息的客体，可以是人也可以是物。比如在听课的学生、接收有线信号的电视机等。

7. 反馈。

接收者收到信息后可能会做出各种反应，这些反应所传递的信息返回到信息源的过程就叫反馈。发送者通过反馈来了解信息的接收情况。

在上述信息传递过程中，可能受到各种干扰，比如声音的干扰、光线的干扰，其他障碍物的干扰等。这些干扰信息传递和理解的因素统称为"噪声"。噪声可能存在于沟通过程的各个环节，并可能造成信息失真和曲解。

（三）沟通的分类

沟通有多种分类方法：从形式上可分为语言沟通、非语言沟通与电子媒介沟通；从管理过程是否正式可分为正式沟通和非正式沟通；按是否有反馈可分为单向沟通和双向沟通。

1. 语言沟通、非语言沟通与电子媒介沟通

语言形式有口头语言和书面语言，非语言形式有身体语言、物体操纵和声光信号等，电子媒介有传真、闭路电视和计算机网络等。

表 12-2 主要沟通方式的比较

沟通方式	举 例	优 点	缺 点
口头	讲座、演说、交谈、会议、电话	直接，内容与形式灵活，能快速传递和反馈，信息量很大	传递中经过层次愈多，信息失真愈严重、核实愈困难

续表

沟通方式	举　例	优　点	缺　点
书　面	文件、报告、备忘录、信函、内部通讯或期刊、公告	持久、有形，可以核实，可以反复修改，容易复制	耗时长、及时性差，无反馈或反馈慢，受限于组织内规则要求
非语言	肢体动作、体态、表情等身体语言；红绿灯、警铃、旗语、服饰标志等声光信号；物体操纵的力度、节奏、方向等	内涵丰富，方式灵活，可加强口头表达的效果	传送距离有限，往往无意识做出，意义含糊，只可意会，不可言传
电子媒介	闭路电视、计算机网络、传真、电子邮件	信息容量大，一份信息同时传递多人，快速传递、远程传递，廉价	单向传递，电子邮件可以交流，但看不到表情

心理学家研究发现：采用语言沟通时，口头与书面混合方式效果最好，口头沟通次之，单纯的书面沟通效果最差。沟通过程中，语言和文字所传达信息量只占 7%左右，语气和音调所传达信息量占 30%～35%，面部表情和身体姿态传达的信息量占 50%～60%，可见，非语言形式在沟通过程中作用重大。

2. 正式沟通与非正式沟通

（1）正式沟通

正式沟通是指组织中的信息或指示经等级链向下传达，意见和建议经等级链向上汇报的沟通方式，具体形式有：正式文件、记录和报告；工作手册；口头公务联络、工作汇报等。正式沟通是管理活动中主要的沟通方式，优点是具有权威性高、约束力强、易于保密、沟通效果好，但受组织等级限制，正式沟通存在沟通速度慢、失真可能性大等缺点。

正式沟通基本形态包括：垂直沟通、平行沟通和斜向沟通。垂直沟通又分为上行沟通和下行沟通。上行沟通指沟通方向由下而上，如下级向上级报告工作、提出意见和建议等。下行沟通方向由上而下，如上级向下级发布命令和指示。平行沟通也叫横向沟通，主要用于组织中同级之间的水平沟通。斜向沟通方向为非同级错位，即处于两个不同指挥链之中的不同级别人员之间的沟通。

（2）非正式沟通

非正式沟通是一种脱离组织机构的等级层次、在正式工作之外的、随意性很强的沟通方式，其主要形式是口头沟通，包括员工私下交谈、小道消息、马路新闻、流言和谣传等。

非正式沟通优点是沟通方便、速度快，可传播一些不便正式沟通的信息，掌握这些自然、真实的信息，有利于管理者更好开展工作；非正式沟通还有利于促进成员间信息交流，满足情感需要；此外，非正式沟通可防止某些管理者滥用正式沟通渠道。非正式沟通缺点是信息易失真，易传播流言蜚语，混淆视听，干扰正常工作。如何有效控制和利用非正式沟通，展其所长、抑其所短，值得管理者关注。

3. 单向沟通与双向沟通

（1）单向沟通

单向沟通是一种无信息反馈的沟通方式，比如下达通知、公告和文件等。单向沟通较适用于紧急事件、例行事件和简单事件，适用场合为：①沟通内容简单但时间要求紧；②下级易于理解和接受沟通内容；③下级对相关信息了解不够，难以有效反馈；④上级缺乏处理负反馈的能力，易感情用事。

（2）双向沟通

双向沟通是一种有信息反馈的沟通方式，信息源和接收者进行相互交流，如座谈会、辩论会等。双向沟通适用于复杂事件、例外事件等，具体情况有：①时间较充裕但沟通内容复杂；②下级对沟通内容的接受程度非常重要；③希望下级能提供有效反馈信息；④上级习惯于双向沟通，善于建设性处理负反馈。

二、沟通的网络模式

（一）正式沟通的网络模式

美国学者莱维特以五人为对象，研究设计了双向沟通情况下的五种网络模式。如图12-2所示。

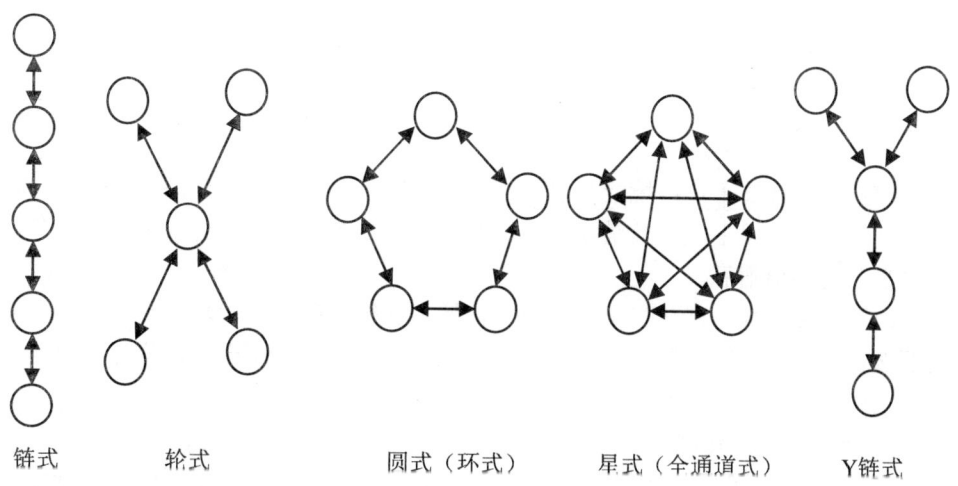

链式　　　轮式　　　圆式（环式）　　星式（全涌道式）　　Y链式

图12-2　正式沟通的五种网络模式

五种网络模式的差异比较如表12-4所示。

表12-4 正式沟通网络模式的比较

网络模式 比较项目	链式	轮式	圆式 (环式)	星式 (全通道式)	Y链式
领导人的明确性	较高	最高	无	无	多头领导
士气	低	很低	很高	最高	低
信息精确度	较高	高	低	最高	较低
解决问题速度	较快	快	慢	最慢	较快
组织化	慢、稳定	快、稳定	不易	最慢、稳定	不一定
复杂任务的工作质量	中等	低	中等	高	低
简单任务的工作质量	中等	高	中等	中等	高

(二)非正式沟通的传播网络

小道消息是非正式沟通的主要形式之一,下面介绍小道消息的传播机制、传播网络以及在管理活动中如何控制虚假的小道消息(谣传)。

1. 小道消息的特点

小道消息是由消息灵通人士或别有用心之人用非正式渠道传播的信息。小道消息能传播正式渠道不愿意传播或有意封闭的信息,其传播方式机动灵活,能突破部门和组织界限,有异乎寻常的快速扩散能力。小道消息往往是最新信息,人们热衷于传播新闻而不屑于关注旧闻。虽然小道消息一般不完整,但真实性却很高,有研究指出小道消息至少有75%真有其事。

2. 促成小道消息传播的因素

(1)什么时候最易出现小道消息?一般是在有关员工切身利益的事情发生时,诸如裁员或加薪之类令人不安或激奋的事件;或是事情关系到朋友或同事,比如自己熟悉的人突然升职。

(2)什么样的工作环境最易出现小道消息?一般是在人们存在相互接触、允许对话的工作环境中,尤其是在正式沟通渠道不顺畅、正式消息没有及时发布之前最易出现小道消息。

(3)什么人最可能传播小道消息?传播者往往开朗、爱闲聊、善于沟通,他们要么在"信息汇集点",如办公室、秘书处等部门工作,要么与这些部门或是与中高层管理人员接触紧密。

3. 小道消息的传播链

戴维斯研究发现,小道消息的传播链有四种形式:①单线型,即通过一连串的人把消息传播给最终的接收者;②闲聊型,也叫流言式传播,非正式渠道中的

"关键人物"主动把小道消息传播给他人；③随机型，即按随机的形式传播小道消息；④组串型，又称为葡萄藤型，把小道消息有选择地传给某些特定的人，这是传播小道消息最常见的形式。

4. 控制谣传的要点

谣传盛行，可能扰乱军心，破坏团结，甚至加剧内部矛盾引发冲突，所以管理者应注意谣传。可采用的手段有：谣传初起时，应分析谣传性质和可能的危害，对潜在危害大的要及时辟谣，防止扩散。辟谣时，用事实进行驳斥，必要时可面对面对质，甚至进行笔录。辟谣过程中要公正和适度公开，力戒又生新的谣言。接下来要排查谣传起因，分析谣传背后可能隐含的其他意图，力图发现并适当对待非正式组织的关键人物。谣传盛行一般表明正式沟通渠道存在缺陷，或是保密工作做得不够，在这些方面应及时加强。

第二节　沟通的障碍及克服

一、沟通的障碍

（一）个体因素方面的障碍

俗话说"秀才遇到兵，有理说不清"，个体差异会造成一定沟通障碍。个体差异包括性别、种族、受教育程度的差异，知识和经验差异以及心理因素差异（如兴趣、情绪、态度、性格、价值观差异）等。通常性格外向的人比较愿意公开表露自己，内向的人则相反；沟通能力方面，有的人擅长口头表达，有的人擅长文字描述；个人情绪也会影响沟通，比如，当某人无法真心接受某一事物时，可能通过发牢骚来拒收信息，或是带着情绪偏激地执行指令。

（二）人际因素方面的障碍

1. 沟通双方的信任程度。诚如"狼来了"的故事，沟通双方若失去了信任，就不可能进行有效的沟通。

2. 信息来源的可靠度。信息来源可靠度一般取决于信息发送者是否诚实、有能力、热情和客观。在沟通过程中借助数据、事例增强信息可信度有时很有必要。

3. 沟通双方间的相似程度。如果双方来自同一个地方，拥有相似的经历，或是有共同的兴趣爱好，则易于拉近双方的心理距离，有利于沟通。

（三）结构因素方面的障碍

1. 群体规模。有研究表明，12人的群体规模是进行有效沟通的上限，人数太多难以进行有效沟通。

2. 组织结构设计。如果组织内部信息沟通渠道、制度建设存在缺陷，信息资料管理混乱，则有可能带来沟通脱节，协调困难。

3. 地位差别。地位悬殊越大，信息就越倾向于从高地位者流向低地位者，成为单向沟通，缺乏交流和反馈。此外，有时下级为了给上级留下好印象，可能过滤信息，报喜不报忧。

4. 信息链的长短。信息传递的等级越多，即信息链越长，信息失真的概率就越大。美国加利福尼亚州立大学的学者研究发现，来自领导层的信息只有20%~25%被下级正确理解，从下级往上级反馈的信息被正确理解的不超过10%。

5. 地理空间约束。特殊地形、恶劣天气可能影响信息传递；组织分支机构间远距离分散，可能造成内部沟通困难。但是，信息技术的发展，一定程度上克服了物理空间对沟通的约束。

（五）技术因素方面的障碍

1. 语言差异或非语言信号的差异带来的理解障碍。一词多义、专业术语、方言土话、身体语言不同可能带来理解障碍。比如中国话"中国女子排球队大胜美国队"和"中国女子排球队大败美国队"意思相同，但外国人可能觉得莫名其妙。

2. 媒介的有效性。口头沟通、书面沟通、非语言沟通和电子媒介沟通各有所长，应根据沟通的目标、内容和主体灵活选择合适有效的媒介，媒介选择不当可能带来沟通障碍。

3. 信息过量。在当今信息爆炸时代，人们每天通过互联网、手机、电视等媒体接触到的信息难以计数，真假混杂，一些别有用心的人捏造虚假信息，混淆视听，给人们筛选和使用信息带来了较大压力。

资料：美国人经常用拇指和食指作圆圈表示"OK"，而这在巴西、新加坡、俄罗斯和巴拉圭是一种粗俗的举动。在佛教国家里，头是神圣的，你绝对不能去摸别人的头。在伊斯兰文化中，不能用左手碰食物或用左手吃东西，这会被认为不干净。脚踝交叉叠放在一起在印度尼西亚、泰国和叙利亚是举止粗鲁的表现。在德国和瑞士用手指指向自己是侮辱他人的行为，而在保加利亚，点头表示否定。

二、沟通障碍的克服

管理者应设法克服沟通障碍，实现有效沟通。有效沟通有三个主要特征：信息的准确性、完整性和沟通的及时性。实现有效沟通的措施有以下几种。

（一）事先认真准备，正确理解、确切表述沟通内容。发送者应准确把握信息的真实性、时效性、成立的前提和运用条件等，保证不误传、不漏传关键信息。

（二）提高信任度。作为信息发布的人或机构，要树立可信度、权威性，这样发布的信息才能被广泛认可。

（三）提倡平行沟通、直接沟通、双向沟通、口头沟通。日本的企业不主张领导者单独办公，而是提倡大屋集体办公，其用意正是为了利于信息沟通。

（四）设计合理的沟通渠道与制度，形成沟通常规。韦尔奇强调："在组织内部建立起上情下达、下情上达的有效的信息交流沟通系统是极为必要的。"在组织中，可通过召开定期会议、临时协调会、座谈会，发布内部通讯、公告，设立意见箱等方式来加强沟通。

（五）克服"听话"时的不良习惯。尼柯斯研究发现经理人员在听别人谈话时效率往往不高，仅约为25%，究其原因，主要是听讲者存在各种不良习惯，包括：对对方所谈主题没有兴趣；被对方谈话姿态所吸引而忽略了所讲内容；当听到与自己意见不同的地方时，就情绪激动不愿再听下去；过分重视条理，对欠缺条理的话重视不够；过多注意造作掩饰，对真情实感重视不够；对较难言辞不求甚解；当对方言辞带有感情时，注意力分散；心不在焉，听别人讲话时还思考别的问题。

（六）提高"说话"的效度。有人提出"沟通是你被理解了什么而不是说了什么。"不要自我认为"该说的都说了"，而应把重点放在对方究竟理解了多少上。提高"说话"的效度，可从三方面入手：首先要掌握听众分析策略，即根据听众的身份、需求和喜好调整沟通方式；其次是尽量使用积极的语言，避免使用否定字眼或否定语气，强调对方可以做的事，而不是你不愿意或不让他们做的事，把负面信息与对方某个受益方面结合起来叙述，低调处理消极面，压缩有关篇幅；最后是修炼和灵活运用"说话"的艺术，学会在不同场合说"合适"的话。

第三节　协调与冲突管理

一、协调的方法和艺术

（一）协调的概念和作用

协调的字面意义是协商、调和，协调的本质，在于适当处理各方面关系，解决各方面矛盾，使组织中各个部门、单位和成员的工作与组织总体目标和谐一致，实现组织正常运转和平衡发展。协调有助于减少组织内耗，增强组织凝聚力，以及处理好本组织与外部各界的关系，在组织管理中具有重要的作用。

（二）协调的范围和内容

协调的范围包括对组织内部矛盾和冲突的协调，即内部协调，也包括对本组织与其他组织、个人的矛盾和冲突的协调，即外部协调。进行内部协调和外部协调，主要是为了处理好三个方面的关系：一是上下级之间的关系，二是同级之间的关系，三是本组织与社会公众之间的关系。具体的协调内容包括：协调奋斗目标，协调工作计划，协调职权关系，协调政策措施，协调思想认识等。

（三）有效协调的原则

1. 及时性原则。在制订工作计划时就应考虑各项工作存在哪些关系需要协调，提前拟订方案和措施。在执行计划时应对可能出现的矛盾保持警觉，一旦发现就以适当的方式及时处理，不要等它积小变大，积重难返。

2. 抓关键和根本原则。有两层含义：一是要抓住重大的关键问题，包括影响全局或长远的问题，具有代表性的典型问题，群众意见大和反映强烈的问题等；二是协调矛盾要标本兼治，即不仅要解决矛盾本身，还要尽量解决矛盾的根源。

3. 全局性原则。矛盾的存在，可能牵一发而动全身，在采取措施处理矛盾时要考虑这一措施的连带影响和后续影响，尽可能做到妥善解决。

4. 长远性原则。矛盾的协调处理，应着眼长远，不能为了尽快轻松地解决眼前的矛盾而"快刀斩乱麻"，这样可能导致长远矛盾的出现和更大的利益损失。

5. 激励性原则。合理运用激励手段，鼓励各部门和组织成员树立大局意识与合作意识，调动各方协作的意愿，不但可以预防问题和矛盾发生，还有助于激发解决问题和矛盾的积极性、主动性。

6. 有效沟通原则。沟通是进行协调的基本手段，关于如何克服障碍，实现有效沟通上节已有论述，兹不重复。

（四）协调的形式

协调的形式多种多样，这里主要介绍三种：会议协调、现场协调和结构协调。

1. 会议协调

会议协调是指经常组织各类协调会议，深入和广泛沟通、探讨，以保证各个组织、部门在资源配置等方面达到平衡，实现统一领导和资源优化配置，促进合作，鼓舞士气。常见的协调会议形式有：①信息交流会议；②表明态度会议；③解决问题会议；④培训会议等。

2. 现场协调

管理者在进行协调工作时，通过与被协调者在现场直接见面，不仅可以保证信息准确，而且可以深入了解实际情况，准确把握解决问题的形势、条件和突破口；另外，协调者应尽可能使几方被协调者直接见面，这样既可以将意见摆到桌面上来，又可以使当事者进行情感交流，统一认识，使问题尽快解决。

3. 结构协调

结构协调是指通过调整组织机构、明确职责分工等办法来进行协调。这一方式适用于那些不同单位、部门权责之间"交叉带"、"真空带"中的问题，以及由于管理体制不顺，权责划分不清所造成的问题。解决此类问题，应着力于明确各部门的责、权、利，使部门的横向、纵向工作关系清晰明了，不留空白，也不出现职能重叠。

二、冲突管理

美国管理协会（AMA）的一项调查表明，管理者平均花费20%的工作时间来处理冲突，可见，冲突管理能力是管理者必须掌握的重要技能之一。

（一）冲突的起源与分类

1. 冲突及其起源

冲突是指两个或两个以上的社会单元（包括个体、群体或组织）产生联系时，至少有一方认识到另一方正在或将要采取阻碍、危害自己实现目标并获得利益的行动，从而产生心理上的或行为上的抵触、争执或争斗的对立状态。

2. 冲突的分类

（1）按冲突的内容，可分为目标冲突、认知冲突、感情冲突和行为冲突。目标冲突是指双方在目标与方向上不一致；认知冲突是指双方在看法与观点上不一致；感情冲突是指双方在感情与态度方面不一致，如互不喜欢、缺乏信任等；行为冲突是指双方不能接受对方的行为方式。

（2）按冲突的范围，可分为个体冲突、群体冲突和组织冲突。个体冲突是指两个或两个以上的个体之间的冲突；群体冲突是指发生冲突时至少有一方是群体，包括个体与群体之间的冲突、群体内冲突和群体之间的冲突；组织冲突是指发生冲突时至少有一方是组织（企业、学校及至国家），包括个体与组织之间的冲突、组织内的冲突，以及组织之间的冲突。

（3）按冲突的影响，可分为建设性冲突和破坏性冲突。建设性冲突是指对组织有益的冲突，如果处理得当，能够给组织带来一些积极变化，如提高生产率、改进决策过程、促进组织改革与创新等；破坏性冲突是指对组织有害的冲突，可能会造成组织混乱、绩效下降等。

（二）冲突管理观念的演变

人们对冲突的认识在发展的过程中经历了三种观念：一是传统观念，存在于20世纪40年代以前，认为冲突对组织有害无益，组织应该"以和为贵"，避免冲突；二是人际关系观念，在20世纪40年代末至20世纪70年代中叶占主流，认为冲突是客观存在的，不可能被彻底消除。不是所有冲突都有害，有些冲突可能利于提高工作绩效；三是相互作用观念，出现在20世纪70年代之后，至今已成为冲突管理的主流观点。该观念认为不但不要回避冲突，还应在必要时有意引发冲突，比如在需要激发创造力和直率辩论的场合。冲突水平不是越低越好，也不是越高越好，而是存在一个最佳冲突水平。

（三）冲突管理的理论与策略

1. 冲突行为水平

冲突行为的发展和升级自低向高可以分为六种水平，即轻度意见分歧或误解、公开质问或怀疑、武断的言语攻击、威胁和最后通牒、挑衅性的身体攻击，以及公开有损对方。这六种冲突行为水平处于冲突连续统一体中，不断发展和升级，也有可能在其中某个水平就得到遏制或消除。

2. 冲突处理的二维模式

肯尼斯·托马斯及其同事提出了冲突处理的二维空间模式，指出在解决冲突时有两种态度：一是坚持己方利益的态度，二是与人合作的态度。在此基础上，有以下五种典型行为意向。

（1）竞争型。只满足自身利益，无视他人利益。适用于双方实力相当或一方占优势，双方争夺的利益重大，双方共同利益小且彼此间关系不融洽的场合。

（2）回避型。放弃己方利益，但同时也不满足对方利益，试图置身于冲突之外。适用于一方实力过弱，双方争取的利益不大，双方的共同利益小且彼此间关系不融洽的场合。

（3）合作型。尽可能保证和满足双方的利益、甚至合作追求更大的利益。适用于双方争夺的利益较大、彼此间关系较为融洽的场合。

（4）迁就型。情愿牺牲自身利益，只考虑对方的利益或顺从对方意愿，可谓是忍让为怀，息事宁人。适用于利益损失不大，或该方忙于处理其他的更为重要的事务的情形；也有可能是一方理亏求和，或是以退求进。

（5）妥协型。双方都做出一定让步，寻求双方满意的或可能接受的方案。适用于双方势均力敌、双方目标都是在现有条件下获取利益最大的情况。

3. 解决和避免冲突的策略

（1）深入分析冲突根源。不仅要了解公开的、表面的冲突现象，还要深入了解冲突的深层原因，若存在多种原因交叉作用，还要进一步分析各种原因的相对重要程度。

（2）协调法。本节前文已有论述。

（3）设立"超级目标"。"超级目标"是指冲突双方必须共同努力、相互协作才能达到的目标。社会心理学实验和大量社会现实证明：设立和实现超级目标，能缓解冲突双方对立情绪。比如，某高新技术企业里一个课题组在研发一项专利，两位骨干在某个技术问题上发生了冲突，谁也不服谁，导致工作难以继续。课题组长得知后，召集全体成员开会，介绍了对手企业的最新研究进展，两人茅塞顿开：我们落后了，必须努力赶上。从此两人开始合作共进。

资料：美国社会心理学家谢里夫在1961年组织了一个精巧的现场实验：他将参加夏令营的22名11岁男孩分成两组，安置在森林保护区内不同地方。之后，安排两组男孩"无意间"发现了对方的存在，并组织他们开展拔河等竞赛活动，挑起敌对情绪，冲突越来越强烈。然后，组织者设计了"超级目标"，比如在大家都很饿的情况下，运送食物的汽车无法启动，需要两个小组的男孩一起推才能让车启动起来。结果发现这种合作性互动有效地减轻了彼此的敌意，还有助于友谊的建立。

（4）采取行政命令手段。行政命令一般由上级部门对下级部门发出，带有直接性、强制性和快捷性，一般在必要或紧急时采用。处理冲突的行政手段包括：一是改变人的因素，比如把爱挑起矛盾的人调走或解除职务，再比如为了防止生产部门和销售部门起冲突，可安排一位既懂生产又懂销售的副厂长来管理这两个部门；二是改变组织结构方面的因素，比如改革不合理的制度，进行部门整合等。

4. 激发冲突的策略

组织中应维持适当的冲突，这样才能获得更高效率。罗宾斯认为，当发现人员流动率低、缺乏新思想、缺乏竞争意识、对改革进行阻挠等情况时，管理者就需要有意激发冲突。办法有：①在组织中安排一位敢于提不同意见的吹毛求疵者；②通过岗位轮换、内部晋升、外部聘用等手段，引进具有新观念的外来人员；③通过实行竞争性的工资、奖金制度，开展劳动竞赛等手段鼓励竞争；④重新建构组织，比如撤销原组织的建制、重新设计和组建部门、优化流程和人事安排、改变规章制度等，在新的工作环境中激发冲突与新思维，提高组织竞争力。

一、案例

有两位妻子过生日，她们都希望丈夫不要送花、香水、巧克力或是请吃饭，而是希望今年能够得到一枚钻戒。可是由于语言表达方式的不同，结果却迥然不同。

1. A太太与A丈夫

A太太：今年我过生日，你送我一枚钻戒好不好？花、香水、巧克力没有意思，一下子就用完了、吃完了，不如钻戒，可以做个纪念。

A丈夫：（略有不悦）钻戒？什么时候都可以买嘛。可是送你花，请你吃饭，你不觉得更加有情调吗？

A太太：可是我就要钻戒，人家都有钻戒，我就没有。就我没有人爱，你已经不爱我了。

结果，他们夫妇俩吵了起来。

2. B 太太与 B 丈夫

B 太太：亲爱的，今年不要送我生日礼物了，好不好？

B 丈夫：（疑惑）为什么？我当然要送了。

B 太太：明年你也不要送了。

B 丈夫：（眼睛睁得很大，表示不明白。）

B 太太：我要你把钱存起来，存到后年，我希望你能给我买一枚小钻戒。

B 丈夫：噢，亲爱的，你总是这么为我着想。今年我就要买给你。

问题：请分析 A 太太和 B 太太的沟通方式有什么不同？为什么会带来完全不同的效果？

二、重要概念

沟通，人际沟通，管理沟通，语言沟通，非语言沟通，垂直沟通，平行沟通，斜向沟通，沟通网络模式，沟通障碍，协调，冲突管理，吹毛求疵者

三、问题

1. 完整的沟通包括哪些环节？
2. 正式沟通网络有哪些类型，各有什么优劣？
3. 哪些条件激发了小道消息的出现？控制谣传的要点有哪些？
4. 在你的沟通经历中，有没有出现过障碍？你如何克服？请举个例子说明。
5. 有效协调的原则有哪些？
6. 请解析冲突处理的二维模式。

四、讨论

1. 你最不喜欢与之沟通的人是谁（可不透露真实姓名）？请描述他（或她）的特征或表现形式。最好举例说明。
2. 冲突发生的原因有哪些？联系实际，举例说明某一场冲突是怎样发生的，后来又是怎么处理和解决的。

第十三章　控制理论

【本章概要】

在管理计划的实施过程中，由于组织内外因素的影响，在计划的实际执行情况与计划所应达到的标准和目的之间，必然会出现一定的偏差。组织要保证有效地执行计划，就需要控制职能。本章从控制的基本概念入手，阐述了控制的含义和定义，以及控制在组织中的作用及必要性。分析了控制与计划的关系，论述了控制的原则、过程、类型及基本特征。

【学习目的】

1. 掌握控制的基本含义
2. 熟悉控制的目标、特点、对象、作用及必要性
3. 掌握控制的基本原则
4. 了解控制与计划的关系
5. 掌握控制的过程、类型及有效控制的要求

第一节　控制的概念、对象和基本原则

控制是管理工作的基本职能之一。在管理过程中，如果说制订计划是管理工作的第一步，然后是组织和领导计划的实施，那么，接下来的问题便是通过控制来实施计划，以便实现组织的最终目标。从一定意义上说，管理的过程就是控制的过程。因此，控制既是管理的一项重要职能，又贯穿于管理的全过程。

"控制"一词最初来源于希腊语"掌舵术"，意指领航者通过发号施令将偏离航线的船只引回到正常的轨道上来。由此说明，维持朝向目的地的航向，或者说维持达到目标的正确行动路线，是控制概念的最核心含义。后来，人们又将它运用于技术工程系统，指为达到规定的目标，对元件或系统的工作特性所进行的调节或操作。自从维纳的控制论问世以来，控制的概念更加广泛，它已广泛应用于

生命机体、人类社会和管理系统之中。

一、控制的概念

（一）控制的定义

"控制"一词在我们生活中的使用及其广泛，如质量控制、宏观或微观经济控制、生物系统控制、局势控制，等等。在管理学的范畴内，控制则主要指管理活动中的监督、衡量、纠偏等活动。

管理学意义上的控制是指为了确保组织既定目标的实现而进行的衡量、监督、纠偏等一系列管理活动和过程，它是管理的基本职能之一。

简而言之，管理中的控制就是使所管理的活动能够按照预先的计划进行，当活动中出现偏差时，立即纠正，确保计划的方向，保证目标得以实现。因此，对管理者而言，无论处在哪个层次，都必须对计划的实施和目标的实现负有责任。

此外，从广义的角度来理解，控制工作并不仅限于按照既定的计划标准来衡量和纠正计划执行中的偏差，它同时还包含着纠正偏差和修改标准这两方面内容。这是因为，积极、有效的控制工作，不能仅限于针对计划执行中的问题采取"纠偏"措施，它还应该能促使管理者在适当的时候对原定的控制标准和目标做适当的修改，以便把不符合客观需要的活动引回到正确的轨道上来。

随着信息革命的进步和现代科学技术的飞速发展，现代管理活动的规模和所跨越的时空越来越庞大浩繁，内外部环境也更加瞬息万变，对人、财、物、信息等的组合优化要求也更高。在这样的系统中，要想实现组织的既定目标，没有严密的控制是不可想象的。

（二）控制的特点

1. 目的性

管理控制的目的就是实现组织的目标，为此，控制活动的一切方面都要围绕纠正偏差，实现计划的内容，向预定的计划靠拢为主线来开展工作。同其他管理工作一样，控制工作也具有明确的目的性特征。

2. 整体性

管理控制的整体性表现在控制工作涉及全体成员和组织的各个方面，具有关联性和系统性。控制的对象覆盖组织活动的各个方面，包括人、财、物、时间、信息等资源。

3. 人本性

管理控制是对人的控制并由人来执行。管理控制是提高员工管理能力、业务能力、自我控制能力等的重要手段。控制不仅仅是监督，更重要的是指导和帮助。

4. 动态性

管理控制的动态性，体现在组织本身就不是静态的，其外部环境和内部条件随时都在发生着变化，从而决定了控制标准和方法不可能固定不变。所以，控制需要适应内外部环境和条件的变化。

（三）控制的目标

控制与目标直接相关。没有目标，也就没有控制。控制就是为了保证系统在变化着的外部条件下完成某种有目的的行为，控制的目标不外以下两种情况。

1. 限制偏差的累积以及防止新偏差出现

一般来说，任何工作的开展都不免会出现一些偏差。虽然小的偏差和失误不会立即给组织带来严重的损害，但在组织运行一段时间后，随着小差错的积少成多和积累放大，最终可能对计划目标的实现造成威胁，甚至给组织酿成灾难性的后果。有效的管理控制系统应当能够及时地获取偏差信息，及时地采取矫正偏差措施，以防止因偏差的累积而影响到组织目标的顺利实现。控制好比是汽车驾驶员把握方向。我们知道，汽车驾驶员握方向盘的手总是在微动，即便行使在笔直的马路上也要不停地微调，实际上他是在不断地纠偏。只有如此，汽车才能行进在正确的路线上。管理控制就是要做到将偏差控制在计划允许的范围内，防止出现不可逆转的偏差，并且在实际工作中不断放大，最终可能导致计划的失败和组织目标的无法实现。

管理控制通过其"纠偏"功能，使计划执行中的偏差得以防止或缩小，从而确保组织的稳定运行，如图13-1所示。

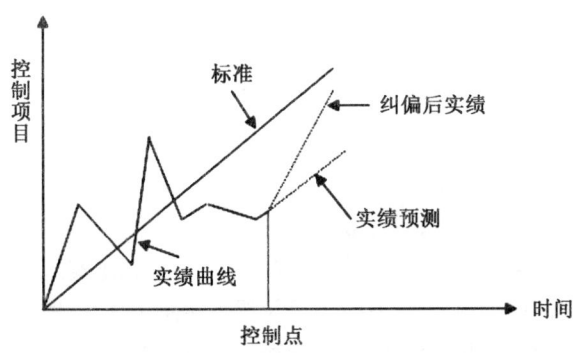

图13-1 控制的纠偏功能

2. 适应环境的变化

组织计划和目标在制定出来后总要经过一段时间的实施才能够实现。在这段实施过程中，组织内部的条件和外部环境可能会发生一些变化，如组织内部人员和结构的变化、外部形势及条件发生变化等，这些变化的内外环境不仅会妨碍计划的实施进程，甚至可能影响计划本身的科学性和现实性。因此，任何组织都需要构建有效的控制系统，帮助管理者预测和把握内外环境的变化，并对这些变化带来的机会和威胁做出适度的应对。

（四）控制在组织中的作用及其必要性

为了实现限制偏差和适应环境的变化这样一个目标，控制在管理活动中的地位和作用是不可忽视的，主要体现在如下几个方面。

1. 任何组织、任何活动都需要进行控制

控制是保证组织目标实现必不可少的活动，控制工作能保证组织活动与计划一致，以实现组织的目标。通过控制工作，能够使管理者及时了解偏差并纠正偏差，从而在偏差造成偏离目标过远之前，通过纠偏措施，将那些不符合要求的管理活动引回到正常的运行轨道上来，使管理系统稳步地实现组织预定的目标。控制是限制偏差积累的有效手段。

2. 控制能通过纠正偏差的行为与其他管理职能紧密地结合在一起

控制工作通过纠偏行为与管理的其他职能密切结合，使管理过程形成了一个闭环系统，在这个系统中，计划职能确定了组织的目标、战略、政策、方案、程序。控制工作可以实现计划，并可能确立新的目标，提出新的计划，还有可能改变组织机构，人员配备以及领导方法等。因此，控制是计划、组织、领导有效进行的必要保证。

控制存在于管理活动的全过程，它不仅可以维持其他职能的正常活动，而且在必要时，还可以通过采取纠正偏差的行动来改变其他管理职能的活动。

3. 控制能确保组织安全

控制工作有助于管理者及时了解组织环境的变化并对环境变化做出迅速反应，从而确保了组织系统运行的安全。自然灾害、暴力犯罪、供应链的中断、违章操作等，甚至是可能的恐怖袭击，都会加大组织所面临的威胁。管理者需要通过恰当的计划和控制工作，保护组织的员工、财产和声誉的安全。

4. 控制为进一步修改完善计划提供依据

由于受内外部环境变化的影响，已经制订好的计划在实施过程中，往往需要修订、补充或更改，而控制过程中的信息反馈对完善计划，使计划更加切合实际具有非常重要的作用。可以说，控制系统越完善，组织目标越易实现。

5. 控制是组织适应环境的重要保障

一个组织要想生存和发展，就必须适应环境。任何组织的计划都是在确定计划前提条件的基础上制定的。通过控制活动，管理者可以及时了解环境变化的程度和原因，从而采取有效的调整行动，使得组织与环境相适应。

6. 控制是强化成员责任心的重要手段

通过控制工作，可以不断地对下级的工作进行评估，给其造成持续不断的压力和连续不断的激励，从而使其更好地负起责任来，高效地完成所承担的任务。控制工作也是提高组织管理水平的有效手段。

控制的必要性主要是由下述原因所决定的。

1. 环境的变化

现代管理工作由于技术高度发达，信息浩繁，知识更新加速，使得管理工作所处的环境瞬息万变，因此制订得再好的计划也需要不断修订和改变，只有通过强有力的控制职能，才能应对各种风险和不测。

2. 管理授权的需要

任何组织的管理权限都制度化或非制度化地分散在各个管理部门和层次，管理者需要向下属授权。许多管理者不愿意授权的直接原因是害怕下属做不好，导致的结果还要由他自己来负责，因而他们中的许多人宁愿亲力亲为而避免授权。实际上，一个有效的控制系统可以及时地提供信息并反馈下属的工作表现，有助于管理者既能授权，又不致失控。一般来讲，组织分权程度越高，控制就越有必要。

3. 组织成员工作能力的差异

组织成员认知能力的不同和工作能力的差异，使他们的实际工作结果可能在质和量上与计划要求不符，而某个环节可能产生的、偏离计划的现象会对整个组织的活动造成不可忽视的影响，因此必须通过控制来加以预防和弥补。

（五）**控制的必要条件**

1. 必须有明确的计划

控制要以计划为依据，没有计划，控制就没有标准；反过来，没有控制，计划就没有保证。有效的控制是建立在科学的计划基础之上的，控制工作本身也需要有计划地进行。比如，政府要控制国民经济良性发展和增长，合适的 GDP 增长值是经济控制当中一个必不可少的计划指标。

2. 必须有完整的组织机构

要有专司控制职能的组织机构及相应的管理人员，保证控制的落实。各部门、各岗位的职责都必须有明确的规定，保证控制的效果。

二、**控制的对象**

控制作为管理的一项重要职能，是由管理者来承担的，或者说，管理者的日常管理活动的主要内容就是从事控制工作。然而，管理者控制什么？控制的内容有哪些？一般而言，组织的控制应该是全面的控制和统一的控制，组织控制的对象原则上应是整个组织工作的各个方面。控制的对象有以下几种。

（一）对人员的控制

在管理的每一个层级中，都存在着管理者对被管理者工作情况的控制。这种控制，既可以通过各种方式观察被管理者的工作并纠正出现的问题，也可以通过对被管理者的工作进行系统化的评估，使每一位下属的绩效都得到鉴定，然后根据绩效情况找出问题的原因，加以解决。

（二）对财务的控制

财务控制是适用于一切组织的。所有的管理者都应该通过财务控制来提高组织活动的效率和效益，降低组织运行的成本。

（三）对作业的控制

日常管理工作的绝大部分内容实际上都是作业控制，而且一切管理工作的根本都要归结到作业控制的成功与失败上来。比如，一所学校的一切管理活动都要最终落实到教学工作的正常开展上来，并尽可能地提高教学质量，完成每门课每个教学班的教学任务。如果无法实现对日常教学工作的控制，那么在其他方面的管理工作做得再好也是没有意义的。

（四）对信息的控制

信息对监控和测量组织的活动及绩效是至关重要的。管理者需要在适当的时间获得足够的信息。所以，应当重视信息的作用。但是，在重视信息系统的优化，以及防止信息短缺或泛滥等方面，是管理者往往容易忽视的。

（五）对时间的控制

时间也是管理过程中要面对的一种资源。对时间的控制也是管理活动所要面对的重要内容。时间控制并不是要把所有事情做完，而是如何更有效地运用时间。时间控制的目的除了要决定在管理中该做些什么事情之外，另一个很重要的目的就是决定管理中什么事情不应该做，后者往往更难。

（六）对组织绩效的控制

组织绩效是在管理活动中所得到的所有结果，管理者的一切管理活动都是以绩效为宗旨的。所以，管理者应经常地根据组织整体绩效的状况来实施其控制。组织的绩效是实施控制的根据，比如，在政府机构中，要决定一个部门的预算是增加还是减少，其根本的依据就是该部门的任务和绩效。

三、控制的基本原则

控制和其他管理职能一样，要发挥出有效的作用，就必须在执行过程中遵循某些基本的原则，包括以下六个方面。

（一）反映计划的原则

控制是实现计划的保证，控制的任务是保证计划能够如预期的那样执行，所以一个控制系统不能在无计划的情况下去设计。计划越明确、全面和完整，控制技术就越能按计划的程序来设计，因而也就越有效。

（二）面向未来的原则

控制应该像计划一样，在观念上向前看，但这个原则在实践中常常为人所忽视，管理者往往习惯于依赖历史数据进行管理控制。这样的控制对日常运行控制似乎是够了，但在应对风险或不测时往往会力不从心或手忙脚乱。因此，需要考虑管理系统中的时间滞后问题，必须做出更大的努力，使针对未来的控制更加完善和有效。

（三）控制权责匹配原则

权力应该和责任相匹配。实行控制的首要责任，应该让与计划执行有关的管理者来承担。由于管理授权，相应的职责都应由被授权的管理者来落实，所以将来对这些工作的控制权也应由他来实施。一个组织，结构越明确、全面和完整，控制就越能反映责任者，也就越有利于纠正偏差。

（四）行动原则

控制只有在对已表明或发生的偏差采取措施，通过适当的计划、组织、人事和领导措施加以纠正的情况下，才能证明是正确的。如果在已有的或预计的业绩中发现偏差，那就要采取行动，以重新制订补充计划的方式，使之回到正确的轨道上来。

（五）控制关键点原则

关键控制点是指那些对计划的完成影响最大的因素。一个管理者如何选择关键控制点，对提高管理效率有很大关系。管理者要善于把握问题的关键，将注意力集中在计划执行中的一些主要影响因素上来。只有控制了关键点才能控制全局。越是抓住关键因素开展控制，越能提高控制的有效性。

（六）例外原则

管理者越是集中精力对例外情况进行控制，也就是对那些超出一般情况的特别好或特别坏的情况加以特别控制，控制工作的效能和效率就越高。在管理过程中，偏离计划标准的各种情况，有一些是无关紧要的，而另一些则不然，某些微小的偏差可能比那些较大的偏差影响更大。比如说，一个管理者可能对利润率下降一个百分点感到问题非常严重，而对"合理化建议"奖金超出预算的20%不以为然。例外原则看似与控制关键点原则有类似之处，但关键控制点原则与发现及识别观察点有关，而从逻辑上讲，例外原则的重心在于观察某一点偏差的大小，因此，二者不能互相取代。

例外原则应当与控制关键点原则相结合起来运用，管理者在控制中一定要把注意力集中在关键点的例外情况的控制上。

四、控制与计划的关系

控制与计划是既互相区别，又紧密相连的。计划为控制工作提供标准，没有计划，控制也就没有依据。但如果只编制计划，不对其执行情况进行控制，计划目标就很难得到圆满实现。因此，有人把计划工作与控制工作看成一把剪刀的两刃，失去任何一刃，剪刀都无法发挥作用。

控制与计划之间的关系不仅体现在计划提供控制标准，而控制确保计划实现这一关系上，同时也表现为：一方面，有些计划本身的作用就已具有控制的意义；另一方面，广义的控制职能实际上也包含了对计划在其执行期间内的修订或修改。

因此，计划和控制是同一个事物的两面。有目标和计划而没有控制，人们可能知道自己干了什么，但无法知道自己干得怎么样，存在哪些问题，哪些地方需要改进；反之，有控制而没有目标和计划，人们将不会知道要控制什么，也不会知道怎么控制。计划和控制二者密不可分。事实上，计划越是明确、全面和完整，控制的效果也就越好，控制工作就越是科学、有效，计划也就越容易得到实施。控制把组织、人员配备、领导指挥职能与计划设定的目标联系在一起，在必要时，它能随时启动新的计划方案，使组织运行的目标更加符合自身的资源条件并适应组织环境的变化。一切有效的控制方法就是计划方法或计划本身。控制的目的就是要实现目标和计划。

具体来讲，控制与计划的关系体现在如下几个方面。

1. 计划是控制的前提，没有计划，控制就成为无本之木；控制是计划得以实现的保障，没有控制，计划就成为一纸空谈。

2. 计划与控制互相依赖。计划越明确，控制越方便，效果也越好；控制越准确、全面和深入，计划越容易深入进行。

3. 计划与控制互相渗透。计划工作本身也需要控制，如计划的程序、质量等；控制工作本身也需要一定的计划。

4. 一切有效的控制方法首先是计划方法，如预算、政策、程序和规则等，所有涉及未来活动的事项都属于计划的范畴。

第二节 控制的过程

控制作为管理的一项重要职能，是一个过程，它贯穿于整个管理活动的始终，是施控系统对被控对象或受控系统进行调查与测定，并不断地在实际活动与计划目标之间进行比较，通过比较找出差距和产生差距的原因，进行分析判断，制定新的改进措施的过程。在管理控制当中，虽然对于人员、财务、作业、信息、时间等控制方式不尽相同，但无论在哪种类型的组织中，无论控制的对象是什么，控制工作的基本过程所包含的步骤是类似的，那就是：①确立标准；②根据标准衡量绩效并找到偏差；③采取纠正措施消除偏离标准和计划的偏差。如图 13-2 所示。

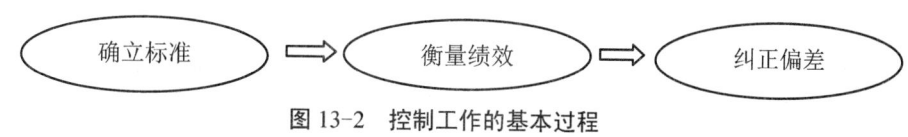

图 13-2 控制工作的基本过程

一、确立控制标准

标准是一种模式或规范，是检查和衡量工作绩效的依据和尺度。控制标准是控制目标的表现形式，是测量实际工作绩效的基础。有了控制标准，管理者可以对工作绩效进行客观评价。因此，制定控制标准是控制工作的起点。管理控制过程的第一步就是制定控制标准，控制标准的建立对计划工作和控制工作实际起着承上启下或连接的作用。在大多数的组织活动中，管理者没有精力也不可能直接以计划作为控制的标准，来对整个计划执行的全部过程进行全方位的控制。所以需要制定具体的控制标准。有了这样的标准，管理者不必去考察计划执行中的每一步骤或细节，就能够了解整个计划执行的进展情况，从而使控制起到保证计划目标实现的作用。

制定标准是控制过程中一项重要且难度较大的工作。首先，选择关键控制点就是一种管理艺术，它在很大程度上影响着控制的有效性。其次，各类组织各有其特殊性，其内部的控制对象也千差万别，因而也就不可能找到一个适合于所有组织、所有控制对象的标准。

（一）控制标准的类型

控制的标准有多种类型，最理想的标准是以可考核的目标直接作为控制的标准，但更多的情况则往往是需要将某个计划目标分解为一系列标准。在实际控制过程当中，按照不同的依据，可以将标准分为数量标准和质量标准，还可以分为实践标准和成本标准，等等。

1. 数量标准

这是一类反映定量的工作成果的标准，如国民生产总值的增速百分比、企业年利润总额、城市地铁每日运载人数、医院每日门诊病人数、工时消耗定额、贮备量定额、市场占有率、废品率，等等。

2. 质量标准

主要反映计划完成的程度和好坏的标准，如产品质量的六西格玛标准、顾客的满意度、工程质量的优良合格、轴承面的硬度、纺织品的耐久性和颜色牢度，等等。

3. 时间标准

主要反映计划执行的时间进度的各项标准，如完工日期、时间定额、交货期限、住房建设周期、回收周期等。又如，麦当劳的工作标准为客人进店 3 分钟内，必须有 95%的人已安排好座位，再过 5 分钟应送上热点心，而在客人离开 5 分钟内应把桌面收拾干净。

4. 成本、费用标准

主要反映组织执行各项活动所支出的各种费用，如单位产品的直接成本和间接成本、人工成本、原材料成本、销售费用、管理费用等。

5. 价值标准

主要反映组织运行的总体情况，如投资报酬率、收益标准、流动比率、资产负债率、应收账款周转率、存货周转率等。

同一个活动，往往可以用多种控制标准来加以衡量。例如，对学生的考试绩效就可以从时间、数量、质量、成本等几个维度加以考核衡量。如表 13-1 所示。

表 13-1 学生考试的控制衡量标准

标准维度	使用的衡量尺度	需要达到的标准
时间	按时开始，按时交卷	上午 8 点开始，10 点结束
数量	完成考试题目数	做完 5 大题 32 小题
质量	差错率、合规性	无违纪行为，优秀成绩在 90 分以上
成本	所花去的时间	在 0.5 小时到 2 小时之间

6. 无形标准

这是一类既不能用实物又不能用货币来衡量的标准，如改善服务态度、提高企业信誉、减少环境污染、增强企业竞争力等目标。

在任何一个组织中，都存在着许多无形标准，为克服无形标准难以衡量的缺憾，人们在进行计划规划时，就为每一层次的管理部门建立可考核的定量目标或定性目标，尽量减少使用无形标准，由此可以形成易控制的标准。

可考核的标准可分为定量目标和定性目标。定量目标大多采用上述各种标准形式，它是可以定量考核的。定性目标虽然也可以考核，但却不能与定量目标一样准确考核。尽管如此，人们可以通过详细说明计划或目标的特征和完成日期来提高其可考核程度。例如"销售部必须在月底前制订出下一个季度的产品促销方案来"、"人事部要在三个月内完成对所有有学历人员的学历甄别工作"，类似这样的控制标准虽然不够具体、无法量化，但仍不失为衡量管理部门业绩的有效控制标准。

（二）控制标准的制定

制定标准是控制工作的基础，而标准制定的科学与否以及标准制定的水平高低，则会直接影响到控制工作的成效。

1. 制定标准应遵循的基本原则

（1）一致性原则

控制标准的制定必须做到每一个指标的测定与组织的目标是一致的，从而能够促进组织目标的实现。

（2）均衡原则

对管理行为的控制标准的制定，应尽量避免单一性，而是应当建立一整套的绩效指标体系，并保证指标之间的均衡性。例如，飞行员在驾驶飞机的过程中，要保证航向正确、飞行安全，就必须随时关注仪表盘上显示的各种数据：高度、速度、油量、气压、供电、气候等。飞行员通过其驾驶行为控制飞机，使得这些数据之间保持均衡关系，从而才能保证飞行的正常。在现实中，管理一个组织的复杂性不亚于驾驶飞机。

（2）明确性原则

控制标准的各项指标、可允许的偏差范围值等要有明确说明，不能模棱两可，更不能用高、大、空的口号来代替。控制指标越具体明确，控制工作就越容易进行，控制就越能达到预期的效果。

（3）可行性原则

这是指控制标准的制定既不能过高，也不能过低。过高的标准经过努力也无法实现，就会挫伤人们的工作积极性；过低的标准使人们不经过努力就能轻而易举地达到，则失去了制定标准的意义，因此，制定标准的水平要适当。

（4）稳定性原则

控制标准一旦制定出来，应在较长一段时间内保持稳定，以利于形成管理风格和管理文化，并不断得到丰富和完善，最终形成切合实际、行之有效的控制指标体系。

(5) 可操作性原则

可操作性原则是指制定的控制指标能够被具体应用，易于操作，比如，机关管理中为减少迟到、早退现象，制定了相关的处罚制度，这种制度就是考勤控制标准，但如果这种制度制定得过细、过繁琐，就增加了操作的难度，可操作性就差，会导致该制度的执行流于形式，甚至造成虎头蛇尾的管理结果。

(6) 可控性原则

测定某个部门的指标，如果只受到该部门可控制因素的影响，这样的绩效指标就具有可控性，它对该部门绩效的反映就是可靠的。但是，在很多情况下，这种理想状态往往难以实现。例如，销售人员的销售业绩与其能力程度有关，但也要受到外部市场因素的影响，而外部因素的影响往往是不可控的。因此，在制定控制指标时，要尽量针对他们所能控制的部分，同时兼顾外部影响的不可控部分。

2. 制定标准的方法

(1) 统计计算法

统计计算法就是利用统计方法来推定预期结果，即统计性标准，也叫历史性标准，是以分析反映组织在各个历史时期状况的数据为基础来为未来活动建立的标准。

(2) 经验估计法

在没有历史数据、没有参照物的情况下，可根据经验和判断来估计预期结果、根据评估建立标准，往往由有经验的管理者凭经验来确定。

(3) 工程方法

工程方法也叫工程（工作）标准，是通过对工作情况进行客观、定量分析来制定的。它是以准确的技术参数和实测数据为基础来制定的。

工程方法更多用来测量生产者个人或群体的产出定额标准。这种测量又称为时间研究及动作研究，由科学管理理论的奠基人泰罗首创。当年他在做"搬运生铁块"试验时，用的就是这种方法。如今，这种方法加入了计算机技术和最优化理论，变得更加完善和科学。使用者只要把一项作业程序分解成相应的动作元素，输入计算机，就能得出完成该作业所需的工时。

二、衡量绩效，找出偏差

衡量绩效就是把实际工作的情况与标准进行比较、衡量和测定，确定偏差的范围和程度，分析偏差产生的原因，以便为纠正偏差提供各种有效信息。它是控制过程的第二个基本环节。

有了标准之后，首先必须明确衡量的手段和方法是什么，继而落实进行衡量和检查的人员，然后通过衡量实践工作的成效，获得大量的信息。这样，一方面可以反映出计划执行的进程，使主管人员了解到每个部门的工作成效，以便对相关人员进行奖惩。另一方面，可以使主管人员及时发现那些已经发生或即将发生的偏差。

（一）衡量的内容和项目

衡量什么是衡量工作中最为重要的因素之一。管理者应该针对决定实际成效好坏的关键点进行衡量。如员工的满意程度、营业额、出勤率、经费支出、市场占有率、对组织的贡献等关键要素。

关键控制点的选择是影响整个衡量过程的重要操作与事项，一般应选择那些影响整个工作运行过程的重要操作与事项，以及能在重大损失出现之前显示出差异的事项作为关键控制点。关键控制点选择的大体原则为：①有利于加强主要管理工作；②有利于及时发现并解决问题；③有助于全面表现管理的绩效；④应注意经济实用；⑤注意均衡，避免引起负面效应。

有了合理的标准，又有能确切评定下属人员实际工作情况的手段，那么对实际的或预期的执行情况进行评价就会容易得多。事实上，如何评定管理活动成效的问题，在制定标准时就已经部分地得到了解决。也就是说，通过制定可考核的标准，同时也就将计量的单位、计算的方法、统计的口径等确定了下来。因此，对于衡量绩效而言，剩下的主要问题就是如何收集和分析适用和可靠的信息，找到问题的症结和发现偏差的大小，只有如此才可能在后续的步骤中去消灭偏差。

（二）衡量的方法

一般来说，绩效的衡量方法有下列三大类。

1. 定性衡量和定量衡量

定性衡量主要反映和评价工作的创造性和主动性问题，而定量衡量则主要反映与控制标准相对应的实际工作的成绩和效果。

2. 连续衡量和间断衡量

衡量绩效的时间间隔需要定得合理。如果间隔太短，不仅会增加控制费用，而且可能引起有关人员的不满，进而影响他们的工作态度。但如果间隔时间太长，一些重大的偏差则可能不能被及时发现，因而造成不必要的损失。

3. 执行过程中衡量和执行过程后衡量

这主要取决于采用哪一种控制方式，但无论执行过程中还是执行后衡量，都要切实做好组织活动的日常统计记录、现场观测和技术测定工作，以便对工作绩效做出及时、准确的评价。

另外，管理者可通过如下四种手段来获得实际工作绩效方面的资料和信息。

1. 亲自观察法：由管理者个人亲临观察，搜集实际工作最直接、最深入的第一手资料。

2. 抽样调查法：通过抽样调查，得到样本资料，进而分析掌握全局的工作绩效动态信息和资料。

3. 统计报告法：根据上报的各种书面报告资料和统计报表来获取各种正式的、精确和全面的信息数据和资料，得到工作绩效的完整和系统的报告。

4. 会议会谈法：通过会议、谈话或电话等电子方式沟通的方法，获取工作信息和绩效信息。虽然有时这种信息是经过过滤的，但具有快捷、反馈及时的特点。

（三）衡量的频率

管理者要考虑需间隔多长时间衡量一次工作绩效，是每时、每日、每周，还是每月、每季度或者每年？是定期衡量，还是不定期衡量？

（四）衡量的主体

衡量实际工作绩效的人是工作者本人，是同一层级的其他人员，还是上级主管人员或职能部门的人？衡量实绩的主体不一样，控制工作类型也就形成差别。

（五）衡量的容限

衡量的容限就是在衡量、检查过程中，允许偏差存在的上限与下限的范围。事实上，并非所有偏离标准的情况都需要作为问题来处理。工作中的偏差是在所难免的，我们在实际控制中还必须确定一个可接受的容限范围，在这个范围内，即使实际测量的结果与标准之间有差异，也被认为是正常的。一旦出现的是超出范围的不能容许的偏差，那么控制过程将进入第三阶段，即纠正偏差。

三、纠正偏差

在确定标准和检查绩效的基础上，发现了计划执行过程中的偏差，并通过进一步分析偏差产生的原因，制定和采取必要的纠正措施来改进组织工作的控制环节，就是控制中的纠正偏差。纠正偏差最终使组织的计划得以顺利执行，使组织结构和人事安排得到调整，使领导活动更加完善。

纠正偏差是控制工作的关键，因为它体现了控制的目的，同时，通过纠正偏差的行动，将控制与其他管理职能结合了起来。

如果制定的标准反映了组织结构中的实际情况，也就是在实际的衡量中，通过用该标准与计划的执行情况进行比较，能够将那些对产生偏差负有责任的人找出来，那么就能迅速对偏差做出纠正，因为主管人员能够根据组织结构迅速而准确地知道应该在什么地方采取纠正措施。

（一）寻找偏差原因

解决问题首先需要找出产生偏差的原因，然后再采取措施纠正偏差。偏差可能是由复杂的原因引起的，必须花大力气找出造成偏差的真正原因，而不能仅仅是头痛医头，脚痛医脚。引起偏差的原因，有可能是主管的因素，如人员素质因素、组织不协调等，也可能是客观因素，如政府政策的变化、市场环境的改变等。对于单一原因的偏差原因分析，一种叫鱼骨图法的偏差原因分析方法十分有效。

鱼骨图是由日本管理大师石川馨所发明出来的，故又名石川图。鱼骨图是一种发现问题"根本原因"的方法，它也可以称为"Ishikawa"或者"因果图（Cause-and-Effect Diagram）"。其特点是简捷实用，深入直观。它看上去有些像鱼骨，问题或缺陷（即后果）标在"鱼头"外。在鱼椎骨上长出"鱼刺"，上面按出现机会多寡列出产生问题的可能原因。运用鱼骨图有利于以群体的方式对问题的成因进行综合的分析和考察，并把它们理出头绪，分出因果层次，从最明显的原因出发，层层深入，力争找到最深层次的、能够采取有效改进手段的原因，然后对症下药，从根本上解决问题。典型的鱼骨图如图 13-3 所示。

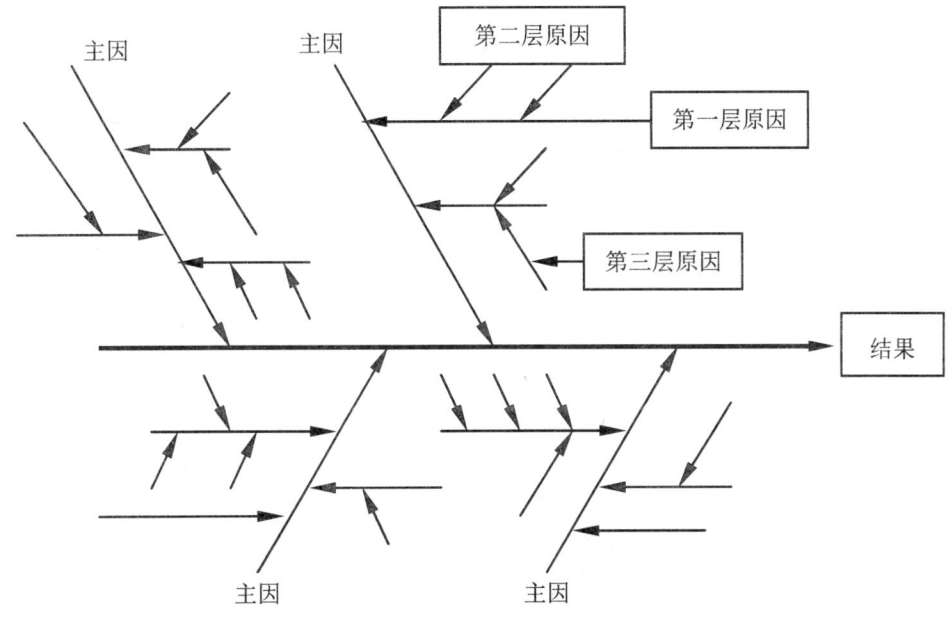

图 13-3　典型的偏差原因分析鱼骨图

鱼骨图的应用程序为：

（1）把要解决的问题作为若干原因产生的结果，用简短的语言予以概括，置于由左向右的箭头末端；

（2）列出导致问题产生的主要原因的类型，将这些因素分别标于主箭头的上下两侧，一般要考虑的因素有数据和信息系统、人员、设备、方法、测量和环境

等，

（3）寻找下一层次的原因，标在主因枝上，以此类推，逐层展开，有时可展开三至四层；

（4）从最末一层的原因中选取和识别少量对结果有最大影响的原因，即"要因"，对其进行研究、论证，作为纠偏和改进的重点对象。

比如，我们要查找物流送货迟到的原因时，可以制成如下的鱼骨图，如图13-4所示。

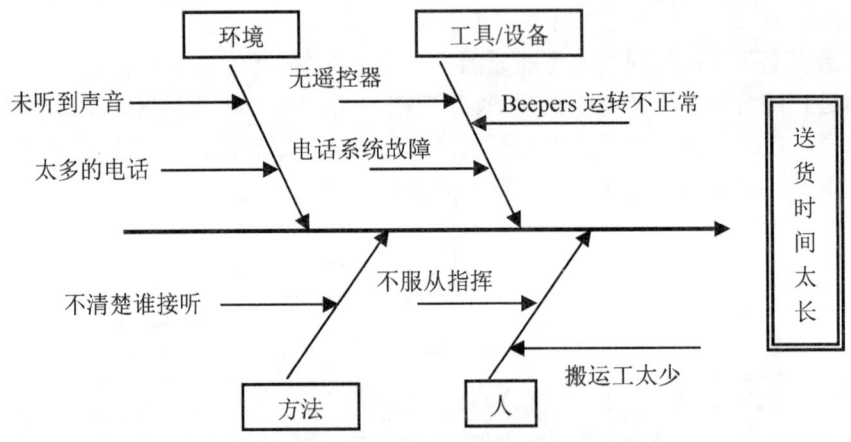

图 13-4 物流送货时间太长原因分析鱼骨图

（二）纠正偏差的工作步骤

1. 明确偏差的性质并进一步分析偏差产生的原因，包括判断偏差的严重程度，看偏差是否在允许的偏差范围内。

2. 针对不同的偏差及其成因采取不同的措施。

3. 确定纠偏方案，并保证纠偏方案的双重优化：第一重优化是纠偏的成本应小于纠偏可能带来的损失；第二重优化是在第一重优化的基础上，通过对各种纠偏方案的比较，找出其中追加投入最少、成本最小、解决偏差效果最好的方案来组织实施。

4. 贯彻执行纠偏方案，并在执行过程中及时加以监督检查。

5. 比较纠偏结果与预期目标，从而确定是否达到计划的预期要求。

纠正偏差的方法往往是多方位的。在查明产生偏差的真正原因后，管理者可以用常规的方式来消除偏差，也可以用重新制定激化或修改目标的方法来纠正偏差，也可以利用组织手段来重新委派任务或明确职责、补充授权或是对组织机构进行调整，来纠正发生的偏差。

（三）偏差纠正工作中的注意事项

偏差纠正工作中的注意事项有：
（1）偏差的确定及原因分析不能模棱两可，要有针对性；
（2）纠偏措施要具有可操作性；
（3）负责纠偏的部门要明确，并且必须形成相应的责任和复查制度；
（4）纠偏工作要讲究效率，应加强现场控制和事先控制的力度。

上述的控制过程可用下面的流程图表示出来，如图 13-5 所示。

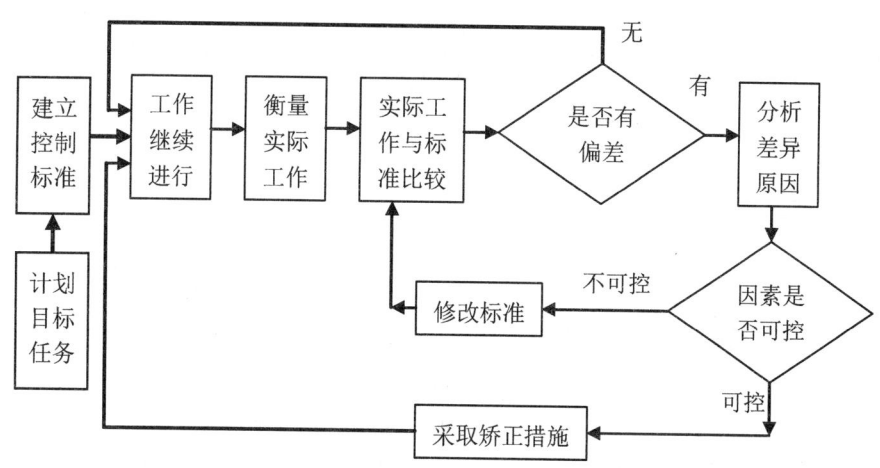

图 13-5 管理控制过程流程图

总之，对计划执行过程中出现的偏差进行纠正，说明管理是一个连续的、系统的活动过程，正如发明"控制论"一词的维纳在《控制论》一书中所指出的，在许多系统发挥作用的过程中都存在信息沟通和控制。他认为，所有各种类型的系统都是通过信息反馈来揭露目标实现过程中的错误，并采取纠正措施来控制自己的。管理控制工作职能与其他管理职能的交错重叠，说明管理者的管理职能是一个统一的完整的系统。

第三节 控制的类型

控制类型的确定，对于组织中进行有效的控制工作来说是十分重要的。控制的类型多种多样，从不同的角度可以对控制做出不同的分类。

一、根据纠正偏差所发生的环节，可以将控制分为前馈控制、现场控制和反馈控制

这种分类方式是根据控制过程中，不同阶段实施控制的状况进行的分类，如图 13-6 所示。

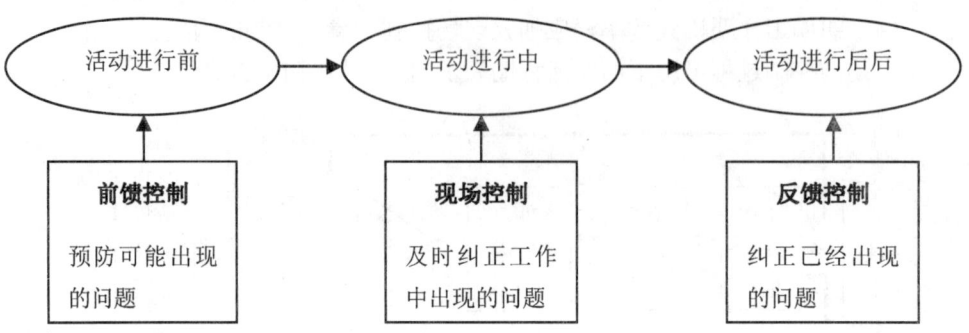

图 13-6　按纠偏活动发生的环节划分的活动类型

（一）前馈控制

前馈控制是在管理活动开始之前进行的控制，是对工作中可能产生的偏差进行预测和估计并采取防范措施，将可能的偏差消除于产生之前。前馈控制是一种防患于未然的控制，所以通常亦称作事前控制或者预先控制。

前馈控制旨在获取有关未来的信息，依此进行反复认真的预测，将可能出现的执行结果与计划要求的偏差预先确定出来，或者事先察觉内外环境条件可能发生的变化，以便提前采取适当的措施预防问题的发生。

前馈控制的纠正措施往往是预防式的，作用在计划执行前的环节中。前馈控制重在控制原因，而不是控制行动结果。一般来讲，前馈控制要求在计划执行前，借助于以往积累的经验、收集的信息、社会调查等，预测计划实施中可能出现的偏差并制定预防措施。

（二）现场控制

现场控制是指对正在执行中的管理活动进行指导和监督，一旦出现偏差，及时纠正，以保证活动按预定的程序和方向进行，并尽可能保证预定结果的实现。现场控制是一种发生在计划执行过程中的控制，所以，通常亦称作同步控制、事中控制或同期控制（也有称实时控制、过程控制的）。

这种控制方式的特点是在计划执行过程中进行监督指导，随着工业技术的发展，它既可由人亲自参与，又可借助于计算机与自控装置来实现，如导弹、飞船的发射。这里所说的监督是指按照预定的标准检查正在进行的工作，以保证目标

的实现；指导是管理者针对工作中出现的问题，根据自己的经验指导下属改进工作，或与下属共同商讨纠偏措施，以便使工作人员能正确地完成所规定的任务。

（三）反馈控制

反馈控制是指在活动完成之后，通过对已发生的工作结果的测定来发现偏差和纠正偏差，即管理者分析以前的工作结果，将它与控制标准进行比较，发现偏差，找出存在的原因，并制定纠偏措施，以防止偏差发展或继续存在；或者是在组织内外环境条件已经发生了重大变化，导致原定标准和目标脱离现实时采取措施调整计划的一种控制行为。反馈控制实际上是一种事后的控制，故反馈亦称作后馈控制或事后控制。它能为下一步计划的实施总结经验，是管理控制工作的主要形式。其基本特点是，根据过去的工作情况来调控未来的行为。

反馈控制是一个不断提高的过程。它的工作重点是把注意力集中在历史结果上，并将它作为未来行为的基础。比如炮兵的射击，由炮兵观察哨将前一发炮弹的弹着点数据及时反馈回来，经过及时校正炮兵射击诸元，就能够准确击毁敌方目标。

显然，反馈控制并不是一种最好的控制方法，从控制介入的时间环节来看，越早介入的控制，其控制的工作量就越小，控制发生的成本就越低，控制效果就越好，所谓事后（控制）不如事中，事中不如事前，就是这个道理。但是，在控制工作中，最常用到的控制类型，还是反馈控制，这是因为在管理工作当中，主管人员所能得到的信息，大多都需要经过一段时间后才能反馈回来，因此信息具有迟滞性。

总之，控制工作是一个综合的过程，要针对不同的类型、特点和阶段，采取不同的控制方式，才能达到有效控制的目的，使得控制效果达到最佳。因此，控制工作也符合管理的权变原则。

二、按照控制的方式不同，可以将控制分为目标控制、程序控制和跟踪控制

（一）目标控制

在目标控制过程中，管理者不为被控对象预先设计好行动的程序和实现目标的行为方式，而只是提出目标，确定相应的控制变量和控制参数，即只给被控对象输入目标信息，而不直接规定具体的行动目标和实现目标的行为方式，给被控对象以相当大的弹性和灵活性来处理工作中变化的情况和出现的各种问题。

（二）程序控制

与目标控制相反，程序控制不仅要给被控对象输入目标信息，而且要为被控对象设计出一定的行动程序和行为模式，使被控对象按照既定的方式与方法行动，

从而实现对控制目标的控制。

（三）跟踪控制

跟踪控制是通过一个跟踪变量来调节输入，从而改变被控对象的工作状态，而不是直接根据输出的变化来调节输入的。这种控制方式的跟踪变量一般是随着外来的信息的变化而变化的，并没有事先设计好的行为程序，它主要以控制目标、控制变量和状态变量为限制条件来进行控制，比如雷达跟踪飞机便是一种跟踪控制方式。

三、根据控制的内容不同，可以将控制分为生产控制、质量控制、库存控制、成本控制和人员控制等

（一）生产控制

生产控制是指对企业内部的生产计划、目标、标准和指标等组织实施和监督落实，从而保证其实现的过程。生产控制不仅要对生产过程中产品的品种、数量和生产进度进行控制，而且还要对生产前的各种准备和条件、产品质量和产品成本进行控制。

（二）质量控制

质量控制是利用科学的方法和手段对产品的质量实行监督、检验和控制，保证产品达到规定的质量标准，预防不合格产品产生的一种管理活动。企业产品质量的好坏关系着企业的兴衰成败，因此，质量控制是企业控制的核心。

资料：六西格玛质量管理法——西格玛（σ）是统计员用的希腊字母，指标准偏差。术语"六西格玛"指换算为百万分之 3.4 的错误/缺陷率的流程变化（六个标准偏差）尺度。六西格玛管理，最早被摩托罗拉公司采用，是一种改善企业流程管理质量的技术，如果企业达到六西格玛，在一百万个机会里，只有 3.4 个瑕疵，就几近完美地达成了顾客的要求。

（三）库存控制

库存控制是通过对企业储备的各种物资状态的把握和调整，使库存量经常保持经济合理的水平，既能保证生产的需要，又能使物资储存的成本和流动资金的占用最低。其控制的主要对象是原材料和产成品，控制的主要方法是制定储备定额、采用合理的采购方式、对库存实行重点控制等。

（四）成本控制

成本控制就是要尽可能降低生产的费用，包括控制费用支出、控制人力资源消耗、控制机器设备和物资消耗等。

（五）人员控制

人员控制是指通过明确规定每个职工的工作标准来控制职工的行为和安排的

一种管理活动。管理者根据这个标准来考核和评价每个职工的工作成果，发现偏差，及时采取措施纠正偏差，从而充分调动职工的积极性。

第四节 有效控制的要求

在管理活动中，要想使控制取得预期的成效，并且在组织目标的实现过程中起到关键的把关和保障作用，那么控制本身必须是有效的。要想做到有效控制，就必须做到适时控制、适度控制、客观控制和弹性控制。

一、适时控制

适时控制要求发生偏差后及时纠正。只有及时纠正组织活动中产生的偏差，才能避免偏差的扩大，防止偏差对组织不利影响的扩散。要想及时纠正产生的偏差，就要求管理者及时掌握能够反映偏差产生及其严重程度的信息。

纠正偏差的最理想的时段，应该是在偏差产生以前，就注意到了偏差产生的可能性，从而预先采取必要的防范措施。

预测偏差的产生，虽然在实践中有诸多困难，但可以通过建立组织运行的预警系统来实现。图13-7所示的产品质量控制图就可以被认为是一个简单的预警系统。

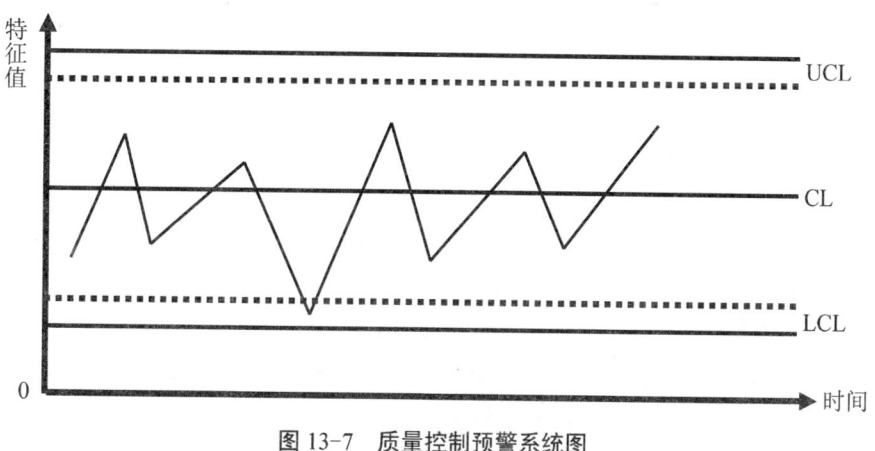

图 13-7　质量控制预警系统图

图 13-7 中，纵轴表示反映产品某个质量特征或某项工作质量完善程度的数值，横轴表示取值（即控制）的时间，中心线 CL 表示反映质量特征的标准，UCL

和 LCL 分别表示上、下警戒线。如果质量特征的数据始终分布在 CL 周围，则表示质量在可控范围内；如果超越 UCL 和 LCL 线，则表示出现了大的质量偏差，必须考虑及时纠正了。

适时控制的关键是要及时发现问题、快速解决问题，使损失减到最低的程度。

二、适度控制

适度控制是指控制的范围、程度和频度要恰到好处。

（一）要防止控制过多或控制不足

控制过多对组织中的人员会造成伤害。因为对组织成员行为的过多限制，会扼杀他们的积极性、主动性和创造性，从而影响组织目标的实现。但如果控制不足，组织的活动又无法保证有序开展，组织资源可能出现严重浪费，团队合作精神差，最终导致组织涣散，效率低下，组织目标无法完成。

要做到适度控制，判断控制程度或频度是否适当的标准一定要合适，比如科研机构的控制程度应当小于生产劳动组织；企事业单位中对科室人员工作的控制要少于一线工作人员；对受过严格训练、能力较强的管理者的控制度要低于那些缺乏训练的新手；等等。

有效的控制应该既能满足对组织活动监督和检查的需要，又要防止与组织成员发生强烈的冲突。

（二）处理好全面控制与重点控制的关系

适度控制要求组织在建立控制系统时，找到关键环节和关键因素，并据此在关键环节上设立预警系统，进行重点控制。

（三）使一定的控制花费得到足够多的控制收益

任何控制都需要一定的费用。衡量工作成绩，分析偏差产生的原因，以及为纠正偏差而采取的措施，都需要支付一定的费用。同时，任何控制，由于纠正了组织活动中存在的偏差，都会带来一定的收益。一项控制，只有当它带来的收益超出其所需成本时，才是值得的。

适度控制的关键是控制的范围、程度和频度要恰到好处。

三、客观控制

客观性就是坚持实事求是的原则。在控制工作中，应坚持一切从实际出发来认识问题，而不是单凭个人的直观经验或直觉判断来采取行动。

控制工作应该针对组织的实际状况，采取必要的纠偏措施，促使企业活动沿着原先的轨道继续前进。因此，有效控制必须是客观的、符合组织实际情况的。客观的控制源于对组织活动状况及其变化的客观了解和评价。为此，控制的过程中采用的检查、测量的技术与手段必须能正确反映组织的时空变化程度和分布状况，准确地判断各部门、各环节的工作与计划要求的相符或背离程度。为此，必须定期检查过去规定的标准和计量规范，使之符合现实要求。

客观控制的关键是要使控制工作的各个方面都符合组织的实际需求。

四、弹性控制

组织的管理活动中可能经常遇到某种突发的、无力抗拒的变化，这些变化使组织的现实与计划产生较大偏离。有效控制系统应在这种情况下仍能发挥作用，维持组织的运行，也就是说，应该具有灵活性或弹性。

弹性控制通常与控制的标准有关。

一般地说，弹性控制要求组织制订弹性的计划和弹性的衡量标准。

弹性控制的关键是要使得控制系统能适应主观、客观条件的变化。

一、案例

《史记·孙子吴起列传》记载：孙武去见吴王阖闾，与他谈论带兵打仗之事，说得头头是道。吴王心想："纸上谈兵管什么用，让我来考考他。"便出了个难题，命人挑了180个宫女姬妃，交给孙武操练。

孙武将她们分成两队，用吴王所宠爱的两个妃子作为队长，命令她们都拿着长戟。下令问："你们知道自己的心之所在和左右手背吗？"宫女们答道："知道。"孙武说："我下令向前，你们则视心之所在，向前。下令向左，则看你们的左手，向左。下令向右则看你们的右手，向右。"宫女们都说："知道了。"于是命令击鼓向左转，宫女们听后都捂着嘴笑。孙武又命令击鼓向右转，宫女们笑得更厉害了，她们笑作一堆，乱作一团，谁也不听他的。孙武再次讲解了要领，并要两个队长以身作则。但他一喊口令，宫女们还是满不在乎，两个当队长的宠姬更是笑弯了腰。孙武严厉地说道："这里是演武场，不是王宫！你们现在是军人，不是姬妃宫女。我的口令就是军令，不是玩笑。你们不按口令操练，两个队长带头不听指挥，这就是公然违反军法，理当斩首！"说完，不顾吴王的求情，命武士将两个宠姬杀了。

场上顿时肃静，宫女们吓得谁也不敢出声。当孙武再喊口令时，她们步调整齐，动作划一，俨然一派训练有素的景象。孙武派人请吴王来检阅，吴王正为失去两个宠姬而惋惜，没有心思来看宫女操练，只是派人告诉孙武："先生的带兵之道我已领教，由你指挥的军队一定纪律严明，能打胜仗。"自此，吴王阖闾知道孙武懂得领兵打仗，就命令他统兵向西。孙武果然不负吴王的厚望，向西大败楚国，进入楚国都城郢，又向北对齐国和晋国展示兵威，在诸侯中间声威大震。

问题：试从管理控制的标准及纠偏的角度论述案例故事中所寓含的控制类型及原理。

二、重要概念

管理控制，控制过程，控制类型，控制原则，控制标准，纠正偏差，前馈控制，现场控制，反馈控制，控制关键点，监督，纠正偏差，衡量标准，有效控制

三、问题

1. 控制的类型有哪些？
2. 有效控制的特征有哪些？
3. 简述控制的过程。
4. 为什么说反馈控制是"亡羊补牢"？

四、讨论

1. 讨论控制职能对于整个组织管理的意义有哪些？
2. 请运用本章所学的知识分析讨论一个你所熟悉的工作或生活中关于控制的例子。

第十四章 控制技术和方法

【本章概要】
　　方法和技术是实现目标的途径和保证。控制目标的实现，同样有赖于有效的控制方法和控制技术。控制方法与技术随着管理思想的产生而出现以后，经历了一个不断发展的过程。本章重点介绍了控制的各种基本方法和技术，包括预算控制、非预算控制、财务控制、内部审计等控制技术，以及平衡计分卡、标杆管理及卓越绩效标准等控制方法。

【学习目的】
　　1. 掌握预算控制与非预算控制
　　2. 熟悉财务控制和内部审计控制
　　3. 了解平衡计分卡、标杆管理及卓越绩效标准等控制方法

第一节　一般控制方法

　　在管理控制中，控制的方法运用是否得当直接影响组织目标能否有效实现。预算控制是管理控制最主要的方法之一。除了预算控制方法外，管理控制中还采用了不同种类的其他控制手段和方法。有些方法属于传统的控制方法，例如视察法；另外一些方法如PERT计划评审技术等，则代表了新一代的计划和控制方法。

一、预算控制法

（一）预算控制的概念

　　预算是一种预测，它是将未来一段时期内组织的决策目标及其资源配置规划加以定量化并使之得以实现的内部管理活动或过程，简单地说，是某一个时期具体的、数字化的计划。因此，预算又是计划的数量表现。
　　预算控制就是根据预算规定的收入与支出标准来检查和监督各个部门的管理

活动,以保证各种活动或各个部门在充分达成既定目标、实现利润的过程中对各种资源的利用维持在一个合理的范围内,使费用的支出受到严格有效的约束,从而达到对管理过程的控制目标。

(二)预算的种类

1. 收入预算

收入预算是利用货币指标来反映组织在未来一定时期的运营成果的计划。它和支出预算一起,提供了组织未来某段时间内运行经济状况的一般说明,即从财务角度计划预测了未来活动的成果以及为取得这些成果所需付出的费用。

2. 支出预算

支出预算是组织在实现组织目标的过程中发生的各种消耗,如企业经营中的人工、材料和能源等,相应付出的有各种花费,包括:直接材料支出预算、直接人工费预算、其他费用预算。

3. 资本支出预算

与一般支出预算不同,组织的有些支出是具有投资性质的,因此,这类计划和安排通常被称为资本支出预算或投资预算,主要发生在企业经营领域。因此,资本支出预算是指在未来计划期内组织在厂房、机器设备和其他一些固定资产项目中的资本性支出。

4. 现金预算

现金预算是对组织未来生产与销售活动中现金的流入与流出进行预算,通常由财务部门编制。现金预算只能包括那些实际包含在现金流程中的项目,如企业今后需要逐年分摊的投资费用却需要当年实际支出的现金;赊销多得的应收款在用户实际支付以前不能列作现金收入等。

5. 资产负债预算

资产负债预算是对组织会计年度末期的财务状况的预测,表明如果组织的各项活动达到预先规定的标准,在财务年度末期的资产与负债会呈现何种状况。

(三)预算编制的方法和步骤

1. 预算编制的一般方法

(1)自上而下的编制方法:由组织的高级管理层编制,然后再下达给组织其他层级去执行。这种预算方法的主要优点就是由专人负责预算,能增强责任心;缺点是预算不是由将来执行预算的人编制的,因此在组织高层看来很合理的预算,有可能在执行预算的较低层级看来是不切合实际的。

(2)自下而上的编制方法:由下级管理人员编制,然后逐级上报审批。这种方法的优点是预算由实际执行预算的管理人员编制,他们对组织资源的评价,以及对组织资源和组织目标的匹配更加符合实际;其缺点是常常会导致各下级部门的预算膨胀。

2. 预算编制的步骤

预算的编制可以归纳为如下三个步骤：

（1）以外推法将过去的支出趋势（或上年支出额）延伸至下一年度；

（2）将数额酌情予以增加，以适应工资提高或物价上涨引起的人工成本和原材料成本的提高；

（3）考虑这样的增加额，即满足修改原计划和修改原设计方案所需追加的预算支出。

（四）特殊预算控制法

传统预算存在的问题和缺陷，使预算方式的改善成为预算控制的发展方向，比较有效的预算方法有零基预算法、可变预算法和项目预算法。

1. 零基预算

零基预算法（Zero-Base Budgeting, ZBB）又称零底预算，其全称为"以零为基础编制计划和预算的方法"，简称零基预算。

（1）零基预算的概念

"零基预算"，是指以零点为基础而制定的预算，也就是在每个预算年度开始时，将所有还在进行的管理活动都看作重新开始，即以零为基础。这种预算不是以历史为基础来修修补补，而是在预算年初重新审查每项活动对实现组织目标的意义和效果。

（2）零基预算的步骤

编制零基预算有以下五个步骤：

1）划分和确定组织中基层预算单位；

2）编制本单位的费用预算方案；

3）进行成本——效益分析；

4）审核分配资金；

5）编制并执行预算。

资料：1970年，美国得克萨斯仪器公司成功地利用了零基预算编制方法。随后，零基预算法在美国私营企业界得到广泛推广。不久，美国联邦政府决定在公共部门全面使用零基预算法。佐治亚州政府成为美国第一个采用零基预算编制法的州政府。1979年卡特当选为美国总统，在联邦政府全面推行按零基预算方式来编制公共部门预算。许多州政府纷纷效法，零基预算编制法异军突起，在美国迅速传播开来。之后，世界其他一些国家的政府也陆续采用该法。

2. 弹性预算法

弹性预算法又称变动预算法、滑动预算法，是在变动成本法的基础上，以未来不同业务水平为基础编制预算的方法。

这种方法适用于各项随业务量变化而变化的项目支出控制，如学校的物品采购项目，由于学校的招生规模变化很大，因而可以根据预算年度计划招生人数、在校学生人数测算应添置的课桌椅、床的数量，安排教学楼防护维修或其他采购项目。

3. 可变预算法

人们越来越重视可变预算的应用。这种预算主要限于企业在费用预算中的应用。由于当单位可变费用（成本）不变时，可变费用总额是随销售量的变化而变化的，因此，在实际当中，可变预算主要是用来控制固定费用（成本）的。

事实上，固定费用并非一成不变，而只是在一定的产量范围内基本保持不变。固定费用随产量（或销售量）的变化呈现出一种阶梯状的变化关系，如图 14-1 所示。

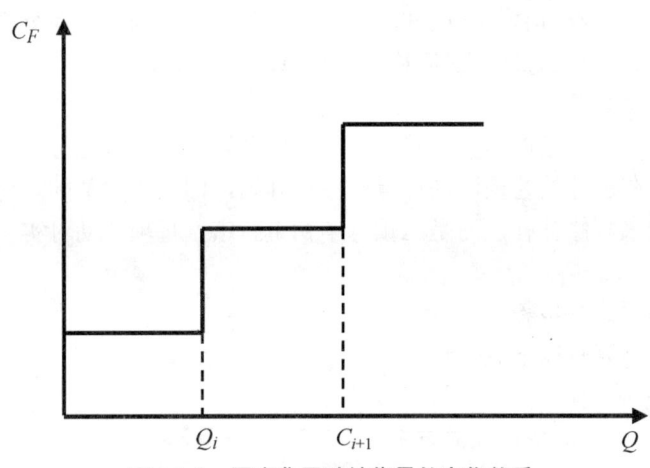

图 14-1　固定费用随销售量的变化关系

4. 项目预算法

为了消除制定规划和制定预算分别进行这种传统方式的弊端，需要取一种将二者结合在一起进行的方法，这就是项目预算法。

项目的计划和预算（Program Planning and Budgeting，PPB）简称项目预算，是一种主要应用于政府部门的、将规划—计划—预算结合在起的系统控制方法。

由于这种方法强调的是目标和实现目标的规划，以及按规划的项目或方案拨款而不是按职能部门上年的预算基数增加或减少一定的比例，所以它克服了各种预算（包括企业预算）中所共有的缺点，摆脱了过分地受会计期时间框框的限制。

项目预算虽然主要适用于政府部门和事业单位，但对企业尤其是大型业也同样适用。

二、行政控制法

行政控制是指行政领导者和工作人员为了检查行政执行的进程和完成情况，纠正实施过程中的偏差，以确保实际工作与工作计划相一致而采取的措施。行政控制是管理过程的一个重要环节，对于决策计划的实施具有重大意义。行政控制的目的在于指出计划实施过程中的缺点和错误，并对其加以纠正，以便在计划的行政工作状态和实际的行政工作状态之间实现一致。

行政控制是一种典型的传统控制方法，是与传统管理思想和传统管理理论相伴而生的，因此，它明显带有传统管理的特征，凭借经验和人的智慧进行控制，主要依赖于管理者的能力、素质和主动性，带有明显的直观性，具体体现为管理者的直接控制。

行政控制的方式大致有上下对立的控制方式和上下协调的控制方式两种。前者是以力服人，采用管、卡、压等手段，这多存在于泰罗制管理方式之中；后者是以德服人，以理服人，让被管理者了解政策目标，使行政管理能够做到上下一致，左右同心，这是值得提倡的一种控制方式。行政控制的具体方法包括以下几个方面。

（一）视察

视察是一种最古老、最直接的控制方法，它是管理者亲自深入到生产第一线，对受控系统的运行进行直接的观察了解，检查工作的成效，取得第一手材料，一旦发现偏差就及时采取措施纠正的一种控制方法。企业主管通过视察，可以体察民意，了解实情，与部属打成一片，从而共创业绩。

资料：日本经济团体联合会名誉会长采用"身先士卒"的做法，就是企业的一种视察控制。号称日本东芝之神的土光敏夫在接管日本东芝电器公司之前，东芝已不再享有"电器业摇篮"的美称，而是生产每况愈下。土光敏夫上任后，每天巡视工厂，遍访了东芝设在日本的工厂和企业，与员工一起吃饭，闲话家常。清晨，他总比别人早到半个钟头，站在厂门口，向工人问好，率先示范。员工受此气氛的感染，促进了相互间的沟通，士气大振。不久，东芝的生产恢复正常，并有很大发展。

另外，最高主管能够到达生产第一线，与工人见面、交谈，希望员工能够对他提意见，能够认识他，甚至与他争辩是非，这本身就有一种激励下级的作用，它使得下属感到上级在关心他们。同时，主管动下属也动，下级主管也会通过视察去了解生产计划是否按预定的进度进行，生产过程中存在哪些偏差，员工的情绪和士气如何等。这样，控制工作就能达到更好的效果。

政府领导也经常采用这种控制方式来强化对所管辖工作进程的管理控制。其运作模式包括：①行政领导或特派员对一些专项工作深入到具体执行机构进行详细的检查；②纪检监察部门对专门事项进行专项调查，如监察部门的专项执法检查；③人大代表、政协委员组织的视察、调查团；等等。

（二）报告

报告是负责计划的主管人员向上级主管进行汇报的一种沟通，是主管人员掌握计划执行情况和实施控制的基本方式，因此，任何一个组织都必须建立起一整套有效的、规范化的报告制度，形成时间上定期、任务上定人、内容上定性、格式上定型的报告体制。此外，对于重点活动和重要项目，要能做到随时报告，专项报告。

报告可以是下级定期向上级汇报自己的工作情况，如采取年终鉴定、述职报告等形式。通过下级自己的总结、分析，可以自己发现问题，及时纠正；也可以是上级发现问题，责令下级纠正后报告纠正结果。政府向同级人民代表大会做政府工作报告，人大听取并审议政府的报告并对是否同意政府的工作做出决议，就是一种非常正式的书面报告。

（三）统计资料

统计资料是主管人员正确采取措施对计划的执行情况进行控制的重要依据，因为统计资料能够比较忠实地记录组织存在和发展的情况，是充分反映被控系统运行状况的原始记录的综合汇总，所以，主管人员可以从统计资料中了解计划的执行情况，掌握偏差产生的原因。

（四）工作考核

工作考核是指对比工作计划与工作的实际成果，以对执行者的行为做出评定，排出优劣等差。对工作成果较好的予以奖励，对成果较差的予以惩戒。通过检查，可促进被检查单位与个人改进工作，提高效率；同时通过奖惩，使工作绩效与个人的利益直接挂钩，提高其工作的积极性和主动性。

（五）监督检查

监督检查是一种最古老、最常见和最直接的控制方法。它的具体形式是，各级管理人员对下级人员执行计划的过程进行实地检查和评价，一旦发现问题立即采取措施予以纠正。这是管理控制中不可缺少的控制方式之一。由于监督检查是一种直接的、面对面的控制，因此，上级管理人员获得的信息具有相当高的真实性和及时性，这就能从根本上保证控制工作的有效性。

（六）工作指导

工作指导的方式有以下三种形式。

1. 命令。处理紧急事件、执行纪律及需要立即行动时使用命令最为有效。
2. 要求。用于处理正常工作及对新进人员的工作指导。

3. 指示或建议。用以鼓励下属,给予其发挥自己聪明才智和创造性的机会。这是一种事前的监控,通过上级的确认,防止出现失误。

三、经济分析控制法

经济分析控制方法主要有贴现收益分析、比率分析和盈亏平衡点分析。

(一)贴现收益分析

贴现是企业向银行取得贷款的一种形式。具体贴现值计算如下:

$$贴现值 = 票据到期金额 / (1+利润率)^n$$

式中:n——单位时间(一般以年为单位)。

(二)盈亏平衡点分析

盈亏平衡点也叫量本利分析法,这一方法在本书第四章第四节已有介绍,在此不再赘述。

四、库存控制法

库存控制方法主要用于企业管理控制当中。库存控制(Inventory Control)是对制造业或服务业生产、经营全过程的各种物品、产成品以及其他资源进行管理和控制,使其储备保持在经济、合理的水平上。库存控制是使用控制库存的方法,得到更高盈利的商业手段。

库存控制的主要作用是,在保证企业生产、经营需求的前提下,使库存量经常保持在合理的水平上;掌握库存量动态,适时、适量提出订货,避免超储或缺货;减少库存空间占用,降低库存总费用;控制库存资金占用,加速资金周转。

库存控制的有效方法之一是 ABC 分类法。

ABC 分类法又叫 ABC 分析法,就是以某类库存物资品种数占物资品种数的百分数和该类物资金额占库存物资总金额的百分数大小为标准,将库存物资分为 A、B、C 三类,进行分级管理。

ABC 分析法是将库存按年度货币占用量分为 ABC 三类:A 类为品种数量占库存物资总品种数的 15% 左右,而其资金占库存物资总金额的 70%~80% 左右;B 类品种数量占全部库存的 30%,而资金占总库存资金总额的 15%~25%;C 类种数量占库存物资总品种数的 55% 左右,而其资金占库存物资总金额的 5% 左右,为金额小的物资。如图 14-2 所示。

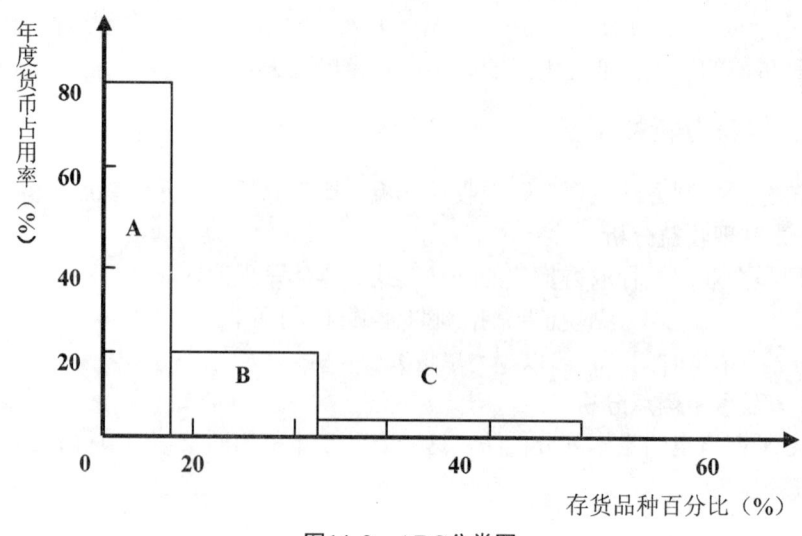

图14-2 ABC分类图

五、质量控制法

(一)质量控制的概念

质量控制是指为达到质量要求所采取的作业技术和活动,也就是为达到质量要求,在质量形成的全过程的每一个环节所进行的一系列专业技术作业过程和质量管理过程的控制,以达到质量要求,获取经济效益而采用的各种质量作业技术和活动。在企业领域,质量控制活动主要是企业内部的生产现场管理,它与有无合同无直接关系,只是达到和保持质量而进行控制的技术措施和管理措施方面的活动。

(二)质量控制的步骤

1. 制定标准。确定产品所需要的质量成本、性能、安全性、可靠性等质量标准。

2. 评价符合标准的程度。

3. 必要时采取措施。对影响用户满意的营销、设计、工程、生产和维修等各个因素采取措施,解决问题。

4. 制订改进计划。制订降低成本,提高性能、安全性和可靠性标准的计划。

(三)全面质量管理

全面质量管理(Total Quality Management, TQM)就是组织以提高产品质量为目的,由全体成员参与,以数理统计方法为基本手段,充分发挥管理技术、专业技术的作用,建立一套完整、严密、高效的质量控制保证体系。运用系统的观点和方法,把企业各部门、各环节的质量管理活动都纳入统一的质量管理系统,形成一个完整的质量管理体系。

全面质量管理最基本的工作程序是 PDCA 管理循环。PDCA 循环又叫"戴明环",是美国质量管理专家戴明博士提出的,它是全面质量管理所应遵循的科学程序。全面质量管理活动的全部过程,就是质量计划的制订和组织实现的过程,这个过程就是按照 PDCA 循环,不停顿地周而复始地运转,即"计划——执行——检查——处理"(Plan-Do-Check-Action)。这四个阶段大体可分为八个步骤,如图 14-3 所示。

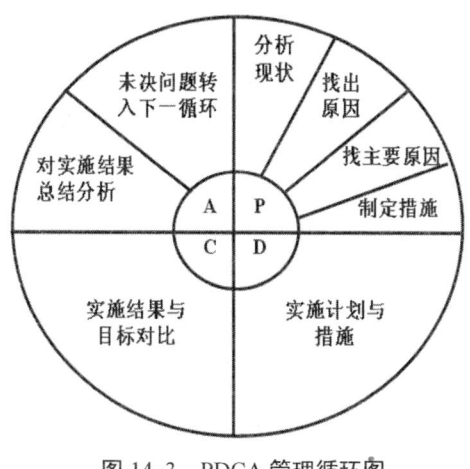

图 14-3 PDCA 管理循环图

六、人力资源管理控制法

人力资源控制法是指通过对组织内部的人力资源采取恰当的控制措施,达到对组织运营的全面控制的目的。该方法包括以下几个方面。

(一)人事比率控制

人事比率控制就是通过分析组织内部各种人员的比率是否合理并加以调配的控制方法。

(二)业绩评估控制

人力资源管理控制要对所有员工在工作中的成绩、能力和态度进行系统、周期性的、客观公正的考核、评价和分析鉴定,即进行业绩评估。

(三)直接的管理控制

以业绩为主的评价会给管理者提供关于员工较为准确的评价结论,但当员工业绩显得不能令人满意时,管理者通常需要采取的措施有其基本的规律:①能力问题还是缺乏激励;②采取惩戒措施;③实施奖励办法。

（四）直接的控制替代

管理者对员工的行为偏差的控制工作量可由下列因素的增加而减少。这些因素包括：1. 有效的招工选择；2. 企业文化的接受；3. 高度正规化程度；4. 员工培训。

（五）员工态度评价

管理者进行员工行为控制是为着有利于企业目标的实现，不是为了控制而控制。因而，管理者也应该了解员工对管理的态度，故应定期进行员工态度抽查。

第二节 财务及审计控制

管理一般控制方法是针对组织工作的某一方面来进行，其控制重点是管理过程本身或是其中的某个环节，往往单个地考虑反映经营结果的某个数据，不能全面反映问题的实质。如某企业年度盈利 500 万，某部门年度费用超支 60 万，这些数据往往无法反映管理的全貌。只有通过财务控制指标和经营审计数据，反映影响组织的各个因素之间的内在关系，通过相互对照才能说明某个问题。因此，财务控制和审计就成为管理控制中反映全貌的控制手段之一。

一、财务控制

（一）财务比率

通过对财务比率的分析，可以了解企业的偿债能力和盈利能力等财务状况。企业常用的财务比率有流动比率、负债比率和盈利比率。

1. 流动比率

流动比率是企业的流动资产与流动负债之间的比率。它反映的是企业以现金形式偿还流动债务的能力。

2. 负债比率

负债比率反映企业所有者提供的资金与外部债权人提供的资金的比例关系，是企业总负债与总资产之比。

3. 盈利比率

盈利比率是企业利润与销售额或所有资金等相关因素的比例关系，它们反映企业在一定时期从事某种经营活动的盈利情况。

（二）经营比率

经营比率，也叫活力比率，是与资源利用相关的几种指标，它们主要反映企业经营效率的高低和各种资源是否得到充分利用。

1. 库存周转率

库存周转率反映了销售总额与库存平均价值的比例关系。反映了与销售收入相比，库存数量是否合理，表明了投入库存的流动资金的使用情况。

2. 固定资产周转率

固定资产周转率是销售总额与固定资产之比。反映了单位固定资产能够提供的销售收入，表明了企业固定资产的利用程度。

3. 销售收入与销售费用的比率

该指标表明单位销售费用能够实现的销售收入，在一定程度上反映了企业营销活动的效率。

（三）投资报酬率

投资报酬率控制法是以投资额和利润额之比，从绝对数和相对数两方面来衡量整个企业或企业内部某一部门的绩效。投资报酬率的计算公式为：

$$投资报酬率 = \frac{利润总额}{投资总额} \times 100\%$$

$$= \frac{净收益 + 利息费用 + 所得税}{投资总额} \times 100\%$$

可将此公式变形为：

$$投资报酬率 = \frac{利润总额}{产品销售收入} \times \frac{收产品销售收入}{投资总额}$$

式中，利润总额与产品销售收入之比是销售利润率；产品销售收入与投资总额之比是投资周转率。上式可改写为：

$$投资报酬率 = 销售利润率 \times 投资周转率$$

对销售利润率和投资周转率的进一步分解和分析，可以透视出企业各个方面的财务情况和经营结果。

二、审计控制

审计是对反映企业资金运动过程及其结果的会计记录及财务报表进行审核、鉴定，以判断其真实性和可靠性，从而为控制和决策提供依据的过程。

（一）内部审计

内部审计是由内部专职人员对企业财务控制系统进行全面评估的过程，是对组织中各类业务和控制进行独立评价，以确定是否遵循公认的方针和程序，是否符合规定和标准，是否有效和经济地使用了资源，是否在实现组织目标，内部审计常简称为内审。

1. 内部审计的内容

内部审计的内容十分广泛，差异也很大，这主要取决于企业的规模、结构及管理当局的要求。通常，与内部审计的含义相对应，内部审计的内容主要包括检查以下四个方面的内容。

（1）检查、监督和评价内部会计控制制度，尤其是其中的内部牵制制度的健全性、恰当性及有效性，监督其运行，并提出改进建议。

（2）检查、监督和评价财务和经营信息。具体包括用于确认、计量、分类和报告该类信息的措施，以及对某些项目的具体查询，包括详细测试交易、金额和范围。

（3）检查、监督和评价经济活动的经济性、效率和效果，包括企业的非财务控制。

（4）检查、监督和评价对法律、规定和其他外部要求的遵循情况，以及对管理当局政策、指令和其他内部要求的遵循情况。

2. 内部审计的特点

（1）目标是保证组织活动的合规性和效益性。

（2）对象范围是组织的各项业务活动和管理活动，而不仅仅是财务活动。

（3）方式强调事前、事中，强调对过程的审计，而不仅仅是事后的对结果的审计。

（4）关注的不仅仅是活动的过程与结果，更关注的是导致结果产生的机制。

3. 内部审计的作用

（1）为组织的风险管理服务。

（2）为改善组织的内部控制服务。

（3）为管理层决策服务。

（二）**管理审计**

管理审计是一种对企业所有管理工作及其绩效进行全面系统地评价和鉴定的方法，是审计人员对被审计单位经济管理行为进行监督、检查及评价并深入剖析的一种活动。

1. 管理审计的内容

（1）管理过程审计

管理过程审计是指以计划、组织、决策和控制等管理职能为对象的一种经济效益审计。它通过对各种管理职能的健全性和有效性的评估，以考查管理水平的高低，管理素质的优劣以及管理活动的经济性、效率性，并针对管理中所存在的问题，提出改进的建议和意见。

(2) 管理部门审计

管理部门审计，是以企业的各管理部门为基本对象，通过对企业各管理部门应承担的经济责任及其履行状况以及管理人员素质的审计，促进企业提高经济效益的一种审计活动。

2. 管理审计的特点

（1）以提高管理绩效为目的。

（2）非常注重对经营计划，特别是最高领导者制定的经营计划进行审查。

（3）既注重对现有管理绩效的评价，更注重于为提高企业的管理素质提出切实可行的建设性意见。

（4）以审查、分析过去为基础，以改善和提高未来为目的。

3. 管理审计的方法

"管理审计的方法很多，包括因素分析法、比较分析法、趋势分析法、定性定量分析法等。"

总之，管理审计是对企业的各项管理活动及过程进行独立的、客观的、综合的、建设性的、面向未来的审查与评价。

（三）经营审计

经营审计就是对单位生产经营活动全过程的合理性和生产力诸要素的开发利用情况及其经济性、效率性与效果性的实现程度进行审查，旨在帮助被审计单位挖掘人、财、物的潜力，改进经营工作。

1. 经营审计的内容

经营审计要对企业生产、经营、管理的全过程进行审计。其任务是揭露经营管理过程中存在的问题和薄弱环节，探求封堵漏洞、解决问题的有效途径，提出改善经营管理、提高经济效益的措施。在经营审计结束后，经营审计报告一般要向被审计单位管理层提出经营管理的建议。其审计内容一般包括：

（1）物资供应审查；

（2）生产组织审查；

（3）技术工艺审查。

（4）资源利用审查；

（5）成本审查；

（6）存货资金审查；

（7）产品销售审查。

2. 经营审计的特点

（1）审计机构和审计人员都设在各单位内部。

（2）审计的内容更侧重于经营过程是否有效，各项制度能否得到遵守与执行。
(3) 服务的内向性和相对的独立性。
(4) 审计结果的客观性和公正性不足，并且以建议性意见为主。

第三节 其他控制方法

近年来，随着管理实践的探索和管理理论的发展，一些新的管理控制方法便应运而生，如标杆管理、卓越绩效评价准则及平衡计分卡等。

一、标杆管理法

标杆管理法由美国施乐公司于1979年首创、20世纪80年代后期兴起于美国的一种新型管理控制方法，也是现代西方发达国家企业管理活动中支持企业不断改进和获得竞争优势的最重要的管理方式之一，西方管理学界将其与企业再造、战略联盟一起并称为20世纪90年代三大管理方法。

（一）标杆管理的基本含义

标杆管理（Bench-marking）是以在某一项指标或某一方面实践上竞争力最强的企业或行业中的领头企业或其内部某部门作为基准，将本企业的产品、服务管理措施或相关实践的实际状况与这些基准进行定量化的评价、比较，在此基础上制定和实施改进的策略和方法，并持续不断反复进行的一种管理方法

Bench-mark 一词的原意是测量学中的"水准基点"，在此引申为在某一方面的"行事最佳者"或"同业之最"，也就是组织所要学习和超越的"标杆"。

在我国，这一方法还有标杆学习、水平对比、基准评价、标杆管理、基准化及标高超越等多种译名。

（二）标杆管理的步骤

标杆管理的步骤有：
(1) 确定标杆控制的项目；
(2) 确定标杆控制的对象和对比点；
(3) 组成工作小组，确定工作计划；
(4) 资料收集和调查；
(5) 分析比较，找出差距，确定最佳纠偏做法；
(6) 明确改进方向，制定实施方案；
(7) 沟通与修正方案；

(8) 实施与监督；
(9) 总结经验，追踪评价实施情况；
(10) 进行再标杆循环。

(三) 实施标杆管理的作用

标杆管理控制通过设立挑战和赶超对象，并以最关键或最薄弱的因素作为改进内容，以此来全面提升企业的竞争力。标杆管理方法较好地体现了现代知识管理中追求竞争优势的本质特性，因此具有巨大的实效性和广泛的适用性。如今，标杆管理已经在市场营销、成本管理、人力资源管理、新产品开发、教育部门管理等各个方面得到了广泛的应用。

二、平衡计分卡

平衡计分卡以企业战略为导向，通过财务、客户、内部业务流程和学习与增长四个方面及其业绩指标的因果关系，全面管理和评价企业综合业绩，是企业愿景和战略的具体体现，既是一个绩效评价系统也是一个有效的战略管理系统。

(一) 平衡计分卡的基本含义

平衡计分卡是从财务、客户、内部运营、学习与成长四个角度，将组织的战略落实为可操作的衡量指标和目标值的一种新型绩效管理体系。设计平衡计分卡的目的就是要建立"实现战略制导"的绩效管理系统，从而保证企业战略得到有效的执行。因此，人们通常称平衡计分卡是加强企业战略执行力的最有效的战略管理工具。

资料：平衡计分卡，最初源于1990年美国诺顿研究所主持完成的"未来组织绩效衡量方法"研究计划。该计划的目的在于找出超越传统以财务会计量度为主的绩效衡量模式，以使组织的"策略"能够转变为"行动"。在此基础上，该项目带头人——美国著名管理会计学家、哈佛大学教授卡普兰等人又进行全面而深入的研究，并于1992年、1993年和1996年发表了一系列论文和专著，使平衡计分卡的理论与方法得以系统化。

(二) 平衡计分卡的内容

平衡计分卡的内容，从其评价指标体系来看，包括如下四个方面：
(1) 财务指标 (Financial)；
(2) 客户指标 (Customer)；
(3) 内部业务流程指标 (Internal Business Processes)；
(4) 学习与成长绩效指标 (Learning and Growth)。

(三) 平衡计分卡的作用

1. 平衡计分卡绩效评价系统能使企业发展战略的制定、实施、控制三位一体地结合起来，有助于企业取得长期的竞争优势，实现企业的长期发展目标。

2. 平衡计分卡可以告诉员工和高层管理者每天需要做到的几件事情，为他们提供工作的方向；平衡计分卡将企业的策略、目标和指标整合在一起，使企业获得整体的发展与成功；平衡计分卡与奖励机制相联系，让企业员工都被激励着为目标的达到而努力。因而，在我国现代化企业管理的建设中，平衡计分卡方法在企业中的建立具有非常重大而深远的意义。

三、卓越绩效模式

（一）卓越绩效模式的含义

卓越绩效模式（Performance Excellence Model）源自美国的卓越绩效评价准则（Criteria for Performance Excellence），即美国马尔科姆·鲍得里奇国家质量奖的评奖标准的核心价值观。利用这个模式进行自我评估，近年来已成为一股世界性的潮流。这套准则已经成为企业经营管理的事实上的国际标准。

卓越绩效是指通过综合的组织绩效管理方法，使组织和个人得到进步和发展，提高组织的整体绩效和能力，为顾客和其他相关方创造价值，并使组织持续获得成功。

（二）卓越绩效模式的核心价值观和评价标准

卓越绩效模式建立在一组相互关联的核心价值观和原则的基础上，包括领导、战略、顾客和市场、测量分析改进、人力资源、过程管理、经营结果等七个方面。

卓越绩效评价准则将企业运营的评价指标分为七个大类，即领导、战略计划、顾客和市场、测量分析和知识管理、人力资源、过程管理、经营结果，总分值设为1000分，如表14-1所示。

表14-1 卓越绩效评价准则评分标准

序号	控制内容	评分标准
1	领导	120
2	战略计划	85
3	顾客和市场	85
4	测量、分析和知识管理	90
5	人力资源	85
6	过程管理	85
7	经营结果	450
8	合计	1000

(三) 卓越绩效模式的评价要点

卓越绩效评价是一种诊断式的评价,既包括对组织的优势和改进机会的定性评价部分,又包括总分为 1000 分的定量评价部分,以便全方位、平衡地诊断评价组织经营管理的成熟度。这两部分的评价相互关联,定性评价是定量评价的依据,而定量评价是定性评价的度量。除了初期自我评价可能会仅使用定性评价外,在大多数实际评价中两者是联合使用的。

一、案例

麦当劳公司以经营全球连锁快餐而闻名遐迩。从其创始人麦当劳兄弟和雷·克洛克 1955 年在美国伊利诺伊州开设第一家餐厅起,它的产品、加工和烹制程序乃至厨房布置,都是标准化的、严格控制的。

麦当劳公司在采取特许连锁经营实现地域扩张的同时,特别注意对连锁店的管理控制,并制定了一套全面、周密的控制方法。麦当劳公司在出售其特许经营权时非常慎重,总是通过各方面调查了解后,挑选那些具有卓越经营管理才能的人作为店主,而且事后如发现其能力不符,则撤回这一授权。

麦当劳公司还通过详细的程序、规则和条例,使分布在世界各地的麦当劳分店的经营者和员工们进行标准化、规范化的作业。例如,它们的食品制作超过一定期限(汉堡包的时限是 10 分钟、炸薯条是 7 分钟),即丢弃不卖。麦当劳公司还建立了三种严格的检查监督制度:一是常规性月度考评,二是公司总部的检查,三是抽查(在选定的分店每年进行一次)。公司总部统一检查的表格主要有食品制作检查表、柜台工作检查表、全面营运评价表和每月例行考核表以及对分店的账目、银行账户、月报表、现金库和重要档案的检查等。而对每个分店的一年一次的检查一般主要由地区督导主持,主要检查现金、库存和人员等内容。地区督导常以普通顾客的身份考察食品的新鲜度、温度、味道,地板、天花板、墙壁、桌椅等是否整洁卫生,柜台服务员为顾客服务的态度和速度等。

为确保所有特许经营分店都能按统一要求开展活动,麦当劳总部的管理人员经常走访、巡视世界各地的经营店,进行直接的监督和控制。在一次巡视中,公司总部管理人员发现某家分店自作主张,在店厅里摆放电视机和其他物品以吸引顾客,由于这种做法与麦当劳的风格不一致,便立即进行了纠正。除了直接控制外,麦当劳公司还定期对各分店的经营业绩进行考评。为此,各分店要及时提供有关营业额、经营成本和利润等方面的信息。这样,总部管理人员就能及时把握各分店经营的动态和出现的问题,以便商讨和采取改进的对策。

良好的管理控制使得麦当劳公司成为全球规模最大、最著名的快餐集团。

问题:试列举出本案例中麦当劳公司所采用的控制方法和技术。

二、重要概念

控制方法，预算控制，零基预算，弹性预算，控制技术，行政控制，质量控制法，财务控制，财务比率，经营比率，内部审计，管理审计，标杆管理，平衡计分卡，卓越绩效模式

三、问题

1. 简述预算控制的概念。
2. 关键路径法主要用来控制什么？
3. 试述管理审计和经营审计的关系。
4. 平衡计分卡的作用是什么？

四、讨论

1. 根据所学控制理论，讨论麦当劳公司的管理控制还有哪些可以改进的地方？
2. 找出一个自己身边的管理控制案例，对其过程控制加以讨论。

第十五章　危机管理

【本章概要】

　　劳伦斯·巴顿认为，世界上没有一个不受灾害威胁的安全港。组织和个人一样，随时会有不测风云和飞来横祸，因此，我们必须正视危机。本章将学习危机、危机的诱因、危机的分类、危机管理、危机管理的特点、危机管理的过程以及危机诊断等内容。希望通过本章的学习，能够提高同学们的危机意识，增加一个新的管理视角。

【学习目的】

1. 理解危机以及危机管理的含义
2. 居安思危，树立危机管理的意识
3. 了解危机的类型和等级
4. 了解危机及危机管理的特点
5. 明确组织危机管理的原则
6. 熟悉危机管理的过程和阶段
7. 能够对组织危机进行分类诊断

　　"天有不测风云，人有旦夕祸福。""存而不忘亡，安而不忘危，治而不忘乱，思所以危则安矣，思所以乱则治矣，思所以亡则存矣。"这些都是我国古代居安思危的危机思想的经典概括。在全球环境剧烈变化的今天，诸多因素导致的危机无时无刻不在威胁着各类组织的生存和发展。危机引起了人类生存环境的恶化，导致贫困，引发了社会、经济和政治的不稳定，并阻碍了人类社会的可持续发展；危机导致一些名声赫赫的世界品牌和知名企业，突然间被一连串危局包围，掉进了不能自拔的泥潭；更有一些新兴企业，在遭遇一两个似乎不大的危机后，因处理不当，而导致千辛万苦培植起来的品牌功亏一篑，多年心血付诸东流。因此，危机和危机管理不仅已经成为国际社会和各国政府以及不同组织关注的重要问题，同时也是各国政府和不同组织在管理工作中必须面对的重大挑战和需要认真对待的重要管理内容。

第一节 危机及其诱因

一、危机（Crisis）的概念

"危机"的概念最初来源于希腊语，普遍用于医学领域，形容一种至关重要的、需要立即做出相应决断的状态。伴随工业化的推进，"危机"一词先被引入企业管理，后逐渐被引入政治领域。随着社会的发展，人们对危机有了进一步的认识，但不同学科、不同学者对危机的理解存在较大差异。

赫尔曼（Hermann）将危机定义为一种形势，在这种形势下，决策者的根本目标受到威胁，做出反应的时间有限，形势的发生出乎决策者的预料。

福斯特（Foster）指出，危机有四个显著特征：急需快速做出决策，并且严重缺乏必要的训练有素的员工、物质资源和时间来完成。作为危机的定义，"紧急决策"、"人员严重缺乏"、"物质严重缺乏"、"时间严重缺乏"构成了危机的几个基本要点。

罗森塔尔（Rosenthal）和皮内博格（Pinenburg）勾勒出了更广泛的危机概念，将危机界定为：对一个社会系统的基本价值和行为架构产生严重威胁，并且在时间性和不确定性很强的情况下必须做出关键性决策的事件。

巴顿（Baton）认为，危机是"一个会引起潜在负面影响的、具有不确定性的大事件，这种事件及其后果可能对组织及其员工、产品、服务、资产和声誉造成巨大的损害"。巴顿率先将危机影响的范围扩大到了包括人和组织的声誉，并由此认为危机中的企业形象沟通管理是必要的。

米托夫（Mittoff）和培森（Pearson）认为，收集、分析和传播信息是危机管理者的直接任务。危机发生的最初几小时（或危机持续时间很长时的最初几天），管理者应同步采取一系列关键的行动，即"甄别事实，深度分析，控制损失，加强沟通"。

里宾格（Lerbinger）将危机界定为对企业未来的获利、成长乃至生存发生潜在威胁的事件。他认为，一个事件发展为危机，必须具备如下三个特征：一是该事件对企业造成威胁，管理者确信威胁会阻碍企业目标的实现；二是如果企业没有采取行动，局面会恶化且无法挽回；三是该事件具有突发性。

卡普兰（Kaplan）最先系统地提出危机的概念。他认为，每个人都在不断努力保持一种内心的稳定状态，保持自身与环境的平衡与协调。当发生使个体感到难以解决、难以把握的重大问题或变化时，平衡就会打破，内心的紧张不断积蓄，继而出现无所适从甚至思维和行为的紊乱，即进入一种失衡状态，这也就是危机状态。简言之，危机意味着稳态的破坏。危机形成的过程大致分为危机前状态、易感期、重整期几个阶段。

美国南加州大学的两位华裔学者鲍勇剑和陈百助博士则从控制论的角度将危机定义为"系统的失控和变态"。他们认为迄今人类发现和理解的任何系统都是在能量聚变和裂变之间循环，当循环达到稳定状态时，为正常状态；而当系统循环受外部环境或内部因素变化的影响而无法保持稳定时，则为危机。

我国学者何苏湘着重从哲学角度阐述了对危机的认知，可以表述为：危机是企业发展过程中因若干方面的矛盾激化而导致的一种非常规的状态，是事物矛盾的一种特殊表现。

综上所述，在中外学者对危机的诸多定义中，其共性特征是从不同的视角强调了危机构成的要素特征，如：不确定性、紧迫性、资源（人、财、物、信息）匮乏、威胁性和潜在损害等。之所以众多的外国学者在危机定义时聚焦危机事件，也说明了危机事件处理在危机管理中的重要性。危机管理不再局限于对突发事件的处理，还包括了将组织异化生存状态向正常生存状态的转换，将危机预警和危机之后的恢复管理纳入了危机管理的视野和范畴中。所以，本章将危机界定为：危机是以对于组织声誉、生存发展目标或获利性产生威胁，并引发了外界相关利益群体感知，以突发性事件爆发为标志，要求组织在有限资源（有限时间、有限人力物力支持等）条件下做出反应，主要通过沟通管理、利益重建等手段加以解决的一种威胁性异化公共关系状态。

二、危机的特点

1. 必然性与偶然性

危机客观上讲是不可避免的，但危机的发生又是偶然的。一方面，随着社会的发展，组织自身的构成要素和运作规律越来越复杂，而组织的运营管理能力和资源配置能力是有限的，它们之间的矛盾运动必然会引发危机；另一方面，组织赖以生存的外部环境越来越复杂，自然灾害、人为突发事件、极限竞争等都会对组织造成挑战和威胁，使危机的发生成为必然。

与此同时，危机往往又是由特定的偶然要素引发的。"导火索"和"燃点"是危机爆发的重要诱因，而两者的出现大多是偶然的，如某次严重的污染事件，表面上看这是一次国家公共卫生危机，但更深层次的原因则是：地方政府长期以来只注重经济发展，忽视对环境的保护，甚至以牺牲环境的方式换取 GDP 的发展。

这种长期的"唯经济发展观"使得生态环境非常脆弱，生态危机一触即发。看似偶然的背后是生态危机爆发的必然。

危机的必然性和偶然性紧密关联，必然性酝酿偶然性，偶然性使必然性成为现实。危机的必然性要求组织将危机管理战略纳入整体发展战略之中，将危机管理制度化、日常化；而危机的偶然性则要求组织学习和积淀丰富的危机应对经验，掌握和运用成熟的危机管理技能，以求化险为夷、转危为安。

2. 危机的未知性、不确定性与可测性

危机爆发的具体时间、地点、环节、实际规模、具体态势和影响深度，是无法预料的，特别是自然灾害、科技新发明等带来的冲击是难以抗拒的。"冰冻三尺，非一日之寒。"危机从生成到爆发，是一个累积渐进的过程。在这一过程中，各种危机要素实现从量变到质变的转变。组织自身因素所导致的危机爆发，大都有一定的征兆，是从一系列细小的事件逐渐演进、发展起来的。然而由于人们的忽视，对这些细小的事件知之甚少，或者对这些细小的事件习以为常、视而不见。

危机还具有显著的不确定性，具体表现在以下三个方面：状态的不确定性、影响的不确定性和反应的不确定性。但同时，危机的发展也有一定的规律可循。组织管理者可以根据危机渐进发展的阶段性特征及规律，有计划、有步骤地制定和实施危机应对策略，避免主次不清和管理错位，这就是可测性。

3. 紧迫性与严重性

危机发生后，情况往往瞬息万变，危机的应对和处理具有很强的时间限制，决策者必须在最短时间内做出反应和决策。否则，事态具有恶化的可能性。严重性是指，危机的后果的严重程度相当高。通常，危机往往具有连锁效应，引发一系列的冲击，不仅破坏正常的经营秩序，更严重的是会威胁组织的未来发展。

4. 公众性与聚焦性

组织的危机事件会影响公众的利益，往往受到媒体、相关专家、管理当局、投资方、员工以及其他利益相关者的密切关注。由于现代传播媒体十分发达，尤其是随着网络、手机等新型、快速传播形式的出现，组织的危机情况会迅速公开化，成为各种媒体热评的素材；同时公众不仅关注危机本身，更关注组织的处理态度和采取的行动。组织如果给公众留下反应迟缓、漠视公众利益的形象，势必会失去公众的同情、理解和信任，从而损害自身品牌的美誉度和客户的忠诚度。所以，在危机发生之时，应该重视对大众媒体的传播管理。

5. 破坏性与建设性

由于危机常具有"出其不意，攻其不备"的特点，不论什么性质和规模的危机，都必然不同程度地给组织造成破坏，造成混乱和恐慌，而且由于决策的时间以及信息有限，往往会导致决策失误，从而带来无可估量的损失，这就是破坏性。

但是，任何事物都具有两面性，危机在带给组织危害的同时，也可能为组织提供改善形象的机遇：其一，危机使组织成为公众关注的焦点，如果危机处理得当，便可以利用危机产生的聚焦点，进行正面的形象建设，就会坏事变好事，迅速提高组织的知名度、美誉度，提升其在公众心目中的形象，形成新的发展机会；其二，在处理危机的过程中，能够发现组织日常工作和管理中的疏漏及弱点，在危机平息之后，管理者通过总结教训经验，改进管理方法，便可以变劣势为优势，促进企业的发展。

6. 复杂性和非常规性

危机的复杂件是由危机产生原因的复杂性以及危机的突发性、危害性、急迫性及传导效应所决定的。危机事件爆发的诱因多种多样，有历史、政治、经济、文化、社会等多方面的原因，错综复杂。同时，由于危机是突发性的，使得人们难以在短期内判定它的性质，预料其规模的大小、影响范围的宽窄、危害程度的高低、解决危机所需要资源的多少等。同时，危机情景有别于平时情景，无法以平日的标准作业程序进行处理，致使无法照章办事，加上时间压力和信息以及资源不足，往往需要决策者在有限的时间内做出超常规的反应和处置。

三、危机的阶段性

在危机事件的整个过程里，其危害性是在不断发展变化的，因而与之对应的管理方法和措施也有所不同。因此，为了便于有效地管理危机，通常将危机事件的生命周期划分成不同的阶段。有三阶段说，即：潜伏期、发生期、消除期；还有四阶段说，即：潜伏期、爆发期、持续期和解决期。本书将其划分为五个发展阶段，即：潜伏期、爆发期、蔓延期、恢复期和消除期，如图15-1所示。

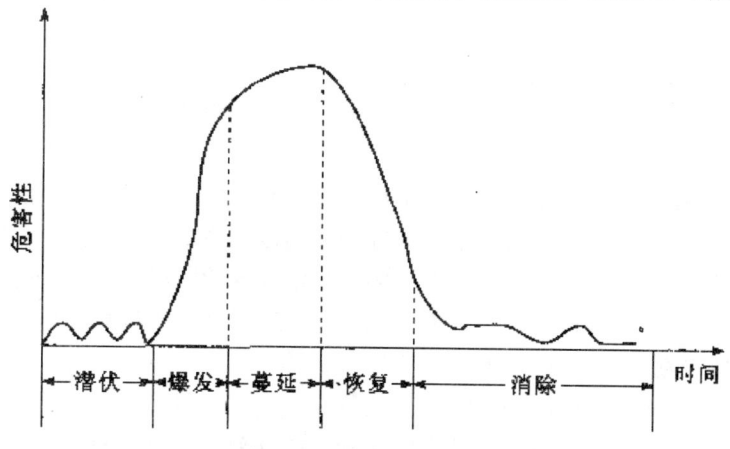

图 15-1　危机过程的五个阶段

（一）潜伏期（Prodromal Period）

大多数危机的爆发都是风险由量变转为质变的过程。潜伏期就是一些能诱发危机的因素积聚的过程。这些因素相互作用，不断地积累具有破坏性和毁灭性的能量，达到一定程度时会喷发而出，危机随之爆发。在这个阶段会出现一些征兆，但是，这些征兆往往具有很强的隐秘性，人们不容易觉察到，也很难进行识别和预测。有时，人们觉察到了一些征兆，却由于危害小，往往又忽视了它们。因此，危机的爆发常常使我们措手不及。假如人们能够在危机的潜伏期内就发现这些征兆，并对它们进行正确的判断和评估，及时采取措施，就可以化解和遏制危机的爆发。

（二）爆发期（Breakout or Acute Period）

如果在潜伏期里不能发现危机征兆，或发现了征兆却忽视了它们，则当危机的诱因产生的危害积聚到一定程度时，危机就会突然爆发，所积聚的破坏能量得到释放。危机往往使政府或组织的正常工作秩序完全被打乱，给整个社会系统或组织系统造成很大的冲击与破坏，致使社会生产和生活偏离正常轨道。危机爆发时会给政府、社会、组织以及公众都带来强烈的震撼和巨大的压力，使人们产生恐慌。危机在这个阶段的危害性最强，会造成巨大的财产和生命损失，带给人们巨大的精神痛苦，造成社会局面的暂时混乱。例如：地震和战争的爆发。

（三）蔓延期（Extended Period）

蔓延期是指危机事件爆发后不会马上结束，危机事件仍在发展或危机事件仍在恶化，但演进的速度已经放慢。危机事件爆发后，政府或组织都会立即采取措施来控制危机事件的进一步发展，但是，实际上并不能立即消除危机的危害。因为，当危机爆发后，危机会带来一系列连锁反应，其影响会延伸到社会或组织生活的方方面面，并继续产生危害，而且危害性可能比爆发阶段更严重。例如，美国的"9·11"恐怖袭击事件发生后，不仅直接造成几千人失去生命和巨大的财产损失，还由此引发了全世界股市的暴跌、世界贸易量的减少、美国社会的恐慌、航空业的亏损及大裁员，等等。

危机所产生危害的程度与危机蔓延期的长短有直接的关系，而蔓延期的长短则取决于国际社会、各国政府或组织的控制能力以及决策的果断性、正确性；同时，还与科学技术发展水平密切相关。因为科学技术的发展可以使人类控制危机的手段及物质条件不断得到改善，人类能更有效地遏制危机危害的蔓延。

（四）恢复期（Recover Period）

危机爆发后，由于政府当局、社会或各级组织会立即采取应对措施来控制危机的发展和蔓延，使得危机的危害得到遏制，并逐渐进入恢复期。这一时期的主要特征是：不良影响会被逐渐消除，影响的范围在逐渐缩小，危机所引发的各种连带问题逐步得到解决,社会系统或组织系统的运转也开始逐渐恢复正常,政府、组织和公众所承受的心理压力逐渐得到释放。

(五)消除期(Remove Period)

危机经过爆发、蔓延、恢复等几个阶段,其危害性基本消失。此时,政府或组织也会找到危机爆发的主要原因,通过对前期工作的评价和总结,会提出有针对性的预防和改进措施,防止危机卷土重来。这一时期,危机对社会、经济、组织和公众的不良影响基本消除,社会系统或组织系统得到修复、改进,开始步入正常运转,政府或组织回到常规的管理状态。这时,危机被宣布消除。

上述危机生命周期中的五个阶段是对危机所要经历的过程的全面描述。但是,有的危机可能只经历其中的一些阶段而不是全部阶段。例如,如果危机是致命的,造成了一个企业倒闭,那么对这个企业而言就不可能再有危机的恢复及消除阶段出现了。

四、危机的类型

准确认识和判断危机的类型,以明确危机处理的权限和责任主体,是危机管理的前提。从不同角度划分,危机可分为不同类型。

(一)根据危机产生的原因划分

根据危机产生的原因来划分,可分为自然危机和人为危机。

1. 自然危机,是指由自然界中的不可抗力直接引发的危机,也可以称为天灾。例如,由地震、海啸、山体滑坡、洪水、台风、干旱、虫害、土地沙漠化、气候变暖等自然因素诱发的危机。这类危机通常是人类难以控制和抗拒的。但是,如果能在危机的潜伏期察觉到危机的征兆,主动采取一些积极措施,则可以减少生命和财产的损失。

2. 人为危机,是指由人的行为引发的危机,也可以称为人祸。它是由于采取人类不理智、不合理的工作方式、生活方式或行为方式而故意引发的危机,或由于疏忽大意而发生意外事故所造成的危机。例如,战争、恐怖袭击、社会动乱、重大事故、宗教冲突、民族冲突、水资源污染、能源短缺、核泄漏,等等。这类危机的爆发通常与人类的行为密切相关。

(二)根据危机影响的时空范围划分

根据危机影响的时空范围来划分,可分为国际危机、国内危机、区域危机和组织危机。

1. 国际危机,主要是指国家与国家之间或国家与国家集团之间由于政治利益、经济利益或文化的冲突而引发的危机。例如,当前国际社会面临的朝核问题、伊拉克战后局势问题、巴以冲突所导致的中东和平问题,等等。国际危机的特点是，危机的爆发是由两个或两个以上的国家或地区之间的冲突引发的，它必然在两个或两个以上的国家或地区产生不良影响。因此，危机的控制和处理比较复杂，必须通过当事各方的对话、沟通、协调等来化解或借助于国际社会的力量来解决。

2. 国内危机，是指危机的影响范围只限定在一个国家或地区内，危机会对该国整个社会系统或一些子系统造成严重破坏，使它们不能正常运转。例如：近年来，中国乳制品企业造假丑闻、食品添加剂滥用、政府机构的腐败、大面积的雾霾，等等。处理这些危机往往是对政府或当局控制能力和管理能力的严峻考验，也是对整个社会力量的考验。危机需要政府和公众齐心合作才能控制和处理。另外，国内危机的爆发有时是由复杂多变的国际政治、经济环境所造成的。换句话说，国内危机的爆发也与国际因素密切相关。例如，我国发生的暴恐事件，虽然发生在我国境内，但是与国际恐怖势力的渗透有着密切的联系。

3. 区域危机，主要是指危机影响的范围只限于某一地区。这类危机只对社会系统的子系统或局部系统造成破坏。区域危机的特点是，危机爆发的诱因往往与该地区的地理位置或其他区域特性密切有关。例如，沿海地区的赤潮、台风的袭击、某水源地污染等。

4. 组织危机，主要是指发生在社会各种组织内部的危机。目前，在研究危机和危机管理领域，国际和国内研究较多的是企业危机。不论是自然灾害，还是政治、法律、社会技术因素以及企业内部的各种因素，都会导致企业危机的爆发。诱发企业危机的因素可以分成两大类：一类是企业无法控制的外部因素，如市场需求的变化、政府政策的调整、法律的修订等；另一类是企业内部因素造成的，如企业管理者的决策失误、产品的缺陷等。如果企业不能处理好突发的重大危机，企业就很可能会破产倒闭。企业危机又可以分为战略危机、组织危机、职能危机和外部环境危机等。例如，我国巨人公司的倒闭、南京"冠生园"月饼事件、三株口服液风波、SARS 期间北京人民医院的交叉传染事件等，这些危机对企业或组织的危害性是有目共睹的。

（三）按照危机发生的领域划分

按照危机发生的领域划分，可以分为政治危机、社会危机、经济危机、科技危机和自然性危机。

1. 政治危机，是指由政治因素导致的危机，即由于在政治问题上的争议而导致危机爆发。例如，国与国之间的政治冲突、侵略战争、政变、大规模政治变革、腐败、不同党派之间的冲突、反政府武装的分裂行为等。再如，近年来的泰国政府更迭，引起的泰国社会经济危机；2014 年，中越领海争端而引发越南中资机构受到冲击的危机等。

2. 社会危机，主要是指出于社会系统内在的缺陷或社会中各群体之间的利益冲突而引发的危机。其主要形式有社会骚乱、大罢工、示威游行、邪教活动、黑社会的暴力活动、民族问题、贫富差距的扩大，等等。例如，伊拉克战争、2003年以中国为主体的 SARS 病毒传播危机等，对相关国家及组织的生产和生活，甚至心理上都造成了较大的危害和伤害。

3. 经济危机，是指发生在宏观经济领域的危机，原因可能是政策失误、体制上的缺陷或经济周期等。例如，恶性通货膨胀和通货紧缩、汇率和利率的巨变、产业结构失衡、大量工人下岗失业、农村问题、国际经贸摩擦等由于经济因素导致的危机。任何一次经济危机都会使许多的组织发生变故或无法继续生存下去。例如，1929~1933 年起源于美国的世界经济大萧条；20 世纪 90 年代，我国部分省市的房地产市场泡沫危机；1997 年爆发的亚洲金融风暴危机等。

4. 生产性危机，是指由生产中的安全事故或产品安全事故引发的危机。例如，原苏联切尔诺贝利核电站核物质泄漏、印度美资化工厂有毒气体泄漏事件、我国的毒奶粉事件等。

5. 科技危机。科学技术的发展，促进了社会经济的进步，同时也引发了一些现实和潜在的危机。例如，因特网及数字技术的应用，极大地提高了工作效率，同时也带来了许多社会和经济信息安全的隐患；生化技术的使用，提高了产能，同时给人类的健康带来了威胁；核能技术的推广，解决了大量缺电的问题，同时也威胁着人们的生活安全。

6. 自然性危机，指由于自然环境因素导致的组织经营危机，如地震、水灾、旱灾、病虫害等。1998 年长江洪灾，2008 年中国汶川大地震，尤其是 2005 年的印度洋海啸在极短的时间内即夺去了无数的生命。自然性危机是由自然灾害造成的危机，这些自然灾害通常是不可预见、不可阻止、不可控制的。

（四）按照危机爆发和结束的速度划分

西蒙·布斯（Simon A. Booth）根据危机发展的速度，将危机分为三大类。

1. 蔓延性危机（Creeping Crisis）。这种危机是慢慢渗透发展的，刚开始的时候看不出问题，一旦危机完成了从量变到质变的过程，在到达质变的一瞬间危机就爆发了。如一些企业长期重生产、轻管理，时间一久往往会发生难以挽回的危机。

2. 阶段性危机（Periodic Threat）。这种危机的产生过程按顺序大致可以划分为出现期、上升期、高潮期、平稳期和低潮期等几个阶段。

3. 突发性危机（Sudden Threat）。这种危机是在很短的时间内突然爆发的。引发危机的原因主要来自企业外部，企业很难对其进行预测和监测，如地震、海啸等自然灾害或恐怖袭击。

（五）根据危机给组织带来损失的表现形态划分

1. 有形危机，是给企业带来直接而明显的损失，凭借肉眼即可观测到损失的危机。这种危机难以挽回，易于评估，只能采取其他措施来弥补。如房屋倒塌、爆炸、商品流转中的交通事故等造成的人员伤亡或财产损失。

2. 无形危机，是给企业带来的损失表现得不明显的危机。给任何一个企业的形象带来损害的危机，皆属于无形危机。如果不采取紧急有效的措施阻止，已受损害的企业的形象将使企业蒙受更大的损失。无形危机具有下述特征：危机始发阶段，损失不明显，很容易被忽视；危机发生后，若任其发展，损失将会越来越大。这种危机造成的损失是慢性的，可采取相应的措施补救。处理好这类危机要与新闻媒介多打交道，因而必须注意方式方法。

（六）根据组织内部危机类型划分

组织面临的危机主要有八种：信誉危机、决策危机、管理危机、灾难危机、财务危机、法律危机、人才危机、媒介危机。

1. 信誉危机。信誉是企业在长期的生产经营过程中，公众对其产品和服务的整体印象和评价。企业由于没有履行合同及其对消费者的承诺而产生的一系列纠纷，通常给合作伙伴及消费者造成重大损失或伤害，也使企业信誉下降，这种因失去公众的信任和支持而造成的危机，就是信誉危机。

2. 决策危机。它是企业经营决策失误造成的危机。企业不能根据环境条件变化趋势正确制定经营战略，而使企业遇到困难无法经营，甚至走向绝路。如巨人集团涉足房地产项目——建造巨人大厦，并一再增加层数，隐含着经营决策危机。决策失误没有能够及时调整而给企业带来了灭顶之灾。

3. 管理危机。它是企业管理不善而导致的危机，包括产品质量危机、环境污染危机、关系纠纷危机。第一，产品质量危机。企业在生产经营中忽略了产品质量问题，使不合格产品流入市场，损害了消费者利益，一些产品质量问题甚至造成了人身伤亡事故，由此引发消费者恐慌，消费者必然要求追究企业的责任而产生的危机。第二，环境污染危机。企业的"三废"处理不彻底、有害物质泄漏、爆炸等恶性事故造成环境危害，使周边居民不满和环保部门的介入引起的危机。第三，关系纠纷危机。由于错误的经营思想、不正当的经营方式忽视经营道德，员工服务态度恶劣，而造成关系纠纷产生的危机。如运输业的恶性交通事故、餐饮业的食物中毒、商业出售的假冒伪劣商品、银行业的不正当经营的丑闻、旅店业的顾客财物丢失、邮政业的传输不畅、旅游业的宰客行为。

4. 灾难危机。是指企业无法预测和人力不可抗拒的强制力量，如地震、台风、洪水等自然灾害、战争、重大工伤事故、经济危机、交通事故等社会事件造成巨大损失的危机。危机给企业带来巨额的财产损失，使企业经营难以开展。

5. 财务危机。企业投资决策的失误、资金周转不灵、股票市场的波动、贷款利率和汇率的调整等因素使企业暂时出现资金断流，使企业难以正常运转，严重的最终造成企业瘫痪。

6. 法律危机。这是指企业高层领导法律意识淡薄，在企业的生产经营中涉嫌偷税漏税、以权谋私等，事件暴露后，企业陷入危机之中。

7. 人才危机。这是指人才频繁流失所造成的危机。尤其是企业核心员工离职，其岗位没有合适的人选给企业带来的危机，也是比较严重的危机现象。

8. 媒介危机。真实性是新闻报道的基本原则，但是由于客观事物和环境的复杂性和多变性，以及报道人员观察问题的立场、角度有所不同，媒体的报道出现失误是常有的现象。一种是媒介对企业的报道不全面或失实。媒体不了解事实真相，报道不能客观地反映事实引起的企业危机。二是曲解事实。由于新科技的引入，媒体还是按照原有的观念、态度分析和看待事件而引起企业的危机。三是报道失误。由别有用心者人为地诬陷，使媒体受蒙蔽而出现负面报道，引起企业的危机。

第二节　危机管理概要

一、现代危机管理研究

危机管理古已有之，在中国的《孙子兵法》中就有大量专门研究如何处理和应对危机的记载和讨论。现代危机管理的研究起源于美国，而且其规模和研究水平一直领先于全球。

（一）危机管理出现的背景

由于危机管理的范畴不同，有公共危机管理和组织危机管理之分，二者形成的背景和客观条件也各不相同。

西方公共危机管理出现，有其特定的历史背景。

其一，20世纪60~80年代世界风云变幻、动荡不断，社会主义与资本主义两大阵营对抗，美国与苏联在全球进行争霸，亚洲、非洲一些国家在民族独立后政局不稳、战争不断，全球南北差距拉大、冲突凸显。

其二，一些国家进入现代化国家行列，经济、社会系统日益庞大和复杂，公共管理领域迅速扩张。任何薄弱环节都可能带来巨大的灾难，形成整个公共管理领域的问题；另一些国家正处于向现代化的发展过渡之中，矛盾冲突增多且更易于爆发。

其三，人类社会在现代化的进程中，对自然资源破坏严重，自然以灾难对人类进行报复，自然灾害带来的损失日益巨大。

正是在这种背景下，危机研究成为政治学、经济学、社会学、管理学等的重要课题。与此同时，公共危机管理理论的相关理论基础和分析工具也逐渐成熟。

从一个组织考察，例如企业危机，危机管理的必要性主要体现在以下方面。

其一，企业领导者的决策失误：由于企业领导者的有限理性，在信息严重不对称的情况下，不可避免地会做出的感情化、理想化的决策或其决策方法不科学，都会造成决策失误而诱发危机。

其二，企业价值链的老化：指企业的组织、产品、技术、生产流程、营销体系等已经过时，未能及时更新，不适应现实市场竞争和经济发展的需要而导致企业发生危机。

其三，企业组织结构的异化：企业组织结构由灵活走向僵化、官僚化、导致企业发生危机。

其四，外部环境条件的变异：是指由于政府的政策调整、市场需求的变化、技术的发展，国际经济环境的变化以及社会变迁等企业外部因素而引发的危机。

其五，竞争对手的挑战：是指由于强劲竞争对手的出现，恶性竞争的发生等引发的危机。如遭遇几个竞争对手的联合围攻，替代生产者对市场份额的侵占，都会引发企业的危机。

其六，不可抗力的干扰：它是指由于各种意外的天灾人祸等不可抗力引发的危机。如地震、水灾、火灾等意外突发事件引发的危机。

资料：改革开放以来，我国社会稳定，经济发展。一些社会问题越来越引起人们的关注，例如：官员腐败，严重影响着政府的威信；贫富差距过大，超过了国际标准的底线；人口老龄化，中国提前进入了老年人社会；环境严重污染，威胁着人们的生活安全和社会可持续发展；道德败坏，破坏了社会的和谐，危害着人们的生活幸福……如果政府不能够妥善处理这些问题，它们或许会成为社会危机发生的重要诱因之一。

（二）危机管理的发展阶段

沿时间纵向考察，危机管理理论的产生与发展主要经历了三个阶段。

第一阶段，20世纪50年代中期到80年代初：危机管理概念提出及初步探索阶段。研究主要集中于政府、能源、战争、军事、外交等公共领域，而企业危机管理研究尚属空白。这一阶段的研究主要是运用定量分析、类比分析等分析手段，测试可能影响危机的各种变量之间的相关性，并逐步延伸到概念、原则、模型等理论的研究。其中格雷厄姆·T.阿里森以古巴导弹危机为例，建立了理性行为模式、官僚组织过程模式和议会政治运作模式的危机管理分类；1970年，戴恩思出版了《灾难中的组织行为》；1972年，赫曼出版了《国际危机》；1983年，齐默尔曼出版了《政治暴力、危机与革命：理论与研究》。

第二阶段，从20世纪80年代初开始到90年代初：危机管理研究领域从政治、军事、外交领域逐步拓展到商业、企业领域，并出现了以系统论为主体的研究视角。1982年的泰诺事件、1989年的埃克森石油泄漏事件使危机管理开始广泛应用于商业和企业管理方面。随着各类危机事件不断增加，不同领域的研究者开始针对危机事件的本质、成因、影响等各个层面展开深入探索，并开始进行危机管理的次一级学科研究，丰富了危机管理研究的内容。这一时期的研究大多强调对危机的事后控制，以直接减少灾害损失。危机管理的主体由政府向企业扩展，研究方法也从个案分析扩展到技巧研究。特别值得一提的是，美国管理学者Bake和Mouton（穆东）从企业内部出发，研究了企业领导的有效性问题，通过考察有效领导和无效领导的行为差异，建立了一套评价企业内部的不信任行为、冲突行为、无效行为、沟通障碍和失误现象的指标体系。这一阶段研究的主要结论是，危机起因是管理失误，而管理失误源自外部环境突变造成的冲突和内部决策不当所导致的问题。

第三阶段，自20世纪90年代初到现在，是企业危机管理研究繁荣阶段，这一时期的危机管理研究呈现出四大特征。

1. 危机管理基本概念体系已经建立，研究向体系化、理论化方向深入，危机管理研究史梳理工作展开。比较系统地总结了前人的危机管理研究成果。

2. 以企业为研究主体的危机管理理论研究与应用实践日趋活跃。例如：美国克莱斯勒汽车公司是美国第二大汽车公司，1978年和1979年两年亏损数亿美元，濒临破产的危险。危急时刻，李·艾柯卡出任董事长，大刀阔斧地调整领导团队，启用有创新精神的年轻人，求救于联邦政府，制订了成本削减计划，成功地化解了企业危机。

3. 研究视野更为广阔，从案例技巧层面拓展到更为抽象的理论通则及战略视角。1991年，赫克（Heck）等提出了预防（Prevention）、准备（Preparation）、反应（Response）、恢复（Recovery）等四大原则，成为危机管理中最通行的原则；1992年，Green指出危机管理的特征是"从事态失控之处开始"；1993年，克里斯汀·M. 皮尔逊（Christine M. Pearson）从危机管理的核心环节进行分析，指出危机管理者必须积极进行信息的搜集、分析和传播，并同时执行诸如"事实调查，深入分析，控制损失，加强沟通"等众多任务；1997年，罗伯特·希斯（Robert Heath）从认识资源、人员、反应、复原和沟通开始，提出了"4R"危机管理模式，并结合案例讲解了动态和互动危机管理过程中的实用技巧。

二、危机管理的概念

我国古代时期就有对危机事件的辩证思考，如"祸兮，福之所倚；福兮，祸之所伏"，"亡羊补牢，犹未为晚"等，都是危机发生后进行总结、学习的思想；而"凡大事皆起于小事"，"听于无声、见于未形"强调的则是危机的预测、预防，至于"狡兔三窟"的典故，更是我国古人居安思危思想的高度概括。危机管理既是一门科学，也是一门艺术。对于危机管理的概念，目前国内外并没有统一的定义。不同的学者从各自研究的角度给危机管理下了不同的定义。

美国学者海恩思沃斯认为，危机管理是一种行动型的管理职能。它谋求确认那些可能影响组织的潜在的或萌芽中的各种问题（如立法的、规章制度的、政治的或社会的问题），然后动员并协调该组织的一切资源，从战略上来影响那些问题的发展。

美国学者史蒂文·芬克（Steven Fink）给企业危机管理下的定义是："对于企业前途转折点上的危机，有计划地除去风险与不确定性，使企业更能掌握自己前途的艺术"，其主要观点是对风险与危机的规避艺术。

罗伯特·希斯（Robert Heath）认为危机管理分为缩减（Reduction）、预备（Readiness）、反应（Response）、恢复（Recovery），也就是减少危机情境的攻击力和影响力，使企业做好处理危机情况的准备，尽力应对已发生的危机并从中恢复过来。

格林（Green）注意到危机管理的一个特征就是："事态已经发展到无法控制的程度"。他声称："一旦发生危机，时间因素非常关键，减少损失将是主要任务。"他认为危机管理的任务是尽可能控制事态，在危机事件中把损失控制在一定的范围内，在事态失控后要争取重新控制住。

克里斯汀·M.皮尔逊（Christine M. Pearson）将企业危机管理界定为"协助企业克服难以预料事件的心理障碍，以便经营管理者在面对最坏的状况时能做最好的准备"，其观点主要侧重于危机的预防与企业核心管理人员面临危机时的心理培育上。

菲利普·亨斯洛（Philip Henslowe）认为危机管理是"任何可能发生危害组织的紧急情境的处理能力"，其主要观点侧重于企业发生危机时对危机的处理能力。

雷（Ray）认为："一般而言，危机管理涉及的是危机策略的设计、危机管理小组的建立、环境检测、偶发性的规划以及与特定危机有关的管理措施．目的在于解决危机，使组织回复正常状态，并修补损害。"

日本危机研究会会长龙泽正雄认为危机管理是，将"发现危机——确认危机

——分析危机——评估危机——处理危机"视为危机管理的流程,在每一个操作阶段,始终必须将"如何以最小的费用取得最大的效用"作为目标。可见,日本学者对企业危机管理的研究层面较为广泛并将"效用论"纳入了其流程的各个阶段。

我国台湾学者邱毅认为,所谓危机管理,就是指组织体为降低危机情境所带来之威胁而必须进行的长期规划与不断学习、反馈之动态调整过程。

我国研究人员何苏湘对"企业危机管理"概念的阐述是:企业为了预防、摆脱、转化危机而采取的一系列维护企业生产经营的正常运行,使企业脱离逆境,避免或减少企业财产损失,将危机化解为转机的一种企业管理的积极主动行为。

基于以上的各种定义,所谓危机管理,指对危机的预防、监控、识别和处理,以避免危机的发生,或在危机发生后控制危机的规模,减轻危机造成的损失。如果进行一般归类,危机管理有广义和狭义之分。广义的危机管理是指专业管理人员在危机意识或危机观念的指导下,依据危机管理计划,对可能发生或已经发生的危机事件进行预防、监督、控制、协调处理的全过程。而狭义的危机管理通常则与危机处理的概念一致,指对已经发生的危机事件的处理过程。广义的危机管理不同于危机处理,除了危机处理外,它要求注重平时的沟通,并在未发生危机时预先制定危机管理计划,考虑各方面利益做出决策以预防危机,危机过后开展善后工作使一切重回正常轨道。因此,危机管理是一个无始无终的、全面系统的管理过程。

三、危机管理的特点

准确地把握危机管理的特点,有利于遵循其管理规律,开展有效的管理活动。危机管理的性质决定其有以下几个特点。

1. 管理的社会性

任何危机的出现都不可能仅局限于某一部门或领域。因此,如果危机爆发后,只依靠政府的力量或只依靠某组织的力量是无法搞好危机管理工作的,必然需要社会各方的力量协调配合。特别是在公共危机爆发时,除了有一个专门的政府机构进行指挥外,只有全员动员起来,整合社会的各种资源,齐心协力,形成全社会共同参与的格局,才能形成一个制度化、规范化的危机处理系统,有效地开展管理危机工作。

2. 管理的权变性

危机事件是动态发展的,每次爆发的危机与以往发生的危机都存在不同程度的差异,这些都增加了危机管理工作的复杂性。因此,危机管理必须灵活应变,不论是在危机事件发展的不同阶段,还是针对不同的危机,都不可能墨守成规、照搬原有的管理模式。管理者必须有创新思维,要根据具体情况采取相应的监测、预警、干预或控制以及消解等措施来管理每一个危机。即使在危机发展的同一个阶段内,也需要管理者根据实际情况来灵活应对。危机管理不论是从具体内容上还是从采取的措施上,都要根据其特征和具体情况适当调整。

3. 对管理人员素质要求高

危机具有突发性、不确定性、危害性和复杂性及非常规性等特点,这些特征决定了危机管理与常态管理不同,使得危机管理的难度大大增加,同时,对管理人员的素质要求也提出了巨大的挑战,主要体现在:首先,管理人员要有危机意识,居安思危,防患于未然;其次,管理人员要有良好的心理素质,做到临危不惧,运筹帷幄;第三,管理人员要有强大的公关和沟通能力,及时获得公众广泛的理解和支持;第四,管理人员必须有高屋建瓴的预见能力,能够尽早地对社会的发展方向和潜在的组织问题做出判断;第五,管理人员要有应变能力,面对多变和复杂的危机事件,能够游刃有余;第六,快速反应能力,对突发事件必须在第一时间做出快速反应,用最短的时间处理各种复杂的头绪,迅速做出非程序化的决策,制定应急方案并采取非常措施。

四、危机管理的原则

危机管理是一门科学,在处理危机和实施危机管理时,并不是可以随心所欲的。面对危机,管理者必须遵循一定的处理原则和程序,才能够妥善地和及时地处理危机。根据危机管理的目的和性质,危机管理应遵循以下几项主要原则。

1. 预防为主的原则

危机管理是对危机事件全过程的管控,而危机的事前管理是危机管理中的重要环节。预先防范,有备无患。应对危机的最佳办法就是防微杜渐,努力将引发危机的各种隐患消灭在萌芽状态,更好地转移或缩减危机的来源,对危机的积极预防是控制潜在危机的根本的前提。正如奥斯本所说的那样:"使用少量钱预防,而不是花大量钱治疗。"

2. 公共利益至上原则

危机管理最根本的理念在于公共利益。危机发生后,会危害到个人的利益、企业的利益、部门的利益和公共的利益。此时,公共利益应当居于首位。政府或组织在处理危机时,要从全局的角度出发,站在广大群众的立场上来处理危机,做到局部利益服从整体利益。通常情况下,危机可能是局部的突发事件引发的,但是危机的危害会影响到全局。因此,在处理危机时,不能只考虑局部利益而牺牲全局利益、人民的利益。如1998年长江抗洪救灾战役中,解放军和武警战士无私奉献,以牺牲个人利益甚至生命,保护了公众和国家的利益。

3. 坦诚沟通的原则

当危机爆发后，公众关注的并非是危机事件本身，而是危机的管理机构对待危机的态度及采取的措施。因此，当危机爆发后，如果政府或组织不能主动、积极与公众进行有效沟通，不遵循透明原则，而是故意隐瞒事实真相，或谎报虚报灾情，不仅会招致公众的愤怒、反感，而且会让公众在混乱的表象面前产生种种猜疑误解，甚至会出现谣言泛滥的局面，造成人心惶惶、社会动荡。这样一来，会使危机管理工作陷入更加复杂和困难的境地。所以，在危机发生后，要及时与公众沟通并讲明事实真相，以取得公众的理解和配合。坦诚沟通的原则会使危机管理工作更容易开展，使政府或组织处于更主动的地位。

4. 快速反应原则

危机的危害性很大，影响的范围很广。危机的危害性不仅会造成生命和财产的损失，还会影响到社会和组织系统的正常运转。"千里之堤，溃于蚁穴"，如果不及时控制危机，则会将使组织多年的苦心经营毁于一旦。同时，危机爆发的时刻，也是考验政府或组织的整体素质和综合能力的关键时刻。因此，危机爆发后，政府或组织必须快速做出反应，以最快的速度设立危机管理机构，迅速调动人力、财力利物力来实施救助行动。只有快速反应，才能及时地遏制危机影响范围的进一步扩大，才能使危机造成的损失减少到最小。我国在处理 SARS 疫情的最初阶段，就是因为违反了这一原则而失去了控制疫情的最佳时机，使疫情快速蔓延，SARS 在我国也由局部的传染病演变成为全国性的传染病，危害也由局部扩散到全国，使危机管理工作的难度大大增加。事实说明，危机管理必须坚持快速反应原则，要在最短的时间内做出正确的判断，采取正确、有效的措施，这样才能达到有效控制危机的目的。

5. 统一指挥原则

危机爆发后，应立即明确指定一名主要领导人作为总指挥，来专门负责应对突发事件的全面工作。在总指挥的领导下，危机管理机构对危机的控制和处置工作进行统一指挥、组织协调，避免出于多头领导而造成矛盾和混乱，贻误处理危机的最佳时机。另外，在对外联络与沟通方面，也要遵循统一指挥原则。危机管理机构要用一个声音通报危机情况，保持口径的一致性，避免出现由于口径不一致，失去民众信任而导致的被动局面。

6. 善始善终原则

危机的爆发会给公众带来巨大损失，所以，一旦危机爆发，处理和控制危机便成为政府或组织的头等大事。实际上，危机造成的不良影响或危害具有传递性，会在危机过后仍然存在。因此，政府或组织必须善始善终，做好危机的善后收尾工作，包括对前面的危机管理工作进行分析、总结，提出改进措施，对公众进行损害补偿和救济工作，等等。危机的善后工作是一项复杂系统工程，善后工作做得好坏直接影响到政府或组织在公众心目中的形象和地位。

7. 灵活性的原则

由于引发危机的因素很多，危机的形式及其造成的危害也是多种多样的，因此，在进行危机管理时必须遵循灵活性原则，要具体情况具体分析，不能教条地照搬以往的教条，而要有针对性地采取措施。这正是危机管理艺术性的体现。这也是对管理者处理突发事件能力的一个考验。特别是在危机爆发阶段，由于形势严峻、局势较混乱，在时间紧迫的情况下，更需要决策者能冷静、果断、灵活地应对危机。

五、危机管理的过程

系统地讲，危机管理的过程就是按照危机事件的发展情况而对其展开有效控制和救助，以及使受到不良事件影响和危害的社会或组织恢复正常的管理工作的全过程。由于专家学者对危机管理过程的内容和期间的划分繁简不一，因此，就导致了不同的划分结果。本章没有篇幅对各种划分方法进行一一讨论。以下简要介绍六阶段模型、五阶段模型、四阶段模型和三阶段模型等四种方法。

（一）六阶段模型

对于危机管理，国内外均有"六阶段"划分的方法，而美国专家诺曼·R.奥古斯丁在他的著作《危机管理》中的划分比较详尽，即危机的避免、危机管理的准备、危机的确认、危机的控制、危机的解决和从危机中获利这六个阶段，并针对每一个阶段的特点，提出了进行管理的工作内容和重点。虽然奥古斯丁的这种划分以企业为背景，但是对各类组织的危机管理也一样具有应用价值。

第一阶段：危机的避免。在这个阶段，企业应当把所有可能会对商业活动造成麻烦的事件都一一列举出来，分析它们可能产生的后果，并且估计进行预防所需要的费用。这一阶段也就是危机的预防过程，预防是控制潜在危机花费最少、最简便的方法。任何一个雇员的失误或疏忽都可能将企业拖入危机，谨慎和保密对于防范企业危机的发生也是非常关键的。

第二阶段：危机管理的准备。这一阶段是为预防工作万一不奏效做些应急准备，准备工作包括：要建立一个危机处理中心、制订出应急行动计划、事先选好危机处理小组的成员、制订出完备的通信计划、保障通信设施的充足和状况良好、举行防危演练并建立重要关系等。

第三阶段：危机的确认。这时，关键点就是确认发生了危机。只有在危机发展过程中能准确地辨认出危机，才能有效地解决危机。对于危机管理来讲，这个阶段最富有挑战性。奥古斯丁特别提到，企业常常会将注意力集中在技术方面，而忽视了职工或公众的感觉。因此，在寻找和辨认危机的征兆时，企业管理者不能只凭已经收集到的资料，还有必要认真听取企业内外不同人群的看法，准确找出预示危机发生的信息。

第四阶段：危机控制。在这个阶段，企业需要根据不同情况确定工作的优先次序。首先是要止损。要做到这一点，企业就必须迅速地做出决策，积极采取一些合理、果断的行动来控制和处理危机。在这个阶段要做的工作有：一是迅速向危机发生的现场派出高级负责人，表明企业对危机的关注和负责的态度；二是专门指定企业的发言人，所有面向公众的信息都由他来发布，以保持口径的一致性；三是真诚地对待公众和媒体，不欺骗和隐瞒；四是在危机管理小组中应当有唱反调的成员，这样的成员能在任何情况下敢于说出自己的不同意见。

第五阶段：危机的解决。在这个阶段，速度是关键。危机不等人。企业在处理危机时要做到迅速反应，积极回应，掌握主动权，调动一切力量尽快控制危机的发展。否则，就有可能使危机的危害性进一步加大，使危机蔓延到更大的范围。

第六阶段：从危机中获利。实际上，经验既含有成功的经验也含有失败的经验。危机的发生是对企业的一次严峻考验。在处理危机的过程中，企业会对危机有新的认识，从中也会学到不少的东西，受到很大的启示。因此，在危机管理的最后一个阶段非常有必要对危机管理工作进行认真的总结，总结成功的经验，找出存在的问题，改进已有的方法，不断提高防范危机和处理危机的能力。同时，奥古斯丁认为，企业的未来往往是取决于企业管理者应对挑战的能力。危机可以置企业于死地，也可以给企业带来发展的转机，最终会出现哪一种结果，则取决于企业处理危机的水平。日常工作中，要尽一切努力避免危机发生；一旦危机出现，要敢于面对，积极行动。

(二) 五阶段模型

美国学者米特罗夫和皮尔森将危机管理过程分为五个阶段：危机征兆的发觉阶段、准备和防范阶段、损失的控制阶段、恢复阶段以及学习提高阶段。详细内容见表 15-1。

表 15-1 米特罗夫的危机管理五阶段模型表

危机管理过程	主要工作
第一阶段：发现危机征兆	发现征兆，识别并确定可能引发危机的因素
第二阶段：准备和防范	对可能发生的危机做好准备工作，采取防范措施
第三阶段：损失的控制	控制危机的发展以及危机危害范围的扩大
第四阶段：恢复	采取措施，使组织系统恢复到正常的运转状态
第五阶段：学习提高	总结经验，找出问题，对工作进行改进

(三）四阶段

美国联邦安全委员会将危机管理过程的划分为缓和（Mitigation）、预防（Preparation）、反应（Response）和恢复（Recovery）四个阶段。美国学者罗伯特·希斯将上面四个阶段的术语进行了更换，使其成为缩减（Reduction）、预备（Readiness）、反应（Response）和恢复（Recovery）四个阶段，每个阶段英文名称的第一个字母均为R，所以又简称为"4R模型"。罗伯特·希斯要求管理者主动地将危机工作任务按"4R模型"划分为四类：减少危机的危害性和影响力，做好处理危机的准备工作，尽力应对出现的危机，尽快做好恢复上作。"4R模型"的具体内容如表15-2所示。

表15-2 罗伯特·希斯的危机管理过程的4R模型

危机管理过程	主要工作
缩减（Reduction）	确认危机的来源，进行风险评估和风险管理
预备（Readiness）	建立监视预警系统，对员工进行培训，提高应对危机能力
反应（Response）	分机危机影响，制定危机管理计划，具备必要的资源和技能
恢复（Recovery）	控制危机后，将人力、财力、物力以及工作流程恢复到正常状态

资料来源：罗伯特·希斯著. 王成等译. 危机管理[M]. 北京：中信出版社，2004

（四）三阶段模型

国内外一些专家学者还将危机管理过程划分为三个阶段，比较常见的划分是危机的事前管理、事中管理和事后管理。而张玉波在他的著作《危机管理智囊》中将危机管理过程分成三个阶段：危机预防与预警阶段、危机处理阶段和危机总结与评价阶段。如表15-3所示。

表15-3 张玉波的危机管理过程的三阶段模型

危机管理过程		主要工作
第一阶段：危机预防与预警		分析并预防可能发生的危机及其产生的危害
第二阶段：危机处理	开始阶段	提高危机意识，尽早发现危机，果断采取措施
	蔓延阶段	有针对性地采取措施来隔离危机的蔓延
	重塑形象阶段	搞好与公众的沟通，诚实和坦率，对公众负责
第三阶段：危机总结与评价		进行工作总结，找出经验教训，改进管理工作

资料来源：张玉成. 危机管理智囊[M]. 北京：机械工业出版社，2004

第三节 组织危机诊断

一、组织危机诊断

"诊断"一词源于医学术语,指对人们的精神和体质状态做出的判断。当今,这一概念已经被广泛地用于生活与社会中各种问题及其原因的判断,例如管理诊断。危机诊断是危机管理过程中必不可少的环节,它是对组织及社会危机的性质、内容、原因等进行分析定性,为危机处理寻找解决的方法。正确地辨识和判断危机是非常重要的,它有助于找出危机的真正根源,并辨别危机是由哪一种变数引致。只要能找出真正的病源,问题就较易处理,而不会浪费时间在次相关和不相关的领域上打转转。

危机处理应分清轻、重、缓、急,这对于及时有效地处理危机是非常重要的。希斯认为危机的迫切程度可以通过以下五个方面指标来进行判断和排序:

1. 危机规模(大,3;中等,2;小,1);
2. 威胁程度(大,3;中等,2;小,1);
3. 所需物资(多,3;中等,2;少,1);
4. 危机涉及地点(重要,3;中等,2;小,1);
5. 评价处理能力要求(优秀,3;中等,2;一般,1)。

通过给这五个指标进行分析、打分,得出总的分数;对每个指标赋予不同的权重,对危机所得值与权重的积进行加总,得出危机的分数;根据分数确定危机的程度。

根据我国《国家突发公共事件总体应急预案》,按照各类突发公共事件的性质、严重程度、可控性和影响范围等因素,将危机事件分为四级:

Ⅰ级(特别重大),用红色表示;

Ⅱ级(重大),用橙色表示;

Ⅲ级(较大),用黄色表示;

Ⅳ级(一般),蓝色来表示。

根据"能力本位"和"重心下移"的分级管理原则,不同等级的危机事件,由不同的行政机构领导和处置,例如:特别严重、严重、较严重和一般严重的突发公共事件,分别由中央级、省级、市级和县级政府统一领导和协调应急处置工作。

二、危机诊断种类

以企业为例，危机诊断种类，是按照企业危机的不同类型、影响范围和危机表现对危机诊断进行分类的。

（一）人力资源危机诊断

人力资源方面的危机主要有以下几种表现。

1. 员工臃肿。事少人多，无所事事，或因人设事，效率低下，主要原因是无用人计划，心中无数。

2. 员工低能。企业员工新手多，熟练工少，知识技能差，工作效率不高，其原因是：录用人员标准低，缺乏教育和训练。

3. 员工士气低落。人员安排不当，未实行量才录用。员工缺乏胜任感或荣誉感，积极性不高；同时也缺乏责任感．责任心很差。

4. 员工不稳定。人员流动性大，短期行为多，做一天和尚撞一天钟，人员变动如走马灯似的，其原因不是上层任意辞退员工，就是员工工资待遇过低，或待遇不公平，或员工不受尊重。

5. 员工关系不融洽。领导与领导之间、领导与群众之间、员工与员工之间不团结、不合作，争吵多，矛盾多，相互攻击，争权夺利，闹派系，帮派气氛浓厚，相互排斥。

6. 员工道德缺失。拉关系、网私利，损公利己，徇私舞弊，纪律涣散，违法行为增多。其原因是人员品德差，内部控制不严。

7. 家族主义。重用家族人员，轻视非家族人员，对非家族成员进行排斥和不信任，不量才使用。非家族成员虽有职位，但徒有虚名，无实权，无法发挥非家族成员的积极性和才能。

8. 疲劳症。工作时间过长，长期加班加点，劳动强度过大，人员疲劳过度，不能劳逸结合。其原因是不关心员工健康，单纯追求利润。

9. 缺乏激励。对员工赏罚不明，无奖勤罚懒，缺少激励性措施、致使员工墨守成规，或消极怠工。单纯强调对员工使用，缺乏鼓励和尊重。

10. 缺乏安全措施。滥解雇，滥处罚，职业无保障或环境条件差，生产条件差，职业病增多，生产不安全，对员工福利不重视。

11. 人才贫乏。所需技术人才、管理人才缺少，缺乏智力开发能力，不重视引进人才工作。

（二）财务危机

企业财务方面常见的危机分类介绍如下。

1. 资本方面

（1）资本缺乏

资本少，不能满足正常经营所需要的资金。

（2）资本筹集危机

此类危机常常由企业扩大经营规模所引发，有时在投资项目中，有时在投资新的企业，或引进购置价值高的固定资产中，主要有下列几种。

1）筹资成本过高：筹集资金时，不核算资金筹集的成本，也不核算资金筹集后的收益，只要能筹集到资金就行。结果是资金成本率高于资金收益率，造成企业资金筹集越多，亏损越严重，最后导致企业破产。

2）不考虑集资风险。企业对未来某项投资未做可行性研究，也不考虑未来可能发生的风险。结果是集资后产生风险，损失严重，导致企业困难，无法偿还所有债务，只能倒闭、破产。

（3）资本运用弊病

此类弊病主要表现在资金周转失灵。

1）货币资金短缺。企业的库存现金和银行存款短缺，产生资金周转困难。

2）资金呆滞。材料、半成品、产成品超贮积压，不适用、不适销、不配套、质量低劣等方面的问题，造成资金周转呆滞，影响资金快速周转。

3）应收款膨胀。企业的赊销货物过多，催收不力，或因客户经济困难而拖欠；或者是企业内部人员借款、呆账过多等原因，使企业的应收款膨胀，资金长期被他人占用，影响资金周转，造成资金运用困难，甚至不能收回，造成坏账损失。

4）不当预付订金。企业求货心切，在不了解供货方信用和是否有货状况下，不适当预付订金；或者企业内部人员利用职权，徇私舞弊，内外勾结，假借预付订金名义将资金抽走，占为己有，予以侵吞；或者受骗上当，被人骗取货款。

5）固定资产比例不当。企业盲目购置机器设备，造成设备闲置，或不适用，陈旧过时、缺损零配件而不能使用的固定资产过多，长期未予处理，从而造成资金积压，影响资金周转和运用。

6）在建项目呆滞。盲目建设的项目中，或设计错误、资金不足、材料缺乏、影响施工，或施工技术低下、质量低劣、无法使用，或拖延工期等，从而造成在建项目呆滞。

（4）费用危机

此类危机主要表现在下列几个方面。

1）销售费用。不必要的交际费、回扣、推销费、广告费旅费等过多支付。

2）装饰费用。企业过分追求排场，讲阔气，装饰豪华，耗费巨资，不讲实效，致使装饰费用过大，费用负担过重，盈利减少，甚至导致亏损。

3）商品损耗。购进伪劣商品，或对商品保管不善，或运输不妥，导致商品损耗过多。

4）利息。企业盲目举债经营，造成资金困难。

（5）成本危机

1）产品生产成本问题。包括材料消耗成本过高、工资成本过高、制造费用增加等。一是销售成本问题。商品进价过高、售价过低，以及销售中的费用增多，使销售收入减少，销售成本增加。二是采购成本问题。商品采购人员有过失从而导致采购物价高、质次、损耗多，以及舍近求远采购，增加采购费用和运费；或与供货方勾结抬高进价，使采购成本过高。

（6）利润危机

1）虚盈。利用会计技巧，故意造假，或压低成本、费用，或虚增收入等。

2）虚亏。和虚盈相反，常表现在利用会计技巧，故意造假，虚增成本、费用，隐匿收入等。

3）利润分配不当。企业分配利润时，不按规定比例和程序分配。例如：不论盈利还是亏损照发奖金，甚至亏损时奖金发得比盈利时还多。

资料：美国雷曼兄弟公司自 1850 年创立以来，已在全球范围内建立起了创造新颖产品、探索最新融资方式、提供最佳优质服务的良好声誉。由于雷曼公司的业务能力受到广泛认可，公司拥有包括众多世界知名公司的客户群，如阿尔卡特、时代华纳、戴尔、富士、IBM、英特尔、美国强生、默沙东医药、摩托罗拉、NEC、百事、壳牌石油、住友银行及沃尔玛等。2008 年 9 月 15 日，在次级抵押贷款市场危机（次贷危机）加剧的形势下，美国第四大投行雷曼兄弟最终丢盔弃甲，宣布申请破产保护。

（三）物资设备方面的危机

企业物资设备方面的危机主要是指非生产经营性物资和设备方面存在的问题。此类危机常见的有以下几种。

1. 非生产经营物资问题。包括存量过多、需用物资过少两个方面。存量过多常因企业转产或工程完成未将多余材料物资予以及时处理，致使这些物资大量积压，成为呆滞、残损、不配套物资积压的仓库。需用物资过少，常表现在生产或建设所急需的材料物资短缺，致使停工待料，影响生产或建设的进程。

2. 机器设备陈旧。生产用机器设备、动力设备、运输设备等使用过久，技术陈旧，功能低下，不适应现代生产的需要。

3. 机器设备损耗。机器设备不注意保养、维修，或机器设备连续不停运转等产生的损耗。

4. 机器设备质量问题。机器设备建造的质量低下，使用后次品增多，经常损坏，维修费用高。

（四）信息方面的危机

此类危机主要表现为以下几种：

1. 信息梗阻。企业内部各种信息不能在各个部之间沟通。
2. 信息呆滞。企业内部各种管理报告和情况，不能按时迅速传递，致使信息失灵，延误时机。
3. 信息失误。企业获得的信息不真实、不准确，致使获得的信息不能作为决策依据，甚至使决策发生错误。
4. 信息迟钝。企业对市场供求变化、国家政策变化、价格变化、税收税率变化、竞争对手策略变化等对企业可能产生的影响反应不快，缺乏敏感性，以致丧失时机，招致损失。
5. 信息处理滞后。对信息的处理和利用不够及时，相应对策不够正确，以致丧失时机，造成损失。

（五）销售方面的危机

销售是企业重要的经营环节，销售出了问题，一切生产经营活动都是徒劳的，因此，销售环节极易发生错误而引起较大的危机。通常企业销售危机主要有以下表现。

1. 销售目标失误。包括销售方针和销售目标的制定和决策方面的错误。这种错误一旦发生，就会影响商品销售的发展方向、规模，以及商品的销售收入、成本和利润。
2. 销售政策问题。销售价格政策、销售优惠政策、销售支持政策等方面制定得不够正确。
3. 销售品种问题。销售商品的花色、品种、款式、规格、档次等不能适合时令、地区消费习惯、消费水平和市场变化的需要，影响销售业务的扩大。
4. 销售网络问题。销售网点设置不当，影响销路的拓展。
5. 销售渠道阻塞。商品销售渠道不畅通，销售渠道的选择不适当，致使销路不佳。
6. 销售能力缺乏。销售人员缺乏推销能力，销售方法不灵活，主观不努力，人均销售额低。
7. 促销问题。主要表现在：销售广告效果不佳，选择广告的传媒方式不当；推销方式不够正确；销售人员过少，或能力低下。
8. 销售合同问题。销售合同的内容不明确，或不了解客户的经济状况和信用程度，盲目签订合同。发货后贷款不能及时收回，因此上当受骗。执行合同时，将商品发错，导致退货。

9. 销售收款问题。企业内部管理混乱，货物发出，不及时收款，有的遗忘收款，或贷款被人拖欠。

10. 销售收入问题。少收销售款，或收入的货款不入账，或利用会计技巧记入其他账户，予以隐匿，营私舞弊。更为严重的表现在私吞销售货款，或销售人员内外勾结，多发货，少收款，将余款私分。

（六）采购的危机

企业企购进商品方面产生的危机，主要有下列几种。

1. 采购不适销对路。购进的商品品种、规格、款式、质量不适销；购进的材料品种、规格、质量不适合生产需要，造成资金积压。

2. 过量采购。不按采购计划规定的数量采购或盲目地大批量购进，造成资金积压，增加贮存费用。

3. 采购渠道不畅。进货渠道不畅，进货地区的货流不足，运输不畅通，或渠道选择不当。

4. 采购成本过高。采购人员对市场价格未做调查，不了解市场价格，或收受贿赂，使进价增加。

5. 订购合同问题。订购合同的内容、条款不明，或写错规格、品种、数量，或因求货心切，盲目预付订金而上当受骗。

6. 收货验收问题。材料、商品、物资、设备购进后，未经验收就入库；或对材料、商品的品种、规格、质量、数量等方面验收不严格；或验收人员收受钱财，形式上验收、实际不验收等，使企业购进的材料品种、规格不符，数量不足，质量低劣，使企业遭受损失。

（七）生产方面的危机

企业生产方面的危机，主要表现在以下几个方面。

1. 盲目生产。企业不了解市场需求和产品周期的变化；生产无计划，或制定的计划违背按需定产的原则，致使生产的产品在品种、规格、款式、数量等方面不能适应消费者的需要，或销量不大，造成积压。

2. 产品质量低下。企业对产品的生产质量不予重视，粗制滥造，偷工减料，材料低劣，从而造成产品质量低劣，废次品增多，退货率高。

3. 产品性能不高。产品的性能低劣，功能单一，产品的性能达不到标准要求，质量不高，无法销售。

4. 产品产量问题。因机器设备陈旧，或未充分发挥机器设备应有的功能，或因人员技术水平低，或生产人员积极性不高，或停工待料，机器发生故障未予以及时维修，从而使产量低下，生产效率不高。

5. 产品开发能力低。企业习惯于传统产品的生产，墨守成规，保守经营；企业产品缺乏更新换代的能力，技术力量差；企业不能及时应用新技术、新材料，以及缺乏创新意识和研发新产品的能力，新产品开发能力薄弱。

（八）贮存方面的危机

此类危机，常产生在下列几个方面。

1. 收货验收。收货是贮存过程的主要环节，收货产生的危机主要有：无专职的验收和收货人员，验收与收货人员的职责、权限划分不清，或不严格执行先验收签证、后收货入库的程序和原则，发生验收和收货的错误，并造成损失；收货时，不按规定及时入库、入账和凭证收货；验收时，不按规定程序和方法进行验收。例如，不按合同和发票与实物核对品种、规格、款式、质量、数量，以及交货期。这样，就可能造成验收错误。

2. 发货检验。此类危机常表现在：发货无凭证；发货时，未将发货凭证与实物进行核对验发；发货时，领用人和发货人不签证；发货后不入账，或不及时入账，造成账实不符。

3. 保管不善。表现在：保管期过长，以致发生久存变质；存量超过定额限量，未能及时报告，造成超贮积压；堆装混乱，造成物资、商品损坏；不按期清点库存材料、物资和设备的零配件，从而造成库存不清。

4. 存货记价不正确。此类危机常表现在下列几方面：在清点库存商品、材料、物资、设备从零配件时，发生漏点、错记、重复盘点和记录，多记，或者计算时出现错误；清点后不与账存数核对，账实不清；存货的计价标准前后不一致。

（九）会计方面的危机

会计方面产生的危机种类较多，常见的有下列几种。

1. 账户设置不合理。此类危机主要表现在不按会计制度规定的科目设置账户，或总账与明细账的设置错误，或账户体系不完整，影响会计核算的正确性和完整性。

2. 账簿设置不完整。危机主要表现在企业的账簿体系不完整，或设置两套账簿，甚至三套账簿，以便造假。

3. 账户应用不正确。此类危机主要表现在不按规定的账户记账。如将发生的应收账款记入应付账款，以及应收账款与应付账款混用，致使企业到底有多少应收账款和应付账户算不清楚，造成"混账"（即账户混乱不清）。

4. 会计原则。此类危机主要表现在会计原则的应用错误。

（1）账务登记。此类危机主要表现在账务登记时发生的错记。这类错误常见的有账户记错、数字记错、借贷方向记错，以及漏记、重记等错误。

（2）账务处理。此类危机主要表现在不按规定的原则和科目入账。

（3）成本计算错误。此类危机常见的有：成本项目出现错误，以致产品生产成本的计算不准确，不真实，并造成前后期成本的口径不一致，失去可比性；产品生产成本核算程序出现错误，未能按规定程序核算，致使产品成本不准确；产品生产成本和销售成本计算方法前后不一致、使成本失去可比性；不通过计算，就随意地确定一个成本数。

（4）利润计算错误。此类危机主要表现在计算利润时，对有关收益与费用、成本等应调整事项未在结账前调整，以致造成利润计算错误。

（5）原始凭证，此类危机主要有：①凭证造假。所谓造假，是指企业未发生经济事实的一种原始凭证，据以登记入账。此种假造凭证常见的有进货发票、销售发票、收款收据、付款收据、收货单、发货单等单据。②凭证失真。此类弊病主要表现在经济事实已经发生，而原始凭证上所列的内容与实际发生的不符。③篡改凭证。此类弊病常表现在对原始凭证上的数字、金额、日期等内容私自进行涂改。篡改凭证有一定规律，行为人一般是对收入类原始凭证的数字、金额由大（多）改小（少），对支出类原始凭证的数字、金额由小（少）改大（多），从中进行贪污舞弊。

（十）投资方面的危机

投资主要有建设投资、创办新企业投资、购买有价证券投资、创办合资合作企业投资等。投资方面的问题种类也很多。现将常见的危机介绍如下。

1. 盲目建设。此类危机常表现在未经勘探，或未做可行性研究，或未对建设方案分析、比较、选择，或投资建设目标不明确，或未弄清楚投资环境，即由领导决定建设。这种决策性的错误一旦发生，对企业的损害较大。

2. 工程造价过高。此类危机常表现在设计标准过高，贪大求全；材料、设备等进价过高，以致工程造价过高；非生产性（非经营性）设施过多，以及计划外工程投资增多等，这类错误一旦发生，就会产生资金短缺的困难。

3. 工程设计错误。此类危机常表现在建设项目工程技术设计方面的错误，其中包括核算和现金流的计算错误。

4. 设备购买不合理。此类危机因素常表现在购买设备时，未考虑设备的效用性、先进性、适用性、经济性，而盲目购置设备，致使购进的设备不适用，性能差，价格高，耗费大。

5. 项目不配套。此类危机主要表现在建设项目不配套，不能形成生产能力。

6. 资金筹措问题。此类危机主要表现在筹措资金时，条件苛刻，利息过高，造成损失。

7. 选址失误。此类危机常表现在厂址选定时，不考虑地质资源、周围环境和交通运输条件等因素，以致建设后问题很多，问题一时不易解决。

8. 投资方式不合理。例如中外合资、中外合作企业中，外方以固定资产、无形资产等形式出资的比例过高，现金比例低，这样就影响了流动资金周转。

9. 设备、厂房估价过高或过低。此类危机主要表现在中外合资、中外合作企业中双方将投入的设备、厂房高估价值，虚增资本。

10. 投资不足。由于投资不足使得项目难以发挥应有的效益。

（十一）行政管理方面的危机

企业的行政管理方向产生的危机，常见的有以下几种。

1. 机构庞杂、重叠，人浮于事，分工不明，职责不清，效率低下；或者机构过小，人员紧缺，影响经营。

2. 权力不集中，多头指挥，互不协调；或者权力过分集中形成独断专横。

3. 各种管理制度不健全，不完备，缺乏章程。

4. 管理方式方法不当，缺乏规范化、标准化。

5. 统计报表泛滥，不进行统计成本分析；或者搞数字游戏，不做实际调查、迷信数据。

6. 缺乏严格的监督检查。此类危机主要表现在有监督检查制度，不予重视或不执行。

7. 缺乏责任制。此类危机主要表现在未建立岗位责任制度，或建立了岗位责任制度，但不予重视执行，流于形式。

8. 实行家族式管理。主要发生在中小企业内。轻视非家族成员，任人唯亲。

9. 缺乏考核、奖惩和合理化建议制度。

一、案例分析

1993年6月10日，美国出现了针对罐装无糖百事可乐中发现注射器针头的一系列指控。很快，百事可乐事件经由美联社，开始在全美范围内广泛报道，引起极大震动。

6月14日上午。百事可乐公司迅速成立了由总裁主导的危机处理小组，并认为："当你被媒体审判的时候，你必须同样使用媒体作为武器。"百事可乐的危机处理小组决定通过各种图像的方式来说服大众。公司不惜代价买了美国所有电视、广播公司的黄金时段和非黄金时段反复进行辟谣宣传，并播放百事可乐罐装生产线和生产流程录像，使人们看到饮料注入之前，空罐个个朝下，从高温蒸汽和热水冲击消毒到立即注入百事可乐饮料，再到封罐，整个过程只有数秒钟。通过录像，消费者认识到任何雇员要在数秒钟之内将注射器和针头置于罐中都是不可能的。随后，百事可乐公司总裁提供了一组镜头，一家便利店的监视摄像头拍下来一名妇女正往一瓶打开了的无糖百事可乐罐中塞注射器的画面；又宣布了几宗新的谎报拘捕行动。最后，百事可乐公司还通过与美国食品与药物管理局密切合作，请该局出面揭穿，这是一起诈骗案。由于政府部门主管官员和公司领导人共同出现在电视荧屏上，事实最终得以澄清。

在FDA逮捕了与这起事件相关的犯罪嫌疑人之后，公司不仅毫发无伤地走过了媒体风暴，维护了自己的声誉，公司的销售额更令人惊喜。虽然在危机最高峰时公司销售额下降，但危机平息后，百事可乐的销售额创造75年来的最佳销售纪录。

问题：结合本案例，请分析组织应如何应对危机？

二、重要概念

危机，危机管理，危机诊断

三、问题

1. 危机有哪些特点？
2. 如何对危机进行分类？
3. 为什么要开展危机管理？
4. 危机管理的特点是什么？
5. 如何理解危机管理的阶段？
6. 危机管理应该遵循哪些原则？
7. 企业危机诊断的主要视角有哪些？

四、讨论

1. 温水中的青蛙：如果把一只青蛙扔进沸水中，青蛙会马上跳出来。但是，如果把一只青蛙放入凉水中逐渐加热，青蛙会在不知不觉中失去跳出的能力，直至被热水烫死。组织内部的一些小问题日积月累，就会使组织逐步失去解决问题的能力和机制。请运用危机管理原理分析。

2. 大部分商业危机并不是由单一事件引起的，而是由许多个微小的、容易被公司高层领导忽视的事件综合而引发的结果。有时这被称为危机潜伏，或者用美国危机管理学院的话来说是"冒烟危机"，管理层在危机爆发之前就应该知道了。"冒烟危机"告诉我们一个什么道理。

参考文献

[1]〔美〕彼得·德鲁克著. 卓有成效的管理者[M]. 北京：机械工业出版社，2005

[2]〔美〕托马斯·S. 贝特曼，斯考特·A. 斯奈尔著. 王雪莉译. 管理学——构建新时代的竞争优势（第5版）[M]. 北京：中国财政经济出版社，2004

[3] 王众托. 系统工程[M]. 北京：北京大学出版社，2010

[4] 王新平. 管理系统工程：方法论及建模[M]. 北京：机械工业出版社，2011

[5]〔美〕J. P. 科特著. 现代企业的领导艺术[M]. 北京：华夏出版社，1997

[6]〔美〕J. P. 科特著. 权力与影响[M]. 北京：华夏出版社，1997

[7]〔美〕理查德·L. 达英特著. 组织理论与设计（第七版）[M]. 北京：清华大学出版社，2003

[8]〔美〕雷蒙德·E. 迈尔斯，查尔斯·C. 斯诺著. 组织的战略结构和过程[M]. 北京：东方出版社，2006

[9]〔美〕H. 西蒙著. 管理行为：管理组织决策过程的研究[M]. 北京：北京经济学院出版社，1988

[10]〔美〕斯蒂芬·罗宾斯，玛丽·库尔著. 孙健敏，黄卫伟，王凤彬，焦叔斌，杨军译. 管理学（第9版）[M]. 北京：中国人民大学出版社，2008

[11]〔美〕韦里克，孔茨著. 管理学[M]. 北京：经济出版社，2011

[12] 邢以群. 管理学（第二版）[M]. 浙江：浙江大学出版社，2005

[13] 周三多，陈传明，鲁明泓. 管理学——原理与方法（第五版）[M]. 上海：复旦大学出版社，2011

[14] 傅国华. 管理学原理[M]. 北京：中国农业出版社，2006

[15] 杨文士. 管理学（第三版）[M]. 北京：中国人民大学出版社，2009

[16] 芮明杰. 管理学：现代的观点（第二版）[M]. 上海：世纪出版集团，2005

[17] 孙元欣. 管理学——原理·方法·案例（第二版）[M]. 北京：科学出版社，2011

[18] 陈悦，刘则渊．管理学的基本概念与学科地位：一种基于科学计量学的再认识[J]．管理学报，2007（6）

[19] 雷恩，贝德安著．孙健敏等译．管理思想史（第6版）[M]．北京：中国人民大学出版社，2013

[20] 苏东水等．中国管理学术思想史[M]．北京：经济管理出版社，2014

[21] 谭力文、徐珊、李燕萍编著．管理学（第二版）[M]．北京：中国财政经济出版社，2007

[22] 周菲主编．管理心理学[M]．北京：清华大学出版社／北京交通大学出版社，2005

[23] 王德中主编．管理学（第三版）[M]．成都：西南财经大学出版社，2005

[24] 何跃青．小问题，大管理[M]．北京：地震出版社，2005

[25] 韩庆祥．企业行为管理[M]．北京：中国经济出版社，2003

[26] 刘守英．领导——70位领导学家谈如何成为世界级领导者[M]．北京：中国发展出版社，2002

[27] 郑晓明．组织行为学[M]．北京：经济科学出版社，2002

[28] 苏东水．管理心理学（第4版）[M]．上海：复旦大学出版社，2002

[29] 李剑锋．组织行为管理[M]．北京：中国人民大学出版社，2000

[30] 张德主．组织行为学[M]．北京：高等教育出版社，1999

[31] 卢盛忠等．组织行为学——理论与实践[M]．杭州：浙江教育出版社，1993

[32] 胡君辰．现代实用管理心理学[M]．上海：上海科学技术出版社，1992

[33] 刘铁明，罗友花．人力资源管理概论[M]．沈阳：辽宁大学出版社，2005

[34] 徐光华等．人力资源管理实务（第2版）[M]．北京：清华大学出版社／北京交通大学出版社，2005

[35] 王宝石．人力资源管理（第2版）[M]．北京：机械工业出版社，2008

[36] 于虹．企业培训[M]．北京：中国发展出版社，2006

[37] 葛玉辉，陈悦明．绩效管理实务[M]．北京：清华大学出版社，2008

[38] 孙耀均．西方管理学名著提要[M]．南昌：江西人民出版社，1995

[39] 李燕萍．培训与发展[M]．北京：北京大学出版社，2007

[40] 王凤彬．管理学[M]．北京：中国人民大学出版，2007

[41] 丁家云，谭艳华．管理学——理论、方法与实践[M]．合肥：中国科学技术大学出版社，2010

[42] 赵国宝等．基于改进序列线性规划法的空间桁架结构优化设计[J]．四川建筑科学研究，2012，1（38）

[43] 包丽君. 基于线性规划法计算运输问题最优解的研究[J]. 宁波广播电视大学学报, 2012, 2 (10)

[44] 曹蓉, 饶丛权. 基于行为决策理论的公务员决策偏差问卷的编制[J]. 西北大学学报（哲学社会科学版）, 2013, 1 (6)

[45] 高维和, 栾瑞. 我能, 故我创——基于人力资本的创业驱动机制分析[J]. 上海管理科学, 2012, 5 (5)

[46] 乞建勋等. CPM 网络中单工序对时差的敏感性分析[J]. 技术经济与管理研究, 2013, 1 (5)

[47] 黎勇, 韩汉博. 浅谈高校管理者的时间管理[J]. 华南热带农业大学学报, 2006, 12 (4)

[48] 〔美〕巴顿著, 许瀚予译. 危机管理[M]. 北京: 东方出版社, 2009
[49] 周春生. 企业风险与危机管理[M]. 北京: 北京大学出版社, 2007
[50] 刘刚. 危机管理[M]. 北京: 中国人民大学出版社, 2013
[51] 欧高敦. 危机: 管理的新时代[M]. 北京: 经济科学出版社, 2009
[52] 聂磊著. 危机管理中的社会组织研究[M]. 北京: 知识产权出版社, 2010

南开大学出版社网址：http://www.nkup.com.cn

投稿电话及邮箱： 022-23504636　　QQ：1760493289
　　　　　　　　　　　　　　　　　QQ：2046170045(对外合作)
邮购部：　　　　022-23507092
发行部：　　　　022-23508339　　Fax：022-23508542

南开教育云：http://www.nkcloud.org

App：南开书店 app

　　南开教育云由南开大学出版社、国家数字出版基地、天津市多媒体教育技术研究会共同开发，主要包括数字出版、数字书店、数字图书馆、数字课堂及数字虚拟校园等内容平台。数字书店提供图书、电子音像产品的在线销售；虚拟校园提供 360 校园实景；数字课堂提供网络多媒体课程及课件、远程双向互动教室和网络会议系统。在线购书可免费使用学习平台，视频教室等扩展功能。